江苏文脉整理与研究工程

江苏文库

研究编

江苏历代
文化名人传

江苏历代文化名人传·顾颉刚

朱洪涛 张维 著

江苏人民出版社

图书在版编目(CIP)数据

江苏历代文化名人传. 顾颉刚/朱洪涛,张维著.

南京:江苏人民出版社,2025.8.--(江苏文库).

ISBN 978 - 7 - 214 - 29594 - 1

Ⅰ. K825.4;K825.81

中国国家版本馆 CIP 数据核字第 2024L1T364 号

书　　　名	江苏历代文化名人传·顾颉刚	
著　　　者	朱洪涛　张　维	
出 版 统 筹	张　凉	
责 任 编 辑	石　路	
装 帧 设 计	姜　嵩	
责 任 监 制	王　娟	
出 版 发 行	江苏人民出版社	
地　　　址	南京市湖南路 1 号 A 楼,邮编:210009	
照　　　排	江苏凤凰制版有限公司	
印　　　刷	苏州市越洋印刷有限公司	
开　　　本	718 毫米×1 000 毫米　1/16	
印　　　张	25　插页 4	
字　　　数	380 千字	
版　　　次	2025 年 8 月第 1 版	
印　　　次	2025 年 8 月第 1 次印刷	
标 准 书 号	ISBN 978 - 7 - 214 - 29594 - 1	
定　　　价	85.00 元	

(江苏人民出版社图书凡印装错误可向承印厂调换)

江苏文脉整理与研究工程

总主编

信长星　　许昆林

第二届学术指导委员会

编纂出版委员会

出版说明

　　江苏文化源远流长、历久弥新,文化经典与历史文献层出不穷,典藏丰富;文化巨匠代有人出、彪炳史册,在中华民族乃至整个人类文明的发展史上有着相当重要的地位。为科学把握江苏文化的内涵与特征,在新时代彰显江苏文化对中华文化的贡献,江苏省委、省政府决定组织实施"江苏文脉整理与研究工程",以梳理江苏文脉资源,总结江苏文化发展的历史规律,再现江苏历史上的文化高地,为当代江苏构筑新的文化高地把准脉动、探明趋势、勾画蓝图。

　　组织编纂大型江苏历史文献总集《江苏文库》,是"江苏文脉整理与研究工程"的重要工作。《文库》以"编纂整理古今文献,梳理再现名人名作,探究追溯文化脉络,打造江苏文化名片"为宗旨,分六编集中呈现:

　　(一)书目编。完整著录历史上江苏籍学人的著述及其历史记录,全面反映江苏图书馆的图书典藏情况。

　　(二)文献编。收录历代江苏籍学人的代表性著作,集中呈现自历史开端至一九一一年的江苏文化文本,呈现江苏文化的整体景观。

　　(三)精华编。选取历代江苏籍学人著述中对中外文化产生重要影响、在文化学术史上具有经典性代表性的作品进行整理,并从中选取十余种,组织海外汉学家翻译成各国文字,作为江苏对外文化交流的标志性文化成果。

　　(四)方志编。从江苏现存各级各类旧志中选择价值较高、保存较好的志书,以充分发挥地方志资治、存史、教化等作用,保存江苏的地方文献与历史文化记忆。

（五）史料编。收录有关江苏地方史料类文献，反映江苏各地历史地理、政治经济、文化教育、宗教艺术、社会生活、风土民情等。

（六）研究编。组织、编纂当代学者研究、撰写的江苏文化研究著作。

文献、史料、方志三编属于基础文献，以影印方式出版，旨在提供原始文献，以满足学术研究需要；书目、精华、研究三编，以排印方式出版，既能满足学术研究的基本需求，又能满足全民阅读的基本需求。

"江苏文脉整理与研究工程"工作委员会

江苏文库·研究编编纂人员

主　编

王月清　张新科

副主编

徐之顺　姜　建　王卫星　胡发贵　胡传胜　刘西忠

一脉千古成江河

——江苏文库·研究编序言

樊和平

"江苏文脉整理与研究工程"是江苏文化史上继往开来的一个浩大工程。与当下方兴未艾的全国性"文库热"相比,江苏文脉工程有三个基本特点:一是全面系统的整理;二是"整理"与"研究"同步;三是以"文脉"为主题。在"书目编—文献编—精华编—史料编—方志编—研究编"的体系结构中,"研究编"是十分独特的板块,因为它是试图超越"修典"而推进文化传承创新的一种学术努力。

"盛世修典"之说不知起源于何时,不过语词结构已经表明"盛世"与"修典"之间的某种互释甚至共谋,以及由此而衍生的复杂文化心态。历史已经表明,"修典"在建构巨大历史功勋的同时,也包含内在的巨大文化风险,最基本的是"入典"的选择风险。《四库全书》的文化贡献不言自明,但最终其收书的数量竟与禁书、毁书、改书的数量大致相当,还有高出近一倍的书目被宣判为无价值。"入典"可能将一个时代的局限甚至选择者个人的局限放大为历史的文化局限,也可能由此扼杀文化多样性而产生文化专断。另一个更为潜在和深刻的风险,是对待传统的文化态度。文献整理,尤其是地域典籍的整理,在理念和战略上面临的最大考验,是以何种心态对待文化传统。当今之世,无论对个体还是社会,传统已经不仅是文化根源,而且是文化和经济发展的资源甚至资本。然而一旦传统成为资源和资本,邂逅市场逻辑的推波助澜,就面临沦为消费和运作对象的风险,从而以一种消费主义和工具主义的文化态度对待文化传统和文献整理。当传统成为消费和运作的对象,其文化价值不仅可能被误读误用,而且也可能在对传统的消费中使文化坐吃山空,造就出文化上的纨绔子弟,更可能在市场运作中使文化不断被糟蹋。"江苏文脉整理与研究工程"的"整理工程"以全面系统的整理的战略应对可能存在的第一种风险,即入典选择的风险;以"研究工程"应对第二种可能的风险,即消费主义与工具主义的风险。我们不仅是既往传统的继承者,更应当是未来传统的创造者;现代人的使命,不仅是继承优秀传统,更应当创造新的优秀传统,这便是传统的创造性转化与创新性发展的真义。诚然,创造传统任重道远,需要经过坚忍不拔的卓越努力和大浪淘沙般的历史积淀,但对"江苏文脉整理与研究工程"而言,无论如何必须在"整理"的同时开启"研究"的千里之行,在研究中继承和发展传统。这便是"研究编"的价值和使命所在,也是"江苏文脉整理与研究工程"在"文库热"中于顶层设计层面的拔群之处。

一 倾听来自历史深处的文化脉动

20 世纪是文化大发现的世纪,20 世纪以来西方世界最重要的战略,就是文化战略。20 世纪 20 年代,德国社会学家马克斯·韦伯的《新教伦理与资本主义精神》,揭示了西方资本主义文明的文化密码,这就是"新教伦理"及其所造就的"资本主义精神",由此建构"新教伦理+资本主义"的所谓"理想类型",为西方资本主义进行了文化论证尤其是伦理论证,奠定了 20 世纪以后西方中心论的文化基础。20 世纪 70 年代,哈佛大学教授丹尼尔·贝尔的《资本主义文化矛盾》,揭示了当代资本主义最深刻的矛盾不是经济矛盾,也不是政治矛盾,而是"文化矛盾",其集中表现是宗教释放的伦理冲动与市场释放的经济冲动分离与背离,进而对现代西方文明发出文化预警。20 世纪 70 年代之后,亨廷顿的《文明的冲突与世界秩序的重建》将当今世界的一切冲突归结为文明冲突、文化冲突,将文化上升为西方世界尤其是美国国家战略的高度。以上三部曲构成西方世界尤其是美国文化帝国主义的国家文化战略,正如一些西方学者所发现的那样,时至今日,文化帝国主义被另一个概念代替——"全球化",显而易见,全球化不仅是一种浪潮,更是一种思潮,是西方世界的国家文化战略。文化虽然受经济发展制约甚至被经济发展水平所决定,但回顾从传统到现代的中国文明史,文化问题不仅逻辑地而且历史地成为文明发展的最高最难的问题,正因为如此,文化自信才成为比理论自信、道路自信、制度自信更具基础意义的最重要的自信。

在全球化背景下,文脉整理与研究具有重大的国家文化战略意义,不仅必要,而且急迫。文化遵循与经济社会不同的规律,全球化在造就广泛的全球市场并使全球成为一个"地球村"的同时,内在的最大文明风险和文化风险便是同质性。全球化催生的是一个文化上的独生子女,其可能的镜像是:一种文化风险将是整个世界的风险,一次文化失败将是整个人类的文化失败。文化的本质是什么?梁漱溟先生说,文化就是人的生活的根本样法,文化就是"人化"。丹尼尔·贝尔指出,文化是为人的生命过程提供解释系统,以对付生存困境的一种努力。据此,文化的同质化,最终导致的将是人的同质化,将是民族文化或西方学者所说地方性知识的消解和消失;同时,由于文化是人类应对生存困境的大智慧,或治疗生活世界痼疾的抗体,它所建构的是与自然世界相对应的精神世界和意义世界,文化的同质性将导致人类在面临重大生存困境时智慧资源的贫乏和生命力的苍白,从而将整个人类文明推向空前的高风险。应对全球化的挑战和西方文化帝国主义的国家战略,"江苏文脉整理与研究工程"是整个中华民族浩大文化工程的一部分和具体落实,其战略意义绝不止于保存文化记忆的自持和自赏,在这个全球化的高风险正日益逼近的时代,完整地保存地方文化物种,认同文化血脉,畅通文化命脉,不仅可以让我们在遭遇全球化的滔滔洪水之时可以于故乡文化的山脉之巅"一览众山小"地建设自己的精神家园和文化根据地,而且可以在患上全球化的文化感冒甚至某种文化瘟疫之后,不致乞求"西方药"来治"中国病",而是根据自己的文化基因和文化命理,寻找强化自身的文化抗体和文化免疫力之道,其深远意义,犹如在今天经过独生子女时代穿越时光隧道,回首当年我们的"兄弟姐妹那么多"

和父辈们儿孙满堂的那种天伦风光，不只是因为寂寞，而且是为了中华民族大家庭的文化安全和对未来文化风险的抗击能力。

"江苏文脉整理与研究工程"是以江苏这一特殊地域文化为对象的一次集体文化自觉和文化自信，与其他同类文化工程相比，其最具标识意义的是"文脉"理念。"文脉"是什么？它与"文献"和文化传统的关系到底如何？这是"文脉工程"必须解决的基本问题。

庞朴先生曾对"文化传统"与"传统文化"两个概念进行了审慎而严格的区分，认为"传统文化"可能是历史上曾经存在过的一切文化现象，而"文化传统"则是一以贯之的文化道统。在逻辑和历史两个维度，文化成为传统都必须同时具备三个条件：历史上发生的，一以贯之的，在现实生活中依然发挥作用的。传统当然发生于历史，但历史上发生的一切，从《道德经》《论语》到女人裹小脚，并不都成为传统，即便当今被考古或历史研究所不断发现的现象，也只能说是"文化遗存"，文化成为传统必须在历史长河中一以贯之而成为道统或法统，孔子提供的儒家学说，老子提供的道家智慧，之所以成为传统，就是因为它们始终与中国人的生活世界和精神世界相伴随，并成为人的生命和生活的文化指引。然而，文化并不只存在于文献典籍之中，否则它只是精英们的特权，作为"人的生活的根本样法"和"对付生存困境"的解释系统，它必定存在于芸芸众生的生命和生活之中，由此才可能，也才真正成为传统。《论语》与《道德经》之所以成为传统，不只是因为它们作为经典至今还为人们所学习和研究，而且因为在中国人精神的深层结构中，即便在未读过它们的田夫村妇身上，也存在同样的文化基因。中国人在得意时是儒家，"明知不可为而偏为之"；在失意时是道家，"后退一步天地宽"；在绝望时是佛家，"四大皆空"。从而建立了与自给自足的自然经济结构相匹合的自给自足的文化精神结构，在任何境遇下都不会丧失安身立命的精神基地，这就是传统。文化传统必须也必定是"活"的，是在现实中依然发挥作用的，是构成现代人的文化基因的生命因子。这种与人的生活和生命同在的文化传统就是"脉"，就是"文脉"。

文脉以文献、典籍为载体，但又不止于文献和典籍，而是与负载它的生命及其现实生活息息相关。"文脉"是什么？"文脉"对历史而言是

"血脉"，对未来而言是"命脉"，对当下而言是"山脉"。"江苏文脉"就是江苏人的文化血脉、文化命脉、文化山脉，是历史、现在、未来江苏人特殊的文化生命、文化标识、文化家园，以及生生不息的文化记忆和文化动力。虽然它们可能以诸种文化典籍和文化传统的方式呈现和延续，但"文脉工程"致力探寻和发现的则是跃动于这些典籍和传统，也跃动于江苏人生命之中的那种文化脉动。"江苏文脉整理与研究工程"的最大特点就在于它是"文脉工程"而不是一般的"文化工程"，更不是"文库工程"。"文化工程""文库工程"可能只是一般的文化挖掘与整理，而"文脉工程"则是与地域的文化生命深切相通，贯穿地域的历史、现在与未来的生命工程。

　　"江苏文脉整理与研究工程"是"整理"与"研究"的璧合，在"研究工程"中能否、如何倾听到来自历史深处的文化脉动，关键是处理好"文献"与"文脉"的关系。"整理工程"是对文脉的客观呈现，而"研究工程"则是对文脉的自觉揭示，若想取得成功，必须学会在"文献"中倾听和发现"文脉"。"文献"如何呈现"文脉"？文献是人类文明尤其是人类文化记忆的特殊形态，也是人类信息交换和信息传播的特殊方式。回首人类文明史，到目前为止，大致经历了三种信息方式。最基本也是最原初的是口口交流的信息方式，在这种信息方式中，信息发布者和信息传播者同时在场，它是人的生命直接和整体在场并对话的信息传播方式，是从语言到身体、情感的全息参与，是生命与生命之间的直接沟通，但具有很大的时空局限。印刷术的产生大大扩展了人类信息交换的广度和深度，不仅可以以文字的方式与不在场的对象交换信息，而且可以以文献的方式与不同时代、不同时空的人们交换信息，这便是第二种信息方式，即以印刷为媒介的信息方式或印刷信息方式。第三种信息方式便是现代社会以电子网络技术为媒介的信息方式，即电子信息方式。文献与典籍是印刷信息方式的特殊形态，它将人类文化史和文明史上具有特殊价值的信息以印刷媒介的方式保存下来，供后人学习和研究，从而积淀为传统。文字本质上是人的生命的表达符号，所谓"诗言志"便是指向生命本身。然而由于它以文字为中介，一旦成为文献，便离开原有的时空背景，并与创作它的生命个体相分离，于是便需要解读，在解读中便可能发生误读,但无论如何,解读的对象并不只是文字本身,而是文字背后的生命现象。

文献尤其是典籍是不同时代人们对于文化精华的集体记忆,它们不仅经受过不同时代人们的共同选择,而且经受过大浪淘沙的历史洗礼,因而其中不仅有创造它的那个个体或文化英雄如老子、孔子的生命表达,而且有传播和接受它的那个民族的文化脉动,是负载它的那个民族的文化生命,这种文化生命一言以蔽之便是文化传统。正因为如此,作为集体记忆的精华,文献和典籍是个体和集体的文化脉动的客观形态,关键在于,必须学会倾听和揭示来自远方的生命旋律。由于它们巨大的时空跨度,往往不能直接把脉,而需要具有一种"悬丝诊脉"的卓越倾听能力。同时,为了把握真实的文化脉动,不仅需要对文献和典籍即"文本"进行研究,而且需要对创造它们的主体包括创作的个体和传播接受的集体的生命即"人物"进行研究。正如席勒所说,每个人都是时代的产儿,那些卓越的哲学家和有抱负的文学家却可能成为一切时代的同代人。文字一旦成为文献或典籍,便意味着创作它的个体成为一切时代的同代人,但无论如何,文献和它们的创造者首先是某个时代的产儿,因而要在浩如烟海的文献和典籍中倾听到来自传统深处的文化脉动,还需要将它们还原到民族的文化生命之中,形成文化发展的"精神的历史"。由此,文本研究、人物研究、学派流派研究、历史研究,便成为"文脉研究工程"的学术构造和逻辑结构。

二 中国文化传统中的江苏文脉

江苏文脉是中国文化传统的一部分,二者之间的关系并不只是部分与整体的关系,借助宋明理学的话语,是"理一"与"分殊"的关系。文脉与文化传统是民族生命的文化表达和自觉体现,如果只将它们理解为部分与整体的关系,那么江苏文脉只是中国文化传统或整个中华文化脉统中的一个构造,只是中华文化生命体中的一个器官。朱熹曾以佛家的"月映万川"诠释"理一分殊"。朗月高照,江河湖泊中水月熠熠,此番景象的哲学本真便是"一月普现一切水，一切水月一月摄"。天空中的"一月"与江河中的"一切水月"之间的关系是"分享"关系，不是分享了"一月"的某一部分，而是全部。江苏文脉与中国文化传统之间的关系便是"理一分殊"，中国文化传统是"理一"，江苏文脉是"分殊"，正因为如此，关于江苏文脉的研究必须在与整个中国文化传统的关系中整体性地把握和展开。其中，文化与地域的关系、江苏文化在中华文化发展中的贡献和地位，是两个基本课题。

到目前为止的一切人类文明的大格局基本上都是由以山河为标志的地理环境造就的，从轴心文明时代的四大文明古国，到"五大洲四大洋"的地理区隔，再到中国山东—山西、广东—广西、河南—河北，江苏的苏南—苏北的文化与经济差异，山河在其中具有基础性意义。在这个意义上，可以将在此以前的一切文明称为"山河文明"。如今，科技经济发展迎来一个"高"时代：高铁、高速公路、电子高速公路……正在并将继续推倒由山河造就的一切文明界碑，即将造就甚至正在造就一个"后山河时代"。"后山河时代"的最后一道屏障，"山河时代"遗赠给"后山河时代"的最宝贵的文明资源，便是地域文化。在这个意义上，江苏文脉的整理与研究，不仅可以为经过全球化席卷之后的同质化世界留下弥足珍贵的"文化大熊猫"，而且可以在未来的芸芸众生饱尝"独上高楼，望尽天涯路"的孤独之后，缔造一个"蓦然回首"的文化故乡，从中可以鸟瞰文化与世界关系的真谛。江苏独特的地域环境与江苏文化、江苏文脉之间的关系，已经不是所谓"一方水土一方人"所能表达，可以说，地脉、水脉、山脉与江苏文脉之间的关系，已经是一脉相承。

我们通过考察和反思发现，水系，地势，山势，大海，是对江苏文脉尤其是文化性格产生重大影响的地理因素。露水不显山，大江大河入大海，低平而辽阔，黄河改道，这一切的一切与其说是自然画卷和自然事件，不如说是江苏文脉的大地摇篮和文化宿命的历史必然，它们孕生和哺育了江苏文明，延绵了江苏文脉。历史学家发现，江苏是中国惟一同时拥有大海、大江、大湖、大平原的省份，有全国第一大河长江，第二大河黄河（故道），第三大河淮河，世界第一大人工河大运河，全国第三大淡水湖太湖，全国第四大淡水湖洪泽湖。江苏也是全国地势最低平

一脉千古成江河

的一个省区,绝大部分地区在海拔 50 米以下,少量低山丘陵大多分布于省际边缘,最高峰即连云港云台山的玉女峰也只有 625 米。丰沛而开放的水系和低平而辽阔的地势馈赠给江苏的不只是得天独厚的宜居,更沉潜、更深刻的是独特的文化性格和文脉传统,它们是对江苏地域文化产生重大影响的两个基本自然元素。

不少学者指证江苏文化具有水文化特性,而在众多水系中又具长江文化的特性。"水"的文化特性是什么?"老聃贵柔",老子尚水,以水演绎世界真谛和人生大智慧。"天下莫柔弱于水,而攻坚强者莫之能胜。"柔弱胜刚强,是水的品质和力量。西方文明史上第一个哲学家和科学家泰勒斯向全世界宣告的第一个大智慧便是:水是万物的始基。辽阔的平原在中国也许还有很多,却没有像江苏这样"处下"。老子也曾以大海揭示"处下"的智慧:"江海所以能为百谷王者,以其善下之,故能为百谷王。"历史上江苏的文化作品、江苏人的文化性格,相当程度上演绎了这种"水性"与"处下"的气质与智慧。历史上相当时期黄河曾经从江苏入海,然而黄河改道、黄河夺淮,几番自然力量或人力所为,最终黄河在江苏留下的只是一个"故道"的背影。黄河在江苏的改道当然是一个自然事件或历史事件,但我们也可能甚至毋宁将它当作一个文化事件,数次改道,偶然之中有必然,从中可以发现和佐证江苏文脉的"长江"守望和江南气质。不仅江苏的地脉"露水不显山",而且江苏的文化作品,江苏人的文化性格,一句话,江苏文脉,也是"露水不显山",虽不是"壁立千仞",却是"有容乃大"。一般说来,充沛的水系,广阔的平原,往往造就自给自足的自我封闭,然而,江苏东临大海,无论长江、淮河,还是历史上的黄河,都从这里入大海,归大海,不只昭示江苏的开放,而且演绎江苏文化、江苏文脉、江苏人海纳百川的博大和静水深流的仁厚。

黄河与长江好似中华文脉的动脉与静脉,也好似人的身体中的任督二脉,以长江文化为基色的江苏文化在中华文脉的缔造和绵延中作出了杰出贡献。有学者指出,在中国文明史上,长江文化每每在黄河文化衰弱之后承担起"救亡图存"的重任。人们常说南京古都不少为小朝廷,其实这正是"救亡图存"的反证,"天下兴亡,匹夫有责"的口号首先由江苏人顾炎武喊出，偶然之中有必然。学界关于江苏文化有三次高峰或三次大贡献，与两次大贡献之说。第一次高峰是开启于秦汉之际的汉文化，第二次高峰是六朝文化，第三次高峰是明清文化。人们已对六朝文化与明清文化两大高峰对中国文化的贡献基本达成共识，但江苏的汉文化高峰及其贡献也应当得到承认，而且三次文化高峰都发生于中国社会的大转折时期，对中国文化的承续作出了重大贡献。在秦汉之际的大变革和大一统国家的建构中，不仅在江苏大地上曾经演绎了波澜壮阔的对后来中国文明产生深远影响的历史史诗，而且演绎这些历史史诗的主角刘邦、项羽、韩信等都是江苏人，他们虽然自身不是文化人，但无疑对中国文化产生了深远影响。董仲舒提出"罢黜百家，独尊儒术"的主张，奠定了大一统的思想和文化基础，他本人虽不是江苏人，却在江苏留下印迹十多年。江苏的汉文化高峰对中国文化的最大贡献，一言概之即"大一统"，包括政治上的大一统和思想文化上的大一统。六朝被公认为中国文化发展的高峰，不少学者将它与古罗马文明相提并论，而六朝文化的中心在江苏、在南京。以南京为核心的六朝文化发生于三国之后的大动乱，它接纳大量流入南方的北方士族，使南北方文化合流，为保存和发展中国文化作出了杰出贡献。明朝是中国历史上第一次在南京，也是第一次在江苏建立统一的帝国都城，江苏的经济文化在全国处于举足轻重的地位，扬州学派、泰州学派、常州学派，形成明清时期中国文化的江苏气象，形成江苏文化对中国文化的第三次重大贡献。三大高峰是江苏的文化贡献，在重大历史转折关头或者民族国家危难之际挺身而出，海纳百川，则是江苏文化的精神和品质，这就是江苏文脉。也正因为如此，江苏文化和江苏文脉在"匹夫有责"的担当精神中总是透逸出某种深沉的忧患意识。

江苏文脉对中国文化的独特贡献及其特殊精神气质在文化经典中得到充分体现。中国四大文学名著，其中三大名著的作者都来自江苏，这就是《西游记》《红楼梦》《水浒》，其实《三国演义》也与江苏深切相关，虽然罗贯中不是江苏人，但以江苏为作品重要的时空背景之一。四大名著中不仅有明显的江苏文化的元素，甚至有深刻的江苏地域文化的基因。《西游记》到底是悲剧还是喜剧？仔细反思便会发现，《西游记》

就是文学版的《清明上河图》。《清明上河图》表面呈现一幅盛世生活画卷,实际却是一幅"盛世危情图",空虚的城防,懈怠的守城士兵……被繁华遗忘的是正在悄悄到来的深刻危机。《西游记》以唐僧西天取经渲染大唐的繁盛和开放,然而在经济的极盛之巅,中国人的精神世界却空前贫乏,贫乏得需要派一个和尚不远万里,请来印度的佛教,坐上中国意识形态的宝座,入主中国人的精神世界。口袋富了,脑袋空了,这是不折不扣的悲剧。然而,《西游记》的智慧,江苏文化的智慧,是将悲剧当作喜剧写,在喜剧的形式中潜隐悲剧的主题,就像《清明上河图》将空虚的城防和懈怠的士兵淹没于繁华的海洋一样。《西游记》喜剧与悲剧的二重性,隐喻了江苏文脉的忧患意识,而在对大唐盛世,对唐僧取经的一片颂歌中,深藏悲剧的潜主题,正是江苏文脉"匹夫有责"的担当精神和文化智慧的体现。鲁迅说,悲剧将人生的有价值的东西毁灭给人看。《西游记》是在喜剧形式的背后撕碎了大唐时代人的精神世界的深刻悲剧。把悲剧当作喜剧写,喜剧当作悲剧读,正是江苏文化、江苏文脉的大智慧和特殊气质所在,也是当今江苏文脉转化发展的重要创新点所在。正因为如此,"江苏文脉研究"必须以深刻的哲学洞察力和深厚的文化功力,倾听来自历史深处的江苏文化的脉动,读懂江苏,触摸江苏文脉。

三 通血脉,知命脉,仰望山脉

江苏文化的巨大魅力和强大生命力,在数千年发展中已经形成一种传统、一种脉动,不仅是一种客观呈现的文化,而且是一种深植个体生命和集体记忆的生生不息的文脉。这种文化和文脉不仅成为共同的价值认同,而且已经成为一种地域文化胎记。在精神领域,在文化领域,江苏不仅有灿若星河的文学家,而且有彪炳史册的思想家、学问家,更有数不尽的才子骚客。长江在这片土地上流连,黄河在这片土地上改道,淮河在这片土地上滋润,太湖在这片土地上一展胸怀。一代代中国人,一代代江苏人,在这里缔造了文化长江、文化黄河、文化淮河、文化太湖,演绎了波澜壮阔的历史诗篇,这便是江苏文脉。

为了在全球化时代完整地保存江苏文脉这一独特地域文化的集体记忆,以在"后山河时代"为人类缔造精神家园提供根源与资源,为了继承弘扬并创造性转化、创新性发展中国优秀传统文化,2016 年江苏启动了"江苏文脉整理与研究工程"。根据"文脉"的理念,我们将研究工程或"研究编"的顶层设计以一句话表达:"通血脉,知命脉,仰望山脉。"由此将整个工程分为五个结构:江苏文化通史,江苏历代文化名人传,江苏文化专门史,江苏地方文化史,江苏文化史专题。

"江苏文化通史"的要义是"通血脉",关键词是"通"。"通"的要义,首先是江苏文化与中国文明的息息相通,与人类文明的息息相通,由此才能有民族感或"中国感",也才有世界眼光,因而必须进行关于"中国文化传统中的江苏文脉"的整体性研究;其次是江苏文脉中诸文化结构之间的"通",由此才是"江苏",才有"江苏味";再次是历史上各个重要历史时期文化发展之间的"通",由此才能构成"史",才有历史感;最后是与江苏人的生命与生活的"通",由此"江苏文脉"才能真正成为江苏人的文化血脉、文化命脉和文化山脉。达到以上"四通","江苏文化通史"才是真正的"通"史。

"江苏文化专门史"和"江苏文化史专题"的要义是"知命脉",关键词是"专",即"专门"与"专题"。"江苏文化专门史"在框架上分为物质文化史、精神文化史、制度文化史、特色文化史等,深入研究各类专门史,总体思路是系统研究和特色研究相结合,系统研究整体性地呈现江苏历史上的重要文化史,如哲学史、文学史、艺术史等,为了保证基本的完整性,我们根据国务院学科分类目录进行选择;特色研究着力研究历史上具有江苏特色的历史,如民间工艺史、昆曲史等。"江苏文化史专题"着力研究江苏历史上具有全国性影响的各种学派、流派,如扬州学派、泰州学派、常州学派等。

"江苏地方文化史"的要义是"血脉延伸和勾连",关键词是"地方"。"江苏地方文化史"以现省辖市区域划分为界,13 市各市一卷。每卷上编为地方文化通史,讲述地方整体历史脉络中的文化历史分期演化和内在结构流变,注重把握文化运动规律和发展脉络,定位于地方文化总体性研究;下编为地方文化专题史,按照科学技术、教育科举、文学语言、宗教文化等专题划分,以一定逻辑结构聚焦对地方文化板块加以具体呈现,定位于凸显文化专题特色。每卷都是对一个地方文化的总结和梳理,这是江苏文化血脉的伸展和渗入,是江苏文化多样性、丰富性的生动呈现和重要载体。

"江苏历代文化名人传"的要义是"仰望山脉",关键词是"文化"。它不是一般性地为江苏历朝历代的"名人"作传,而只是为文化意义上的名人作传。为此,传主或者自身就是文化人并为中国文化的发展、为江苏文脉的积累积淀作出了重要贡献;或者虽然自身主要不是文化人而是政治家、社会活动家等,但对中国文化发展具有重大影响。如何对历史人物进行文化倾听、文化诠释、文化理解,是"文化名人传"的最大难点,也是其最有意义的方面。江苏历史上的文化名人汗牛充栋,"文化名人传"计划为 100 位江苏文化名人作传,为呈现江苏文化名人的整体画卷,同时编辑出版一部"江苏文化名人辞典",集中介绍历史上的江苏文化名人 1000 位左右。

一脉千古成江河,"茫茫九派流中国"。江苏文脉研究的千里之行已经迈出第一步,历史馈赠我们一次千载难逢的宝贵机遇,让我们巡天遥看,一览江苏数千年文化银河的无限风光,对创造江苏文化、缔造江苏文脉的先行者们献上心灵的鞠躬。面对奔涌如黄河、悠远如长江的江苏文脉,我们惟有以跋涉探索之心,怵惕敬畏之情,且行且进,循着爱因斯坦的"引力波",不断走近并播放来自江苏文脉深处的或澎湃,或激越,或温婉静穆的天籁之音。

我们一直在努力;

我们将一直努力!

目　录

第一章　从苏州到北京

第一节　从小一个读书人

　　1893 年 5 月 8 日,顾颉刚出生于江苏省苏州市,这一年是清光绪十九年。彼时的苏州依然是一派古典的味道。苏州的城市街道还是唐宋时期的模样,小桥流水,潺潺流淌,这些临街的河流既是百姓日用起居不可或缺的组成部分,也是文人雅士吟咏浅兴的意象,顾颉刚非常抒情地回忆,"小河是苏州的脉络血管,轻便的交通利器,低廉的运货骡马,它们还使苏州更美起来,月儿窥着悠悠长泻的水流,每次全出落得格外玲珑剔透,清明圆润,恐怕只有威尼斯的月亮,才能够相与比拟哩。苏州所有的清雅明慧的色调,想是从这样的背景中孕育出来的吧!"①饮酒品茗,昆曲评弹,精美的肴馔,幽深的庭院,大家品尝着生活的滋味,对于仕进营求似乎淡漠了许多,毫不感觉时间的车轮驶过留下的深深浅浅印痕。苏州这座城市自带节奏,从容和缓,精致秀气,没有隔壁上海十里洋场的喧嚣戾气。应该说苏州是一座埋在故纸堆中氤氲着传统气息的城市,同时也是一座培养文化人的城市。

　　这座孕育了顾颉刚的城市在他印象里却是不佳,顾颉刚觉得苏州人不思进取耽于安乐,他认为当年一个最纯粹的苏州上等人士,一天的生活大体就是进茶楼喝茶赌博,冶游寻乐,不堪之甚。1946 年 11 月 5

---

① 顾颉刚:《顾颉刚全集·宝树园文存》卷六,中华书局 2011 年版,第 299 页。

日顾颉刚在苏州国立社会教育学院新闻系的演讲《苏州的文化》中对苏州的优缺点作了全面分析。他认为从文化上讲苏州在清朝成了朴学中心,一部《皇清经解》大半是苏州及其附近诸县人士的作品,可是太平天国以后,朴学的发展也停滞了。从经济上讲民国以后苏州的发展慢慢寥落了,苏州既不是政治中心也不是经济中心,只是"京沪两地的移民站,凡是在京沪住不下的人,都住到苏州来"。苏州在历史上民性曾十分强悍,可是"苏州人有一件最坏的性情,便是懒惰",因为顾颉刚认为苏州的文化都是享受的文化而不是服务的文化。所以苏州于顾颉刚而言,虽然还是古色古貌,骨子里的颓废、贪和懒的确是不折不扣的事实,而顾颉刚认为自己不是地道的苏州人,他有湖南人的情感,广东人的魄力①,极有干一番事业的大定力。

至于家人为什么给他起"顾颉刚"这个名字,顾颉刚在文章里写到他出生的时候,祖父替他算命,命里缺土、缺金,他这一辈在家族中的排行是"诵",因此起名"诵坤",字"铭坚",稍长以后,顾颉刚的父亲取和名字相反的古义为"颉刚"。顾颉刚出生之时,恰逢祖父祖母五十岁,所以起小名"双庆",简称"阿双"。对于三代单传的顾家来说,顾颉刚自然得到了家人格外的疼爱。

顾颉刚家族若追溯其远祖,其基本底色是耕读传家,书香气息浓厚。其发展轨迹由耕读渐而获得功名,入仕为官。顾颉刚回忆说康熙南下江南,风闻顾家文风之盛,乃称誉"江南第一读书人家"。不过要说对顾颉刚的人生走向发生了较大影响的列祖列宗,还得从顾颉刚的曾祖父说起,顾颉刚的曾祖父顾东生生有二子,大的号仞之,续娶张氏,然婚后无子。小的号廉军,婚娶王氏,顾廉军生有二子,大的就是顾颉刚之父顾子虬,小的是顾子蟠,按照传统习惯,顾子虬便过继给伯父顾仞之为子,顾颉刚也便依随过去。因此顾颉刚称顾仞之为"嗣祖父",张氏为"嗣祖母",称顾廉军为"本生祖父",王氏为"本生祖母"。四位长辈中王氏过早去世,顾颉刚的母亲周坤和在顾八岁时因肺结核也过早离世,其父顾子虬为了谋生养家对顾颉刚照顾较少。因此对顾颉刚进行管束

① 顾颉刚:《顾颉刚全集·顾颉刚日记》卷三,中华书局 2011 年版,第 673 页。

教育、真正影响顾颉刚的是嗣祖母张氏(以下行文简称祖母),本生祖父顾廉军(以下行文简称祖父)。尤其是祖母张氏影响最大,顾颉刚坦承,"我的一生,发生关系最密切的是我的祖母,简直可以说,我之所以为我,是我的祖母手自塑铸的一具艺术品"①。

这位祖母对顾颉刚的管束可谓是异常严厉,她教育顾颉刚不能看人家吃东西。有一次家中来了客人,买了点心款待,顾颉刚站在一旁看客人吃,客人便好心分了一点给他,祖母当时没说什么,待客人走后,"关起房门把我一顿打,直打得我从此以后不敢再看人家吃东西"。② 祖母还跟他讲不能吃甜食,某次祖母把女佣买回来的甜食朝屋瓦扔去,让顾颉刚一点也吃不到,使得他伤心大哭,以致哭声都惊动了旁人。祖母还教育他不能吃酒,吃饭的时候不能把米饭撒到桌上,如有就要捡回碗里,祖母对顾颉刚说,"惜食有食吃,惜衣有衣穿。人间狼藉一粒米,天上看了就像一粒星"。她的这种严厉是发自本心的慈爱,却让少时顾颉刚对她又爱又怕,怕比爱多。

祖母对顾颉刚的饮食起居照顾得无微不至,"有骨的,像鱼,她要去了骨给我吃。难吃的,像蟹,她要出了肉给我吃"。在起居方面,顾颉刚自少时到十八岁结婚一直跟祖母一床睡。祖母对顾颉刚一方面在吃食方面节制他的欲望,一方面又是溺爱的样子,这样做的目的除了有隔代亲的成分外,无非是希望顾颉刚在正途上用功。而这个正途就是读书。她常常给顾颉刚强调,"阿双,你读书要好好用功啊!我们家里从来没有一个白衣的人,你总不要坍了祖宗的台才好啊!"顾颉刚自然是牢记在心,不过小孩子难免有贪玩打盹逃学的时候,有一次天下大雨,顾颉刚便想不去,"我看着祖母说,'今天雨太大了!'她毫不思索地指着天坚决地说:'你想不去了吧! 就是落铁,也得去!'这斩钉截铁的几个字,我一世也忘不掉。"③可喜的是顾颉刚的确爱读书,据顾颉刚自述还在襁褓之中的他,祖父便教其识字,三岁时母亲教读《三字经》《千字文》,老妈

---

① 顾颉刚:《顾颉刚全集·宝树园文存》卷六,中华书局 2011 年版,第 301 页。
② 顾颉刚:《顾颉刚全集·宝树园文存》卷六,中华书局 2011 年版,第 305 页。
③ 顾颉刚:《顾颉刚全集·宝树园文存》卷六,中华书局 2011 年版,第 307 页。

子"抱至观前,识招牌上字"①。如果把顾颉刚少时所读的书稍微排比一下,大致能看出他的读书趣味,除了西学东渐的些微影响之外,顾颉刚接受的仍然是十分传统的文史训练路数:

四岁　(一八九六年)叔父教读《诗品》。

五岁　叔父教读《天文歌诀》《地球韵言》《读史论略》。

六岁　入私塾,读《大学》《中庸》。此外还读新书《万国史记》《泰西新史揽要》《万国演义》。

七岁　入孙宅私塾,读《中庸》《论语》。

八岁　入孙宅私塾,读《论语》《孟子》。这一年《四书》全部读完。另外还读《三国演义》。

九岁　改入张氏私塾,读《诗经》《左传》。

十岁　读《左传》《东莱博议》《读史论略》《学堂日记》。

十一岁　读《左传》《古文翼》《湖北官书局书目》,还读新书《西洋文明史要》。

十二岁　读《左传》毕。读《纲鉴易知录》。读《新民丛报》以及商务印书馆所出的《绣像小说》。

十三岁　读《礼记》,阅《时报》。

十四岁　入长元吴公立高等小学校,接受新式教育。读《二十二子》《汉魏丛书》,阅《复报》。

十五岁　入高等小学。读《国粹学报》。

十六岁　入苏州公立第一中学堂。读《国粹学报》,逛旧书铺。

十七岁　读《尚书》《周易》《礼记》。读《国粹学报》。读姚际恒《古今伪书考》,所受震撼极大。

十八岁　读《民立报》《国粹学报》。读沈复《浮生六记》。

十九岁　(一九一一年)入公立学校四年级,读《民立报》《国粹

① 顾颉刚:《顾颉刚全集·顾颉刚日记》卷三,中华书局 2011 年版,第 510 页。

学报》、谭嗣同《仁学》。①

在晚清民初这个新旧交替的时代,顾颉刚像很多其他读书人一样还在接受着十分传统的教育。8岁这一年顾颉刚读完《四书》,又听祖父讲了天地开辟的神话,顾颉刚发生了疑惑,他在想中国文化里历史人物的孰先孰后问题,于是在《四书》里找着了历史的系统,"做了六七页的史,……现在想起来,实在是很有断制,不能不自惊吾作史的天才。比太史公作《孔子世家》,只说到子贡庐孔子墓,还进一步呢"。② 这段话是顾颉刚27岁回忆自己8岁作史学文章的印象,不得不承认,顾颉刚在读书上很有些异秉。

顾颉刚开列的这些少时所读书籍,有不少书不太符合儿童的阅读天性,读起来味同嚼蜡。顾颉刚说他读到《诗经·国风》的时候,文字的曼妙,态度的温柔,很使他入迷。等到读到《大雅》《小雅》,里面充斥着生僻的字眼,加之文学情味的缺乏,使得他一点读书的趣味都没有了。当时的先生又颇为严厉,使得顾颉刚"越怕读,他越要逼着我读。我念不出时,他把戒尺在桌上乱碰;背不出时,戒尺便在我的头上乱打。在这种的威吓和迫击之下,长使我战栗恐怖,结果竟把我逼成了口吃,害得我的一生永不能在言语中自由发表思想"。③ 后来顾颉刚还在日记里说,九岁时读《诗经》让他神经衰弱。

顾颉刚的祖父一生喜欢金石和小学,顾的父亲和叔父喜欢文学和史学,好朋友王伯祥喜欢史学,叶圣陶喜欢文学。如此的耳濡目染带给幼时顾颉刚的印象是读书原本是多方面的丰富的,但顾颉刚的兴趣并没有倾向于金石小学,他发现自己喜欢文学和经学。因为得到长辈的支持,顾颉刚有较多的零花钱去买书,那时候苏州观前街还是一个文化中心的样子,旧书铺颇不少,顾颉刚可以尽情尽兴买自己想看的书。

---

① 根据顾潮编著《顾颉刚年谱》(增订本)综合整理而来,中华书局2011年版。《顾颉刚日记》卷一也有记载少时读书历程,见中华书局2011年版,第437—438页。顾潮所述其父顾颉刚六岁读《万国演义》,可核对《万国演义》原书版权页,二者对不上。《万国演义》是光绪二十九年(1903年)才发行,顾颉刚六岁那年是1898年。考其对不上的原因是顾潮用了顾颉刚1961年所写的回忆文章《我在辛亥革命时期的观感》一文,可能人到老年记忆难免发生错误。

② 顾颉刚:《顾颉刚全集·顾颉刚书信集》卷四,中华书局2011年版,第192页。

③ 顾颉刚:《顾颉刚全集·顾颉刚古史论文集》卷一,中华书局2011年版,第6—7页。

"年十一二,塾课既罢,恒偕同学友人涉足玄妙观书坊,出饼饵钱数十,买短书一二册,踏夕阳以归,翻之诵之,不求甚解,自以为至乐"①。

顾颉刚购买的第一本书是《西洋文明史要》,那一年他虚岁十一。此书为日本人高山林次郎所著,苏州人何普译。顾颉刚所以买它,并非因其是历史书,而是价格合适,囊中之钱刚好能买下。此外还购买了江湜《伏敔堂诗录》、陈宏谋《五种遗规》、袁枚《小仓山房文集》、司空图《诗品》,大抵都是文史之类书籍②。

顾颉刚比别人特出的地方在于到了旧书铺便向人请教目录版本学方面的知识,所以像《四库总目》《汇刻总目》《书目答问》他都翻过。这也养成了顾颉刚的一个读书习惯,即读书可以不精但不可不博。顾颉刚好像是一只狐狸,嗅着书的气味便要一本本寻索下去,仿佛抽丝一定要剥茧。顾颉刚很坦率地说,"只为翻书太多了,所以各种书很少从第一字看到末一字的",但顾颉刚并不为此可惜,接下来他就很有底气地说这样读书也有好处,"因为这是读书时寻题目,从题目上更去寻材料,而不是读死书。"这种活泛的顾氏读书法的确成就了顾颉刚,萌发了他的怀疑之心。约在十一二岁顾颉刚初读《纲鉴易知录》,他说最厌恶《纲鉴易知录》的地方是"势利",张良和荆轲谋刺秦王,一样没有成功,张良书为"韩人张良",荆轲则书为"盗","我对于这种不公平的记载非常痛恨,要用我自己的意见把它改了"③。虽然顾颉刚有些怀疑并不正确,有的甚至武断,不过这启发他对于一些约定俗成的说法总要歪着头想想到底是怎么一回事,比如顾颉刚看到说孔子有老师七人的说法,他便想这七个人到底是谁,这便是打破砂锅问到底的精神气质。

除了得自家庭的熏习而外,学校教授的谈文讲史对顾颉刚也很重要,但是顾颉刚好像不太喜欢死板的私塾教育。在读书上顾颉刚是一个颇为挑剔之人,如果教员只是一板一眼照本宣科,讲不出东西来,那就是很不好的事情了。在读高等小学的时候,顾颉刚发现他对教员不信任,认为他们这些教员只是食得别人的余唾,缺乏真知灼见。直至若

---

① 顾颉刚:《顾颉刚全集·宝树园文存》卷二,中华书局2011年版,第250页。
② 俞国林编:《顾颉刚旧藏签名本图录》,中华书局2013年版,第474页。
③ 顾颉刚:《顾颉刚全集·顾颉刚古史论文集》卷一,中华书局2011年版,第7页。

干年后顾颉刚还在日记里发挥个性与学校教育之关系：

> 今晨四五时间，梦在长沙讲演，题为"个性与社会性之不可偏废"。讲辞中云："即以我为例，假使在学校尽听教师的话，尽读教科书，我这个人就完了！可是因为在学校中不受羁勒，有许多基本知识不曾弄好，现在再要学，也迟了！"此真我心头深入之悲哀也。（1935 年 12 月 11 日日记）①

顾颉刚话里的意思还是"迟了"比"完了"要好。顾颉刚除了读正经的文史著作在潜移默化之间锻炼自己的学术口味外，他也没有隔绝于时代，他从父亲那里读到了《新民丛报》，接触到了梁启超。《新民丛报》上的文字是古书里从来不曾有过的。梁任公文章那充沛的感情，平易畅达的文风，尤其是《少年中国说》《呵旁观者文》的慷慨激昂，让顾颉刚相当欣赏，"把作者的感情和自己的感情融化而为一了"②。顾颉刚后来在读书笔记里分析梁启超磅礴的文风为何能感染少时的他以及他自我反思蒙童所看之书应该具有四个特点：一要有兴趣，儿童崇尚勇敢，故大气磅礴之文尤能激动孩童心灵，挑起兴致；二是了解，所讲内容不能太过深奥；三是文章所述为近代事情；四是孩童有空闲的时间自己挑选观看③。顾颉刚曾多次谈到梁启超的《呵旁观者文》给他的深刻印痕。这篇文章最早发表于 1900 年第 36 期的《清议报》④。任公先生的这篇文章开篇一句独立成段便是，"天下最可厌可憎可鄙之人莫过于旁观者"。文章一针见血地归纳了国事危亡之际六种袖手旁观者形象（浑沌派、为我派、呜呼派、笑骂派、暴弃派、待时派），一气呵成的文风，动情动理的表达，难怪顾颉刚六十年之后仍然记得，文字的魔力大矣：

> ……

---

① 顾颉刚：《顾颉刚全集·顾颉刚日记》卷三，中华书局 2011 年版，第 418 页。

② 顾颉刚：《顾颉刚全集·宝树园文存》卷六，中华书局 2011 年版，第 481 页。

③ 顾颉刚：《顾颉刚全集·顾颉刚读书笔记》卷十五，中华书局 2011 年版，第 283 页。

④ 顾颉刚回忆说是在《新民丛报》上看到《少年中国说》《呵旁观者文》。顾颉刚的记忆有误，应该是《清议报》。《少年中国说》刊于《清议报》1900 年第 35 期。17 岁的夏承焘（1900—1986）读了《少年中国说》《呵旁观者文》评论："言论宏放，令人欲手舞足蹈，殊足增进吾学问智识"。（《夏承焘日记全编》第一册，浙江古籍出版社 2021 年版，第 228 页。）

三曰呜呼派。何谓呜呼派？彼辈以咨嗟太息痛哭流涕为独一无二之事业者也。其面常有忧国之容，其口不少衰时之语，告以事之当办，彼则曰诚当办也，奈无从办起何。告以国之已危，彼则曰诚极危也，奈已无可救何。再穷诘之，彼则曰国运而已，天心而已，无可奈何四字是其口诀，束手待毙一语是其真传。如见火之起，不务扑灭而太息于火势之炽炎。如见人之溺，不思拯援而痛恨于波涛之澎湃。……

四曰笑骂派。此派者谓之旁观宁谓之后观，以其常立于人之背后而以冷言热语批评人者也。彼辈不惟自为旁观者，又欲逼人使不得不为旁观者。既骂守旧亦骂维新，既骂小人亦骂君子。对老辈则骂其暮气已深，对青年则骂其躁进喜事。事之成也，则曰竖子成名。事之败也，则曰吾早料及。彼辈常自立于无可指摘之地。何也？不办事故无可指摘，旁观故无可指摘。……

还有梁启超翻译的《十五小豪杰》也是顾颉刚喜欢之书。梁启超的这些文字，以及像刘鹗的《老残游记》、李伯元的《文明小史》留给顾颉刚如此深刻的印象，想必是亡国灭种之下国人不振的情形，让顾颉刚不再两耳不闻窗外事，他觉得他也有救国的责任，"在这种热情的包裹之中，只觉得杀身救人是志士的唯一的目的，为政济世是学者的唯一的责任"①。

这种革命的热情终于给了顾颉刚实践的机会。1911年这一年顾颉刚被炽热的革命激情所感染，9月15日苏州光复以后，彼时就读苏州公立第一中学堂四年级的顾颉刚志愿做学生军，练习打靶，守夜巡逻，防御土匪，虽然很累，但顾颉刚颇觉自豪。顾颉刚回忆说，有一天苏州公民要选举苏州知府，借学校礼堂开会，而他却在学校后院开了一枪，"害得一班公民受了不意的惊慌，都说：'这是那儿来的枪声呵'？"②这大概是顾颉刚人生中放的第一枪也是最后一枪。这时的顾颉刚读着报纸上那些慷慨激昂的革命词句大有深入我心击节称赏之感。他政治的兴味太浓了，对旧书的爱好已经放在一边，顾颉刚作诗云："嗟尔经与史，

---

① 顾颉刚：《顾颉刚全集·顾颉刚古史论文集》卷一，中华书局2011年版，第11页。
② 颉刚：《十四年前的印象》，《京报副刊》（国庆特号）第294号，1925年10月10日。

存之有空楼。宁乖俗士心,勿污灵精目"。顾颉刚凭着少年一腔子的热血参与革命,加入中国社会党:

> 我们这一辈人在这时候太敢作奢侈的希望了,恨不能把整个的世界在最短时间之内澈底的重新造过,种族革命之后既连着政治革命,政治革命之后当然要连着社会革命,从此可以直到无政府无家庭无金钱的境界了。所以我入党之后,剧烈的宣传社会主义,一天到晚做宣传的工作,虽是引起了家庭的责斥,朋友的非笑,全都不管。我只觉得世界大同的日子是近了,反对我的人实在是糊涂。①

顾颉刚激烈地提倡社会主义,要达到没有国家、没有家庭、没有金钱的世界,满心满意要实现无政府主义。祖母便问他,"既经没有家庭,把我放到那里?"顾颉刚回答,"请你住在养老院。"祖母不禁大怒,"我这般喜欢你,你竟要把我送到养老院去过活,成什么话!"②老父亲听说顾颉刚参与办党,生怕他出事,流着泪对顾颉刚说:"我只有你一个儿子,我不能让你办党!"③后来顾颉刚慢慢看清楚了党内那些表里不一的肮脏事情,加上家里人反对,才慢慢收心去读书了。如果说梁启超给顾颉刚的影响是读书人必得看看窗外的世界,要关心国事与政治,倒不如说不管梁启超也好还是之后《民立报》的时论也罢,不过是激发了顾颉刚心中的革命与政治之激情。顾颉刚是一位政治性很强的学术人物。

少时的读书能够打入顾颉刚心坎的,除了这些奋激一时的时论外,再就是那些文笔清通优美、有故事的书籍,像《西青散记》《浮生六记》《聊斋志异》之类的文艺作品。他后来评价《聊斋志异》是一部描写专一深挚爱情的书,写法不凝滞不堆砌,还从文艺角度分析"情"和"淫"之分别。如果写一男一女之爱情,这种写法的传播效果可以使人心敦厚、社会安宁。若果像某些淫书"提倡杂交",描写"一男交许多女,一女交许

① 颉刚:《十四年前的印象》,《京报副刊》(国庆特号)第 294 号,1925 年 10 月 10 日。
② 顾颉刚:《顾颉刚全集·宝树园文存》卷六,中华书局 2011 年版,第 494 页。
③ 顾颉刚:《顾颉刚全集·宝树园文存》卷六,中华书局 2011 年版,第 497 页。

多男"①,读的人很可能会心神淫荡,身家破灭。少时顾颉刚受好友叶圣陶的熏染,一度倾心于文学。还有从亲朋好友那里听来的那些像徐文长、《山海经》之类的民间传奇故事,陶冶了顾颉刚一颗文学的心。以致顾颉刚成年之后还记得盂兰盆会放水灯的故事:"一只船坐和尚,一只船坐道士,一只船坐尼姑……"②这对顾颉刚是一种很温煦的怀念。

顾颉刚的读书生活与别人不太一样,概括言之,便是耳濡目染、手脚并用。"耳濡"更多是家中长辈的讲古,这是顾颉刚机械死板正统读书经历里的一抹亮色,"目染"除了读正经的传统文史著作,还读受时潮影响的报刊文章和新小说。顾颉刚读书既不是为了获得好的分数也不是为了得到长辈夸奖,他只是想通过书本去了解宽大的世界,想去探索一番。手脚并用则是向不喜死读书的顾颉刚爱好游览,和读书一样都是想伸手去触摸未知的世界,这是性情使然,也是验证所读之书记载是否确然之必要。顾颉刚在24岁时回忆12岁曾自述写有一文《恨不能》,有二十余事是心中想实现的,其中还记得清晰的是三件。第一,恨不能战死沙场,马革裹尸;第二,恨不能游尽天下名山大川;第三,恨不能读尽天下之书。顾颉刚说这是他童稚时期的好谈功业,不禁有大言炎炎之感,如今心气衰歇,不敢再提,尤其是第一条更是视为畏途,避之犹恐不及,二三两条亦十去七八,不复当年之勇。不过终其一生,他除了第一条没有实现外,第二条基本实现了,日记里多有记录,偌大的中国顾颉刚基本走了一遍,他偶尔还写过一些游记作品比如早期的文言游记《常熟旅行记》《杭州旅行记》以及读书笔记中的旅游记载。第三条不好评判,但从顾颉刚数百万字日记和读书笔记来判断,他真爱读书,最终成了一个很有禀赋、很有成就的读书人,这不得不令人佩服。

第二节　听戏和章太炎的课

顾颉刚1913年念完中学便已具备报考大学的学力,于是选择投考

① 顾颉刚:《顾颉刚全集·顾颉刚书信集》卷四,中华书局2011年版,第179页。
② 顾颉刚:《顾颉刚全集·顾颉刚日记》卷三,中华书局2011年版,第511页。

北大。顾颉刚父亲顾子虬曾短暂求学还是京师大学堂时期的北京大学，但顾子虬考虑养家糊口的问题便中途退学。顾子虬没读完北大留下心结，便希望儿子考进北大，于是他便告知顾颉刚，"大学堂的书，我是读不成了。我只望你好好用功，将来考得进这学堂，由你去读完了它罢。"①顾颉刚看着父亲带回来的那些东西，比如寄给他的信封上写着"北京马神庙京师大学堂斋舍天字一号"就够令他遐想的了，他还以为父亲是考了第一名才住在那里。顾颉刚想象北大的老师都是博学鸿儒，学问肯定是了不得的。因此顾颉刚对北大颇为向往。

1913年1月24日《时报》登载了一则报考北京大学的通告，内容为：

> 中华民国二年一月十二日准教育部元电开北京大学本年八月开文理法商农工各科新班贵省合格学生志愿应考者每科约有几人希电复又该大学于四月开办预科新班拟二月间在北京汉口上海三处招考请饬合格学生志愿入学者先向本省教育司报名俟考期确定再由本部电令赴考等因合行通告各分科预科合格学生一体知悉如志愿应考者务于一月三十一日以前亲到本省教育司报名以凭分别办理部限迫促幸无观望自误特此广告②

顾颉刚便与好友吴奎霄赶到上海的寰球中国学生会报考预科乙类。那时预科分两类，甲类是为进文法商等科而准备，乙类是为进理工农等科而准备。顾颉刚报考乙类农科源于当时袁世凯的暴政，他想远离政治，另外出于一种文学的考虑，以为学农科可以啸傲山林，幻想一种传统文人的归园田居。没过多久就考试了，监考人是当时北大预科学长胡仁源，顾颉刚形容胡仁源"白白胖胖常带笑容"，考试颇为宽松，"考生挤得太紧，交头接耳极容易"。发榜的时候顾颉刚第九名，吴奎霄第十名，双双被北大录取。他们成绩这么靠近是因为考试的时候二人互相参考协商过。

1913年4月末左右，顾颉刚通过走海路抵达北京，准备搬进学生宿

① 顾颉刚：《我在北大》（上），《北大化讯》1945年第10期。
② 顾潮在《顾颉刚年谱》1913年的谱文说这年北大只有工科和预科招生，不确。因为顾潮是根据顾颉刚1945年《我在北大》中的说法，可能年深日久顾颉刚记忆出了偏差。

舍,感受那种神秘的大学生活,未曾想之前的毕业生还未搬走,顾颉刚只得到校外赁屋居住,为了打发时间,当然顾颉刚说是为了排除不读书的苦闷,便去听戏。这简直是对上了顾颉刚的胃口,那时戏价很便宜,何况顾颉刚租住的西河沿附近是颇为繁华的市井场所,"西河沿之劝业场,廊房头条胡同之首善第一楼,观音寺街之青云阁皆京师之所谓市场。一切规画多仿日本劝工场式,市肆栉比,百货罗列,光怪陆离,不可方物。其中有饭庄有茶肆有照相馆有弹子房且为游戏场焉。晌午以后游客麇集,绿女红男衣香鬓影令人神为之夺"①,当时北大的学生管理制度十分松散,这里几乎天天有好戏,顾颉刚怎肯放过。他说他那个时候上午十一时半吃了饭,十二时进场听戏,直到天擦黑才出来。如果还有空就去逛逛青云阁、首善第一楼,顺便再去地摊上淘几本旧书。时间的空白就这样被填补了。这种日子大概经历了一个月,北京大学来了通知便搬回学校正式上课,"可是好戏子的吸引力比好教员更大,好像讲堂的梁上绕着他们的余音似的,收拾不住这意马心猿,我终究做了他们的俘虏了"②。

顾颉刚本来是怀着崇敬的心情考进北大的,他以为北大的教员个个都渊博似海,可以带着学子遨游学问的海洋。哪曾想顾颉刚对北大预科班上的教员颇为失望,感觉他们与好教员的水平差之千里,如果用三个字形容就是:没学问。顾颉刚自小倾心于历史,但从小学到大学预科,那些历史老师换了一个又一个,最普通的教员只是把教科书念一遍,稍微好一点就是写黑板,为历史人物写履历表,比如某位皇帝生了几个小孩,哪个儿子继承皇位,最好的能写出一点历史沿革,器物的注解,"完全没有得到他们的益处"③。

> 学士博士与秀才举人,夷等不必皆有学也。故何燏时,太学校长也,仅译《中等化学教科书》;陈宝泉,高等师范校长也,仅编《单级小学教科书》;沈步洲,大学豫科学长也,仅编《高等小学英文教

---

① 倦鹤:《燕尘走马录》,《七襄》1914 年第 4 期。
② 顾颉刚:《我在北大》(上),《北大化讯》1945 年第 10 期。
③ 顾颉刚:《中学校本国史教科书编纂法的商榷》,《教育杂志》1922 年第 14 卷 4 号。

科书》；陈悭，学术评定会委员也，仅编译《中等算术教科书》、《中等教科心理易解》。诸君长技尽于此矣。问其学位，大都学士也。政府办理学务，胥以属之此等人。而尚有不及于此者（如胡仁源、夏锡祺辈），觍颜握学术之权，可不羞欤。①

顾颉刚从小喜欢自己思考，自己买书看书想问题，认为自修得来的学问才是真学问，"对于教师的信仰，十分薄弱"，"教坛上的讲授，是最不可靠的一件事"②。顾颉刚考上北大，才发现"堂堂大学校，只以中材充教员"，在没有遇到好教员的情况下，他自然倾心于听戏。顾颉刚的戏瘾相当大，尤喜悲情苦情戏。他特别欣赏唱秦腔青衣的小香水，小香水在演出的时候颇具感染力，扮演一些被侮辱被伤害的角色如被丈夫欺凌的妻子、被婆婆虐待的儿媳等尤其具有代入感，使得坐在台下听戏的顾颉刚，"对戏中的她同情极了，往往她在台上哭时我便在台下哭"。③凡是小香水的戏顾颉刚都爱听，不光在北京听，还跑到天津去听，大有捧角之势。顾颉刚留下的早期看戏日记记载了不少赵佩云（小香水）的信息：

> 1913年10月1日，得天津寄来《时闻报》，知佩云昨晚与小达子排《大拾万金》……
>
> 1913年10月2日，香水在京时唱《探母》中须生，为都人激赏。
>
> 1913年10月4日，前在天津观香水剧，夜深而归……
>
> 1913年10月6日，观《时闻报》，知前日香水与达子演《算粮》……④
>
> ……

当24年后顾颉刚在报上看到小香水远非当年可比，不禁写下"老去佳人，侘傺至此"⑤的感叹。顾颉刚除了欣赏小香水，还很欣赏一位饰演旦角的"五郎"，他用了相当程度的语言去形容他，完全是一副陶醉戏

① 顾颉刚：《顾颉刚全集·顾颉刚读书笔记》卷十五，中华书局2011年版，第25页。
② 顾颉刚：《顾颉刚全集·顾颉刚书信集》卷四，中华书局2011年版，第50页。
③ 顾颉刚：《我在北大》（中），《北大化讯》1945年第11期。
④ 顾颉刚：《顾颉刚全集·顾颉刚日记》卷一，中华书局2011年版。
⑤ 顾颉刚：《顾颉刚全集·顾颉刚日记》卷三，中华书局2011年版，第660页。

中的旧式文人样子，"彼粉黛三千，乡壁自谓容美，苟使其一见五郎，直尽当夺魄而死……楚伧见梅兰芳，已为之作本纪，拟之于帝王；今吾得五郎，则更不能以帝王称之，吾更不知如何而称之可也。"五郎演《错中错》，"一笑倾城不足其艳，一顾销魂不足其娇，诚极人间之美矣。做女红时，抽线停针，皆有丰致"①。这个时候的顾颉刚的确入戏甚深，常常被感动，感动之余作长函告诉好友叶圣陶心中之所想所感。顾颉刚原函已不可见，叶圣陶的回信似乎是告诫他不可入戏太深，与其春莺劳顿损神情，坐看困风尘，何若从此不见。顾颉刚深不以为然，觉得好友并不理解自己心中所想。虽然顾颉刚欣赏小香水的表演，但并没有局限于她，还去听谭鑫培、梅兰芳、马连良等名家的戏，为了省钱看戏，一度靠"吃烧饼过日子"，"无论哪一种腔调，哪一个班子，都要去听上几次。全北京的伶人大约都给我看见了"。

何况顾颉刚当时选择农科，有些课如演算、绘图，因为原先没有基础，跟不上进度，上得人心情低落，所以 1914 年上半年顾颉刚便选择休学，这给了他更多的听戏机会。因为看得认真看得投入，顾颉刚在传统旧戏里面正儿八经看出了学问的门道。旧戏一般改编自旧小说，但又有所不同，顾颉刚发现《杨家将》小说中只有八妹并无八郎，而戏曲中杨八郎的故事则丰富了起来。比如《辕门斩子》在皮黄班中是一挂斩杀剑，佘太君就出帐；在梆子班中，挂剑后佘太君跪在帐前。同一桩故事在小说与戏曲中不同的情节，让顾颉刚觉得应把它当成一个问题去仔细琢磨，琢磨的结果便是他发现一件故事的本来面目如何或者当时有没有这件事情，已经不大可能得知了，但是可以去探讨故事在时光岁月行走中的变迁与差异。改戏的人往往会将情感附着在故事上，因此会让故事迁就情感。如果把这些差异一一排比研究是颇有意义的。"我看了两年多的戏，惟一的成绩便是认识了这些故事的性质和格局，知道虽是无稽之谈原也有它的无稽的法则"②。一出戏越是晚出，它的故事就越复杂，添油加醋的痕迹也就越重，看戏如此，看古史亦然。看戏看

---

① 顾颉刚：《顾颉刚全集·顾颉刚日记》卷一，中华书局 2011 年版，第 32 页。
② 顾颉刚：《顾颉刚全集·顾颉刚古史论文集》卷一，中华书局 2011 年版，第 20 页。

得多了,顾颉刚就有了一种时间性和空间性的系统研究眼光,他便想模仿《史通》写《戏通》,打算把古今戏剧演化的历史、地方戏剧的风格、各种角色的名目与任务以及戏剧与小说之关系等方面都一一写出来,无奈计划太大,无疾而终。

也许真的得感谢此时管理松散的北大,让顾颉刚凭着兴趣做自己想做的事情,他唯一需要考虑的是家里给的零用钱恐怕不够如此花销,所以得吃烧饼,把钱撙节下来去听戏。除了听戏,顾颉刚还去听了章太炎的国学演讲课。时间是 1913 年 12 月,顾颉刚缘何去听他的演讲,还得说以前顾颉刚翻阅过《国粹学报》,对章炳麟(章太炎)就颇为仰慕,恰好他的同学毛子水给顾颉刚说章太炎在宣武门化石桥共和党本部讲学,可以去听一听。顾颉刚一听他说起便去了。因为顾颉刚在读书上很服膺毛子水,他以为自己读书好博,总是顺着自己的兴趣读书,桌上的书总是乱堆乱放,一派野路子,而毛子水读书专注,很有章法,"他书桌上干干净净的只放一本书,读书时心不旁骛,惭愧得汗流浃背"①。

章太炎的国学讲习会主要是四方面内容,文科方面的小学和文学,史科方面的史评和社会变迁,法科方面的历代法制,玄科方面的九流哲学和佛学。除星期日外每天讲演两点钟,时间是晚上七点到九点,周一至周三讲文科的小学,周四讲文科的文学,周五讲史科,周六讲玄科。顾颉刚对于老师一向很少有佩服的,这一次章太炎的短暂演讲却摄住了他的心神,"以前我在黑暗里摸索,文字上常有看不明白的地方,尤其是音韵学方面简直莫名其妙,现在经他口头一叙述,就成了我所享有的知识了",觉得章太炎的讲演渊博又有系统。讲演中章太炎专门讲孔子的话题,其讲习会所贴布告说明,国学讲习会跟孔教会的孔子不一样,来听讲者只能在国学讲习会与孔教会二者选一。这让顾颉刚反而疑惑了,四书五经大家都可以讲,孔子也是其中一部分,二者为何水火不容视同敌对呢?原来这是今古文之争。经古文学家章太炎说孔教会讲的孔子是政治的孔子,跟学问没有关系,他们提倡孔子是别有用心,妄造孔子的事迹,推尊为教主,把好端端的孔子发展成为一种孔教。章太炎

① 顾颉刚:《我在北大》(三),《北大化讯》1946 年第 12 期。

在文章里说孔教一名的由来,"始妄人康有为,实今文经师之流毒"①。这一切在顾颉刚听来特别不可思议,觉得天底下怎么会有这样的妄人去相信这种无稽之谈。

> 我真不明白,为什么到了现在科学昌明的时代,还有这一班无聊的今文家敢出来兴妖作怪?古文家主张六经皆史,把孔子当作哲学家和史学家看待,我深信这是极合理的。我愿意随从太炎先生之风,用了看史书的眼光去认识六经,用了看哲学和学者的眼光去认识孔子。②

此时的顾颉刚信从章太炎对今文学家的看法,他从太炎先生的演讲中发现书籍里的东西可以由自己的意志去驱遣,也就是有了想法和疑问可以去串联线索,原来顾颉刚以为读书只是一种兴趣,一种可以陶醉欣赏的趣味,现在则明白可以变成为学的材料,读书可以认清了门路拾级而上。受着这样的启发,顾颉刚真正去思考学问的事情。为了纠正自己读书泛滥的毛病,他还专门去点读八种既有系统又有宗旨的旧籍,譬如《史记》《史通》《文史通义》。顾颉刚认真按日点读这八种书,但用功太猛,埋下了日后失眠的毛病,他说1914年是他平生正式用功的第一年。

顾颉刚打算肃清经典上的夭妄之说,以求得一种科学性的解释,想踏着章太炎古文学家的路子走。这个时候的顾颉刚是崇拜章太炎的高峰时期。他甚至给自己起了一个号叫"上炎",意为追慕章太炎之意。还在读书笔记里期许,"吾今有妄言在,他日造诣,至少须有章太炎先生之今日"③。但顾颉刚读书喜欢一探究竟,他并没有止步于章太炎刺激的演讲,既然章太炎说今文学家康有为"妄",他便去找康有为的书来看,这一看不打紧,看着看着反而又佩服康有为起来了。

康有为发表在自己主办的1913年第1期《不忍》杂志上的《孔子改制考》,此文最明显的特点莫过于把孔子拉下神坛,让孔子变得平凡起

---

① 汤志钧编:《章太炎年谱长编》(增订本)上册,中华书局2013年版,第264页。
② 顾颉刚:《顾颉刚全集·顾颉刚古史论文集》卷一,中华书局2011年版,第21页。
③ 顾颉刚:《顾颉刚全集·顾颉刚读书笔记》卷十五,中华书局2011年版,第35页。

来。第一篇"上古茫昧无稽考"说，"人生六七龄以前事迹茫昧不可得记也，开国之始方略缺如不可得考也，况太古开辟为萌为芽，慢慢长夜舟车不通，书契难削，畴能稽哉……故得一孔子而日月光华山川焜耀，然夷考旧文，实犹茫昧，虽有美盛，不尽可考焉。"顾颉刚初读之下颇觉合其口味，虽然康氏所说间有偏颇，有些论断不够严密，甚至有牵强附会之处，但这时候的顾颉刚对康有为敏锐的观察力还是大体佩服的。到了晚年顾颉刚评价此书仿佛是"两颗重磅炸弹，竟炸毁了二千余年来顽固保守的壁垒"[1]，因为在中国的传统文化里，这种从否定处谈孔子的说法实在是凤毛麟角。

顾颉刚发现章太炎评价康有为是夹杂着家派门户的意气。在没有搞清楚谁对谁错之前，顾颉刚决定保持平心的态度，谁也不偏向。章太炎还说夏曾佑的书写得不错，于是顾颉刚又去找来读了读。夏曾佑这本书叫《最新中学教科书中国历史》，后来商务印书馆重出改名为《中国古代史》，改名之后初版发行于 1933 年 11 月，三版发行于 1935 年 5月。此书开篇就把太古三代定为"传疑时代"，认为天地开辟至于周初，并无信史，寓言实事两不可分，无法判断真伪。此书第一章第二十五节分析桀纣之恶太相似，认为一定有后人的有意附会。顾颉刚读后觉得所言甚是，"见之骇然，始而疑，终而信"[2]，发现该书"处处以科学眼光观察，发明精义不少，殊令人读而忘倦"。[3]

顾颉刚一方面对章太炎很崇拜，读书笔记里经常提到章太炎，但他并没有盲从章太炎的说法，随着时间推移以及顾颉刚对学术的认识加深，慢慢对章太炎的爱敬之心便低落了。还是顾颉刚的同学毛子水说得对，章太炎的国学讲习会对于初学者是一个不错的门径，至于章太炎所讲内容得好好在心里过一过，要保持吾爱吾师吾更爱真理的态度。

顾颉刚应该说从章太炎、康有为的学说里汲取了有用的资源，想混化成自己的东西，不禁放胆去写一些学思文字。1914 年顾颉刚写过一篇《丧文论》，说《六经》是诸子共有，非孔子专属，把孔教徒、古文家、新

① 顾颉刚：《顾颉刚全集·宝树园文存》卷二，中华书局 2011 年版，第 405 页。
② 顾颉刚：《顾颉刚全集·宝树园文存》卷二，中华书局 2011 年版，第 426 页。
③ 顾颉刚：《顾颉刚全集·顾颉刚读书笔记》卷十五，中华书局 2011 年版，第 9 页。

小说家、新教育家都实实在在批判了一番。顾颉刚说《六经》把它当作一般的书去看就好了,可是,"后人诡诞,钩为大法,乃至素王受命,竟成天心,儒士讲经,比于妖诬,然君统之世,夸言致用,附会尊圣,亦以遂荣利、致通显,慰其小人之学。""今《六经》聚讼,各以为汉制作之心,臆相揣度,浮嚣者既证于共和,顽执者亦解乎君主,片言巧合,欲为之死,遂使国本飘摇,民生不泰。"①整个行文语气颇为激烈,顾颉刚说他是为孔子鸣冤叫屈。当时的同学傅斯年准备把这篇文章放在他们打算创刊的杂志《劝学》上,还准备放在首篇,但其他同学有点不敢,于是拿给文科教员桂邦杰老先生去看,老先生一看心下大惊,说"这种东西哪里可以印出来!"②这篇文章便没有发出来。这对顾颉刚并没有丝毫影响,他对学问的思考都写入了读书笔记,就孔子这个话题而言,顾颉刚在读书笔记中记载了好多条。1916年的读书笔记中顾颉刚写道,汉代讲究谶纬,受黄老之学影响,凡是为人所崇拜的对象,几乎都成了神仙,"使非后来禁绝谶纬,则孔子亦三清教主之流耳。汉代最荒学术,无推理之思想,故今文家之邪说,与方士合为一也"③。顾颉刚的这个想法后来发展成了一本小书《秦汉的方士与儒生》。

仔细去看顾颉刚1914年至1916年的读书笔记,不难发现内容颇为驳杂,用他自己回答舍友朱孔平的话说,北大校中他所读之书,旧籍无类无之,即便是小说戏词类书字汇亦有,西书虽不完全,但也有十之五六。此时的顾颉刚是一个不折不扣的杂家。这一条条读书笔记,虽然顾颉刚很谦虚地说里边"几乎满幅是空话,有些竟是荒唐话",其实话外之音他是很珍视这些读书随想的。虽然也许有武断荒唐放狂言的地方,比如顾颉刚竟说,"读书十年,出而骂世",但这只是一个年轻人偶一为之的可爱,不可放大了来看。这些笔记一页页写下去,天长地久,顾颉刚慢慢理出了端绪,觉得短小薄弱的东西就变得质实起来,也就形成了自己的为学特色。观他的读书笔记还可发现顾颉刚喜欢制定庞大的学术计划。他说中国的学术没有条理,无人整理,无路可通,他便想写

① 顾颉刚:《顾颉刚全集·宝树园文存》卷一,中华书局2011年版,第114—115页。
② 顾颉刚:《我在北大》(三),《北大化讯》1946年第12期。
③ 顾颉刚:《顾颉刚全集·顾颉刚读书笔记》卷十五,中华书局2011年版,第94页。

五百卷的《国学志》；历代的老子之学云烟环绕，他便想写《老子顾氏学》；中国、印度、欧洲哲学无纵横贯通之人，他想万流汇宗成宇宙间之哲学，名为《天人论》；中国的书籍无人整理，便要撰《中国书籍总目》，使后来者国故可明。顾颉刚还要撰《学术文抄》三千卷，《学术丛抄》一千卷，《群书序目》五千卷。这些计划动不动就几百卷，这可是一个22岁青年立下的学术雄心！心气的确是太高了。他甚至很可爱地想到，这些计划要是完成的话那得要长命才行，"余身体孱弱，恐不永年。欲成此志，年当七十才可。天乎佑吾，即以佑人。中途而死，是天欲绝人类于学问也。"①顾颉刚实在是一个有心气的爱书人。

　　顾颉刚不得不说是一个学术早慧的人，接触的人、看到的书没有让他目迷五色，找不到方向，反而是在"乱花渐欲迷人眼"的情况之下"领异标新二月花"。他在1914年12月16日的读书笔记篇首所写一段话，不啻是自道心声，"余读书最恶附会，又最恶胸无所见，作吠声之犬。……吾今有宏愿在：他日读书通博，必举一切附会，一切影响，皆揭破之，使无遁形，庶几为学术书籍人心世道之豸。"顾颉刚读书最讨厌两种人，一是附会，二是浅陋，看到这两种人，他说"要作三万三千三百三十三大呕"，顾颉刚主张读书要兼收并容，不可偏废，不存成见，多积常识。"豸"据说为传说中的神兽，可辨善恶曲直。顾颉刚自许学术之豸，就是在辨别材料的价值之前，准备先进行一些学术训练，比如他编辑完成了《清代著述考》，用目录学的方法对清代的学问家一一进行查考，这项工作使得他明白了从繁乱的材料中可以理出一个精简的头绪，这也是为学的基本路径。从他日后的成就看，顾颉刚是做到了学术之豸。

第三节　哲学门的老师们

　　三年的北大预科经历，顾颉刚真正得自北大课堂的东西并不是很多，再加上两次休学共一年半左右时间，顾颉刚的读书很有点像游学，这种无拘无束的经历反而让他收获颇丰，这让顾颉刚对人生、对学问有了进

① 顾颉刚：《顾颉刚全集·顾颉刚读书笔记》卷十五，中华书局2011年版，第65页。

一步的认识,他希望在纷繁复杂的千头万绪中理出一条精简的线索。顾颉刚觉得本科若能读哲学才可以深入现象背后探究本质,还有一层想法是他认为学哲学可以打好史学的根基,顾颉刚在 1920 年给好友罗家伦的信里写道,"哲学是人类精神的观察,史学是人类精神的表章,原是在一个方向的"[1]。因此他希望在哲学中寻求人生和学问的解决方法。

按说顾颉刚预科没毕业是不能考本科的,幸好当时北大收同等学力者,顾颉刚便以自修名义[2]报考本科,于是在 1916 年夏天他又到上海寰球学生会报名应考,只是把报考名字从"顾诵坤"换成了"顾颉刚"。考试地点是上海虹口澄衷学校,考试时间是 1916 年 7 月 18 日至 21日,监考官又碰到了那位在顾颉刚看来没什么学问但人很和气的胡仁源先生,胡先生居然没认出顾颉刚,顾颉刚更是装作不认识,这次考的有国文、历史、地理、心理、论理、英文等科,所幸考过了,成绩还不差,名列第五。顾颉刚就在这一年的秋季进了北大中国哲学门学哲学。那时候各个专业都称"门",如哲学门、中国文学门。到了 1919 年,北京大学把"门"改称"系",哲学门也就称为了哲学系。当时的哲学门其实经学的空气很浓厚,对于这一点,顾颉刚很清楚,他曾经对学生刘起釪说他读哲学门其实是想做一个经古文家,只是后来北大的革新,让顾颉刚的想法发生了变化。[3]

1917 年 1 月蔡元培执掌北京大学校长之职,锐意进取,大胆革新。原先的北大当官做老爷的习气重,蔡元培想改变这种陈腐的局面,想到首先要改变的是学生的观念,他到学校后发表的演说便强调,大学学生当以研究学问为天职,不当以大学为升官发财的阶梯。为此目的蔡先生引进陈独秀、胡适等新人,蔡元培认为只要有真才实学,可不必看重学历、政治倾向、学术派别,都能登上讲台讲文论道。而陈、胡又引进了不少好教员,同时也辞退不少不合格教员。其中文科学长陈独秀办《新青年》,提倡思想革命,一系列改革措施渐渐引起了公众的重视,让北大

① 顾颉刚:《顾颉刚全集·顾颉刚书信集》卷一,中华书局 2011 年版,第 237 页。
② 1917 年出版的《国立北京大学廿周年纪念册》学生花名册所记顾颉刚预科毕业学校是"自修学校",证明顾颉刚记忆不误。
③ 刘起釪:《顾颉刚先生学述》,中华书局 1986 年版,第 38 页。

整体的思想学术氛围越来越宽松，所谈话题也渐渐多起来、大胆起来。

顾颉刚所感受的风气自然也有蔡元培、陈独秀、胡适他们的影响，但一向关注学术的顾颉刚还有他自己特有的体会，他在文字里多次提到过《国人之公毒》这篇文章。该文发表于1916年1月10日发行的《东方杂志》，作者黄远生是一名记者。此文是这一期《东方杂志》首篇推出的文章，文中多处用加黑加粗加大的字体一针见血地指出整个国人的思想里普遍存在一种叫"笼统"的思想病，此病不除，无论何种革新何种事物的引进，都将与之同化，无有好结果，国人将永远沉沦下去。然则何谓笼统？黄远生认为，"凡无统系无实质无个性无差别者皆是，其所发生之现象则为武断专制沈滞腐朽因循柔弱。""笼统之国民必武断，武断者必专守形式，专守形式者必不许怀疑不许研究，怀疑研究则必认为异端为叛民，则必须火其书焚其庐。"文章认为在学术上因为定孔子于一尊，没有自由的学术精神，讲究家法派别，而当今世界，则讲究科学之分科，社会之分工，个性之解放，人格之独立，重理论重界限重独立自尊，如若还不洗心革面，去掉笼统之毛病，中国何有奋起直追的一天到来。黄远生提出的应对策略是创立一定的名词，用通俗的文体介绍普及西方好的思想方法为我所用。

中国的学术笼统玄秘之特点，顾颉刚从黄远生的文章里得到了颇为深刻的印象，他也在吴梅的《顾曲麈谈》里看到类似的论述，使他越发认识到国人对于中国固有的学术只有继承心、缺乏研究心，"能保守而不能进步，重实用而轻学理，务秘藏而不愿普及"[1]，这对有心改变中国学术现状的雄心勃勃的顾颉刚来讲，胸中有着万千问题，在还没有找到合适的论学语言、论学路径之前，看到有人发而议论，自然有知己之感。

顾颉刚读中国哲学门可以说是怀着学术心思进去的，他很敏感，在读书笔记里一直在琢磨学术的事。除了自己读书的所思所想外，课堂上的熏习也不可忽视。顾颉刚在哲学门的课表如下：

第一学年新生课程（必修科）

哲学概论　　　　　　陈百年（三时）

---

① 顾颉刚：《顾颉刚全集·顾颉刚读书笔记》卷十五，中华书局2011年版，第339页。

中国哲学史大纲　　　　　胡适之(三时)

心理学　　　　　　　　　陈百年(三时)

论理学　　　　　　　　　胡适之(二时)

外国语(第一种　第二种)(六时)

第一学年新生课程(选修科)(任选四时以上)

生物学　　　　　　　　　李石曾(三时)

经济学　　　　　　　　　顾梦渔(二时)

化学发达史　　　　　　　王抚五(一时)

地质学方法论　　　　　　王抚五(一时)

第二学年(必修科)

西洋哲学史大纲(续)　胡适之(三时)

伦理学　　　　　　　　　杨华生(三时)

中国哲学(二)　　　　　马夷初(三时)

外国语(第一种第二种)(六时)

第二学年(选修科)(任选五时以上)

社会学(续)　　　　　　陶孟和(三时)

心理学实验　　　　　　　陈百年(二时)

生物学　　　　　　　　　李石曾(三时)

言语学　　　　　　　　　沈步洲(二时)

人类学及人种学　　　　　陈仲骧(三时)

社会问题　　　　　　　　陶孟和(二时)

第三学年(必修科)

西洋哲学史大纲(续)　胡适之(三时)

中国哲学(四)　　　　　马夷初(三时)

外国语(第一种第二种)(六时)

第三学年(选修科)(任选六时以上)

印度哲学　　　　　　　　梁漱溟(三时)

社会问题　　　　　　　　陶孟和(二时)

伦理学史　　　　　　　　杨华生(二时)

生物学方法论	李石曾（一时）
地质学方法论	王抚五（一时）
化学发达史	王抚五（一时）①

中国哲学门的课程主要以中国哲学为主，主要功课有经学、中国哲学史、诸子哲学、宋明理学。从课表看，哲学门的必修课主要是胡适和马夷初来担任。这张课表基本囊括了中国哲学门的所有课程。课程里有自然科学、社会科学的内容，说明哲学门的课程有了科学化的色彩。不过有个别老师上课水准很差，据经济学家周德伟回忆，李石曾上课就是聊闲天，没什么学术含量。蔡元培所以聘请李石曾，是因为李有资源，可以跟教育部要来给老师们发薪水的银子②。

给顾颉刚上过中国哲学史课的老师除了胡适还有陈汉章、马夷初以及上春秋公羊学课的崔适。这三位老师都有学问，陈先生治学博洽，满脑子都是材料，讲中国哲学史从伏羲开始讲起，讲了一年还只讲到商朝的《洪范》，马夷初则从盘古开始讲起，而且还讲得比较笼统，顾颉刚早就知道有些材料靠不住，因为敬佩他们的广博以及师长身份，不好意思有所非议。其实他在听了陈、马二人课后在读书笔记里写到，"予谓作史者应从《易传》之语，断自伏羲，伏羲以前，无可徵信，当置弗论"③。崔适是一个经今文学家，著有《春秋复始》《史记探原》，上课就是照着自己的著作讲他的研究成果，冯友兰回忆"他上课，就抱着他的书，一个字一个字地念。我们当时的水平，也提不出什么问题。他就是那么诚诚恳恳地念，我们也恭恭敬敬地听。"④1916年顾颉刚读哲学门的时候仍然受章太炎的影响，脑海中可能还有一点薄今文而重古文的观念，认为今文学家解经太荒谬，而崔先生是主张今文的，因此对其不太认同。崔先生上课发给他们的讲义是他毕生精力所粹的《春秋复始》《史记探原》，顾颉刚只是领会了大概内容，后来顾颉刚读了今文学的代表著作

① 《北京大学日刊》1918 年 9 月 26 日第 213 号，第二版。
② 周德伟：《落笔惊风雨——我的一生与国民党的点滴》，远流出版事业股份有限公司 2011 年版，第 171 页。
③ 顾颉刚：《顾颉刚全集·顾颉刚读书笔记》卷十五，中华书局 2011 年版，第 235 页。
④ 冯友兰：《三松堂自序》，江苏文艺出版社 2011 年版，第 303 页。

《公羊传》《春秋繁露》，书里讲到的那些汉人迂谬的见解让顾颉刚甚为头痛，因此对崔适的课没什么好感，但是教他们的崔先生年已六十四，而且教学态度严肃而勤恳，"全班同学都十分钦敬他"①。三位师长里面，顾颉刚对马夷初的评价最低，这主要是受傅斯年在《北京大学日刊》发表文章指出马夷初的作品有抄袭嫌疑的影响，"马叙伦一辈人，做什么读书小记，什么校勘记，什么疏证，他自以为是一个大学者；他心里也不晓得学问是什么东西。"②

这三位先生里顾颉刚对陈汉章（陈伯弢）的态度很有意思。1917年年初的时候，顾颉刚给校长蔡元培写信挽留陈汉章，希望他继续讲授中国哲学史。理由是，"陈先生学贯六经，其所编讲义，融会经典，条理秩然"③。顾颉刚赞称陈汉章为"良师"。那陈汉章是何等意义的良师呢？史学系学生姚从吾回忆，陈先生上课"口讲指画，每一小时用粉笔写黑板，常尽数板。每讲一事，必旁征博引，使无剩义"，所编讲义"达十厚册"。当时学生称赞陈先生，"读书淹博，讲授详尽，实在不是泛泛的赞词"④。陈伯弢给学生留下很好的印象，很大程度是给史学系学生讲授中国通史。陈伯弢本来的学问路数从他自编《缀学堂丛书目录》看，115种著述大部分是考订校释类作品，所以陈独秀称陈伯弢为"考据经生"确有一定道理。

到了1917年10月份，顾颉刚给蔡元培、陈独秀写信谈变更中国哲学教授方法，顾颉刚认为中国哲学是让学生明白中国哲学之普遍条理，"握要以察物"，并与西洋哲学比较，明了中国哲学在哲学上的位置。无论是陈伯弢的教授还是胡适讲《墨子》、马夷初讲《庄子》都不是哲学课的正确讲法，所谓九流诸子不过是一家之言，只是材料而已，若只讲一家之言，不过哲学课，而不是哲学。哲学贵在统系，"诚如今日举一家一人而备析言之，半岁而尽一二人之说，则一国哲家，名其说者以千数，

---

① 顾颉刚：《顾颉刚全集·顾颉刚古史论文集》卷二，中华书局2011年版，第466页。1916年崔适给顾颉刚上课年纪是六十四岁，顾颉刚文章里说他年已七十，不确。
② 顾颉刚：《顾颉刚全集·顾颉刚日记》卷一，中华书局2011年版，第43页。
③ 顾颉刚：《顾颉刚全集·顾颉刚书信集》卷一，中华书局2011年版，第140—141页。
④ 姚从吾：《忆陈伯弢先生》，《益世报·史学》（昆明）第8期，1939年4月4日。

虽假以百年,毕生受业,犹恐不尽"①,这番言词中至少是不点名地指称了陈伯弢的授课方式,因为陈伯弢讲课从伏羲讲起,讲了一年才讲到商朝的《洪范》。陈伯弢讲得慢和他对中国哲学的认识有关,他认为中国哲学分为六期,周以前分为一期,周以后为五期,重要性不同,所以陈伯弢是有所侧重地讲。仅仅十个月的时间,顾颉刚的看法就发生了大变化。年初顾颉刚上蔡元培书,认为陈伯弢讲到《洪范》,便换人重讲,大家觉得"深痛极惜"。到十月份再上蔡元培书,顾颉刚认为中国哲学课应该"另制教授方法",到 1926 年顾颉刚写《古史辨第一册自序》时,他回忆这十年前的学习经历,认为自己看得明白陈伯弢当时讲的东西靠不住,只是佩服陈老先生的渊博,不忍心"非议"。

在写这封信的前两天,顾颉刚对好友叶圣陶说他想上呈校长请胡适之先生以西洋哲学之律令为中国哲学施条贯②,通俗地讲就是中国哲学的讲法与研究要借鉴西洋哲学研究方法。从此以后陈伯弢在顾颉刚的回忆里慢慢将印象固化在:博通,读书多,记忆力好,"两脚书橱",但没有近代科学观念,再也不提给蔡元培信里说陈伯弢"得其会通""得其文质递变之道"了。从顾颉刚对陈伯弢所下评语来看,他是在找寻或者说是在突破思路,也是在不断建构自己的学术历程。从《古史辨第一册自序》中顾颉刚把陈伯弢和胡适并提,用陈伯弢来烘托对比胡适带给自己的巨大影响,陈伯弢实在有一点当靶子的味道。姚从吾说他们史学系学生既可以享受陈伯弢这种老辈学者传统治学方法的亲炙,也有西洋近代史学方法的熏习,这二者在姚从吾看来是"新旧兼取",虽互有短长的较量,但免去了株守一隅的流弊。在"新青年"顾颉刚眼里陈伯弢已经老旧了。1917 年下半年,从哥伦比亚大学博士毕业回国的胡适在北大重新开讲中国哲学史,胡适心里拿不准学生是否认可,有一些不自信。顾颉刚与一帮同学刚开始也很怀疑他的水准,认为留学西洋的学生会如何讲述中国哲学史,"这样的人怎么配来讲授呢!"③。

话说胡适一开口就丢开三皇五帝唐虞夏商这些不可信的材料,直

① 顾颉刚:《顾颉刚全集·顾颉刚书信集》卷一,中华书局 2011 年版,第 152 页。
② 顾颉刚:《顾颉刚全集·顾颉刚书信集》卷一,中华书局 2011 年版,第 23 页。
③ 胡适:《胡适言论集》(甲编),华国出版社 1953 年版,第 95 页。

接从周宣王以后开始讲起。没想到这种讲法在充满着三皇五帝观念的学生头脑里是一个"重大打击",许多同学接受不了,"骇得一堂中舌挢而不能下"①。顾颉刚这话特别形象,"挢"是举起、翘起之意,"舌挢"就是舌头翘起,表示极度吃惊之意。胡适的讲授方法和陈汉章、崔适相比差距实在巨大,一边是谨守法度,没想过越雷池一步,一边是直接丢掉无稽之谈,用《诗经》做例证;一边是老老实实勤勤恳恳的旧学者,一边是意气风发的少年先进。用胡适的话说他这样讲就是"思想造反",还好顾颉刚班上没有激进分子。如果有,胡适很可能就被赶下来了。顾颉刚从震惊中回过神来,仔细听了下去,他发现胡先生虽然书没有陈汉章老先生读得多,但是有自己的方法,胡适讲的虽然是哲学,不啻是讲治史学的方法,"他用实验主义的态度讲学问,处处是出我意外,入我意中",②是一位"有眼光,有胆量,有断制,确是一个有能力的历史家"③。

顾颉刚的三个断语里"有胆量"最为重要,在顾颉刚的读书笔记中,他早就发现了上古的材料靠不住,夏曾佑的《中国历史教科书》也有写到,但大家囿于一种传统观念,还没有人敢在大学讲堂里如此堂而皇之地讲出来。如果有,那就是胡适。何况1917年的胡适才26岁,只比顾颉刚大两岁,如此年轻的先生,这不得不让顾颉刚有震惊和佩服之感。胡适看问题能删繁就简提纲挈领,顾颉刚说他自己是再三再四寻索还是模糊的居多。听到这样大胆的议论,顾颉刚便建议舍友傅斯年也去听听。傅斯年当时是中国文学门学生,旧学根基在学生中很不弱,他去听了几次觉得满意,对胡适也下了一个判断,"这个人书虽然读得不多,但他走的这一条路是对的。你们不能闹。"④北大的风气是如果学生觉得某个老师学问不好,而且找出了真凭实据,学生便会将其请下讲台。当年教《文心雕龙》的朱蓬仙令大家不满意,"有些地方讲错了,有些地方又讲不到",傅斯年就和顾颉刚、罗家伦等商量撤换朱蓬仙,上书校长

---

① 这是当时人表示惊讶的一种说法。苏雪林在《浮生九四——雪林回忆录》(三民书局1991年版,第39页)回忆胡适在课堂上对他们讲,他写的《李超传》比《史记·高祖本纪》还有价值得多,"吓得我们舌挢而不能下"。据笔者统计,顾颉刚文稿中至少有三处地方用到了"舌挢而不能下"这个表述。

② 顾颉刚:《顾颉刚全集·顾颉刚书信集》卷二,中华书局2011年版,第91页。

③ 顾颉刚:《顾颉刚全集·顾颉刚古史论文集》卷一,中华书局2011年版,第32页。

④ 胡适:《胡适言论集》(甲编),华国出版社1953年版,第95页。

蔡元培,蔡元培听取了学生们的意见,最后这位老师不得不走人,由黄侃来教《文心雕龙》。①

一个有意思的现象是,在学生顾颉刚这一面是满心佩服,意气洋洋的胡适则是登上讲台发现很多学生读书都比他多,逼得他不得不用功,晚上常到两三点才睡②,幸好胡适有了傅斯年、顾颉刚这样的学生护住场子才站稳了脚,也许胡适都没有想到他的影响会这样大。但是通读顾颉刚所有文字发现,顾颉刚用"骇得一堂中舌挢而不能下"实在是一种文学性的夸张。胡适给他的震惊之大很大一部分是开头所讲内容跟传统讲法不一样,这是胡适的扬长避短策略。从讲课效果而言,学生听的是一种新鲜劲。以顾颉刚之前所受的学术训练来说,他听章太炎的演讲,看康有为、夏曾佑的书其实都会有"舌挢而不能下"的感觉。只是胡适会更特别一些,因为他留美,习得西式方法,而顾颉刚之前崇拜的那些老师以及自己都没有出过洋,都在传统里打转转,就像这时候窗户外射来一束强光,刺激就会格外明显。在顾颉刚看来,胡适和其他老师的讲法是两种学术话语体系的交锋。后来的读者看到顾颉刚《古史辨第一册自序》如此描写胡适,便以为胡适给予顾颉刚的影响会特别巨大,其实未必如此。

顾颉刚对胡适的中心评价是此人"聪明"。1917 年 10 月 21 日顾颉刚给叶圣陶写信说,"胡先生人甚聪颖,又肯用功,闻年方二十七岁。其名位不必论,其奋勉则至可敬也,将来造就,未可限量"③。1921 年 1 月 3 日顾颉刚在家信中给妻了殷履安说,"我看着适之先生,对他真羡慕,对我真惭愧!"所以然者,乃在胡适思想清楚,眼光敏锐,敢作敢为,能在杂乱的一堆材料中找出纲领来,对于中国学问比老先生还有把握,"他只大得我三岁,为什么我不能及他?"这是掏心窝子的羡慕了。八天之后顾颉刚跟同学汪缉熙说想重新设计日记本,汪缉熙便回答,你的法子死,"胡先生活络","这便是我不及胡先生的地方。我的勤劳可以比得上胡先生,而我的聪明实在比不上胡先生"。所以顾颉刚觉得与胡适相比,勤奋可及,聪明则赶不上。这种聪明的印象顾颉刚可以说终身未

① 王利器:《往日心痕——王利器自述》,山西人民出版社 1997 年版,第 95 页。
② 顾颉刚:《顾颉刚全集·顾颉刚书信集》卷五,中华书局 2011 年版,第 23 页。
③ 顾颉刚:《顾颉刚全集·顾颉刚书信集》卷一,中华书局 2011 年版,第 23 页。

变。1947年10月6日日记,顾颉刚翻阅胡适的《中国哲学史大纲》上卷,感叹胡适是"澈骨聪明,依然追攀不上"。因此胡适给予顾颉刚的学术启发应该是这样:他告诉了顾颉刚如何去发现问题、提炼问题,如何用合适的角度描述问题,并寻找到一种恰当的方法勾连贯穿,好比将浩荡的江水用导流渠引出。这对于不缺知识缺方法的顾颉刚无疑是当头棒喝,自然舍拤而不能下了。

除了胡适的启发,顾颉刚还在歌谣中发现了门道。1917年暑假期间顾颉刚的妻子吴徵兰得了肺病,1918年8月1日病逝,年仅三十岁。顾颉刚1918年6月休学回家照顾妻子,这前前后后的时间里顾颉刚心绪大坏,忧思难宁,求学无心,便与好友游山玩水,以便转移心绪。恰好《北京大学日刊》刊载刘复主持的"歌谣选"栏目,搜求各地歌谣,每期登载一到两首,关键是顾颉刚可以看到从北京寄往苏州的《北京大学日刊》,他感到了兴趣,这是他打小熟悉的东西,他便想自己动手来搜集,这样让自己有事做,不至于老陷溺在悲伤的情绪里面。搜集的结果是他发现歌谣跟故事一样,会随时随地发生变化,同样一首歌谣,不同的人唱就不一样。这让顾颉刚发觉跟以前听戏一样,值得好好研究,这也为他日后编辑出版《吴歌甲集》打下了基础。

顾颉刚在北大读书时还加入了"新潮社"。新潮社是由学生傅斯年、罗家伦等人发起成立,编辑出版《新潮》杂志,该刊1919年1月1日创刊,多刊登思想学术文章,讨论社会问题,也登载一些文艺作品。《新潮》与《新青年》桴鼓相应,是思想革命、文学革命的重要载体。顾颉刚加入新潮社主要目的是练习写文章,将它当成新思想、新语言的训练工具。在这之前顾颉刚都是用文言写作,偶尔写一些旧体诗。他用白话作文是胡适、陈独秀大力提倡的结果。顾颉刚的文言、白话在民国学人里面都相当出色,其文言作品朴茂有力,不卑不亢,没有废话;白话作品清通流畅,情绪丰沛真诚。实事求是而言,顾颉刚的白话文水准虽然也得自胡适的启发诱导,但白话文实际水准的发挥要高过胡适,无论是表意还是达情。简言之,顾颉刚的白话写作既有胡适的清楚明白,还有胡适不及的纵横捭阖、摇曳多姿的气势。

从文学创作角度而言,顾颉刚虽然自谦不是弄文学创作的料子,但他的文笔有情,创作的为数不多的散文作品,意境的营造、情绪的把控已经很不弱,比如1925年亚东图书馆出版的同人文集《我们的六月》,有一篇顾颉刚所作《不寐》,该作品集的作者有朱自清、俞平伯、丰子恺、白采、刘大白等。顾颉刚用小说笔法叙述自己懵懂的初恋经历,写活了一种凄清的味道。顾颉刚的文学作品为人关注的不多,这里引用稍微多些:

> 当半夜醒时,心气平了,有些清冷冷的感觉,迥不像就寝时的充塞了烟火气。那时钟摆的响声,窗纱上的月色,都使我起了幽寂的美感。这些美感渐渐地引起我回想幼年至青年的旧事而生出无穷的眷恋。【略】在这样的空气中,有一个夏天,我们几家的太太雇船往荷花荡游览,我和她是带去的小辈。老辈喜欢讲家事,她们尽坐在舱中谈话。我们二人坐在外舱,看着一望无际的荷田,早已心醉在这些美丽的景物中了。船向荷花深处摇去,无数的翠绿的叶和红白的花都从船唇弯到船头上来。她高兴极了,随手摘取,积了一堆。有时她见了一朵好花,离船稍远,攀不到手;我的臂膀长一点,替她采了。吃饭时,船泊在一枝杨柳之下,微微的风扬动了柳丝,吹起了荷香。我们深深地领略一番,才返棹回城。这一天,我觉得多年的紧张的空气都给荷叶荷花收了去了,我们的心又像小鱼一般的在一盘清水中活泼泼地游泳了。但可怜这一回是年岁长成之后的仅有的一回! 自从各人婚嫁以后,她不在本乡,我也常在北方,大约一年之间只能见一次面。……她的丈夫对我非常殷勤,同游了花园又同上高山。但不可免的悲感一时忽垒涌着,我再不能享受这些自然的美感了,我只觉得上天下地都张满了惨酷的罗网,在这罗网之前,挂着一幅暗淡的命令,上面大书道:"去罢,你们的交谊原已完了!"【略】当我回想幼年至青年的旧事时,时间是过去了,人是没有在眼前的了,或者已经死去了,什么都没有了;所有的只是这一点回想中的悲感,她永远印在我的心中;每回想一回,那创痕便作一回新的进裂。在这个时候,有如箭簇的攒聚,作细碎的痛酸,使得我的心几乎萎弱的停止跳动。我怯于承受,屡屡想到:"此后还是不要再去享受这些美感吧! 所有的快乐,都是写了

苦痛的借券去赊来的。等到快乐完了,苦痛就成了一宗还不清的阴债。没有乐莫乐的新相知,那会有悲莫悲的生别离呢!我还是把我的心渟成了不波的古井吧!"①

顾颉刚描写小儿小女时期与"她"摘荷花的场景,动作感颇强,还运用对比反衬来叙说这一段悲伤的情缘,语言有类六朝时期清丽的文风,情感表达节制而内蕴,文章表达的是悲莫悲兮生别离,乐莫乐兮新相知的"此情可待成追忆,只是当时已惘然"。顾颉刚说他作《不寐》一文,动了感情,"心也宕了。只得停住"②,但又觉其议论太多,对此颇有不满。而在文艺鉴赏力十分敏锐的周作人看来,此文之好还在俞平伯之上,"《我们的六月》今日见到,略略一阅,你的文章大略曾见过,自有其佳处,唯我觉得最妙者乃是颉刚之自述初恋的文章,其通信亦佳,——何不劝其多发表,或找一点给《语丝》乎"③。顾颉刚的文笔仿佛与三五好友促膝谈心,围炉夜话一般,不急不躁,慢慢流淌。

在白话文的萌芽时期,顾颉刚写的几首小诗以及一篇对旧式家庭进行抨击的文章,令人不得不感叹古文素有根基的顾颉刚一旦转换思路写白话文居然可以如此熟练。

他在《新潮》杂志上发表过《杂诗两首》《山中》《悼亡妻》四首诗。《杂诗两首》用讲故事的手法来构造诗意,其实说的是两个小故事,第一则是说"我"到乡下看自家的坟,觉得湖光山色颇为可爱,到了坟丁家发现看坟的人不在,于是跟坟丁家中的小孩聊天,说"我"很羡慕乡下生活,想到乡村住下。小孩便说乡下要担水砍柴耕田,这些你做不了。"我"便反问,何以见得做不了。小孩答道,"你们城里人,只会吃吃白相相"(按:就是吃,喝,逛之意)。诗中"我"和小孩之间的对立,意为城里人把乡下想得太过简单。如若再联系顾颉刚后来所写相关农村问题的文章,反思这一场思想革命对农村的忽视与不屑,可以约略窥见,顾颉

① O. M. 编辑:《我们的六月》,亚东图书馆 1925 年版,第 93—99 页。"不寐"也许是一个古典意象,杜甫《不寐》:"瞿塘夜水黑,城内改更筹。翳翳月沈雾,辉辉星近楼。气衰甘少寐,心弱恨容愁。多垒满山谷,桃源何处求?"(《杜诗镜铨》,上海古籍出版社 1998 年版,第 663 页。)
② 顾颉刚:《顾颉刚全集·顾颉刚日记》卷一,中华书局 2011 年版,第 593 页。
③ 孙玉蓉编注:《周作人俞平伯往来通信集》(修订版),上海译文出版社 2014 年版,第 28 页。

刚对农村的感觉抛弃了少年时期的浪漫色调,采取了实际而硬桥硬马改造的路数,既不轻视,亦非畏难。第二则是说"我"到杭州恰好坐了一次省长的车,小站小接,大站大接,沿路军警举着枪,鸣喇叭。同车的所谓体面人对此展开了议论。甲说今日附骥尾而名易显。乙说今天可以说得上是我们自备财物迎接省长。丙说今日真是荣幸。丁说我也看见举枪鸣喇叭就算是迎接我了。一个抱孩子看热闹的妇人说真是热闹,另一个妇人则说:"那些吹喇叭的,真像个痴子"。这最后一句颇有一箭双雕的味道,吹喇叭明指妇人看到的军警,实际也是指这些捧场吹嘘的所谓体面人。这当然是顾颉刚最后忍不住借妇人之口说出了数千年来中国人对权力的崇拜以及肉麻的吹捧和阿 Q 精神。

《山中》一诗偏于内心情绪的外在投射,有抒情诗的味道,但是坐实的成分多了些,诗味不浓,最后两行是,"不知这山何名? 他主人何名氏? 下回再游时,可能寻至? 整整的呆看两小时,只觉此心,澄清如水,飞动如丝"。顾颉刚写诗往往平铺直叙多,技巧用得少,《杂诗两首》《山中》都是如此,写得很一般,不算好诗。还有一首写于 1919 年 3 月 5 日晨间的《鸡鸣》,"鸡呀! 你为什么这样的高鸣? 还隔一点多钟,天才会放明。"这个时候的白话诗不能用真正诗的标准去衡量,多数作品只是开道的铺路石,尝试而已。《悼亡妻》应该是顾颉刚为数不多的白话诗中最成熟的一首作品,同样是叙述,但诗味好多了。该诗发表于 1919年第 1 卷第 2 号的《新潮》杂志,此处引用的是《顾颉刚全集》收录的版本:

一

自你殁后,伊郁凄凉,填胸满意!

不解我处顺境的时候,为什么爱听哀情的戏?

那《十万金》中,翠莲自缢未殊,对着两儿,千回万转,不忍舍弃;

说道:"我死之后,一个在前厅叫着爹爹,爹爹有事不能顾及;一个在后园哭着妈妈,可痛你妈妈早已死去。"

我听了这两句,屡屡下泪。

可怪这些话头,如今竟作成谶语,我真到了这般境地!

我看着两儿依恋我的态度，实教我无心作事。

长女初在识字，识到"父""母"，知道他"母"寄顿殡房里。

次女方才学话，会说得那"爹爹""妈妈"，顾盼自喜。

我对他说："你叫妈妈已迟，可怜你的妈妈已无从叫起。"

他瞪目不懂，犹是叫声不住！

二

自你殁后，媒人来了数十起：

不是东家知算能书，便是西家貌美娴家事。

闹得我意绪沈昏，苦无从遣止。

老人责望，总是"有妇侍高堂；有子延宗系。"

家庭养育，恩情高厚，我何忍别异？

又旁无弟兄，下无男子，我何能径情率意？

从前的早婚，和将来的续弦，都似一工人，为东家服务；我亦拼做工人，不敢说自由意趣。

但可怜我在你病榻旁边，重重申誓，而今何似？

我不敢问你，我到底是有情无义？

我愿你将入殓时睁睁的双眼，且安心的合闭。

我总信黄泉有路，待相会那年，把此情细理。

顾颉刚诗中所悼亡妻是 1918 年 8 月去世的吴徵兰，这首诗以第二人称"你"起头，便于直抒胸臆，"我"的万斛愁绪对着这样一个"你"倾诉。诗中将这种倾诉对话放置于多人称的交织中，既有你，也有长女、次女、他、老人等角色，显得层次分明，且还有唱腔感。诗的结尾处作者问道："我不敢问你，我到底是有情无义？"颇似戏台上一个人的独角戏，既是困惑的独白，又好似对着台下观众倾诉他的哀伤与忧思，仿佛有一种现场感。诗中多处的问号与感叹号，既是理性的打量与情感的翻涌，亦是全诗韵脚之所在。全诗叙事流畅、感情浓挚，对亡妻的怀念尽在尺幅之中。顾颉刚的这首诗可以说是新旧融合的典型作品，既呈现出传统说唱艺术的特色，更呼应新文化时期的新诗潮流，表达现代人的情感两难，同时呼吁对女性的尊重。很有意思的是，核对 2011 年中华书局版《顾颉刚全集》收录的《悼亡妻》和《新潮》杂志发表的原诗发现，标点符号有四处对不上,具体字词有十四处对不上,而且《新潮》杂志此诗末尾并无"我愿你将入殓时睁睁的双眼,且安心的合闭。我总信黄泉有路,待相会那年,把此情细理"两句,不知是否系《顾颉刚全集》编者用手稿编入,或是另有所本。

与此诗主题相关联的《对于旧家庭的感想》一文就说得更为直露、更为透辟,顾颉刚引用苏秦荣华富贵衣锦还乡,原来瞧不上的嫂嫂此刻匍匐于地,前倨而后恭,便由此引申开去说旧式家庭一样的势利,并将此种势利施之于后辈,"父母诏于堂,妻子劝于室,能够达到他们的心意的,目为克家的令子;不能够的,便唤作无用的呆货。希望,责备,恐吓,揶揄,种种的态度,四面齐来,教你不能去逃避;教你不由不对自己惭愧;教你觉悟到势位富贵的不可忽;教你不得不忍心丢掉了天良,去随波逐流,作没面目的勾当!"因为他有切身体会,所以顾颉刚这篇文章对旧式家庭种种不好处发挥得淋漓尽致,可读性极强。

顾颉刚的北大求学可以用如鱼得水形容,思想和学问有胡适之、傅斯年等师友相助,又有《新青年》《北京大学日刊》《新潮》等等可以及时看到的报刊新书。顾颉刚接触到的信息从四面八方都聚集过来,影响着他的思考。简而言之,他的思想开通领悟了,成了一名"新青年"。因缘际会,顾颉刚若是早生二十年,赶不上思想解放的新潮,他便出不来,若是生在承平之世,科学的根基已经打好了,这学问的事恐怕就轮不到顾颉刚一个人出头。这新文化、新潮流被顾颉刚赶上了,于是他被炼成了新青年。这位新青年从家庭革命、女子教育、如何办刊物、新与旧之关系等方面表达了一己之想法,这些想法有稳健成熟的面向,也有古典传统的面向,趋新的面貌中有老旧的车辙,这些多面杂成的样态反而说明了思想革命的一言难尽。

第四节　新青年之一:家庭革命

辛亥年间,顾颉刚被革命热潮鼓舞,参加中国社会党,后来因家庭的反对、好友陈翼龙的死以及中国社会党党魁江亢虎的不道德行为,更重要的是社会党受挫后,让顾颉刚心灰意冷转而埋头读书,读了一年

《庄子》后,顾颉刚明白了社会自然应当去改造,"意志是不可屈抑的,恶社会是不可敷衍的。但自审才具,这不是我能做的事,所以只可不管了。"①因而远离了对家庭问题的关注。等到了新文化运动期间,他对旧家庭的看法受新思潮的影响才明确系统表达出来。在新文化的言说空间中,家庭革命是新文化人的一个共同话题。在这一问题上发声的曾有鲁迅、胡适、傅斯年等人。相较他们在《新青年》《新潮》的言说而论,顾颉刚的发言最为透辟,也最为纠结,使之成了新文化时期一份家庭不幸的典型诉状。

顾颉刚对家庭问题所作最为严厉的批评与揭露文章是连载于《新潮》杂志的《对于旧家庭的感想》一文。他对此长文颇为满意,甚至数年后顾颉刚依然为之自喜,"今日检《新潮》一文读之,甚自喜,盖干净,清楚,痛快,是予文之所长也。"②(1935年10月29日日记)此文情感与学理兼有,一气呵成,酣畅淋漓。很显然,这篇长文有他很深的个人感触在内。

《对于旧家庭的感想》一文认为中国旧式家庭表现形式尽管多样,但重点是这些表现形式后面的原因,找出"制造家庭的模型"的原因,也即是"积恶因",家庭革命也就是要朝着积恶因革去。因此顾颉刚寻出旧家庭压制人的三个法宝:一是名分主义,二是习俗主义,三是运命主义(按:因为顾颉刚文章没有写完,所以没有具体谈到运命主义)。如对名分主义,顾颉刚指出这无非是一种稳定之法,只不过在新文化时期,更加觉得这种稳定之法是一种愚民之术,越到后世越无道理可言:

> 这"愚民"的主义经过数千年,到了周代,就应运发生了"儒家",把名分的学说整理了一番,这古来随便因应的法则,就有了始终本末,成个完备的系统;后世的人,更跳不出他的范围了!到了后来,君主要完固他的尊严,只要提倡儒家的学说;二千余年来,对于这种"圈套",死心塌地,不敢说一"不"字;无论儒家的学说失真到怎样,这"名分的权威"总是日渐澎涨;中国人的名分观念,总说

---

① 顾颉刚:《顾颉刚全集·顾颉刚书信集》卷一,中华书局2011年版,第71页。
② 顾颉刚:《顾颉刚全集·顾颉刚日记》卷三,中华书局2011年版,第405页。

是受了儒家的教育了!①

儒家学说对君主而言是控制民众的"术",君主是名分的权威,是"总家父亲",凡事必须依他而行,要想让大家庭礼仪定,须先定小家庭礼仪,使得子孙对尊长不得不敬畏,不得不低首下心。顾颉刚说在战国时期,保存天真的人还很多,如今社会势力大了,把人束缚得无所逃遁,数千年不变的社会,"把现在人的祖宗束缚得厉害,把个人独立的遗传性,一层层的剥削,几于没有了,连想也不能想。所以现在的人,只是向社会姑息敷衍"②。顾颉刚认为儒家主张复古,承认阶级的存在,自从汉武帝把儒家定为国教,即便在战国末年已把旧制度打破了,"而旧思想的种子还由儒家传了下来,经武帝的栽种而发芽开花,造成了无数宗法组织极严密的家族,使得人民上面忘记了国家,下面忘记了自己"③。因此而造就的中国家庭俨然是一小社会,等级分明,尊卑有序,不可僭越。

对于下者卑者而言,要仰仗尊者上者过活,如此一代一代传衍下去,称为"循环的因果",而个人独立就无从谈起。顶着名分主义的帽子会造成两种坏处,第一种害处是没有是非心。"直言之,大人错了,总是没错;小人错了,却是错了;大人要这等样的'称心适意'!小人要这等样的'低首下心'!卑幼没有权势,身不由己,到了提出抗争的时候,必受有极无奈何的苦处。"第二种害处是无爱情。家庭中人虽没有爱情,但要葆有"最挚的爱情的形式"来装扮,这样使得外人看来亲密融洽,博得"名分"。实不知,落到最后就是虚伪、世故、冷漠。顾颉刚举出的典型例子就是"继母"与"前子","嗣子"与"嗣父母","妾子"与"大母"诸类关系。对比顾颉刚本人,顾颉刚之父是嗣子,顾颉刚与母亲是继母与前子的关系,顾的祖母与顾亦是嗣祖母与嗣孙关系,顾颉刚的儿女与妻子殷履安又是继母与前子关系,又因顾颉刚无子,其叔父之子过继给顾颉刚,二者又是嗣父与继子关系。用顾颉刚自己的话讲:"我的家里,有一桩很可悲的境遇:便是我的祖母是嗣祖母,我的母是继母,我现在的妻

① 顾颉刚:《对于旧家庭的感想》,《新潮》第 1 卷第 2 号,1919 年 2 月。
② 顾颉刚:《顾颉刚全集·顾颉刚日记》卷一,中华书局 2011 年版,第 52 页。
③ 顾颉刚:《顾颉刚全集·顾颉刚古史论文集》卷二,中华书局 2011 年版,第 506 页。

是两女的继母,家中的系统既不一致,自然精神上也感受很大的痛苦。加以姑媳之间,也不能融合;四代之间,几变成了六国。幸而我的父母都是在杭州,家里很平和。但是太姑与孙媳,年岁去了这么许多,精神上也必不会一致。又是我妻对于我女,在管理上也是不顺。"①顾颉刚形象地称为"六国",当然是矛盾不断的。以顾颉刚这般说明,再来看他文章谈他们的可怜之处,不得不有感同身受的滋味:"他们本来是个路人,或较路人不相远的,性情不管他合不合却凭空做了一家的眷属,朝夕相见,休戚相关;又是互要澎涨个人的势力,或要抬高尊长的威严,或是与家长有个爱憎的感情,遂与他人有相妨之处。这种貌合神离的人聚在一处的多了,里边交互的恶感,不知道有多少处,论起情来,实在积怨深仇,可以断绝干系了!无如为这名分所束缚,没有法子可以逃去!"②此种家庭生活令人无趣无情至极,为维持和谐之状,便是"忍"字一法,百事忍为先,食痛茹苦地因循下去。顾颉刚说最好的解决办法是合则留,不合则去。

在这种体系中,最受苦者莫过于女子,对于女子所受的苦楚,顾颉刚总结为海无其深,天无其广。他用排比的手法形容这种惨苦:"我常临寝存想,这一天内:各个家庭中抱了愠怒的有多少人,想来总有数千万;破口相骂的有多少人,想来总有数百万;受气得病的有多少人,想来总有数十万;得病而于今天死的有多少人,想来也有数千;受气自杀的有多少人,想来也有数千"。在名分主义的大旗下还掩盖有两层关系,一者是尊卑的名分,一者是男女的名分。

顾颉刚认为传统家庭往往将卑者弱者当做"所有物"看待,全不体谅子孙、媳妇的心情。长者尊者将女子看做生育机器,对于男子就是希其早婚,以望传宗接代。顾颉刚早年娶妻吴徵兰,不幸染病早逝,三代单传的顾家希望顾颉刚再娶,生一男子。从顾颉刚丧偶到与殷履安定姻,时间是1918年8月1日到1919年1月10日。在160余日内,顾颉刚说平均四天相亲一次。顾颉刚解释这种情况的出现既是受长辈的督促,又是受媒人的煎迫,尤其是媒人,她们百分之七十是傭妪,顾颉刚将

---

① 顾颉刚:《顾颉刚全集·顾颉刚书信集》卷一,中华书局 2011 年版,第 236—237 页。
② 顾颉刚:《对于旧家庭的感想》,《新潮》第 1 卷第 2 号,1919 年 2 月。

其比作"掮客",只为钱财,一张利口颠倒是非,淆乱乾坤,让人头昏脑胀,"因为他们说鬼话是天生的本领"①,顾颉刚觉得家庭就是"工场"。他曾写有白话诗《悼亡妻》,表达了与妻子的深情厚谊,却没法自由呼吸的感受。

与名分主义相辅相成或者说互为因果的是习俗主义,这种相沿成习的集体无意识表征之一是嫌贫爱富,顾颉刚举出苏秦"贫穷则父母不子,富贵则亲戚畏惧"来说明这种心理已经深入中国人骨髓深处。顾解释受苦最大最多的依然是女子,穷家女子的婚配,高攀不上,低的不愿屈就,落得个最后做妾的地步。中国女子有两种极普遍的苦痛:"一种是已嫁的妇,他们所受的苦痛,是翁姑叔妹的凌虐;这是属于名分下的。一种是未嫁的女,他们所受的苦痛,是人家不要他,家里又容他不下;去既不可,住也未能;推原他的缘故,就为当时的计较势利所致;这是属于习俗下的。这两种里,不知冤死了几多人了。"②

嫌贫爱富的本质还是爱慕虚荣所致,尤其在婚丧嫁娶时大摆筵席,风风光光,只为面子而已。虚荣心还表现在"多子孙"与"守节",但虚荣心最大的表现还是官场得意,谋得一官半职,光耀门楣。旧家庭制度中习俗主义的这些影响便滋生各种敷衍人生的方法,如顾颉刚文中所举世故、圆滑、悍、懦、诌等各种表现。顾颉刚曾在多篇文章中举《汉书》陈万年教子诌媚的生动案例来说明"酱"在旧家庭中人教人学世故,"拿自己固有的棱角都磨掉了,成个光滑的圆球;只等他们的手指搬弄,随着滴溜溜的转:于是有权势的见了可爱,唤他去做门下的清客;或者做各种阀阅的爪牙"。说一千道一万,无非要人学会圆滑的处世手段,才吃得开,"一千家人家至少有九百九十余家是这样的"。

顾颉刚说处于这样的家庭真令人"愤恼欲死"。对于旧式家庭最好采取摧枯拉朽的革命革除,"我现在寄两册《曙光杂志》给你。你看里所记的不圆满的家庭有多少!差不多长辈当权的家庭,都是杀人的机器,陷人的深阱。所以我想,要改良社会,提倡人道,第一要破坏

---

① 顾颉刚:《顾颉刚全集·顾颉刚书信集》卷一,中华书局 2011 年版,第 42 页。
② 顾颉刚:《对于旧家庭的感想(再续)》,《新潮》第 2 卷第 5 号,1920 年 9 月。

旧家庭。只要我身体好，我总要努力从事鼓吹。"①傅斯年在顾颉刚《对于旧家庭的感想》第一次刊载《新潮》所下按语就是"急起改造"中国旧家庭。"杀人的机器"这种话顾颉刚都呐喊出来了，然而顾颉刚之意果真是要颠覆中国旧家庭制度么？绝非如此。无论顾颉刚在文章中如何呼天抢地、振聋发聩对旧式家庭进行深刻揭露，如何启发读者，他自己是不会搬起石头砸自己的门楣的，他典型是思想上的高调，行动上的矮子。事实也是如此，要厘清这个问题，还要从顾颉刚与其父之关系说起。

顾颉刚与其父顾子虬的矛盾集中于两点：一是钱的问题，一是祖母守灵一事。前一事，顾父要求顾颉刚早点毕业，及早挣钱养家，至于读书做学问可放一放。补贴家用一事原无可非议，只是顾父催促太紧，将钱看得颇重，让顾颉刚觉得父亲不了解自己，而且顾颉刚本人的收入有其个人打算，但若不能达到顾颉刚父亲的接济要求，则父子生嫌隙。顾颉刚曾致信沈兼士谈家累之重，表达自己的怨气：

> 事为我父知道了，嫌我在家用他的钱，——虽是我尚没有写信向他要钱去，——今天来一封信，说某人平日不积蓄，现在向他借钱为可恨；明天来一封信，又说已死的某人虽处艰困之境，从不开口向人借钱，志节何等贞介。这种旁敲侧击，我还忍得住，因为我自省我的志节也未尝不贞介。但前天我父给与我叔一信竟说破了，说他在外吃辛吃苦，衰态日增，而仍不能不日事笔墨，儿子竟绝不动心，一任我为牛为马而不加怜恤。这真奇了！我好端端有事在京，为代你老人家看守灵座，请假在家，我就是用了你些钱也于心无愧，何况我尚未开口要过！……处了这种不讲情理的家庭中，真是使人气得喷血。②

"喷血"这类夸张的表述可以令人想见写信之时顾颉刚难平的心

---

① 顾颉刚：《顾颉刚全集·顾颉刚书信集》卷四，中华书局 2011 年版，第 187 页。
② 顾颉刚：《顾颉刚全集·顾颉刚书信集》卷一，中华书局 2011 年版，第 515 页。需要说明顾颉刚在处理家庭问题上也有自己的过失，这涉及顾颉刚个人性格以及处理具体事务的办法，不可将问题矛盾全部推之于顾父或其他人。

绪。顾颉刚说这话的起因是顾颉刚此时身体状况不太好,因此在上海商务印书馆的编书工作暂由好友王伯祥兼代,薪金自然为王伯祥所有。这件事让其父知道后,父子因钱的问题而产生矛盾。父子之间一来缺乏体谅,二来观念根本不同。顾父以家庭为根本,总是希求顾颉刚赚钱养家,对顾颉刚的学问事业缺乏理解,所以顾颉刚在 1922 年 10 月 5 日日记记载:"予于家庭中既深感痛苦,在家如牢狱。"极言家庭对他的牵绊与痛苦。顾颉刚觉得自己在家庭里只是多种关系的总汇。他是父亲的儿子,妻子的丈夫,担负各种身份角色,惟独缺乏"我"。第二对于祖母守灵之事父子之间发生激烈纠纷。顾颉刚是其祖母一手带大,感情甚笃。顾颉刚曾经坦言他是他祖母的一件艺术品,可见祖母对其影响之大。事情原委还是看顾颉刚自己的描述:

> 我向来立下志愿,俟祖母一死就行搬出,因为我所以能在家,皆由于祖母的维系,她死了,我在家里就没有地位了。不料我父坚不放我,他的理由,以为灵座无人看守,是说不过去的。我在这时,真的奋斗了一回,于是我父把"非孝"、"家庭革命"、"枭獍"、"毛羽丰满"……凡可以骂我的话都骂尽了。我心中,以为灵座本无看守的必要;就是要看守,其责亦在子与子妇;子与子妇懒得看守,孙与孙媳更没有这个责任。所以我虽是受骂,只是不屈。结果,我父请了我叔来打和局,并自己说要寻死,使得我在感情上不忍剧烈反抗,只得住下了。①

仔细研读顾颉刚的相关文字,发现他说来说去,只是敢与旁人倾吐牢骚,而不敢与父亲直接冲突,有意见、有委屈只能放在心里,因此才"受骂而不屈"。此信值得注意的是顾颉刚最终屈服于感情,从了父亲之意在家守灵。守灵之事从情感上讲原是应当,只是顾颉刚又发现在祖母守灵事情上有些人的哭声纯属虚假,敷衍了事,顾颉刚对此表示强烈厌恶,他发现礼制在现实生活中的诸多不合理,所谓"礼"无非是虚应故事罢了。

① 顾颉刚:《顾颉刚全集·顾颉刚书信集》卷二,中华书局 2011 年版,第 75 页。

这个例子其实能相当明确地说明受新思潮影响的那批读书人虽然在报刊上宣扬家庭革命、女子解放、要争人的尊严等等时新口号,可是一回到家庭,便不得不铩羽而还,知识或是口号还是趋于情感之下。尽管顾颉刚在书信中宣泄不满,在日记里倾吐家庭对自己的不理解与巨大束缚,可一旦说到要革旧家庭的命,顾颉刚就胆怯了,不敢越雷池一步,换言之,家庭既有千般不是、万般不满,还是不当废。所以当罗家伦要顾颉刚与旧家庭进行抵抗,顾颉刚回信强调,"我的家庭只是不和,并不是待我坏",他觉得"在现在的社会里,要去解散家庭,实在是件做不到的事。所以要去教他好,只能做一番调剂的功夫。"①同样有许多人劝顾颉刚对于如此家庭只有革命一法,但顾颉刚终是过不了良心一关,或可说,父子感情观。他说,"我也想,我未使不会掉头就走,不相闻问。只是在良心上这种手段(指革命手段——引者注)可以对付我的继母和叔父,而终不忍对付我的父亲。我父无论如何对我疏远,总是供给我学费的人;从小学到大学,约计不止三千元了。"②一方面中国旧式家庭制度的确造成了难以计数的凄惨故事,如他在文章里分析的那样,并使读者产生共鸣。另一方面正如顾颉刚信中所言,他没法举起革命的大刀劈向自己的亲人,他只能"调剂"。

顾颉刚自我分析这是由于感情与理智不能调和的缘故:"侃嬂(燕京大学国文系学生郑侃嬂——引者注)看我所作〈对于旧家庭的感想〉一文,予问其作得何如,彼谓不如今日所作。又谓予顾虑太多,既要改造旧家庭,就不得怕尊长痛苦。按,予非革命家,即此可见,盖理智与感情不相让也。至于读书作文,自谓颇能一致,故予只得从笔墨中求进展矣。"③言思想,顾颉刚不如胡适的明白清晰;言革命,他又缺乏陈独秀那样的行动力,让顾颉刚冲上街头闹革命,他恐怕要三思再三思。这是顾颉刚的性格使然。看顾颉刚谈家庭问题的文章或言论发现,他只是将家庭问题作为一个学术问题来探讨,虽然他也体认过旧家庭制度的创痛,但他只能把家庭问题局限于学术领域,换言之,他有点用研究学术

① 顾颉刚:《顾颉刚全集·顾颉刚书信集》卷一,中华书局 2011 年版,第 240—241 页。
② 顾颉刚:《顾颉刚全集·顾颉刚书信集》卷二,中华书局 2011 年版,第 128 页。
③ 顾颉刚:《顾颉刚全集·顾颉刚日记》卷三,中华书局 2011 年版,第 412 页。

来转移视线的味道,顾颉刚1922年10月5日日记记载:"予于家庭中既深感痛苦,在家如在牢狱,苟欲忘之,惟有努力典籍;而笔札一劳,辄引失眠之症。"①。至于现实层面的解决之法,他脑海里没有明确的方法,别说解决之道没有,就是在《新潮》谈家庭问题亦是遮遮掩掩,一个明显的例子是顾颉刚在《新潮》发表的所有文章全用"顾诚吾"一名,便是考虑怕其父得见,引起事端。不过,天下无不透风之墙,顾颉刚越是想掩人耳目,越是为更多的人所知晓,"吴县教育月刊社招我为会员,要我做文字。我的《新潮》上一篇文字,未做完(《对于旧家庭的感想》——引者注),且未署真名,而大家已颇注意,到处拉拢,可见有名之累。"②

对旧式家族制度,你说革命吧,顾颉刚不敢;让他如娜拉出走吧,他还是不敢;你说调和吧,他又没有良法美意。新潮诸子不仅顾颉刚有这样言与行之间的矛盾,傅斯年亦不例外。傅曾在《新潮》撰文抨击中国旧式家庭万万要不得,乃戕贼人性的渊薮,在文章中他极为夸张地描述,"咳!家累!家累!家累!这个呼声底下,无量数英雄埋没了","奉劝没有掉在纲里的人,须得理会独身主义是最高尚,最自由的生活,是最大事业的根本"。傅斯年在1918年是极为主张独身主义的,按他在文章里的说法,旧式家庭简直没法生活下去,表示要"弃亲故之欢,绝室家之乐"。顾颉刚在1919年1月14日日记记载他还劝傅斯年今年暑假可以回家一看,因为傅斯年家中有祖母,有寡母,有病妇,何况暑假有三个月时间,傅"只是不去"。然而真实情况又是如何呢?傅在1919年秋间回家住了两个月,回学校之后对顾颉刚讲,"不知现在为什么这样的短气?"又说,"现在对于家庭的观念,只主张改良,不主张废去了。"③想革掉亲情、血脉上的联系是不可能的。

顾颉刚一针见血指出,家庭里有浓厚的爱情,教人颠倒在里头,永远撇不开来。并且他十分尊奉这传统的人伦亲情,对胡适、傅斯年处理家庭关系的方式表示不理解。顾在1919年1月14日日记还记载,他对胡、傅的学问是佩服的,但对胡适不将病母接至北京奉养反而将江冬

① 顾颉刚:《顾颉刚全集·顾颉刚日记》卷一,中华书局2011年版,第280页。
② 顾颉刚:《顾颉刚全集·顾颉刚日记》卷一,中华书局2011年版,第274页。
③ 顾颉刚:《顾颉刚全集·顾颉刚书信集》卷一,中华书局2011年版,第241页。

秀从家乡接出，傅斯年不回家看望亲人，尤其对胡适生前不能长侍膝下，只能在母亲去世后写行状表示真情，觉得于理于情两不合，"然我敢说，这个情一定要他母死后，才能流露出来，则未免迟耳"。顾觉得学问事业固然重要，却不可不顾家庭，不能以忽视家庭来求得个人的事功。顾颉刚说一个人对社会厌倦了还可拂袖而去，然而家庭里发生尊幼之间的心志不一，"直是附骨之疽"，是无法摆脱的。最好是家庭，最坏也是家庭，顾颉刚就是一团矛盾。他总是在思想与行动之间摇摇晃晃。难怪傅斯年诟病顾颉刚过的是"瑟缩的生活"①，有趣的是，顾颉刚倒也大方承认。

如果比对胡适、傅斯年、顾颉刚在家庭问题上的差异，从传统五伦出发，顾颉刚的认识自然在理，所谓父母在，不远游。但放长视线来看，其实胡适、傅斯年并非对寡母不孝，从相关资料看，恰恰非常孝顺，换言之，胡适、傅斯年在对待家庭问题上是拿得起放得下，可说是不拘泥于小处，而顾颉刚对家庭的看法则表现得十分情绪化，看问题喜欢突出局部忽视全局，再加上顾颉刚本人性格深处常以自我为中心看待问题，对人、事的控制欲又强，因此看问题的眼光显得偏颇。从书信、日记等资料看，三者之中唯独顾颉刚对家庭怨气最重，不满最深。其实家庭并非薄待了顾颉刚。

顾颉刚对于家庭问题的揭露，虽然深刻，但从个体角度而言，在感情上又无法割断传统的血脉，无论是亲情还是文化。在这一方面顾颉刚是很典型的例子。从《新潮》上发表的所有家庭问题的文章而言，顾颉刚之文无论从文气还是深刻程度恐怕都无出其右了，这也是多年后他回看自己的文章还颇为自得的原因。但从与家庭妥协一面看，顾颉刚表现的纠缠既多且重，再加上顾颉刚夸张的笔调，情绪化极强的宣泄，让人以为他真的要与家庭彻底决裂，做一个永远不回头的男娜拉。然而当他情绪平复的时候，他还是清楚他无法与家庭做彻底分割。因此顾颉刚抨击旧家庭的意义在于：纸面上的启蒙或许不需要伤筋动骨，但藏在纸面背后的千丝万缕藕断丝连可没那么容易切干净，打断了骨

---

① 顾颉刚：《顾颉刚全集·顾颉刚书信集》卷一，中华书局 2011 年版，第 70 页。

头还连着筋。顾颉刚文章里的分析与现实层面的行踪,既能看出顾颉刚性格上的冲突,又能见出家庭对熏染新风的顾颉刚而言,牵扯力依然巨大。顾颉刚到北大求学,看到了新事物,接受了新观念,他用这些观念回看他苏州的家庭,发现处处是问题,文章里对旧式家庭的抨击猛烈非常,可说一千道一万,写一篇批评文章却还不敢用真名发表,这不得不说是一件很有趣也很讽刺的事情,这说明顾颉刚心里还是怕,新思潮的能量并不如其宣传的那样有巨大的魔力,有摧枯拉朽的实际力量。不管顾颉刚如何批评自己的父亲不理解自己,继母如何不对,可文章里写完了、日记里发泄完了,父亲还是父亲,继母还是继母,顾颉刚绝对不是现实生活中能非圣无法的人,让他做一个思想鼓吹家可以,让他做一个家庭革命家恐怕万万不能,归根结底,顾颉刚这类人在安身立命处依然是传统的中国人。作为新青年的顾颉刚的确是很自觉加入了思想革命的大潮,心悦诚服地吸收了新观念,只是他头上永远有一柄达摩克利斯之剑,这把剑就是生养他的家庭。新青年顾颉刚的底色是传统。

第五节　新青年之二:女子教育

自前妻吴徵兰 1918 年 8 月去世后,顾颉刚在续娶的问题有颇多纠结,这种纠结一是来自祖母、父亲的压力,二是来自亲戚朋友等熟人社会的压力。1918 年下半年他与叶圣陶通信吐露心迹,表示在续娶要求上是每下愈况,多方衡量仍不得结果,最后说"我本来是个娜拉,如今变成了爱尔文夫人了"。这种矛盾的状态说明他既想遂自己心愿娶一合适之人,又要顾及家庭亲人的要求,不得不反复斟酌。若干月过后,顾颉刚在 1919 年 1 月 5 日致好友练为璋信中自定择偶标准:一,须有学问上之兴味。二,须淡泊宁静,不染时尚,不好浮华。别人为其介绍女子殷履安,殷毕业于角直吴县县立第五高等小学,顾得知她为人好学,故立志聘她,因此于 1919 年 1 月定婚。那时的顾颉刚还是北京大学的学生,殷履安在家乡苏州,山长水远,旅途不便,夫妻二人只能鸿雁传书,虽然顾颉刚对父亲、继母的积威不能做出有效改变,接受了新思潮的顾颉刚毕竟可以对其妻进行全方位的教育与开导。书信里的顾颉刚事无巨细,事事关心。《顾颉刚全集》里保留的书信若从 1919 年 7 月 17 日发出的第一封信算起,到 1920 年 12 月 24 日为止,一年半左右的时间顾颉刚共发出 161 封信,写作速度之快、频率之高令人咋舌。书信里优美的语言不仅表达了二人新婚燕尔的温情,又有甜言蜜意覆盖下顾颉刚的关怀、教育、倾诉、诱导。顾颉刚对殷履安书信形式的教育具备强烈的教化启蒙意味。

顾颉刚与殷履安的书信内容,其中谈的一个话题是"人"。这与他在《对于旧家庭的感想》一文对家庭内部女子的关注仍是一致的,不同在于此时的对象是自己的妻子。顾颉刚对殷履安讲现在的社会有了打破父尊子卑、夫尊妻卑的风气,叫殷履安不要盲信古来如此的家庭道德,要敢于怀疑,告诉她何以专制、不人性的制度能延续千年,顾说是人们没有思想,没有怀疑精神,把尊辈老辈的话认作真理所致。顾颉刚在信中分析旧家庭的积弊:

> 旧家庭处处都有忌讳,实在没趣。他们只能信仰老例,终身不改;不能怀疑老例,想想这事到底有什么理由,什么价值。人家越旧,传下的老例越多。束缚人的身体,牵制人的行动,弄得一个人成了吃饭睡觉的一动物。真真可恨! 中国社会的不发展,事业的不振作,那一件不给家庭害坏的。……履安! 你是与我相偶一世的了! 你倘使与我同志,则我受尊长的累,不过半世,你我同心之乐,实在是多得多了! 相抵有余了! 但是我不愿逼着你与我同志,去反对家庭制度,我只要提起你的自觉心,自己去用心思想想:究竟老辈的心思怎样? 由他们的心思造成的家庭,到底是好是坏? ……①

顾颉刚在信中连续提出了 21 个问题让殷履安思考。他希望殷履安能摆脱家庭的牵累,但又谈何容易,正如顾颉刚所言,家庭中的习俗、运命、名分主义都无形影响着,不仅影响其妻,也影响顾颉刚。更何况顾颉刚与其父顾子虬对妻子在家庭的定位态度迥异。顾子虬以为媳妇

---

① 顾颉刚:《顾颉刚全集·顾颉刚书信集》卷四,中华书局 2011 年版,第 48—49 页。

的职责在于处理人情物理、家长里短,使之井井有条,合于训诫。他给顾颉刚的信中说:"媳妇接回后,应教以持家各务,并不得常在房中,置家事一切于不问;须知重闱年高,须随时侍奉一切;可以代劳者,应由幼辈承之。嗣后伙食及管理儿女等事,皆媳妇应负之职任。汝暑假后即须北上,故须豫为谆嘱:《颜氏家训》所谓教儿初胎,教妇初来,即此之谓也。然夫妇之间,亦不可过为责难,但须各尽其道已耳。媳妇两次来信,文墨通顺,深是可喜;不知针黹一道如何?"[1]顾子虬最后的落脚点还是针黹,这大概比文墨通顺还重要,娶进门来的殷履安在品性和持家方面得到了顾子虬的表扬:"新妇贤淑安详,予心甚慰"(1919 年 6 月 1 日日记)。

当时社会上对媳妇的观念也大略如是,将其当成"婢媪","是为享福而娶的,娶来一媳妇就可歇去一佣人。所谓媳妇的职司就是烧饭、缝衣、乳儿等事,尚且层层责难"。而且做媳妇的有"四不好","服侍长辈有小不如意就不好,夫妻情笃又不好,稍出主张又不好,不生儿子又不好"。[2] 这种观念在当时大家并不觉得有何不妥。具体在殷履安身上,因为身体原因一直不能生育,这也成了殷履安一生之痛,顾子虬也对殷履安不能生育尤其不能生儿子不满意。殷履安本人在此事上既惭愧也迫切:"履安极望生子,可怜!"(1921 年 11 月 27 日日记)

顾子虬的思维仍是相当传统,认为做媳妇的要洒扫庭除,奉养长者,尊奉老例,学了知识也是为了服侍好丈夫。顾颉刚看了父亲这封信后表示"大大的不快乐!""他们只知一个人应替别人做事,却不知一个人还有自己的事。这是旧脑筋的根本谬误!"这引起了顾颉刚极大的反弹与意见。顾颉刚在给妻子殷履安的长信中逐条批驳。他认为若是照此做去便灭没了人性,顾颉刚强烈反对妻子陷溺在里面,做一世的牛马。在老辈看来夫妻之间没有爱情与平等同样能过一生,顾颉刚则认为没有爱情的生活便是监狱的生活,不是人的生活,他很动情地对殷履安写道,"呀! 呀!! 我们对于媳妇的观念,第一件是人;第二件是夫

① 顾颉刚:《顾颉刚全集·顾颉刚书信集》卷四,中华书局 2011 年版,第 59 页。
② 顾颉刚:《顾颉刚全集·顾颉刚书信集》卷一,中华书局 2011 年版,第 41 页。

第一章 从苏州到北京

妻"①,女子与男子都是社会中的一分子,处于平等地位,本当互相尊重,这样才有人的尊严。顾颉刚早在1911年的文章《妇女与革命》中就有阐发,他高度赞扬参加革命的女子,认为这标志女性能与男子一样有磅礴的热血,能参与政治,能发出自己的声音。他在文末感慨:"呜呼!吾国女子之沉沦地狱者至矣、久矣,柔弱纤脆之性,若等废物,致使外人论者,谓中国四百兆人实仅其半,几屏我女子于人类之外,自今以往,庶几尽洗其辱乎?……自今以往,庶几尽脱其陋乎?今日吾女同胞热血磅礴,不亚男儿,是直我中国之破天荒也。"②顾颉刚在文章里描写的希望还是太过于乐观,"脱其陋"仍然任重道远。

顾颉刚虽然在文章里斩钉截铁地表彰女性独立勇武之精神,然一旦进入具体切己的现实,顾颉刚往往束手无策。他不能要求父亲做出调整或改变,他只能要求殷履安与自己处于同一阵营,形成攻守同盟,"履安啊!我的知己,只有你了!我与你若能住在一起,没有别人,我要做事时,便做去,你不来干涉我;你要做事时,便做去,我不来干涉你;就是两人心里互有参差时,也只有敦劝而无强迫;融融泄泄,心神交畅,这是怎样的乐境!"只是顾颉刚最后强调,"可惜现在做不到"。顾颉刚决定亲自教导殷履安。

要想殷履安达到与自己流畅交流的目的,顾颉刚没少对殷履安现代观念之养成进行指导。顾一方面要求殷履安不要拘泥旧俗,大胆思考,敢于怀疑;另一方面从新知识、新观念着手。具体方法是:第一,顾颉刚选择一批小说让其阅读,在小说的选择上还颇能见出顾颉刚的文学观念。大体而言,分以下三方面:(1)顾颉刚对当前小说界的看法。顾曾寄《礼拜六》四十五册让其妻消遣,还顺便谈到当时小说界情形,若从篇幅来讲,主要是短制多,少长篇巨著。原因在于长篇无心思去构思,又无人去看。短篇既便当,又精彩,需求也大。(2)谈旧小说的坏处。旧小说之坏在于让人脱离现实生活,入于飘渺玄虚的非人生活,一言以蔽之,旧文学的坏处,不外一"假"字。但他在否定《礼拜六》不足时

---

① 顾颉刚:《顾颉刚全集·顾颉刚书信集》卷四,中华书局2011年版,第62页。
② 《妇女时报》第6号,1912年4月。此文顾颉刚署了妻子吴徵兰的名字,原文只是简单断句,标点符号参考《顾颉刚全集》收录的文本。

还能看到礼拜六小说与纯粹旧小说的不同:"他们看见了外国的小说模样,无形中又被趋向'人的文学'的潮流冲荡去,所以他们尚能够'若明若昧'的做出有关'社会生活'的小说。看着他们的小说,尚能教人兴起'对于现在社会的觉悟'——如家庭专制,家人不睦等,里面很有几篇,可以感动人心。"①(3) 顾颉刚判断一部小说是否好者,主要看其能否感动人。感动的因素包括叙述的清丽,故事的哀情,文笔的优美,情感的真挚等方面。他推荐殷履安阅读《浮生六记》《聊斋志异》,并给予这两部小说高度评价。顾颉刚说《浮生六记》是他十八岁最喜看的小说,"因为他写情很真切,乐处真乐,悲处真悲;这样的小说,才是真文学。"②《浮生六记》能吸引顾颉刚,一是娓娓道来的笔调,真挚哀婉的夫妻之情,二是《浮生六记》是与家庭夫妻生活有关的小说,文中营造的情致很能勾起顾颉刚的共鸣。对于《聊斋志异》,顾颉刚认为是"人的文学":

> 《聊斋》这部书,在中国的文学界上,也是一部重要的著作。原来中国的文学界,或者像骈文的铺陈事物,或者像散文的依附圣言,对于描写心情,都不能适当;而且中国的文人,对于男女之情,看做秽亵,不屑去描写他。其实这种的情,才是天地间的至情。这种的心灵,才是奇幻妙美,最有描写价值的所在。他们不去描写;去描写者,便听之几个无赖,他们只会描写淫欲,于是有了许多的淫书。③

顾颉刚不像卫道士将男女之情看做海盗海淫之物,肯定《聊斋志异》写真情的正当性。其正当在于有补世道人心。这与抉发阴私、熟烂下流的淫书迥然有别。至于蒲松龄之所以以鬼神来言情,顾颉刚认为是社会专制,人束缚于家庭,男女交际不自由,其私底下的交流只是发泄兽欲,无深挚的感情,反不如以鬼写去,无拘无束,"鬼怪的无所管束,便于钟情"。还说要拿中国文艺界的有名作品让殷履安逐一赏鉴,"从

① 顾颉刚:《顾颉刚全集·顾颉刚书信集》卷四,中华书局 2011 年版,第 41 页。关于对当时小说界的看法,参看罗家伦《今日中国之小说界》,《新潮》第 1 卷第 1 号,1919 年 1 月。
② 顾颉刚:《顾颉刚全集·顾颉刚书信集》卷四,中华书局 2011 年版,第 101 页。
③ 顾颉刚:《顾颉刚全集·顾颉刚书信集》卷四,中华书局 2011 年版,第 179 页。

小说到史记,从律诗到古诗、词、赋。你愿意么?"

除了文学作品之外,顾颉刚还让殷履安阅读《左传》《国语》《战国策》《史记》《汉书》《老子》《庄子》《淮南子精华》等古籍。殷履安来信反映《老》《庄》看不懂,顾颉刚回信:"你说《老》、《庄》书看不懂;这固然是不容易看。但《墨子》、《荀子》等,比较的易看了。《模范文选》上,选《荀》、《墨》书很多;又是加了圈点符号,更正了许多误字,更是便利得多。请你努力看看,晓得些战国时候的学术。"①顾颉刚还指定一些具体篇目让殷履安抄录学习:(1) 曾国藩《经史百家杂抄简编》序目。(文体分类。)(2) 杜威《中国人心理之变化》。(国性论)。(3)《农家者流的经济思想》(许行学。)(4)《集录胡适之先生论无文字符号之害》。②(文学革新论。)顾颉刚解释第一篇是让其明了中国文章的体例,第二篇是观察中国国民性格,第三篇是知道战国诸子争鸣的状况,第四篇顾特别指出"很有用处",意指殷履安以后写信写文学会用白话、使用新式标点。顾颉刚是以研究学术的要求来指导其妻的。因为顾颉刚给高小毕业的殷履安定了一个大目标,希望她成为"中国史学家",并且大致规划了殷履安如何读书的过程:"我希望你本年拿我买给你的中学历史地理四册看完。我年假归来,带给你大学豫科的史地讲义各一份。只要有了中学校的根柢,去读这个,必很容易;大概一年亦尽宽裕了。后年便读大学史学系的讲义,算他三年读完;再自己看整部的书。包你不到十年,可以成个'中国史学家'"。顾颉刚开的书单里竟然有《尚书》,这部顾颉刚花去毕生心血研究的书竟然也开给妻子读,原因竟然是顾颉刚认为这书是"带有文学兴趣的历史","文章既好,所记的事实又是极有关系的"③,这实在是难为殷履安了。

第二,顾颉刚让妻子接触当时出版的刊物。书信中提及的刊物有《新潮》《新青年》《曙光》《通俗医事月刊》《少年中国》《时事新报》《法政学报》《东方杂志》《北京大学日刊》《礼拜六》《晨报》。这些刊物或是让殷履安阅读,或是让其誊抄。以上刊物中笔者想特意谈一谈《通俗医事

① 顾颉刚:《顾颉刚全集·顾颉刚书信集》卷四,中华书局 2011 年版,第 220 页。
② 顾颉刚:《顾颉刚全集·顾颉刚书信集》卷四,中华书局 2011 年版,第 191 页。
③ 顾颉刚:《顾颉刚全集·顾颉刚书信集》卷四,中华书局 2011 年版,第 110—111 页。

月刊》。这本刊物主要普及公共与个人的生理卫生、生理健康知识,兼及国内外相关资讯介绍,所谈话题有剪发、束胸、挖耳、哺乳、饮食等。顾颉刚之所以推荐其妻阅读《通俗医事月刊》,因其语言浅显,事理清晰,易懂能学,对女性生理卫生方面有些有用的介绍,对于女性解放很有借鉴意义。顾颉刚谈过两个问题,一是束胸,二是剪发。1919 年 10 月 15 日顾去信殷履安谈束胸,"论束胸条请君注意",强调此文要"浏览一过"。此文为《女同胞曾注意这三件事情么》,发表于 1919 年第 1 期的《通俗医事月刊》,署名虞诚之。主要谈敷粉、束胸、缠足的危害,该文谈束胸危害有二:一,呼吸不能充分,障碍肺脏发育。二,障碍乳腺发育,影响直达小儿。该刊第三期有署名"雨三"作《束胸的余谈》,接续前文观点呼吁女性停止束胸。另一问题是剪发,1920 年 4 月 4 日顾颉刚致信殷履安谈女子剪发,起因是社会上女子剪发参与公众事务还很少见,因此他要殷履安注意毛子震发表于 1920 年第 6 期《通俗医事月刊》的《女子剪发问题的意见》一文。文章说女子蓄发有几种害处:一,蓄发失体位的平衡而生疾病。二,梳头易得害病的机会。三,梳头妨碍精神的休息。四,蓄发不便洗濯有碍卫生。五,蓄发的人因为要增进美观便发生种种弊害。从医学常识讲,该文虽有矫枉过正甚至错讹之嫌,但在当时提倡剪发背后是革新观念的一种尝试。顾颉刚主张殷履安剪发,他的观念是:"人类只怕没这个'想';要是有了这个'想',终必要'实行'而后已。像清朝的提倡革命,现在的提倡新文学,从前的俄国提倡无治主义,不是都做到了么? 吾想将来的女子剪发,或是听人自由。季真!你如果将来要剪时,我必定不干涉你的。"[1]剪发、放胸让女子做新女性,开启个人与社会的新风尚,这才是顾颉刚所想的。但也很难否认,这里面很可能有一个男人对作为自己伴侣还不算太满意的女性加以改造的成分存在,让脱胎换骨的女性满足男人对另一半的想象。

顾颉刚对殷履安的教育大体如此。必须承认只有在新文化的氛围下,顾颉刚与殷履安才有相磨相荡、切磋相济的机会。顾对她的教育主要是输入新思想、新观念,让她在知识思想上能与自己进行平等的交

① 顾颉刚:《顾颉刚全集·顾颉刚书信集》卷四,中华书局 2011 年版,第 185 页。

流。顾颉刚曾对殷履安提出具体的要求:1. 具中学以上的常识。2. 就性之所近,学一项艺术。3. 通一门外国文。4. 在国文上求深造。5. 略晓中国各项学术的源流。[1] 第 3 项要求顾颉刚本人都未做到,第 4、5 两项要求,顾颉刚完全是希望妻子与自己在学术上能进行对接而定的标准。从后来殷履安的经历来讲,她没有达到顾颉刚的要求,顾颉刚后来一生倾慕喜欢自己的学生、女中豪杰谭慕愚(1902—1997),原因是谭慕愚为顾喜欢的"英挺而沉郁"的女人形象,而且谭慕愚求学于北京大学史学系,可以研究学问,这在顾颉刚看来很重要,因为可以谈学术,有精神交流。

顾颉刚希望殷履安成为具有理性常识的现代人,而不是依草附木的木偶人,"吾总要使你生存在世界上,是为你自己而生存的,不是为了做我的夫人而生存的。你做我的夫人,不过是一项职业,不是你做人的全部。人的全部,便是完全的人格。完全的人格是怎样得来的呢? 便是秉受了学问,自己去发展"[2]。希望殷履安养成并保持独立人格,不致出了学校后被社会和老辈的暮气沾染、同化。这既是顾颉刚对其妻之要求,亦是自勉,二者互相监督,互做净友。

总体来讲,顾颉刚深受新思潮的影响,他总是希望其妻能跟上自己前进的脚步,熏染新风,共同读书,共同进步,永葆鲜活的爱情。他曾幻想与自己亲手培养的"新女性"殷履安过上王子与公主般的美好浪漫生活。毫不怀疑,信中的顾颉刚是一位充满着玫瑰色梦幻的诗人:

> 你看他们是怎样的一对好夫妻(指顾颉刚阅读的《曙光》杂志上王统照《战与爱》一文的主人公——引者注)! 男的,是爱和平,好美术。女的,是一个缠绵浓挚的女诗人。他们同在很清洁美丽的村子里住着。他们有可爱的书室。他们常常在月白风清的时候,携着手儿,坐在镜溪的石岸,亲亲密密的谈心。他们对着清静的空气,万籁无声的时候,暗淡的月色,灿烂的星光,槎枒的树影,淙淙的水声,只是舍不得走开。这种的生活,何等的优美! ……[3]

① 顾颉刚:《顾颉刚全集·顾颉刚书信集》卷四,中华书局 2011 年版,第 180 页。
② 顾颉刚:《顾颉刚全集·顾颉刚书信集》卷四,中华书局 2011 年版,第 180 页。
③ 顾颉刚:《顾颉刚全集·顾颉刚书信集》卷四,中华书局 2011 年版,第 187 页。

所以我常想：他年若是可以同你在风景优美的地方,买田十亩,种花一畦;当这般新绿嫩红的时候,在花丛里挽臂同行;抬起头来,看见的是高山;倾着耳朵,听见的是流水和松涛;我拿了一本书,你拿了一个写生桌子,走到惬心适意的地方,我便坐在草里读书,你便搭起桌子画图;那个时候,仿佛天地间只有我们两人了!仿佛天地间的爱情、快乐、美感,都给我们两人占尽了!季真呀,这是何等样的乐事! 我同你竟做得到的么? 我同你竟有这一天的么?①

信中描绘的这幅美好愿景,是顾颉刚对朋友的夫妻生活观察所致。他看到周围朋友们的夫妻生活里面没有精神交流,日常生活只是充斥着打牌洗衣烧饭,无聊而机械。所以顾颉刚在书信中一再强调,不应再遵守老例过着无知无识的生活,要知道自己是"人",明了自己的价值,希其妻从里面跳脱出去,做知识女性,而不是家庭的附属物。顾颉刚还规划了殷履安考上女高师之后的情形,希望妻子好好求学,甚至"永不怀孕",营造纯爱的氛围：

　　你如志愿进女高师,我也让你进去。日间我做我的事,你读你的书。晚间我们便携手到公园里去;看着密密的古柏,丛丛的花草,明明的月色,那时我们"爱的精神",竟是充满了宇宙了。如果女高师晚上不能还家的,我们便七日一会;每逢一个星期,就作一次郊游,或者是极畅快的园游。……季真,你想这种的生涯,是那样快乐的生涯! 那时我的精神里充满了快乐,这个不眠之疾,早已飞到九霄云外去了。只是有两样事情,是满足中的不满足:一是祖母的安康;二是怀孕的妨碍。要我们有长时间的快乐,总希望你永不怀孕。②

那个时候的顾颉刚真是敢想,这些诱人的未来计划如若不对女性所栖身的旧式家庭作根本革新,女子接受高等教育、参与社会终是空

① 顾颉刚.《顾颉刚全集·顾颉刚书信集》卷四,中华书局 2011 年版,第 207 页。
② 顾颉刚.《顾颉刚全集·顾颉刚书信集》卷四,中华书局 2011 年版,第 258 页。

谈。顾颉刚在《曹国瑞女士传》里分析追求独立、向外求学的曹国瑞之死的原因是，"须知道她是给一般人的思想，数千年的制度压死的，某人某人不过是刽子手之类，奉了长官的命令而执行她的死刑而已"①。"一般人的思想"是数千年的礼法制度，周围人的冷眼，圣贤的教化，民众的信条，这些都是曹国瑞致死之由。曹国瑞之死可以说明女性求学在社会上还未有充分的思想基础。顾颉刚在信中感慨，"外国的女子参政权渐渐的成为事实，政治上的地位又要平分了。而中国的老辈，不知世界的潮流现在已到了怎样程度，还要把烹饪针黹看作惟一的女子天职。唉！可叹啊！"②女子教育与家庭问题是一线顺延下来的，而家庭问题又是社会改造的重要环节，若果家庭、社会得不到革新，女子教育形不成气候，只能是娜拉，出也出不远，回也回不来。顾颉刚不得不把家庭革命、女子教育的希望寄予将来，可家庭要革命成功戛戛乎难哉。顾颉刚在 1933 年 1 月 1 日的《东方杂志》发表《新年的梦想》一文，表达了五个愿景。其中一个是打破旧家庭制度，原因不言而喻，"许多恶习的改不过来（贪赃），许多人的颓废（如因婚姻），都是家庭制度的作梗"。从 1919 年顾颉刚在《新潮》发文谈旧家庭到 1933 年顾依然祈望打破旧式家庭制度，这 14 年的时间跨越本身就说明了改革家庭不是一蹴而就、喊喊口号能成之事。顾颉刚之所以敢在书信里要殷履安求上进，实际上是其父顾子虬不太干涉罢了。

从新思潮、新观念的提倡到实践，中间必要经过时间的沉淀，才能看得清最终的结果如何。顾颉刚对殷履安的教育是另一种形式的"两地书"，这种教育说明新文化倡导女子解放的理念是如何通过一种私人化过程渗入普通日常生活的。这种渗入体现在：首先，顾颉刚作为一名新文化运动的观念接受者，他结合自己在旧家庭里的感受，将个人体验与新观念进行糅合，传播至殷履安，总体目标是希望妻子丢掉传统的负累大踏步往前走去。这种传播与设计都由顾颉刚主导，尤其在如何读书、如何上进方面。其次，顾颉刚学问很好，他希望妻子能够在学问上

① 顾颉刚：《曹国瑞女士传》，《新女性》第 1 卷第 11 号，1926 年 11 月 1 日。
② 顾颉刚：《顾颉刚全集·顾颉刚书信集》卷四，中华书局 2011 年版，第 64 页。

理解他,最起码对他的学问有基本了解。顾颉刚常常以研究学问的态度来要求殷履安读书,即便殷履安读不懂,仍教其略微翻翻,明晰学问变迁之大势,并说,"我是欢喜有志的人的,你能立下读书之志,从此进步上去,我更爱你了"①。

这番话可以这样理解:如果殷履安读书之志没有立好,顾颉刚爱殷履安之心是不是要弱几分呢? 顾颉刚一再强调双方是独立平等的受新思潮影响的个体,其实殷履安的所谓独立个体身份是顾颉刚定义的。直白而言,顾颉刚希望殷履安既漂亮,又贤惠,能诗词,善绘画,通外语,懂学问,并能善解人意懂情趣,注意修饰打扮,剪发放胸修眉,是妻子,是学者,是情人,还要是时代"新女性",如果殷履安有林徽因的才貌、陆小曼的交际、谭慕愚的史学修养,也许就很接近顾颉刚心中悬想的女人样子了。总之妻子要有多重身份,谈学问的时候要变成学者模样,浓情蜜意的时候得有情人的风姿绰约。1947 年 7 月 30 日顾颉刚给他第三任妻子张静秋的信里说他现在气色好、身体好归功于三个原因,其中一个原因是,张静秋满足了他的期许,"在我的人生里,夫妻与情人合一了"②。

顾颉刚培养殷履安的最终效果又如何? 殷履安在学问方面远达不到顾颉刚的要求,她给顾颉刚信里不高兴地说,"你的妻,实在才浅能低,一无所长,没有可爱的地方,未免美中不足"③。不然顾颉刚不会一往情深地喜欢那个北大史学系学生谭慕愚,因为谭慕愚"志气高,读书勇,眼光锐",有为学的才性,只不过顾颉刚非要声称他和谭慕愚只是朋友之情。才浅能低的殷履安不是顾颉刚心中那个情人的模样,有一点可以证明。一是 1938 年殷履安劝顾颉刚"纳妾"④,这事的起因是他们夫妻二人不在一地,顾颉刚高度失眠,身边缺人照顾。顾父顾子虬与殷履安都劝其纳妾,顾颉刚明知当下时代纳妾不合适,早在 1924 年顾颉刚就有"妻无故而屏之不顾,专想纳妾,使我加倍看不起"的想法,但与

① 顾颉刚:《顾颉刚全集·顾颉刚书信集》卷四,中华书局 2011 年版,第 408 页。
② 顾颉刚:《顾颉刚全集·顾颉刚书信集》卷五,中华书局 2011 年版,第 126 页。
③ 顾颉刚:《顾颉刚全集·顾颉刚书信集》卷四,中华书局 2011 年版,第 482 页。
④ 顾颉刚:《顾颉刚全集·顾颉刚日记》卷四,中华书局 2011 年版,第 40 页。

长期高度失眠缺人照顾相比,顾颉刚认为两害相权取其轻,为疗治失眠,不得不如此想法,"我实只有这一条路可走,因与丁科长道之,彼允竭力为我设法"。顾颉刚知道如果真纳妾了肯定对不起妻子殷履安,可我们读他的日记,他写的是,"唉,我作此事,如何对得起履安与健常,只为保全生命计,不得不如是耳"。他居然还对不起另外一个女人:谭慕愚。谭与顾颉刚没有婚姻关系,是他一直心心念念的女朋友,从顾颉刚一生来看,他并不是招蜂引蝶之人,纳妾与否与谭慕愚毫无关系,无非是顾颉刚顾及他要真这样做了在谭慕愚心里的印象不好罢了。但我们从此看得出殷履安在顾颉刚心中的地位若何,从实际情况看,顾颉刚后来没有纳妾,但他脑子里这个想法时常萦绕,看起来心是有一点松动了。

很有意思的是,顾颉刚 1932 年给殷履安提过纳妾一事,殷履安听了很生气,赌气说要成全他。顾颉刚马上解释娶妾是开玩笑,说什么接受了新思想的人不能纳妾,还保证"纳妾之事,不但自己不想,就是父母要为我做时我也不要。不但父母为我干时我不要,就是你为我干时我也不要。如果要了,我就是一个负心人了!"①更早在 1920 年顾颉刚与殷履安结婚的第二年,顾颉刚信誓旦旦表达在新文化思潮的影响下,我们懂得了什么是爱情,懂得了夫妻之间的真意义,不像以前那些夫妻,二者结合不过"为肉欲及生计束缚罢了",强调他"没有娶妾狎娼的心思"②。我们回顾一下顾颉刚纳妾的想法:1938 年顾颉刚在家人的催动下动了想纳妾的心思,1932 年开玩笑说纳妾,1920 年宣称不纳妾,说明妻子殷履安在顾颉刚心里总有那么一点不满意。所以我们就能理解、同情殷履安劝顾颉刚纳妾时其实她心里是翻江倒海,心里最痛的莫过于殷履安。

因为殷履安是真心爱着顾颉刚,是把全副身心都放在了顾颉刚身上。全国抗战爆发,顾颉刚远走西北,殷履安在北平帮助顾颉刚照顾老弱,倾注和耗尽了她的精力。在纳妾这个问题上,殷履安在信里是这样

① 顾颉刚:《顾颉刚全集·顾颉刚书信集》卷四,中华书局 2011 年版,第 584 页。
② 顾颉刚:《顾颉刚全集·顾颉刚书信集》卷四,中华书局 2011 年版,第 176—177 页。

跟顾颉刚讲的,完全看得出殷履安是传统中国贤良妇女的典范,为了爱人可以不顾自己。殷履安让所爱之人纳妾虽然道理上貌似能通,情感上她实在是不能接受:

> 你要失眠症不发,只要有一个女人陪伴你,减少寂寞,心得安慰就可得眠。我想我宁愿牺牲一己成全你,如有凑巧的人,不妨娶一个妾。因为我家人口太少,我不能替你生一个儿子,这是终身之恨。……至于时代,没有关系,只要我可宽容就可无事了。如此你比较方便,我呢,合意则同居,不合意则分居,没有什么问题。请你随时选择一个,不要再自苦了,这是我的真话,并非是见你来信说起娶妾而生气写的。(1937 年 11 月 1 日殷履安给顾颉刚的信)

> 我上信劝你的话,你就听了我吧。为你身体着想计,不得不变通办法,我是决不责你的,你能信我的话吗? 否则你太苦了。(1937 年 11 月 10 日殷履安给顾颉刚的信。)

> 你来信常提起失眠,我顾念你的身体,所以叫你纳妾,夺我之爱岂我所愿,但时局如此,没有法子啊!(1937 年 12 月 19 日殷履安给顾颉刚的信。)

> 叫你纳妾,能生育最好。唉,我之不能生育,是为父亲最不欢喜,但要我陪他,而叫你纳妾,岂我所愿。至若你一定要纳妾,则我决不阻挡,因我不能生育,实在对不起你啊!(殷履安 1938 年 2 月 11 日给顾颉刚的信。)①

这些信里,殷履安既心疼丈夫,内心又无比纠结、举棋不定的情绪一览无余。顾颉刚在接到殷履安劝他纳妾的信后,他也在思忖这事究竟怎么办才好:不纳妾吧,高度失眠太难受;纳妾吧,如果娶个乡间女子,没有交流不行,娶个城市女性,如果她耽于逸乐也非他所愿,若果娶了妾生了子,那更加会失眠,所以他想到最后也是举棋不定,最后得出一句话:"唉,总是父亲害我,不然履安已早至矣。"(1937 年 11 月 26 日日记)从日记后面的记载来看,顾颉刚还是委托朋友物色合适的女性做

---

① 顾潮整理:《顾颉刚殷履安抗战家书》,中华书局 2023 年版,第 246、249、262—263、289—290 页。

妾,"慕陶来,为我纳妾事,告我段子岳已去函凉州,周太太又欲在兰州女学生中代找。"(1938年3月12日日记)在殷履安去世两月之后,谭慕愚拒绝了顾颉刚的求婚,他又重燃纳妾之想法,"然则予明年其将纳妾耶?"(1943年7月31日日记)顾颉刚日记很有意思之处在于纳妾的想法、对谭慕愚的想念、对妻子的深切怀念,在顾颉刚那里似乎可以并行不悖,毫无违和之感,一方面深深感念殷履安对他无尽的好,一方面记挂着另一个女性的所思所想。"悲履安,怀健常,竟不能睡。"(1943年11月8日日记)

顾颉刚总想按自己的标准打造妻子殷履安,可惜的是,顾颉刚很大程度是自己画了一张饼,一厢情愿想当然地觉得北京苏州两地书的新教育可以让妻子换脑筋,吸收新知,不要是一个传统妇女,可是殷履安喂得多吐得多,究竟吸收多少要打大折扣。最起码新文化鼓吹宣传的那些民主、自由、独立观念,殷履安就没有内化进去。1943年8月8日顾颉刚日记这样记载殷履安:"盖履安以忠仆自居,我即以忠仆视之,予事业心强,不肯耗费时间于夫妇之温情上,遂使彼此只有夫妇之义务而无夫妇之乐趣。履安过于节省,我不给予慰藉亦即无处得慰藉,使其兴味日益干枯,此则予之罪也。今日悔之,又何及耶!"夫妻之间不能是"忠仆",若如此,二者地位必不平等,情感必不会是双向输入和输出。这段话也说明顾颉刚和殷履安之间的感情更像是亲情,顾颉刚离不开殷履安是因为殷氏能把顾颉刚伺候得好好的。顾颉刚很清楚地意识到他在情感上对殷履安忽略了。在殷履安逝世的前两年她已经病得不轻,无论是情感上还是身体上都需要顾颉刚在身边照料,可是顾颉刚又在哪里呢?请看他的女儿顾自珍写给他的家信,连女儿都看不下去了:

我们只希望您归来使母亲心境快乐,但这唯一的希望也消失了,每次看到母亲,我心中说不出的凄惨,不知她要睡到何年何月呢?!睡了半年多,病况是毫无入佳境,瘦得很,想来您在渝地一定也常思念母亲,能不能设法回来看望她呢?虽说我们不能怨您远离母亲,但旁观者都认为当母亲如此卧眠床第之上而您竟能忍心他去,亦不免有点太惨酷了。男儿志在四方,当然您更是不例外,我们又能说什么呢,还是不说吧。(1941年11月22日)

事实上是母亲太想念您了，兹知您不归，真伤透了她的心。……一个人活着总应有一种希望，一种盼望，尤其是病人若毫无所希望，则病况必更恹然了。……归来吧，父亲，我们请求您无论如何设法回来一次吧，即使是回来一月，半月也是好的。希望您能体察到母亲的衷心。据赵太太说，母亲昨晚接您信后夜间哭了一场！（按：顾颉刚之前写信给殷履安，告诉她本年寒假不回来了。）(1941 年 11 月 25 日)①

此时殷履安在成都，顾颉刚在重庆。女儿对殷氏母亲心态的描述完全符合事实，顾颉刚不回仿佛就是抽走了一个油尽灯枯的残年之人最后的精神念想。殷履安 1941 年 12 月 4 日给顾颉刚的信是这样说的："我自思我虽才低能浅，然廿二年来整个心灵的贡献给你，全副精神的寄托给你，同甘苦，共患难，不无小小的功。而今我病，你忍心不顾而去。明知你事势压迫，不得不去。然在精神不宁时，连自己也莫之所从，常常流泪了！"17 年前殷履安给顾颉刚的信用了类似"才低能浅"这样的词语，从前前后后的语境分析，顾颉刚在学问这一方面对殷履安是很不满意，不然殷履安不会如此讲。而顾颉刚对妻子才低能浅的回应却是岔开了话题，顾左右而言他："履安来信，说了一段才浅学低的话，使我怀疑。我与履安，至少在朴实诚挚上相类，我决不愿与她轻伤感情。我总宁可减少自己的乐趣来增加她的乐趣"。(1924 年 8 月 15 日日记)信里说"事势压迫"，这个压迫难道到了不得不去无法抗拒，去了之后就没有任何间隙抽空回成都的程度吗？按说只有这样顾颉刚才可以不用回来，可是顾颉刚有这种理由吗？答案是没有。他去重庆是应朱家骅之邀请编《文史杂志》，另外在中央大学兼课以及参与一些社会活动、学术活动。对比妻女写信的 11 月 22 日、11 月 25 日、12 月 4 日，我们翻翻顾颉刚日记看看他做的工作：

予凡见健常（按：谭慕愚），必致失眠，渠何以使我精神兴奋如此，岂非前生冤孽！(1941 年 11 月 17 日日记)

① 顾潮整理：《顾颉刚殷履安抗战家书》，中华书局 2023 年版，第 497、499—500 页。

写叔觉信。写自珍，向奎，金绍华信。慰堂来。到服务处吃饭。欲到巴蜀小学，路遇伯寅先生，到茶馆喝茶，并晤廖实中。（1941年11月22日日记）

与英士到宴琼园吃饭。到书贻处辞宴。与英士乘人力车归。中大杨白华，周一凯，胡迟来。（1941年11月25日日记）

七时到惠中旅馆访健常，同到洪福馆吃点。……到图书馆赴宴。海平来。黄霈夫妇来。雁浦来。（1941年12月4日日记）

此处部分引用顾颉刚的日记，综计他在重庆的工作是教书、会客、开会、编杂志。女儿的信顾颉刚也收到了，他哭了，"几哭了一天，可见其无办法矣"（1941年11月30日日记）。顾颉刚认为刚到重庆，工作才展开，不能撒手而回，就算此时他回到成都，殷履安的病情"如不变，则行乎留乎"？所以他想来想去就是多写信安慰殷履安，暂时不回成都。这就是他认为的没有办法：回也不能回，开展工作心里老有牵挂。

妻子重病而不立刻回去看望照料，这本身就令人难以理解，关键是这个时候顾颉刚仍然在日记里时不时记下几笔对谭慕愚的想念之情，这实在令人大跌眼镜，在一些读者看来，顾颉刚的想法和做法多少让人觉得无耻。这也让人对顾颉刚在重庆的"忙"产生怀疑，他真有那么忙吗？顾颉刚最终还是回了成都，时间是1942年1月23日，大概是看了女儿的哀求信，不得不回。顾颉刚回成都坐的交通工具是飞机，用时一小时十分。盼星星盼月亮的殷履安终于得见丈夫，她非常开心，顾颉刚在日记里记着，"履安因我归家，精神兴奋，至一夜未眠"。明明可以早回，却是拖了这么久。

总计殷履安一生，欢乐的时日有，受苦的日子也是真多，她的早逝，除了因为抗战以来多地奔波，安宁日少，颠簸日多以外，实在还与殷履安因顾颉刚不在身边想尽办法捱生活导致精神受损有关。另外顾颉刚不以为然、心不在焉地忽略殷履安也是很重要的因素。有一点可以反向证明，那就是顾颉刚在殷履安死后常常写自己痛哭，写自己对不起她，写殷履安如何对他好，写得很诚挚，还掏心窝子自话自说他心里想着谭慕愚，其实殷履安都知道，只是她默默不言而已。顾颉刚很感激也很愧疚，打算以后有条件了以殷履安的名字创办一所学校。可是这些还有用吗？顾颉刚这样写带着很大的悔意,加上他相信占卜,害怕有不好的事情发生,所以这样写还有一点赎罪以求心理平衡的味道。顾颉刚的日记写得十分真诚——相比其他学人日记已经是很少隐瞒——可是毫不掺假的真诚就是一面不易察觉的挡箭牌。

从顾颉刚前前后后的记载即可证明殷履安是一非常传统的女子,相夫教子,洒扫庭除,侍奉公婆,这些毫无问题,可她不可能满足顾颉刚对情人的想象、对知识女性的寄托。这种混合着中国传统文化理想的伉俪而兼师友之志,在顾颉刚身上体现得相当明显。顾颉刚既时新又传统,可谓新中杂有旧痕。简言之,顾颉刚对殷履安的启蒙是他讲究学问与理想投射的体现。他的启蒙既有新文化运动的理念与实践,又有传统读书人幻想的才子佳人红袖添香夜读书的美梦依旧。再次,对于殷履安而言,顾颉刚既是丈夫,更是一位很柔软的强势启蒙者,这位启蒙者混合了太多的个人意志,读古书,学艺术,看时新杂志,孝顺祖母,抄学术文章,考女高师等一系列要求。"新青年"顾颉刚作为一个强势的知识男性角色,努力想把殷履安打造成他心目中完美的"新女性",于是细密地规划着殷履安的生活与读书,书信中保留了大量教读的内容,却很少考虑殷履安本人的需求和意愿,而殷履安也基本处于驯服听从的状态。从殷履安一生之经历来看,顾颉刚对殷履安的教育只可看做一个没有普遍意义的案例,这种所谓的启蒙是不成功的,若要女子教育形成潮流,将妇女作为与男子对等看待的人,有自由独立平等意识,成为一种常识与观念,最好是丢掉男性依附,自己慢慢觉悟、慢慢践行,不过这在新文化运动时期只是开头而不是完成。

女子吃了太多的苦,受了太多的累,我们只看到一个明亮的男子在纸面上擘画将来,男子哪里想得到,擘画的前提是这个朴茂的女子尽她的全力在安顿这个男子。"新青年"想和"新女性"比翼而飞,"新青年"忘了"新女性"的痛和病,最终失败了。

第六节　新青年之三:善心肠与恶手段

1919年3月4日顾颉刚致信叶圣陶,说《新潮》一卷三号上的文章令他大失所望。按照编辑方针，第一卷第三号的《新潮》设计为"思想问题"专号，但这期专号未能如期出刊。顾颉刚看到预告，见涉及思想问题的几篇文章学问气息薄弱，因而感慨研究学问并不是一件容易的事，"最便当的事情，只是将社会现象说说骂骂罢了"。顾颉刚指出《新潮》杂志没有学问的气息，除了少数像陈嘉蔼《因明浅说》①这类文章外，其他好文章实不多见。《因明浅说》一文从八个方面详细谈了因明（逻辑）的概念、利弊、适用范围、推论过程，文风朴实，说理清晰。这篇文章让顾颉刚有印象的是，陈嘉蔼谈论的因果观念、演绎与归纳、科学等问题顾亦早有思考，因而得到顾颉刚的肯定。

至于如何让《新潮》脱离找个问题随便谈谈的状态，循思想规律、厚植根基之路走去，顾颉刚给《新潮》编辑傅斯年的建议是办杂志要用浓密深厚的感情去感动社会，态度要温愉，不要拒人于千里之外。若无确实的根基，明晰的观念，深厚的学识，文章当不能随意公之于众。顾颉刚的建议是一不要文过，二不要存成见去反对人，三不要捏造说谎，并说《新潮》的通信栏应好好重视，应将各种意见罗列，取长补短，以俾提高与联络。顾颉刚说如若他想表达言论、发表文章，必须在科学上有"确实的根柢""明了的观念"，在历史上有"精细的考索"。② 而目前的《新潮》杂志离这一目标还有相当的距离。

顾颉刚这种对《新潮》的思考是基于对《新青年》的认识，他正是看到《新青年》缺乏深厚学理，流于浮浅表面，希望《新潮》有所改变。顾颉刚谈《新青年》《新潮》弊病的信写于 1918 年 12 月 18 日，登载于 1919 年 3 月第 1 卷第 3 号的《新潮》。顾这封给傅斯年的信，傅节略之后发表。至于为何节略，傅斯年解释涉及顾颉刚个人之私事，其实是因为信中涉及陈独秀、胡适等师辈，怕刊发后引起难堪与意见。早在 1919 年 1 月有朋友告知顾颉刚此信要登入 2 月出版的《新潮》第 1 卷第 2 号，但顾颉刚信中过于苛责《新青年》之处，《新潮》的编辑认为必须与陈、胡看过后再决定登否。在顾颉刚看来本属私函不便发表，加之还要给陈、胡

---

① 《新潮》第 1 卷第 3 号，1919 年 3 月。
② 顾颉刚：《顾颉刚全集·顾颉刚书信集》卷一，中华书局 2011 年版，第 179 页。

诸君审核,他认为登载一篇文章还要去问问陈、胡的意见,是"奴性"的表现,"大非吾意"。顾颉刚的目的是不希望《新潮》再犯《新青年》的毛病,并非是要与老师之辈争是非争高下,他也希望读者诸君不要误会他的本意。

日记中顾对于商榷文字之发表需要反对方面的审查表示了不满。顾颉刚虽说不是与《新青年》争是非,但他对《新青年》的看法是《新潮》重要的参考对象。若问顾颉刚对于《新青年》到底如何看法,此可从顾颉刚的读书笔记对陈独秀、胡适的评价窥知一二。第一,《新青年》提倡创作新文学作品应取法西洋,顾颉刚并不同意一味取法西方的理念,他也并不认为西洋诗歌的写法一定高于中国古代诗歌。《新青年》反对旧文学,提倡新文学,认为中国古代诗篇,大多是"散章零构",不像西洋诗歌,"以一诗专咏一事,积帙甚巨,气力雄厚也,坤(指顾颉刚本人——引者注)按此语甚非"①。胡适提倡多翻译西洋文学名著来救中国文学之弊,胡适认为中国文学的创作方法不够完备,以体裁而论,散文只有短篇,没有布置周密、论理精严、首尾不懈的长篇;韵文方面只有抒情诗,很少有纪事诗,长篇叙事诗更不曾有过;论到戏剧更是在幼稚时代,"全不懂结构"②。但顾颉刚认为中国文学中有结构复杂的作品,比如弹词作品中的《安邦定国志》《天雨花》《玉蜻蜓》等,都是以韵文记叙一件事情,无论是字数还是线索结构等方面并不比西洋长诗弱,顾颉刚只是承认这些作品在气势方面不如西洋诗歌之"气力雄厚耳"。只是因这些作品流行于民间而为上流人士不屑观赏,陈独秀、胡适并没有将这些作品充分考虑。顾颉刚还举例说自己观看赵佩云(艺名小香水)演的《雪梅吊孝》剧,因而求得《三元记》元本,文辞都是七言鼓词,与西洋长诗相似。其改编的剧本《雪梅吊孝》也不是白话文,顾颉刚认为这与西洋歌剧很相似。他认真读后觉得是"绝好之通俗文学,惜胡、陈诸君之不知证也"③。顾颉刚对胡适、陈独秀提倡新文学而有意识择取对象来谈明确表示不认同。顾颉刚以他熟悉的中国传统戏剧做具体案例来对比中

① 顾颉刚:《顾颉刚全集·顾颉刚读书笔记》卷十五,中华书局 2011 年版,第 350 页。
② 欧阳哲生主编:《胡适文集》第 2 册,北京大学出版社 2013 年版,第 51 页。
③ 顾颉刚:《顾颉刚全集·顾颉刚读书笔记》卷十五,中华书局 2011 年版,第 350—351 页。

西剧曲之差异,他认为刘半农过于推重欧洲歌剧而厌恶中国旧剧,是"洋迷"的表现,戏曲之好坏不能以具体形式来定高下:

> 如昆曲过文,不能适用于通俗教育,以及淫剧有不堪入目者,武戏有杂乱无次者,均当改造之类;不当论其形式(眉批:不论形式,即不当因他人之形式,而论我之形式。)如旧戏有唱有白有作而无布景,有白既不肖欧洲歌剧,有唱又不似欧洲不歌之剧,无布景则不能状物之类。何者? 实质者,世之所同之理;形式者,一国之所独之迹也。世之所同之理,则有善恶是非可较定;一国之所独之迹,则无善恶是非可言。以所以具有此现状者,即为此一国人心理所构成,别无善恶因缘。(眉批:犹之文字,为一国所独有之形式,胡、陈虽极意欲革新文学,然不能废国文。以北人之性故食麦,以南人之性故食稻,必谓稻善而麦恶,强北人以食稻,有是理乎。)【略】论戏剧既不宜注意形式,论文辞亦然。胡、陈诸君之革新文学,吾取其主写实主义,斥古典主义,存诚屏伪,实质之宜也。至因提倡通俗言语,乃极意赞叹《金瓶梅》,而深恶痛绝《十三经》,此则拘滞形式,肤廓之甚。①

顾颉刚深入比较了中西戏剧的不同表现形式,而形式在顾看来是"所独之迹",是文化心理的载体,不能废亦不当废,若强行革除,削足适履,难免出现橘生淮南则为枳的尴尬。就总体态度而言,顾颉刚对胡适、陈独秀提倡新文学学问气息淡、功利目的强很不以为然。前引此段话中,顾说取其写实主义,这写实主义的诗文作品,顾颉刚的理解是本诸性灵,崇尚真切,力去浮艳,自然天成,少斧凿痕迹为上品。他以叶圣陶的《这也是一个人?》为例,觉其情真境确,描摹不达于极致,不显得饰伪,人物有精神,有余味,不像戏台上的诸葛亮、杨六郎,完全是脸谱化的演绎,"精神都渐灭尽了",最后只成了一具空壳,让读者毫无兴致,也提不起批评的精神。不像《西青散记》这样的作品,虽然写的也是薄命佳人的老题材,但是写法很有讲究,就像冰山一样,露出海面的部分完

---

① 顾颉刚:《顾颉刚全集·顾颉刚读书笔记》卷十五,中华书局 2011 年版,第 351—352 页。

全能体现海底的全貌，"里边的情事，没有联串，结果也没有叙出，而自然情真境确；偶然露出的一鳞一爪，处处显得精神。"①

在小说鉴赏上，顾颉刚欣赏情真、自然、有余音绕梁之感的作品。在诗歌品鉴中，顾注重诗的韵律，这也是后来他为什么从音乐性角度谈《诗经》的潜在因素之一。他心中认为的"新文学"作品竟然是这样一首自作的词《双双燕·怀人》："晴光照幕，看柳叶风前，乱飞影子。三秋一日，真到三秋奚似。况阻津门云水，纵极目天涯未是。遥怜独处深闺，今夜药炉燠未？怕见零花坠卉，奈苦祝春回。春还无语，悲欢凭主，敢怨天心薄与。欲待安排归后，又去就都难自处。可能同到春明，笑说当年负汝。"词后说明，"半阕一韵，仿诗转韵例，亦我之新文学也。"②这个"新"与我们普遍理解的"新文学"尚有一定差距，还是传统诗词的传统意境意象，只是写得真切而已。要是用胡适的新文学眼光检验，大有是今人而穿古衣冠之感，顾颉刚词中一些熟烂的古典意象可能会引起他的批评。顾颉刚的文学观念实在有些传统。

第二，胡、陈对中、西态度的看法引起顾颉刚的反思与驳议。顾颉刚主张中西各有长短，本可以各自借鉴，而不应该过崇欧风，贬抑自身。而胡适、陈独秀的态度则是过度推崇西洋文明，"尊之于九天之上"，他们反对中国的旧有习惯，很有点倒洗脚水把婴儿也一起倒掉、"抑之于九渊重泉"③的感觉。顾颉刚认为中西文化不能完全以是非善恶来定论，本可以各行其是，认识的态度不能有天渊之别。尤其对陈独秀的观点，顾颉刚有详细的剖判。如陈独秀倡导文学革命论，认文以载道为谬见，以为文学本非为载道而设，顾颉刚认为"自谬实甚"，他觉得的"道"就是表情达意，所谓的文以载道和言之有物都是一个意思，就是修辞立

---

① 顾颉刚：《顾颉刚全集·顾颉刚书信集》卷一，中华书局 2011 年版，第 48 页。
② 顾颉刚：《顾颉刚全集·顾颉刚书信集》卷一，中华书局 2011 年版，第 28 页。这又牵涉顾颉刚对文学作品的韵律、音乐性的看法。"言革新文学者，今日当按拍为歌，不当为诗词。诗歌本旨，原为入乐，不以入乐而模仿古体，纵文字之文俗已改，而格律之古型犹存，可谓舍神取貌，无以异乎作古文者矣。胡适之倡通俗文学，其语甚是。乃作白话绝诗（原文如此——引者注）白话词等，登之《青年杂志》，平仄长短，一如昔典，将以是为青年模楷乎。假使韩文公不作散行文，而惟因循骈俪，徒以插入通俗常言为革新文学，将谓之何哉。"（《顾颉刚全集·顾颉刚读书笔记》卷十五，中华书局 2011 年版，第 348 页。）
③ 顾颉刚：《顾颉刚全集·顾颉刚读书笔记》卷十五，中华书局 2011 年版，第 351 页。

其诚。通读顾颉刚对文学的看法，发现他谈的"道"跟陈独秀完全是两回事，两人之间仿佛是一种信息不对称的讨论。陈独秀认为的"道"发展到文学革命时期，已经是僵死的、毫无生气的，连带着语言也是僵化的，因此非改革不可。顾颉刚针对陈独秀在《文学革命论》中的观点有如下驳论：

> 陈氏谓自昌黎以讫曾国藩，所谓载道之文，不过钞袭孔孟以来极肤浅空泛之门面语，此甚然也。谓文学非为载道而设，则大谬也。何也，文学本为载道而设，自昌黎以讫曾国藩，特不善为文，无以载道，故但钞袭门面语而已。使为文学者，首明载道之义，而不堕于肤浅空泛之门面语，则正今世文学革命之宗主也。今缘韩、曾之非，遂谓载道之谬，以谚语言之，是为因噎废食；以名理论之，是为虚造前提。彼学究以为《水浒传》《红楼梦》非道，明其心志之隘也。不意反抗学究倡文学革命之陈独秀，亦以为《水浒传》《红楼梦》非道，其心思之狭窄同，其判理之庸劣加等矣。原陈氏之观道，以为非肤浅空泛之门面语，即极恍惚杳冥之神道说，而不知道固在民生日用之间也。（眉批：学究之观道，以为道在圣人。）已矣陈君，今之老宿，每日新学后生以奇觚掩其不学，陈君其慎无撄之哉。[1]

他认为陈独秀在"道"这个问题立论不严谨，来回两面说，并不足以服人。无论是准备公开发表的文字还是私人笔记的记载，顾颉刚对陈独秀的学问、观点、看法都有相当大的保留，说得更严重些，顾对陈独秀谈学术的资历都表示深深的怀疑。总体来讲，顾对陈独秀因发动思想启蒙而不惜将事理窄化、扭曲以符己意表示不屑与不满。这是顾颉刚对《新青年》所采用的写作策略表示反对的原因之一。顾认为《新青年》在手段上不够光明磊落，他希望《新潮》编刊要有一个章程，刊登文章和话题要提前准备，不能总是碰到了刺激才发为言论，办刊的态度要正大光明，不能采取一些不好的手段比如文过、挑战、说谎等。顾颉刚处处用《新青年》作反证，其目的是希望《新潮》摒弃上述问题，不要做了《新

---

[1] 顾颉刚：《顾颉刚全集·顾颉刚读书笔记》卷十五，中华书局 2011 年版，第 247—248 页。

青年》附庸,"以至徇人忘己,没有自己独立的心思,为陈独秀辈利用。"①
在他看来,《新潮》应该无须倚傍,形成自己的特色。

回头再说傅斯年对顾颉刚刊登在《新潮》1919年第1卷第3号信的
两次回应。第一次是1919年1月11日傅斯年致信顾颉刚,担心《新
潮》杂志会成为"课艺性质的杂志",②按照罗家伦在《今日中国之杂志
界》③中的定义,"课艺性质的杂志"是指校内学生所办,但刊物性质让人
担忧,因为文章无病呻吟,头脑不清,没有根本的革新观念。傅斯年当
然不希望《新潮》成为课艺性质的杂志,而应以《新青年》为榜样,傅斯年
认为《新青年》的好处就是"议论透徹",批评事务不肯模糊放过,态度是
"寻根澈底,毫不留情,全不犹豫"④。他希望《新潮》的读者能够学得这
种批评方法,取为己用,久而久之,思想上自会起一番变化。显然傅斯
年把《新青年》看成《新潮》的学习典型,而非顾认为的存在颇多问题。
殊不知,傅斯年欣赏《新青年》的"议论透徹""毫不留情"正是顾颉刚担
忧的地方——傅斯年倒是议论更透彻、更猛烈些——他害怕这样做下
去会影响读书风气。第二次回应,傅斯年并不否认顾的说法,强调学问
之事不可谓不重要,只是目前是要收社会效果,不是坐下来平心静气切
磋琢磨讨论学问的时候。傅斯年力主的是"偶像破坏论":

> 我们对于自己的态度,不可不温愉,对于自己的主张,却不可
> 不坚决。总要自信得过,敢说敢行。总要寻根澈底的批评。总要
> 丝毫不肯假借。一言以蔽之,言词务必恳挚,思想可断断不要存些
> 顾忌,对于青年人务必感化,对于学问思想界的不适时的偶像,可
> 断断不得不送他入墓。我平素又有一种怪理想,我以为一个人要
> 想学问成功,必须在他宗旨确定的时候,树几个强敌,这样一办,不
> 由得要积极进取,不由得要态度坚决,不由得要读书深思,以便应
> 付敌人。求学问原不是件容易事,"任重致远"何曾是随便办到的。
> 所以必须骑在老虎背上,下不了台,然后有强固的主义,终身的事

① 顾颉刚:《顾颉刚全集·顾颉刚书信集》卷一,中华书局2011年版,第46页。
② 顾颉刚:《顾颉刚日记》第一卷,联经出版事业股份有限公司2007年版,第56页。
③ 该文刊于《新潮》第1卷第4号,1919年4月。
④《书报介绍 新青年》,《新潮》第1卷第2号,1919年4月再版。

业。从此以后,我定要捣几位"尊者"的鼻孔,作为磨练我的意志。①

　　傅斯年将"尊者"作为"靶子"去打倒是一种很有效的做法,至于说要读书深思似乎并未做到。傅斯年的攻击姿态在有些读者看来,显得颇失中国读书人宽容敦厚之意。当时有读者余裴山致书《新潮》记者(实为傅斯年)谓,对他谈老师马叙伦的《庄子札记》剽窃胡适之意殊为不妥。因为马叙伦与胡适都在北京大学教书,劝傅斯年应该留些余地,说话应该含蓄一些,如果马叙伦的根本思想与新潮诸人并没有根本矛盾,可以不必如此言辞激烈去批评。余裴山怕傅斯年误解他与马叙伦有所关系还特别强调,他与马叙伦并不认识,写文章来谈只是希望《新潮》杂志能成为一种思想"极高尚,极纯洁,极切实,极缜密的杂志"。②对于余裴山的一番好意,傅斯年并未领情,傅斯年的答语便是下一期《新潮》还要接着谈马叙伦的剽窃问题,这使得马叙伦对他"怨恨入骨"③。傅斯年对旧思想的态度,总而言之便是,"我们骂旧主义,不骂旧人,骂旧思想的偶像人物,不骂旧思想的一般人"④,傅同时强调对于一般旧思想仍然用"诚恳的态度""慈悲的心理"去劝导。可是既然要"骂"又要"慈悲",断不会有"慈悲的骂"这种情况出现,所以《新潮》的文风还是骂的多,慈悲的少,这也是顾颉刚大起反感的原因。

　　若从思想革命的角度来看,傅斯年的"自信得过,敢说敢行"与陈独秀之必不容反对者有讨论之余地类似,二者皆为先让受众接受其观念,至于后续问题等社会风气丕变后再来商榷。顾颉刚在信里主张我辈不应争一是非胜败,要取长补短,交互进益之想法,对于想骑在老虎背上狠狠敲打、觉世启民的傅斯年而言,显然不是此时关注的核心。傅斯年注意先收社会效果,让民众有了基本常识与观念之后,再细思学问的事

---

① 傅斯年对顾颉刚信的回复,《新潮》第 1 卷第 3 号,1919 年 3 月。

②《新潮》第 1 卷第 3 号,1919 年 3 月。

③ 傅斯年"他们见着不好的人不好的事就要加以评论——常人所谓之骂——攻击",使得反对他们的人很多:1. 胡仁源一派职员。2. 学生俭德会。3. 教员中朱宗莱一派。4. 教员中马叙伦一派。"马本与孟真了无关系,竟在《新潮》杂志上大骂一顿,《新潮》销场愈好,马氏名誉愈坏,岂有不怨恨入骨之理? 马氏与朱氏一派相联络。"5. 学生中国故一派。6. 学生中张厚载一派。(《顾颉刚全集·顾颉刚书信集》卷一,中华书局 2011 年版,第 64—65 页。)

④ 傅斯年:《答时事新报记者》,《新潮》第 1 卷第 3 期,1919 年 3 月。

情,大致而言是先觉醒再建设①,傅斯年在谈戏剧问题时进一步说明,他的基本主张是只要我们大家竭力鼓吹,社会风气一定会变,既然是改革社会风气,就不要迁就社会。在昏乱薄弱的社会里,心气薄弱的中国人在在皆有,强力推行主张,启蒙民智难免忽略其他。傅斯年也很清醒意识到《新潮》的弊病是纯粹谈科学的文字太少了,"我们整天讲什么新思想,自由思想,却忘了新思想自由思想的本根。整天说要给做学生的读,却不给做学生的所最需要的科学智识。这真是我们的罪过"②。只是要想在一份学生杂志中将纯粹科学文字与主张社会革新文字有机融合,二者之间形成一个良好的平衡点,恐怕也不容易办到。傅斯年的强力主张其实有很清楚的现实考量,他只能取其一而不能鱼与熊掌二者得兼。

而平和谦虚的顾颉刚认为提倡也好反对也罢,切忌用简单野蛮强硬之至的手段,去对待人,若如此做便是避难就易。顾颉刚看待陈独秀、傅斯年的文字包括整个新文化启蒙事业,他不希望总以启蒙的名义而行浮薄的战法,顾氏传统读书人的底色使他在唤醒国人的时候,主张须有真诚的态度,用平实的话语引人向善向真,而非导入戾气一途,使其鼓噪众人,若真这样做了,鼓气容易,泄气亦很容易。在顾颉刚看来用文字去感化劝导人既是修身也是渡人。退一步讲,若非要在报纸、杂志中提倡激烈的意思,顾颉刚认为也要避去激烈的字眼,"只要正当的从学问态度上说话,不涉谩骂态度,便不会引人惊骇。而在根本上灌输其功,尤无形而伟,于自己良心,又无对不住之处。只怕是学问根柢不深,不能在学问上说话,所以我们一面办报,一面还得勤学。"③最好的状态是深思学理与开启民智兼而行之,"我希望勉力读十年书,来做新潮社的健全的社员"④,他希望新潮社的同人认定一项学问,勉力去读书和观察,从学理的角度观察分析社会现实问题,使得整个社会养成好

---

① 傅斯年在《新潮》撰文《破坏》,主张不仅要破坏,还要建设。但是 12 期的《新潮》,从思想层面来讲,主要还是提出问题,普及科学知识与观念,条分缕析深具学理的论述还是不够。

② 通信(一),《新潮》第 1 卷第 3 号,1919 年 3 月。

③ 顾颉刚:《顾颉刚全集·顾颉刚书信集》卷一,中华书局 2011 年版,第 67 页。

④ 顾颉刚:《顾颉刚全集·顾颉刚书信集》卷一,中华书局 2011 年版,第 52 页。

学精神。

顾颉刚一心想的是不急不躁以劝学收社会改造之功,在好友王伯祥致顾颉刚的信里,王认为傅斯年、罗家伦的眼光值得佩服,在思想革命的策略上还是倾向和缓的步态。王伯祥说《新潮》杂志"评坛"中的短序说得挺有道理,在现在这样一个思想过渡时期,如果要用言论去鼓吹宣传真理,太直言无忌效果不一定好,因此采用一些渐进的手段亦无不可,"故以善心肠采用恶手段,于良心上并不悖逆。"①想用言论收功效,王伯祥认为最好是一个自然而然的过程,不要有过多斧凿的痕迹,在评论事物的时候,"只须本我直觉,衡以实情,就问题的正面负面,一一把他罗列出来,使读者玩索而自得,则觉悟为真知,绝非刺激而起。"要是这样办言论事业效果自然会有,如果在文章里下了褒贬,作者的情感就会有偏向性,很有可能引导认识不深的读者误入歧途。王伯祥与顾颉刚都主张渐进改革,不尚激烈,不为刺激读者而发高论,但王似能看到实际情况下,还是可以采用一些"恶手段"达到"善心肠"的目的。如果说这是奋起改造与劝学深思的悖论的话,莫如言这是中国的社会环境使然。因此若用短期目标与长期目标来形容傅斯年与顾颉刚之异,傅或可称为前者,顾或可视为后者。这既是二人想法之异,更是性格之异。

顾颉刚给傅斯年等同人谈《新潮》的信,态度平允,希冀《新潮》不求耸动视听,不尚空谈,用学问解决社会问题。顾曾拟《怎样唤起国人好学的精神》登入《新潮》,以期造就真实的新潮。他希望《新潮》杂志能保持公心,诚恳光明,守己有度,伐人有序,具有同情真诚之精神,避免匆匆草草的社论,注重严谨求实②,"因为社会关系复杂,不能以简单的话去解决",形成积极的启蒙效应。这是顾颉刚的远见,以后的文化建设确当如斯进行。相对而言,在五四那一代平均年龄不到三十尤其是新

---

① 顾颉刚:《顾颉刚全集·顾颉刚书信集》卷一,中华书局 2011 年版,第 108 页。

② 顾颉刚 1919 年 1 月 14 日记:"与孟真书,谓《新潮》杂志准每月投稿一篇。我自省由思想写成文字,得将意识中梦乱的境界,条理整齐;又得将意识中模糊的境界稍稍擢引明白;故写成篇幅,实与自己学问有益。所以教育重作业也。又谓我在学问上的感想很多,但没有什么证论的根据,不敢同社会现象一样草草的发布。现在惟有希望英文早日贯通,多读西书;今私自积藏,他日浩浩的发出耳。"(《顾颉刚日记》第一卷,联经出版事业股份有限公司 2007 年版,第 64 页。)

潮社诸子不过二十二三的那批文化人当中,顾颉刚的这种沉潜思考比较难得。后来的中国青年党领袖李璜回忆,"我自有知识以来所亲历的五十年间事变,其中所接触到的人物,大半是'五四'时候所突出的一代知识青年;后来历在中国的社会、政治、文化、教育、实业等方面,各有其主张,各有其表现。"李璜坦承那一代人年轻是年轻,新知根柢也并不是特别深厚,但他们的特点是求得一知半解,"便敢于说,敢于写,敢于干,勇往直前,誓不反顾;因之乃能在社会、政治各方面发生出新潮的推动力量。"①参考李璜的说法,顾颉刚能显得与他人不同,一是顾古书读得多且相对较熟,常思为学之法,对新知亦并不拒斥,加之其性爱刨根问底,因而对一知半解的耳食之言始终保持着距离与警惕。顾颉刚对《新潮》看法的背后实际隐含的是传统读书人"尊德性"与"道问学"二者并举的思路。因为顾颉刚对《新潮》《新青年》针对旧事物一味采取骂战之法颇觉得失了温柔敦厚之礼,无守先待后的意思,批评者自身没有持身守正之意,毫无"尊德性"的意味,加上对思想、学术、社会问题的看法也不是以学问的心态进行认真研究,只是随便说说罢了,亦失了"道问学"的向学精神。

但也不得不说,顾颉刚没有看到在当时语境下进行改造工作,需要采用一些激烈态度手段,若一味坐而论道,既迂远又难以奏效。以《新潮》为例,其与《新青年》互为呼应,主张家庭革命,女子教育,丧礼改革等等一系列刺激当权者、守旧者之话题,势必引起激烈反弹,导致《新潮》杂志树敌太多,攻击蜂起,极尽造谣攻讦之能事,《公言报》斥《新潮》社内通信为"人首畜鸣""洪水猛兽"。傅斯年称他们办《新潮》惹人忌恨,收到"恐吓之匿名信两三通,皆以狂妄奇谬为辞"②。罗家伦回忆,有一篇《妇女人格问题》③,文章认为男子对女子实行"诱惑主义"以此废弃她们的人格,所谓诱惑是用各种名目如名分、纲常、三从四德、贞操来限制女性。作者主张打破这种观念,呼吁男子与女子都是独立健全的人,

第一章　从苏州到北京

---

① 李璜:《学钝室回忆录》(增订本)上卷,明报月刊社1979年版,第31页。
② 王汎森等主编:《傅斯年遗札》,社会科学文献出版社2014年版,第8页。
③ 查原刊疑为叶绍钧的《女子人格问题》,《新潮》第1卷第2号,1919年2月1日初版发行,4月1日再版发行。

都具有平等的人格,但是罗家伦回忆这篇文章被总统府顾问江瀚看见了,江瀚拿去给大总统徐世昌看,说是青年人的思想成这样子,"那还得了",于是徐世昌拿这本《新潮》交给傅增湘,傅增湘示意蔡孑民,要求他辞退两个教员,开除两个学生。这就是当时所谓"四凶","这两个是《新青年》的编辑,两个是《新潮》的编辑"①。其实顾颉刚也略微知晓新文学所面临的境况,他那时就听说过政界的徐树铮十分痛恨新文学一派的人。徐树铮办的正志中学请林琴南为教务长,而林琴南是新文学的反对派。徐树铮常与林琴南、陈石遗等旧派人物联系,徐树铮的目的是要恢复旧派的势力②。这说明傅斯年他们办《新潮》杂志,反对的声音依然存在。顾颉刚由于性情原因以及没有直接办刊物的经验,他没有充分意识到学生办刊向社会发声所面临的舆论压力,以及随时要付出的代价。若要思想革命,不进行一番撕斗,目标颇难完成,顾颉刚所希望的学问社会的养成也只能沦为空谈。只要是善心肠,采用一些相对激烈的手段也是必要的,这是一种取法乎上仅得其中的策略。何况《新潮》的主要目的是唤醒国人的常识,并非讲论深厚学问。顾颉刚期许平心静气谈论学问,循序渐进改良社会,完全不用一些激烈的手段,不过在一个还未成型的思想环境里,这些都还做不到。这或许是顾颉刚思维偏向之处。

第七节　新青年之四:新与旧

1919 年 1 月《新潮》杂志第 1 卷第 1 期上,陈嘉蔼发表一篇名为《新》的文章,该文模拟逻辑学先生、心理学先生、哲学先生的口吻行文,逻辑学先生将新与旧看成矛盾关系,说二者的关系就像粪与饭不能混在一起吃,学兼新旧断乎不能,更没有所谓的中间地带。最后作者以为,"新"就是"适应","适应"就是"新"。这个"适应"可以不受时间、空间、识域的限制而存在。顾颉刚的思路却不是要将新旧斩为两截,而认

---

① 罗久芳、罗久蓉编辑校注:《罗家伦先生文存补遗》,"中央研究院"近代史研究所 2009 年版,第57页。
② 顾颉刚:《顾颉刚全集·顾颉刚书信集》卷一,中华书局 2011 年版,第 54 页。

为二者可以融通。他对新旧问题的思考首先是从学术的角度出发,认为古今学术的变迁,是一个整然的过程,既然在思想里能够容纳,容纳的根源就当在意识里潜伏着。新的东西的呈现必为旧的"汲引"而出,绝非凭空而来,如浮萍乱草,毫无根底。因此说由旧趋新则可,完全易旧为新则不可。

顾颉刚在《中国近来学术思想界的变迁观》①谈学术本有传承,并非无源之水。这种"承前的统系"不管是否定还是革新,都是在其上脱胎和新变,顾所举例子比较明清两代学术之异,虽然清代人对明代人的学问相当的不屑,但清人之学的发展还是在对明人学问的粗疏看得真切基础上的反应。顾颉刚认为学问思想的事情不当悬着新旧、有用没用来衡量,现在去研究中国古史,"应当把眼光注在'史'上,还他在一个时代里的价值"。② 那些执着于新旧者,趋新一面看新一切都好,取法西洋,青年打倒老年;守旧一面认为旧亦是好,深固拒闭,各执一是,各趋一端,导致事情"凝滞难办","因为现在说革新与守旧的,太不循思想的规律,简直但是口头称说,不用思想,所以想去揭穿他"③。顾在《中国近来学术思想界的变迁观》中指出:

> 他们头脑的简单实在可欺了! 论到实在,本来没有什么新旧,只是一个当前的境界;在这境界里头,只有当做不当做的两条道路,在此分别去就,事就完了。只因分别去就关系复杂,我与人有深切的关系,不得不比较一回,去定个舍己从人、或是舍人从己的态度。又今日的事情同从前有深切的关系,不得不回思一番去定个变不变的趋向,这回思的东西很长久的叫他做旧,不长久的叫他做新,新与旧只有一地方、时间不同的关系,至于关涉了他处地方,这新旧的对象已乱,便不能说了。④

顾颉刚理解的新旧注重人地、时空与环境的吻合,注意论域的有效

第一章 从苏州到北京

---

① 此长文于 1919 年 1 月 28 日写完。顾颉刚当日日记记载,"三天内作《思想界感想》一文毕。"本拟刊《新潮》"思想问题专号",后未刊出。
② 顾颉刚:《顾颉刚全集·顾颉刚书信集》卷一,中华书局 2011 年版,第 68 页。
③ 顾颉刚:《顾颉刚全集·顾颉刚书信集》卷一,中华书局 2011 年版,第 46 页。
④ 顾颉刚:《顾颉刚全集·宝树园文存》卷一,中华书局 2011 年版,第 133 页。

性,他解释的新旧与流行观点差异颇大,观点、心态较为从容。顾颉刚对新旧态度持不拘泥不执著、着眼当下的看法,一是出于对现实的观感,二是对中国传统学术的思考,三是顾颉刚民元之初参加革命活动的经验。这一点值得细说。顾颉刚早年参与中国社会党,对于空喊口号标语,以激励民气行所谓革命之实,而不反躬自问社会如何革命,不从实际工作做起的做法,顾对此保持极大的警惕与否定。

顾颉刚听说革命党在日本开会跳上台大声疾呼"现在的中国,必定要革命,中国非革命不可,诸君不要忘记了革命"就引得台下满堂的如雷掌声,他认为台上者并不明了革命的真意,台下者基于冲昏头脑的所谓革命激情而被牵引着盲目躁动,这都是缺乏细密思考、奴性以革命的形式出现的表现。他在《再论救国与工作》一文忆及这段经历:"我在民国初元的时候,也曾热心于党会的事业。但我虽一团热心,而别人却满不是这回事,他们何尝懂得工作,他们只懂得有事时狂叫乱跳,无事时戏谑消遣。在一个长桌子上围坐了许多人,你说一句,我驳你二句,他又驳我三句,有趣果然是有趣,可惜把设立党会的本意完全忘了。我经过了一年多的党会生涯,始觉得这样牺牲是不值得的,我自有我自己的事业,何必为这种无聊的人累住呢。所以从此以后,无论什么党会都不加入,我只勉力为我自己。"①顾最怕就是做这种社会事业不究根本,引领者也只是用愚民的法术将自由、平等、博爱的口头禅去误导利用民众的感情,最后乱象横生,结果适得其反。顾颉刚之意是救国也好做事也罢要远离叫嚷,避免无聊无味之举。这种视之为"新"的革命,只是盲动暴躁的新,不会收到良好长远的社会效果,对于健全思想的养成不会有好处。社会革命、政治革命、思想革命等各种冠以"某某革命"之名的行为多期毕其功于一役,纯粹是为新而新,耸人耳目,而渐进式的学理输入与传播往往为人忽略或嫌其功效太缓不愿意实践。因此顾颉刚对各种以新为名头的潮流书籍抱持了很大的怀疑。

顾颉刚对既无渐进式学理输入又无浅白常识普及的书籍进行过概括,专门创一名词"旧新学"对之阐发:"盖向时新学,原不过应策问之

---

① 《京报副刊》第 289 号《救国特刊》(16),1925 年 10 月 5 日。

用,挽乱割裂,最无统绪。就有一二科学书籍,亦泰西所谓旧学,且浅陋不足观。其最多者,乃游记杂志之伦。谈彼史地,善者等于今之参观学校笔记,不善者直下侪齐谐志怪之书。今则各科译著之籍,虽不高深,已有统系。欲与旧新学书合类比函,犹佛藏中书掺之六艺之科,不能谓同是解经,遂可汇纂也。故旧新学者,上不足丽旧籍,下不足传新书,而又不足独立。世有达者,焚之弃之可也。如予务喜收藏,不关览观,则方将遍求而藏之,以识一时之风尚耳。"①这与顾颉刚称梁启超《新民丛报》为"函授讲义"、学理太弱其义实同,只不过后者在开启民智方面确实起过作用,而这类旧新学不但没有正面作用,反而有害,真还不如"焚之弃之"。

根据对新旧的不同态度,顾颉刚划分了三种类型:因时派、体用派、实利派。因时派"挟策干时",跟着时势飘,没有立场,哗众取宠,曲学阿世,谈新旧只是随风转。体用派则主中学为体西学为用,中学为道西学为器,新旧都不可废,只是有主有次。三派之中尤其应注意顾颉刚对实利派的评价,他认为实利派知旧不可恃,亦不能领会"新"的精神,只是抱着实利态度,分一杯羹足矣,全不晓得深思学理的道理,致使社会风气卑陋,趋炎附势大行其道。顾列举做官的经验主义、搞教育的实用主义、讲伦理的随俗主义都可归之此类。顾总结以上三派,认为第一种是不要有一种内在精神作为支撑,因而无论是新旧思想和方法抓来就用,态度很随便;第二种是只承认物质,不承认精神,对于新旧的态度"或拒或取";第三种实利派特别值得警惕,他们"不懂有精神,所以新旧问题也无从发生。至于新旧的真实价值、精神物质的真实关系,调和的真实方法,调和不调和的真实异同、是非、利害,他们总不能觉悟的——今日改革社会的最善方法,就是使他们对于上述诸题有真实的觉悟"。②

顾颉刚对新旧问题提出的解决之道则是调和。调和之道,顾颉刚所指多就学术立论。顾颉刚1919年8月中旬给王伯祥的信中举钱玄同例子予以说明,说他对于钱玄同辈的有新无旧一派有一个很形象的

① 顾颉刚:《顾颉刚全集·顾颉刚读书笔记》卷十五,中华书局2011年版,第40页。
② 顾颉刚:《顾颉刚全集·宝树园文存》卷一,中华书局2011年版,第139页。

譬喻,"他们仿佛以为人类是可以由上帝劈空造出来的,不必由微小的生机而虫而鱼而禽而兽的进化来的。劈空造出来果然是很新鲜,不带着一些旧的色彩,没奈何只成一个弹指楼台的幻境罢了。"①在日记中,顾颉刚对钱玄同辈提倡注音字母,认为凡新皆是好,斥之为"谬甚"。顾颉刚所谓的调和是在讲一个历史进化之法,进化论讲求有根有源,没有无果之因,也没有无因之果,"大凡事之始末,必循因果之公例。苟平情察之,不难得其蛛丝马迹"②。

新文化时期大家对因果话题谈论较多,谈的目的是医治中国人脑际模糊混乱的思维弊病,对从来如此、古已有之等认为古来就是称心为好、宗圣卫道等观念进行清理。顾之所以谈因果谈进化,乃是被进化论这种既能原始以要终,又能执因以求果的逻辑方法所吸引。这种吸引力的获得来自章行严(章士钊)、胡适之。顾在给友人信中讲,看见章行严演讲(说调和)的演说词说佩服到极点,并说"极要拿他印出来,集在一起",他觉得章士钊所说的调和意思深得他心。顾颉刚在日记里摘录了章士钊的大意:

> 吾人生于今日社会,亦求所以适应乎今日之情状而已矣。本体只一,新云旧云,皆是执着之名言。姑顺俗言之,旧者将谢而未谢,新者方来而未来,其中不得不有共同之一域,相与融化,以为除旧布新之地;此共同之域,即世俗所谓调和。不有此共同之域,世界决无由运行,人类决无有进化。【略】愚意不如以调和论言进化,既能写社会之实象,而与诸家之说亦无乖忤;盖竞争之结果,必归调和,互助亦调和之运用,创造不以调和为基,亦未必能行,精神生活尤为折衷诸派之结论。【略】以此之故,各种科学皆得在调和之真基础上,奋力前进。吾国人不通此理,二千年来,习以儒术专制,至反乎所谓圣人之道者,皆不能立足;即至今其流毒犹有存者,故调和之理,乃吾人所亟宜讲也。③

① 顾颉刚:《顾颉刚全集·顾颉刚书信集》卷一,中华书局 2011 年版,第 109 页。
② 顾颉刚:《顾颉刚全集·顾颉刚读书笔记》卷十五,中华书局 2011 年版,第 88 页。
③ 顾颉刚:《顾颉刚全集·顾颉刚日记》卷一,中华书局 2011 年版,第 61—62 页。

调和论是民国初年至新文化时期比较有影响的论调,章行严就是其中的代表人物,在上引这段话中,章行严的观点认为调和既是手段也是目的,极力强调调和的功用。顾颉刚摘录的当是对其印象最深之语,他在日记里对章行严文章之要义给出了自己的看法:"予谓万物毕同毕异,世间毕竟无有一界;而生于知识,则必有其界。欲知识之出假入真,非人类所能。故调和之最上境,亦终不得到。其第二层惟有明知物之无界,而当对物之时,尽力泯其界之念;知知识之出于假定,而当言思之际,尽力张其假定之理;则虽不能至真,要为近真矣。治学不得不分科类,而世间卒无有科类。此亦无奈何也。"①顾颉刚首先否定第一层境界的不可得,至于如何假定、如何可以做到近真,他同样没有指出具体办法。引文中顾颉刚强调治学要分科类,这是因为顾颉刚对中国学问无分类、无系统曾有比较深入的认识。他注重分科分类治学,目的是将负载于中国传统典籍中的圣人意识、政教意识洗净,还其一个本来面目。同时,分科类也是因为知识范围无穷,人之精力有限,无法穷尽,必须提出假设,进行论证,其最后结果只是部分真理,这既是矛盾与限制,又是一种挑战。但顾颉刚的思考仍然显得有些模糊,他说依上所言治学要分科,最后又无科类可分,没有办法解决。其实章行严文章并没有这个意思,顾颉刚是借"调和"说开去,谈自己的体会罢了。

章行严这篇对顾颉刚产生重要影响的文章名为《进化与调和》,是在北大成立二十周年(1918 年 12 月 17 日)纪念会上的演说词,后来登在 1925 年复刊出版的《甲寅》第 1 卷第 15 号上。章行严认为今日社会乃由前代社会嬗变而来,不能执于时间以分类论事,若照此做去,事理并不分明。章行严强调调和新旧,新旧不是绝对的分野,并特别指出调和不是无原则的橡皮泥。

章行严关于调和的想法在 1919 年 9 月的演说词《新时代之青年》②中发挥更为淋漓,"凡欲前进。必先自立根基。旧者根基也。不有旧。决不有新。不善于保旧。决不能迎新。不迎新之弊,止于不进化。不

① 顾颉刚:《顾颉刚全集·顾颉刚日记》卷一,中华书局 2011 年版,第 62 页。
②《东方杂志》第 16 卷第 11 期,1919 年 11 月 15 日。

善保旧之弊。则几于自杀"。照此看来,章行严似有守旧之嫌,不迎新可能只是原地踏步,不保旧则失去自我。但他认为,他之所以对旧再三强调,是取旧中适宜现今社会之点。他以道德为例,说道德不可随意毁弃,居于今时,不能因古来道德不适于今而全部摒弃,"吾人固不可以其曾宜于古时,因执成见,亦断其宜于今时,亦不可以其不宜于今时,遂并其所含宜于古今时之通性而亦抛弃之。"对于中外、古今之道德并不是一概拒斥或吸收,总要看其适宜与否。这实际是他对新文化运动的暗声批评。

与此同时,顾颉刚在日记里也强调读了胡适的《周秦诸子进化论》,感觉非常佩服。其佩服之处是"我方知我年来研究儒先言命的东西,就是中国的进化学说"。顾颉刚佩服进化论,是他认为胡适所言的学术进化论和章行严的调和在学理上都强调了"旧"。在顾颉刚看来,学术研究如果不研究"旧",则无所谓因果联系的发生。好友王伯祥给顾写信谈新旧,指出新旧不当两分,未来之创新离不开现境之参考。顾认为这是对历史进化方法的一种印合,颇有"德不孤必有邻"之感:

> 近人每谓创新非尽灭往古不可,至云往史旧籍俱当摧烧者。吾谓不然。夫人生观念随时地而不同。改进之基,全在不足现境,希望幸福。故对于现境而加以批评,固吾人当具之同情。然所谓改进,必就现境出发,绝非摆脱现境,另求一界,以再谋良善也。然则以前种种,必有足供改进之参考之助力者在。若一切吐弃,然后创新,是犹返玉辂于椎轮,然后谋车;毁宫室以安穴居,然后求大建筑也。焉所得哉。①

顾颉刚在王伯祥信后面下的按语是:"现在'所谓新旧'盲动冲突,故吾辈易有调和之觉悟。所望以后能将社会学历史学究心深密,得有完善之体系耳。"顾颉刚把调和看成解决新旧问题的一种方法。王伯祥与顾颉刚如此强调旧的背景是新文化运动对旧的否定太过,盲目冲动太多,而胡适所理解的进化论注重因果,彰往以查来,历史仿佛是一线,

---

① 顾颉刚:《顾颉刚全集·顾颉刚日记》卷一,中华书局 2011 年版,第 78 页。

贯穿发展而来,故欲知今者必先知古,对顾颉刚来说恰好是一种理解新旧的方式。顾颉刚提出调和,未尝不可理解为旧中有新的根基,欲新不能忘旧,"现在所以不能忘古,只缘现在的事情,受制于古代的原因的缘故"①,某种程度上也是一种因果关系的强调。他对历史进化观念的理解一定程度上是等同于因果联系了。如果把章行严的演讲、胡适的文章与顾颉刚的《中国近来学术思想界的变迁观》对比看,顾颉刚借鉴采纳章行严的看法所在多有,有些论点是在吸收章行严的基础上进行的发挥,只是顾颉刚论述的重点是立足学术,他强调调和,是能不废古以言今,注意往古中可供汲取的因素。顾主张的调和也不是无原则的大杂烩,否则沦入空心虚谈,害人误己,必先从态度上要晓得自己是个"人",不是一个装饰品,方法上要使各科知识平衡发展。否则争执新旧,徒说逞意,毫无意义。这与胡适显然有别,胡适强调对待中国旧有思想主评判的态度,反对调和:

> 因为评判的态度只认得一个是与不是,一个好与不好,一个适与不适,——不认得什么古今中外的调和。调和是社会的一种天然趋势,人类社会有一种守旧的惰性,少数人只管趋向极端的革新,大多数人至多只能跟你走半程路。这就是调和。调和是人类懒病的天然趋势,用不着我们来提倡。我们走了一百里路,大多数人也许勉强走三四十里。我们若先讲调和,只走五十里,他们就一步都不走了。所以革新家的责任只是认定"是"的一个方向走去,不要回头讲调和。社会上自然有无数懒人懦夫出来调和。②

胡适是站在思想革新家的立场来谈调和对新思潮实行的阻碍作用,胡适明白调和常常暗合人性,往往借调和之名行保守之实,不利于新思潮的推行。③ 顾看到的调和是从思想着手而非胡适的从人性角度

---

① 顾颉刚:《顾颉刚全集·顾颉刚日记》卷一,中华书局 2011 年版,第 74 页。
② 胡适:《新思潮的意义》,《新青年》第 7 卷第 1 号,1919 年 12 月 1 日。
③ 从对调和的看法也能看出二者思维之异。顾颉刚曾如此评价胡适:"他一件不可及的地方,只是头脑清楚。我看一件事物,不是再四推索,总是模糊的多;他只要一看,就能立刻抓出纲领,刊去枝叶,极糊涂的地方,就变成了极明白。"(顾颉刚:《顾颉刚全集·顾颉刚日记》卷一,中华书局 2011 年版,第 65 页。)

立论。顾强调的调和不是一定要从过往中扬弃什么,而是主张对社会人生诸问题有深切思考,不盲从,有怀疑,要知因知果,不要一笔抹杀,也并非乡愿之见,而是采取过滤式吸收的态度。在对调和的认识上,顾颉刚吸收章、胡二人的相关看法,形成了自己的看法。这与胡适的反对调和又截然不同。顾的调和论不在于其具体含义,而是力持一种稳健、宽容态度,通过读书来好好观察社会,解决社会问题,没有必不容反对者讨论的戾气。

稳健宽容的反面是过激,调和的对立面也是过激。顾颉刚不赞同过激做法,其缘由是其对文化积累与建设颇少进益。如他对有提倡新文学运动者主张废弃中国旧籍表示遗憾,"因了从前人的思想陈腐要废弃中国书籍,这种话实在爽利,实在滑稽,但是只当登载在报纸末页的'快人快语'里边,怎能当他正义去鼓吹呢!"①读者看了听了感觉很痛快,不过于事无补。在学问气息稀薄的社会,提倡过激主义并不会对现下以及将来的社会问题有真实的解决,相反只会是卤莽灭裂。在顾颉刚看来,因为现在的中国人教育程度不高,自觉性不强,提倡过激主义流弊甚大。

若果总是用小册子将贩卖来的简单言语告知民众,而不养成民众的自觉心与教育心,不从根本上灌输其功,民众如何能定去从、如何抉择?顾指出,"现代的中国人不晓得世界是何等样的世界,所以要(给)他们科学常识;他们又不晓得自己是一个人,所以要给他们确当的人生观。待到他们晓得有世界了,晓得有自己了,然后再拿极端主义灌输进去,便可一步步的走上,不会有流弊了"②。在民众常识匮乏的社会中,顾颉刚对改革旧社会的态度是主张立一种学问心态,学问立则改造成。因为顾认为如果要破坏旧社会,"不可不先知旧社会的状况,但这种状况没有专载的书,要去参考研究都无从做起,所以我想加添一门,凡是各处、各事、各业、各阶级的人情风俗都征集起来,好在本志销行渐广,这种事只要直书,不必发议论,谅读者易于投稿"③。

---

① 顾颉刚:《顾颉刚全集·宝树园文存》卷一,中华书局 2011 年版,第 136 页。
② 顾颉刚:《顾颉刚全集·顾颉刚书信集》卷一,中华书局 2011 年版,第 58 页。
③ 顾颉刚:《顾颉刚全集·顾颉刚书信集》卷一,中华书局 2011 年版,第 186 页。

在顾颉刚的脑海中,他甚至觉得学问是万能钥匙,一切社会问题都可从学问的角度得到根本解决。他认为中国自古及今积存的性情、风俗、书籍、器物、无数的心理与事实,我们一向都没有拿学问的态度好好思量过,最可痛恨的是中国人既没有伟大的感情,又无精密的理性,看不到进化的长程,不会一步一步走去,只会说些"根本破坏""完全推翻"的时髦语新名词,"笑他、怕他、厌他,不耐他的腻烦,只说几句表面上的澈底话,博取心理上的爽快,"顾颉刚叹气道,"唉! 像这样的民族,真是世界上的绝物了"。顾有这样的忧虑是认为民族要想真正获得新生,去掉旧的负累,需要好好对恶势力做一番研究,因为它们有极深的根据,不是喊几句口号能了事的,将它们好好整理出来,供社会应用,进而贡献于世界,"把人类文化调和一番",这才是正途。

可悲的是,顾觉得即使是知识界中人对学问也没有一个正确的观念,"主张破坏论的人,看学问做赘疣,表扬老子的弃智主义。崇拜势利的人,看着物质文明最发达的德国打了败仗,就说科学破产"①。顾这里批评的是梁启超于《晨报》连载的《欧游心影录》中之悲观论调。顾感叹连知识界领袖尚如此这般想法,怎能在无学问气息的社会让理性萌芽、让科学抬头,又如何斩断旧思想的根株呢? 顾心中是认为学问才是最根本的救世救民之道。他在读书笔记"日本海外侵略"条目中感慨日本人为侵略南洋,早就做足功课,派人深入南洋、马来群岛乔装改扮面貌,细针密线地开展调查工作,文章、年鉴、专著连续出版,顾感叹真为国人"羞的无地可入",因为国人的南洋研究还是空白。他进一步评价:

> 我们要论评什么,但没有图表可以供参考;然而国内虽无调查之业,而改造之声浪却大盛,主义相争,空论满幅。社会上事实是否可以空论改造? 真是大惑不解! 政府固坏,人民连年鉴、地图也不需要,此等国民而有改造政府之望乎! 此等国民而可以御外侮乎! 所以我觉得连年风潮——"五四"亦在内——在表面上看来,固是热忱,固是感情,而在骨子内只是一团虚憍之气,或投机以邀名耳。倘

---

① 顾诚吾(顾颉刚):《我们最要紧着手的两种运动》,《晨报》"五四纪念增刊附录",第 487 号,1920 年 5 月 4 日。

使他们真欲改造，真欲御外侮，岂有不藉记载、不事研究之理耶！①

顾颉刚强调去名心求实学以张国本的另外一个显见原因是在机制不良的社会，往往是学生打头阵，摇旗呐喊，成为社会改革的急先锋，这种做法的益处自不待言，未尝不是不得已为之，然而学生运动产生的弊端亦引起新潮同人的反思，如罗家伦所指出，学生们东奔西走，奔走呼号，导致学业耽误，学术停顿，当时便有人感慨，没有功夫读书，"脑子空"②。这样的观察顾颉刚同样也有，因此他屡屡强调深入学术。这背后深埋的是顾颉刚真挚强烈的学问忧思。在五四这辈人中，像顾颉刚在行动上脚踏实地，在学术上扎扎实实，在思想上中和保守（并非守旧）的，实在不多见。与胡适引领众人的胆气、陈独秀勇猛果决的穿透力，甚至他的同窗傅斯年的敢想敢干比起来，顾颉刚都是一个有棱角但又不那么锐利、有想法但似乎总缺那么一点烈火的人。在新文化的图景里，顾颉刚仿佛是一个不可少但绝对不是最重要的角色。

总的来说，顾颉刚反感制造氛围、引人入彀、涣散人心的习气。这与顾颉刚强调的调和完全不是一个路数，顾认为调和新旧的途径是好好研究现状与历史，给出负责任的言论。顾其实看明白了杂志上很多的呼吁提倡只是纸上谈兵，过瘾是过瘾，最终变得松散无力，流于好名好利，内里缺乏一种认真干事的态度，没有示人以切实可行之路径。这种认识与顾本人的办事特点有关，顾颉刚在新潮社里就是一个踏踏实实做事的人，"他在'新潮'社真是切实做事的人，傅、罗诸人后来都陆续出国了，即在未出国前，也经常不大顾问社事，只有颉刚才是真负责者。他不怕零零碎碎、琐琐屑屑的小事，平日经常在社照顾一切，有时甚至发一封信，也是自己做的。"③顾颉刚特别强调办杂志、干事情要具备真实负责的态度，这从顾颉刚对时人的批评即可看出。

顾颉刚在1922年6月19日致刘经庵的信中对新文化运动中的名家主张尽管主张，文章尽管发表，但不管实事，不负实际责任的态度表示强

---

① 顾颉刚：《顾颉刚全集·顾颉刚读书笔记》卷一，中华书局2011年版，第154—155页。
② 罗家伦：《一年来我们学生运动底成功失败和将来应取的方针》，《晨报》"五四纪念增刊附录"，第487号，1920年5月4日。
③ 王煦华编：《顾颉刚先生学行录》，中华书局2006年版，第12页。

烈不满。

对老师辈周作人顾颉刚更是痛下针砭。此封信大半是对周作人的批评,说他在其位不谋其政,专好名,结党习气重,阻碍学术研究,"他懒得管事,欢喜发空闲的议论,这是他的天性,我们原无所容其褒贬",既是这样的性格,当辞职退让,更无法接受的是周作人最坏的脾气是"职衔尽管担任,事务尽管不做"。顾举例周作人担任新潮社的编辑主任,两年时间只出了一本杂志,其中三卷二号还是美国同人编辑的。周接管歌谣研究会,三年时间,没有一点成绩。若是去催促周作人,周便说时间太忙,没空,顾对周表示强烈不满,"愤极了"[1]。顾总结:"我惟一的悲观,就是这辈所谓新文化运动大家的不可靠。我是在北大多年了,北大是号称新文化的出发点的,里面负大名的人着实不少,但真实做事情的,有那几位?除了蔡孑民、胡适之两先生以外,再有别的人吗? 大家看了虚名的可以招致外边的信仰,大家努力造名望:自己职务上的事情不做,专做文章去发表。所以北大在名望上很高,而里边的事物就腐败极了。"顾颉刚甚至推断,"倘使现在不是新文化时代而是专制黑暗时代,恐怕现在的所谓新文化大家也要百方谋做皇帝的幸臣,很能够伺候颜色,狐媚巧佞了。世界的外表上虽是有光有爱,内幕里除了名利以外还有什么!"[2]这让顾颉刚深深感慨做事情真是不容易。这是顾从实际感触所得的观感,总结一句就是:新潮中人,热情有余,名心颇重,举动有些盲目,言论有些过分,实干家少,空论者多,隔靴搔痒,这就是幼稚病。

从学问的角度看,顾颉刚主张调和其实说的是一种研究思路,即传统并不都是坏的,不要在取法西方的时候忘了祖传技艺。这虽然是一种常识,然而在新文化的场域中,这样的道理也许大家都懂,但不是人人都认同,思想革命与学术建设并不是一件事,更何况顾想做的是学问家而非思想家。顾主张调和的背后是反对割裂新旧不循思想规律的二

① 顾颉刚:《顾颉刚全集·顾颉刚日记》卷一,中华书局 2011 年版,第 243 页。
② 顾颉刚:《顾颉刚全集·顾颉刚书信集》卷二,中华书局 2011 年版,第 113—117 页。顾颉刚 1923 年 12 月 20 日记:"前日维钧欲卸《歌谣》编辑之职,交于予,予因事太忙,辞之,谓可请周启明先生担任,他本是歌谣会主任也。今日维钧得其覆书,谓'今日上女高师课,不克来。明日上北大课,但也是在一院。总之,此事我不能担任,还是请颉刚勉为其难罢'。周先生如此不负责任,观之意冷。他不肯负责而偏好居名,所以尤可鄙也。"(《顾颉刚全集·顾颉刚日记》卷一,中华书局 2011 年版,第 432 页。)

元对立思维,主张有意志的进化。这种进化不是简单的适应,而是既能瞻顾往昔,又能看远未来,朝着善的方向前进,还要对时潮有所警惕与修正,不为其所淹没,这才是"人类的进化",否则只是"劣等人类的盲目适应"。当然顾也强调世上愚人比智者多,盲目适应也不能避免。矫正之法端赖学问,消极方面指出其盲动的力量,积极方面着眼建设,这样做去,"乃是精神的新,乃是由善的方向发出的新,乃是学问的最高的用",养成与树立科学常识与精密确当的人生观,这样方能防止"新青年"变成老青年,"新潮"变为旧潮,才可以创造真正的新与善的世界。

顾颉刚主调和,虽然从文化建设的思路讲可以自圆其说,然而在新文化语境里各种学说并生的情况下,将其放在现实环境中与实际问题相触碰,则难免捉襟见肘,很可能解决不了具体问题。这种思路看上去很圆满,其实有点虚,用陈独秀的话说,调和论用于指导社会便会"误尽苍生"①。在主流新文化人强烈革新传统的思路下,主调和论思想的顾颉刚必然居于少数派地位②。这是时代与思想的错位。何况,顾颉刚关于调和的思考亦不过短暂一时,远不如章士钊的深入③。

这个时候顾颉刚谈"新潮"谈调和,都不过是一种思想的练习。他的思考、他的认识具有不稳定性、不确定性,如他在 1921 年 1 月 3 日所记的读书笔记:"这几本笔记,今天夜里翻翻,觉得有许多话都是我现在说不出,想不到。惭愧我这三年来,为着疾病,为着家事,弄得学问退步到此! 那时颇想做哲学,现在竟没有这个念头了。"④这段话里有一点可

---

① 独秀:《随感录(71)调和论与旧道德》,《新青年》第 7 卷第 1 号,1919 年 12 月 1 日。陈独秀与顾颉刚在调和看法上截然相反,陈独秀认为调和论调是"乡愿的、紊乱是非的、助长惰性的、阻碍进化的、没有自己立脚地的"。(《本志宣言》,《新青年》第 7 卷第 1 号,1919 年 12 月 1 日。)

② 傅斯年在《白话文学与心理的改革》中写道:"天地间事,不是东风压倒西风,就是西风压倒东风;各不相下,便成旋风,旋风是最讨厌的。所以调和是迁就的别名,迁就是糟糕的绰号。政治上讲调和,才有今日的怪现状。学术上讲调和,才有所谓'古今中外党'。……须知天地间的事物,不是一件一件一段一段的独立的,是互相关连的;所以西洋成西洋的系统,中国成中国的系统,动摇一件,牵动多种;调和是没成效的,必须征服,必须根本改换。"(《新潮》第 1 卷第 5 号,1919 年 5 月 1 日。)在调和问题上,顾、傅立场截然不同。

③ 严格说来,顾颉刚的调和思想受到了章士钊的影响。章士钊的调和论调在民初是一股影响很大的思潮,受到不少人的认同。(参见朱文通主编《李大钊年谱长编》,中国社会科学出版社 2009 年版,第 208 页。)关于调和的文章可参见孟庆澍《知识的"救济"与失效——对民初调和论的重新思考》,《中国现代文学研究丛刊》2016 年第 1 期。

④ 顾颉刚:《顾颉刚全集·顾颉刚读书笔记》卷十五,中华书局 2011 年版,第 352 页。

以肯定新文化时期顾颉刚的想法时常在变,他思考的东西太多太杂,有些思考在他后面的人生中继续展开、深化,有的则不再回思,转而关注其他。

顾颉刚集中思索的话题除了新与旧的问题,他对做学问的方法也着实下过一番思考,那时他很用心地思考过何为科学、何为哲学。顾颉刚常常想的是中国传统学问中如何运用所谓科学的方法,经史子集里面有哲学吗? 何谓哲学? 对这些问题的深入思考应该说贯穿了他的学术人生。

第二章　古书与古史

第一节　科学与哲学

1917年初,顾颉刚在致蔡元培谈挽留经学教授陈伯弢事的信中写道(全文照录):

窃生等在文科哲学门一年级肄业,所有中国哲学史一课,向由陈伯弢先生主教,惬心厌理,不赞一辞。今闻钧意令陈先生截止上课,不胜惶惊。陈先生学贯六经,其所编讲义,融会经典,条理秩然。或谓其主博采详考,不施哲学名义,以为非是。按哲学界域,因时而异,为学者当考古今之风尚,以定学史之范围,初不必规规于玄学,而始以为有当于哲理也。今本学门名"中国哲学门"者,明其当寻中国古今所以穷理察物之资,又非徒以近世成规之哲学强相符节也。中国之学,向不分科,其资以为察物穷理者,言其所体,皆在六艺,言其所用,皆在政事。又中国离政言学,始于诸子,未有诸子以前,学术藏乎王官,王官系乎政制,苟但求名理,不详事物。其学在诸子之后固可为,而自皇古以迄成周,则其学必不能为。陈先生沉酣经学,周知古代之典章制度,而得其会通。故所授中国哲学史,虽历数政治,并皆详备,探经籍之秘奥,握制作之大原,凡皇王所以传后,诸子所以承先,莫不于是乎在。生等愚昧,不胜鼓舞,窃以为自周而上之哲学史,惟陈先生为能得其文质递变之道。陈先生分中国哲学为六大时期,周以前为一期,周以后为五期,今才至《洪范》，便尔辍讲，使周代之学，最系重于六经者，既得良师，而其绪忽断，此生等所引为深痛极惜者也。为此恳请校长收回成命，所有中国哲学史一课，准由陈先生继续讲授，迫切陈情，伏祈矜纳。此呈校长。[①]

信中写道陈伯弢的中国哲学史讲得不错，陈先生本人有博采旁搜的能力，希望中国哲学门所有的中国哲学史课都由陈先生来讲授。顾颉刚从中国学问的基本特点、陈伯弢的个人能力以及教学连续性出发，主张校方应予挽留。这说明胡适进北大之前顾颉刚还佩服陈伯弢，最少并无太多非议。然在 1917 年 10 月 23 日顾颉刚再上蔡元培（此信亦致陈独秀）的信里意见有了变化。顾颉刚的大意是所谓学者，研究学问为能总会众理，要有纲领条目，要眉目清朗，不能局限于一家一派与片段材料。哲学课的讲授应该使学生了解哲学之普遍条理，要能综合与贯通。顾颉刚举例认为九流诸子只是哲学的材料与历史，不能谓之哲学。后来顾颉刚在《古史辨第一册自序》中回忆陈伯弢给他们上了一年的哲学史，从伏羲才讲到商朝的"洪范"篇，感觉这不是哲学课的讲法。顾颉刚前后两封信话里话外流露出对陈伯弢从肯定到否定的变化。

1925 年 12 月 5 日顾颉刚致信学生兼暗恋对象谭惕吾，评价陈伯弢是一旧式学者，"有记忆而无论断，有服从而无研究，此稍有科学观念者所知"。顾颉刚从认可陈伯弢到后来慢慢靠拢胡适，是觉得这位老先生有资料与记忆，却不敢怀疑，没有清楚明白的提升与系统。换言之，胡适能将一堆散乱的材料用新眼光将其条贯，能大胆怀疑，截断众源，将古书看作史料而非不可撼动的"经"，而陈伯弢老先生终是满地找钱，虽然有极强记忆力与旷观博览的能力，可缺的是串钱之绳。

顾颉刚呈校长书虽是谈挽留教员陈伯弢，然对"哲学"的看法多少有所表露。顾颉刚谈及传统学术系乎政制，政学不分，所以中国学问向来没有系科的属性，学问只是政治的附庸。顾颉刚这时的想法是"哲学"作为系科的意义不明。这一点顾颉刚在 1917 年的读书笔记中痛陈过中国学术不分科之弊端，"学极浩瀚又极笼统，不能精研，故学不复

① 顾颉刚：《顾颉刚全集·顾颉刚书信集》卷一，中华书局 2011 年版，第 140—141 页。

第二章 古书与古史

积"，以前的人研究学问虽然皓首穷经，为学却无精进，原因在于无统一之标准，没有学科意识。

顾颉刚尤其对中国学术之无统系有多次论述。1914 年他认为《清四库目摘纠》这部书还不错，但编排分类不行，推原其病根，皆由于不知统系。而外国学问在顾看来最重分类，分类而有条理，学问便多能进步。比观中西哲学之别，西人治学讲究条理清晰，使人容易知晓，而顾颉刚想求得一原原本本讲述从上古至于今时之国学书，竟不可得，因而他评价中国学术向来不尚沟通，"用是统系若朽索"。顾颉刚这个时候受到了新思想的激荡，便以西方的意思为参照来看待中国学问，更深一层讲，顾颉刚是学着用转换了的学术语言来评价中国传统学问。"哲学"就是其中一个有意味的词汇。

顾颉刚屡屡用"哲学"来言说问题，是因为此时他读书北大对中国传统学问有较长时间的观察。传统学问之一大问题是科学不立，笼统模糊。学问囿于经验，经验又难得实证，即便有善思善想之人，也无从着手，思维深处渺渺茫茫，无示人之可行方法，如扶醉汉，扶得东来西又倒。顾颉刚所举古书《周易》《中庸》《易林》等，认为这些书不能明白畅达表现思想，让学者深思玄义，耗心劳力于旧籍之中，结果并未通解古书，己意与古人意界限不明朗，到底是发明己意还是探赜索隐古人之微言大义，或二者兼而有之，实难评判。时过境迁，迁流漫衍，对古书的传疏，以己意为是，他解为非，汇入了家派家法的河流，最后有了意气与门户之别。在顾颉刚看来这些都无法以确定标准衡量，并且中国学术之传承不授人轨则，金针在手秘不示人，只让学子深思玄冥，解不解全在自己。这都是不科学的明证。

对于中国学术的笼统玄秘，顾颉刚总结原因为国人有继承心，缺乏研究心，古来如此，后面的人传下去便是了，不去深想，形成了能保守而不能进步，重实用而轻学理，务秘藏而不愿普及的特点。中国传统学术私相授受、以依附为本的特点，如果从方法论的角度考察，表现为注重演绎。他 1917 年的读书笔记记了这样一段话：

> 中国之学，独重演绎，以新为不可知，以旧为不可易，执古以概今，取其符节以为正学，舍其龃龉以为邪说。夫变易者事也，不易

者理也。今以当变易者，一以不易行之，稍有更移，便致呵斥。至于古，则无事可例，遂定以为言行之准。是初作书契之时，实以永定人伦也。穆勒斥演绎，谓其绝新知，善夫。①

演绎之法实为代圣人立言，关乎教化治乱兴衰之理，并非从学问层面来谈问题。顾颉刚在 1917 年年底所做《逻辑三宗论》的作业对演绎、归纳、调和有详细分析，顾在此时观念上已倾向近归纳而远演绎。归纳法施于个体，探得个体差异，得出结论，演绎法执一概念牢笼万有，而世相的纷繁复杂，难有一万能概念笼而言之，因此只可言概念之大小远近，涵盖面之宽与窄，不可当其为万能公式滥施论域。顾颉刚倾向于主归纳，讲因果，即后来整理国故研究中不立一真、惟穷流变的方法，注重于多种相关资料中，排比抽出线索，看其变迁痕迹。顾颉刚在 1916 年读书笔记中就认为，"大凡事之始末，必循因果之公例"。如果平心静气去考察问题，并不难发现蕴蓄其中的蛛丝马迹。这在他以后的古史研究中有大量应用。顾颉刚在 1952 年 1 月所写笔记"考据为史料学基础"条：

> 【略】考据之术，便是把一件东西划成无数小部分，逐步把每个小部分提出问题，把所有关于这个小部分的材料尽量搜集拢来，加以分析，比较，而后彻底解决此一问题。以今日术语言之，是即"围剿"也。必如此，才可深入，才可正确。而一般不读书的人对此不了解，以为是支离破碎。其实，不破碎，那有整个。【略】凡研究科学者，即把一件东西分之至小，而于显微镜下决定其性质及现状，是即考据也。②

将大量零碎资料加以系统排比归纳，得出结论，顾对这一思路信之甚笃。顾甚至强调，"与其为虚假之伟大，不如作真实之琐碎"。比对顾颉刚 1917 年谈演绎与 1952 年这两段文字，顾颉刚整理国故的方法论因子其实早在北大读书期间已萌芽，只是顾当时通过听课学习或者思

---

① 顾颉刚：《顾颉刚全集·顾颉刚读书笔记》卷十五，中华书局 2011 年版，第 173 页。
② 顾颉刚：《顾颉刚全集·顾颉刚读书笔记》卷四，中华书局版 2011 年版，第 500 页。

考得来的还只是一些片断想法,缺乏一些适当例子进行解剖。

顾颉刚就读北大期间对"哲学"的思考,涉及哲学概念、范畴、方法、思路、中西异同、传统转换等方面。具体谈到的关键词有哲学、统系、归纳、演绎、分类、学史、条理、家法、因果、分科而治、历史观念等。在谈论中国学问弊端的时候,顾提出救弊之方无如科学一法。对于科学方法,顾颉刚坦白承认,他脑海中就是寻求一件事情的前后左右联系。顾的这种认识是深感前人无历史意识而来。

顾屡屡批评前人研究学问没有历史眼光,在"民国毁弃史料"条读书札记里,顾甚至颇带几分激愤地斥责,"不意清代朴学之后而今人乃无历史观念如此。"顾谓前人无历史观念,所指不外两方面,一是古人对书籍的功用没有明确的分类意识,二是著述无学问意识,不善于保存史料,无眼光。书籍排比失当,不作有意识整理,既谈不上保存,更会导致读者观念不清,学问依然是一笔糊涂账。在此时顾颉刚的脑子里,要对史料有成熟的把握,非要有历史观念不可,这历史观念就是科学方法(进化论)。顾颉刚 1914 年所记笔记称赞夏曾佑《中学历史教科书》编得很好,原因是夏曾佑书中处处以科学眼光观察史实,有见解有发明,读之令人忘倦。其实夏曾佑此书吸引顾颉刚注意的一是比较的方法,二是怀疑的思路,三是有一定的新解。

其实顾颉刚在 1914 年后对治学的方法深思过好几年,他思考的主要是想着用何种有效方法来治中国之学。他想过以外国哲学参照比较,亦曾自定计划,设定目标,但都没有落实到实际层面。尤可注意的是顾关注进化论,并对此做过一些思考。在 1915 年的读书笔记中,顾颉刚摘抄了 1908 年第 5 卷第 6 期《东方杂志》署名蛤笑的文章《史学刍论》,这篇文章认为当今史学最急者在以新学之眼光,观察以往之事实。并谓前人谈史学有二弊,一不知进化之例,以为古胜于今。二不知宗教学术之别。不拿平等怀疑的眼光看待历史,却驰骋虚词,讲道统,古人之真不可得见,亦不留心实用。该文认为天演进化之说传入中国之前,有识之士已觉悟旧说不同,所举例子就是崔东壁。顾颉刚只是抄录这段话,并没对其加以评说,但从这条读书笔记前前后后的记载看,顾颉刚很明显认同该文的说法。而在 1917 年暑假顾颉刚与叶圣陶谈论过

进化的问题,对进化过程产生疑问:

> 圣陶谓达尔文进化论颇可疑,夫物变虽殊,然既由无脊椎动物而趋于有脊椎动物,则今时必有一动物,介于无脊椎有脊椎之间,是之物为何如物乎,吾未见也。坤亦谓动物之变,是否不专由大以入小,是否以忽大忽小相累进,如古人较今人长大,而猕猴较今人短小,则由猕猴进于人类之时,其大小为何如乎。[①]

此时的顾颉刚对进化论是既怀疑又信从。1918 年顾颉刚记下他于书肆购得小泉又一《日本教育史》之绪论。该书作者按事物演化方式排比教育史变迁痕迹,认为现代所行的教育理论及其实际,并不是一朝一夕之所成,而是数千年来一点点进步的结果。顾认为此可与胡适《中国哲学史·绪论》参考,他明确表达了自己对所谓"科学"的看法,"科学之所以为科学,则全在思想有律令,事物有条贯,不可影响模糊,若即若离,不别白而漫混同也"。事物之条贯,在于看事物用演变或变迁之法对其分析,使之思路清晰,顾颉刚后来在《崔东壁遗书序》中强调,"我一定要使一般人会得用了历史演进的眼光来看东壁先生和我们。"这已是明确表明顾的为学之法重演进,这就是顾颉刚的"科学"。

顾颉刚这些谈"科学"的话题,大致是两方面。从思想观念来看,顾之意所谓"科学"是指研究中国学问能统其条贯,得其统系,具有线性历史眼光,正名得实,实事求是。从方法上来讲,则注重归纳,比勘验证,讲究因果,轻经验重证据。顾颉刚在 1915 年读书笔记中认为清代朴学就是科学,认为朴学就是实事求是之代名词。这与胡适后来多次演讲顾炎武为证明一个字的古音,搜集 162 个证据,二者其意实同,盖重视证据,据实言理。至于什么样的学者才具备科学精神,顾在 1922 年读书笔记谈郑樵的学术贡献时得以明确表述:"郑樵的学问,郑樵的著作,总括一句话,是有科学的精神。【略】他做一种学问,既会分析,【略】又会综合,既会通【略】,又会比较,又富于历史观念,能够疑古,又能够考证;又富于批评精神,信信疑疑,不受欺骗。"[②]顾颉刚借表彰郑樵强调了

---

① 顾颉刚:《顾颉刚全集·顾颉刚读书笔记》卷十五,中华书局 2011 年版,第 192 页。
② 顾颉刚:《顾颉刚全集·顾颉刚读书笔记》卷一,中华书局 2011 年版,第 355 页。

自己对科学的理解是有条理,能综合,会比较,能疑古。

顾颉刚所认为的"科学""科学方法"一般不涉及或直接忽略形而上的内容,而是着重方法层面的讨论,看重如何在学术实践中好用。他在1926年1月1日所写的《北京大学研究所国学门周刊一九二六年始刊词》有更明确的表达:"所谓科学,并不在它的本质而在它的方法,它的本质乃是科学的材料。""我们看国学是中国的历史,是科学中的一部分,所以我们研究的主旨在于用了科学方法去驾驭中国历史的材料,不是做成国粹论者。"这话的意思是把"科学"当成一种行之有效的方法来研究国学。

归纳而言,顾脑海中印象最深的科学方法,无外乎看问题讲究归纳、分析、比较、试验,注意假设,寻因溯果。但顾又疑惑科学方法是否这样简单,他发觉自己所思所想以及胡适带来的简化了的科学方法不应该如此简明,顾直觉科学方法远非如斯明晰,他打算若有闲暇将科学家运用的方法,包括弘纲细目好好深思一番。这其实说明受新文化启发的那一辈读书人受西方观念(主要来自美国)影响多喜欢讲科学,谈方法,其目的主要是开启民智,训练思维,普及常识,介绍者本人想不到或亦没有功力做深湛之研究。顾颉刚对科学方法有粗浅之了解,但又有所不满,以顾颉刚未出过国门,更没有到过欧洲,他心底的这种疑惑代表了新文化人对这种稗贩西方理念的深度在哪里以及探讨如何与中国传统学问相结合的困惑。

此时的顾颉刚对科学、对进化论的看法还止于零星片段,虽然他对中国学问了解较深,看到中国学问无统系、观念不清、无史料意识的弊病,但至于如何着手整理,顾还无清晰可操作之门径。他在1924年1月29日致李石岑信中说虽然对治学方法多有深思,但"只是凭空组成的方法自己总不能满意"。到1917年秋胡适任教北大,认为胡适"用实用主义的态度讲学问,处处是出我意外,入我意中"。"出我意外"是胡适的实验主义是顾颉刚之前不及见的,而实验主义的方法一旦用来研究中国哲学与史学,强调看一事物用"祖孙"方法,注意事件的因果联系与来龙去脉,这又是顾曾思考过的内容,二者有一些暗合之处,因而"入我意中"。

顾颉刚早年尤其在北京大学求学期间对"哲学"的认识虽然零散，然其中不乏富有启发性的见解。他对中国哲学的看法亦是对中国传统学问的整体看法。顾讲得最多的莫过于认为中国传统学问含混模糊，因此他寻求科学方法条理中国学问，使之具有现代品格。概括一句讲，顾颉刚终其一生喜欢用演化法来研究问题，在新文化期间已见端倪，之后他将演化法大规模用于研究古书的概念、人物、事迹的变化过程，而且屡试不爽。他的好友农学家辛树帜1928年定义顾颉刚的学术位置，"演化一义，达尔文首用之生物学，此后欧洲各学皆用之。吾国之用此方法读古书者，兄与胡适及颉刚先生是其首倡也"。

顾颉刚对哲学的思考富于学养，鲜少生硬比附。他的很多思考显示了一个勤思者的探寻，有的思考一针见血，有的表露读书困惑，理不清头绪，甚至自相矛盾。一言以蔽之，在新思潮的鼓荡激励，强调思想革命、社会革命的前提下，顾颉刚抉发传统弊病的信心被激发出来，并常常立下愿心，要以科学方法进行旧籍整理，强调一时代有一时代之新学术，且顾颉刚本有欲新中国之学术当看彼辈之英雄气的感觉。

如果我们将顾颉刚与他当年的同舍室友傅斯年比较而言，傅斯年强调"哲学"作为一门学科，它应有自身特点与范畴，不当与文学混为一谈，且傅斯年注重数理逻辑的训练。傅斯年认为中国没有"哲学"，在给顾颉刚的信中，傅的这种意思表达更清楚：

> 我不赞成适之先生把记载老子、孔子、墨子等等之书呼作哲学史。中国本没有所谓哲学。多谢上帝，给我们民族这么一个健康的习惯。我们中国所有的哲学，尽多到苏格拉底那样子而止，就是柏拉图的，也尚不全有，更不必论到近代学院中的专技哲学，自戴嘉、来卜尼兹以来的。我们若呼子家为哲学家，大有误会之可能。大凡用新名词称旧物事，物质上的东西是可以的，因为相同；人文上的物事是每每不可以的，因为多是似同而异。现在我们姑称这些人们（子家）为方术家。思想一个名词也以少用为是。盖汉朝人的东西，多半可说思想了，而晚周的东西，总应该说是方术。[1]

① 王汎森等主编：《傅斯年遗札》，社会科学文献出版社2014年版，第56—57页。

傅斯年认为中国无哲学,实是认为中国无西方有统系、有方法、有明确研究范围的专门哲学。所以傅斯年 1926 年返国在北大哲学系所开课程为"统计学理论和且然论",注重在人文研究中灌注数理逻辑的方法。1938 年 5 月 31 日傅斯年致管理中英庚款董事会事务所谈何为"科学知识",更是强调科学不应包含创作在内,傅斯年理解的科学好比一架精密仪器,具有明确的可操作性、方法论意识。傅斯年对中国哲学的看法是希其走上科学之路,使之成为客观知识之探索。

傅斯年的这些看法明显是后来游学欧洲大陆所受的熏染。若论对西方的了解,傅斯年当然高过顾颉刚,顾对科学的认识亦远不及傅斯年的系统与明朗。概而言之,以傅斯年为背景看顾颉刚对"哲学""科学"的看法,显示出二人同中有异,见得出二人思维的偏向、思考的深度以及学问的性情。总体来说,顾对传统学问的看法较傅斯年更为深细,且顾不如傅之偏激。用一句简单的话形容便是:一个是穿着洋装的留西青年,心中盘算如何用泰西新法来建立日后现代中国的学术体系,新旧交替中呈现的是新知的跟进;一个是从未出过国门,着长袍,手捧古书,也习得一些科学观念,心中寻思如何在中国古老的学问中杀进一刀,半新半旧的面貌里呈现出旧的底色。傅斯年、顾颉刚一个是中西合璧,一个多少有土法炼钢的味道。学术观念的差异,多少暗示他们日后的分道扬镳。

北大毕业后的顾颉刚找了一份图书馆的工作,他的思考慢慢从杂多变得集中起来,他发现真正尽情的事业还是古史,顾颉刚对学术方法的思考和运用都慢慢融进古史研究中去了。

第二节　不打不相识的古史讨论

顾颉刚说在研究古史的道路上影响自己的有三位古人,分别是崔东壁、郑樵、姚际恒。清人崔东壁留有著作《崔东壁遗书》,1921 年顾颉刚得读此书"大痛快",他觉得自以为创获的东西在这本书里已经有了。顾颉刚归纳崔东壁的长处,一是能分析各种事态的层次和各家学说的演化,找准某一问题在不同记述中的不同记载,理出一个明了的头绪。

二是崔东壁懂得用故事来印证古史。崔东壁研究学问是"以文论文，就事论事"，但顾颉刚觉得崔东壁最大的问题还是胆子不够大，信仰经书的气味太浓厚，仍然为古圣先贤维护。顾颉刚指出其根本误处是相信古史系统能从古书中建立起来。

宋人郑樵的《通志》，顾颉刚在北大读书的时候便阅览过，觉得是一部颇有创见和批判性的大书。但顾颉刚更为注意的是郑樵的《诗辨妄》，此书对传统的齐鲁韩毛郑解读《诗经》的方法有所批评，这启发顾颉刚绕开齐鲁韩毛郑自己研究《诗经》，丢开前人的附会的政治的讲法，从乐歌的角度解释《诗经》。

清人姚际恒给顾颉刚的震动也不小，顾颉刚在《古今伪书考序》一文中谈到他二十岁前受到过两次学术上的震荡，其中一次便是读姚际恒的《古今伪书考》。此书将前人不敢疑义的经类书籍（如《易经》《孝经》《尚书》）与史部子部书籍一起大胆怀疑，给予那些茫无头绪的初学者莫大的帮助。后来顾颉刚进一步搜集阅读姚氏著作，发现他是一位被刻意遗忘的人物，原因在于姚际恒的疑古精神太强烈，"姚氏太勇了，什么书都要疑，当然应受到他们的怀疑"，"他骂《诗序》，骂毛公，郑玄，并骂朱子的《集传》，压倒了一世的豪杰"①。"他们"指的是四库馆臣。因此顾颉刚花费大力气在 1929 年校点出版了姚际恒的《古今伪书考》，以示来者曾经还有这样一位疑古的先贤。概而言之，崔东壁的书启发了顾颉刚古书中的"传、记"不可信，姚际恒的书启示了顾颉刚不但"传、记"不可信，连"经"也不可信，郑樵的书则是启发顾颉刚研究学问要得其汇通不可株守一隅。顾颉刚是在强调自己的疑古辨伪本来是其来有自，并非空穴来风，他会特别拈出这三位古人，在不同的文章里反复言及，想必的确如海潮音狮子吼给予了顾颉刚绝大的震撼。这三位古人虽然对他而言都很重要，不过从顾颉刚在之后所写关于《崔东壁遗书》的相关文字可以看得出来，崔东壁给予顾颉刚的影响最为深远，顾颉刚甚至说，"我们今日讲疑古辨伪，大部分只是承受和改进他的研究"②。

---

① 顾颉刚：《顾颉刚全集·宝树园文存》卷二，中华书局 2011 年版，第 213 页。
② 顾颉刚：《顾颉刚全集·顾颉刚古史论文集》卷七，中华书局 2011 年版，第 156 页。

至于给予顾颉刚帮助的近人之中便有胡适、钱玄同、刘掞藜、胡堇人。1920 年上海亚东图书馆标点出版《水浒传》，前有胡适的考证长序。顾颉刚看后想不到一部小说的著作和版本问题居然如此复杂，故事所本的来历和演变居然有很多层次。顾颉刚立马想到胡适剥洋葱的学术方法可以模仿学习，如果将之用到故事的考证上也完全可行。比如戏曲故事里薛平贵历经磨难步步高升荣登皇位，这种事情如果用事实的眼光看无一不谬，若用故事的眼光看无一不合。因为戏剧故事中人有生旦净末丑，已经区分了好与坏，"只看见人的格式而看不见人的个性"，顾颉刚想到如果用角色的眼光去看古史中的人物，如尧舜禹，便可感受到他们所受的毁誉的层次和藻饰的痕迹。他想到可以排列两张表，一张是依前人的方法编排古史条目，看书上说放在什么时代就放在什么时代，比如将《三五历年记》《春秋命历序》置于太古时期，把《尧典》《舜典》《皋陶谟》置于唐虞时期，把《逸周书》《穆天子传》置于西周时期。另一张是依据现代人的眼光编排古史条目，如把虞夏书放置于东周时期，把《易传》《竹书纪年》《胠箧篇》放置于战国秦汉间，把《帝王世纪》《伪古文尚书》放置于晋。假如把这两张表对读，顾颉刚发现，"立刻显出冲突的剧烈和渐次增高的可惊了"，以前人看古史是平面的，现在顾颉刚看古史是线性的，"高低错落，累累如贯珠垂旒"①。胡适给予顾颉刚的影响是多方面的，1920 年胡适嘱托顾颉刚标点姚际恒的《古今伪书考》时，在互相讨论的书信中，顾颉刚想到研究伪史可以做五个表：表伪书所托的时代；表造伪书的时代；表宣扬伪书的人；表辨伪书的人；表根据了伪书而造成的历史事实。最后一表颇为重要，顾颉刚认为一部《纲鉴易知录》上完整的三皇五帝系统里面不知道有多少"藏垢纳污"的嫌疑，一部五千年的中国史如果认真考证下来，最少可以砍掉二千余年。

应该说胡适给予顾颉刚更多的是方法论层面的启示，有一种笼罩性意义。1921 年胡适研究《红楼梦》作者的身世，感到证据不足，嘱咐顾颉刚收集一些材料，进一步考索红楼梦作者的来历。顾颉刚之所以同意搜集资料且往复讨论乐此不疲，原因在于：一是二者有师生之谊，

---

① 顾颉刚：《顾颉刚全集·顾颉刚古史论文集》卷一，中华书局 2011 年版，第 39 页。

胡适对此时陷入经济困境的顾颉刚有很大的帮助,而且大背景是北京教育界正在闹索薪风潮,正常学习工作秩序被打乱,恰好有时间上图书馆翻查资料,也是借学问以解颐。二是胡适研究红楼梦的方法与目的与顾颉刚的治学路数契合,顾颉刚感觉这与研究古史的思路是相通的。顾颉刚在致胡适信中谈阅读胡适的《红楼梦考证》之感受,"荡涤瑕秽,为之一快"。这句话的具体意思,顾颉刚在《古史辨第一册自序》中是这样解释的:"适之先生第一个从曹家的事实上断定这书是作者的自述,使人把秘奇的观念变成了平凡;又从版本上考定这书是未完之作而经后人补缀的,使人把向来看做一贯的东西忽地打成了两橛。我读完之后,又深切地领受研究历史的方法。"胡适把实证的方法用到当时地位卑下的白话小说上面,且运用圆熟自如,让顾颉刚再一次觉得只要方法掌握得当,同样可以运用于纯历史领域。

顾颉刚研讨《红楼梦》的目的是"练习研究书籍的方法",让人得到一点学问的气息与历史的观念。练习的方式是考证作者身份家世,因为一来索隐派的盲目比附已经到了可笑的地步,确实需要清理。二来,考证作者家世问题,按照顾颉刚的说法是从小说外部研究,关涉小说实质处少,对真实历史人物进行研究是进入历史层面的一个相当好的突破口。第三,顾颉刚、胡适对作者身份考订颇为重视。顾颉刚认为,"《红楼梦》这部书虽是近代的作品,只因读者不明悉曹家的事实,兼以书中描写得太侈丽了,常有过分的揣测,仿佛这书真是叙述帝王家的秘闻似的。但也因各说各的,考索出来的本事终至互相抵牾。"①这段话有两点颇值得注意。第一,顾颉刚认为前人对《红楼梦》的过分猜测主要原因是对曹家事实不清。这是他们考证曹家身世的意义所在。第二,前人虽有考索,但没有科学的方法,考证结果顾头不顾尾,破绽百出,让人难以信服。顾颉刚、胡适掌握了科学的方法,具备历史的意识,有清晰的思路,有资格重新考证曹雪芹身世之谜。这是顾颉刚在表达他们的自信与价值。

顾颉刚在《红楼梦》研究中,出力最深之处是搜集资料,考证曹家身

① 顾颉刚:《顾颉刚全集·顾颉刚古史论文集》卷一,中华书局 2011 年版,第 40 页。

世。从资料方面讲，顾颉刚从版本目录入手，"从我的设计之下检得了许多材料"。从1921年4月3日到4月23日日记记载，顾颉刚查阅的资料有《船山诗草》《经学名儒记》《诗人徵略》《鲁斋集》《河东集》《文忠集》《楝亭书目》《有怀堂集》《四库简明目录（鲍刻本）》《八旗氏族通谱》《同治上元江宁县志》《楝亭五种》《江左十五子诗抄》《嘉庆江宁志》《雍正扬州志》《康熙仪征县志》《绵津诗抄》《国朝诗别裁》《康熙吴县志》《乾隆江南通志》《持静斋书目》《孙氏祠堂书目》《天津图书馆书目》《江南图书馆目》《苏州府志》《陕西图书馆目》《金山钱氏家刻书目》《清内阁旧藏书目》《常熟图书馆目》《曝书亭集》《八旗通志》《雍正上谕八旗》《已畦集》《楝亭全集》《陈鹏年诗抄》等。从时段来讲，顾颉刚主要查康雍乾嘉四朝；从范围来看，有文人别集、诗抄、词集、家谱、地方志、图书目录。顾颉刚相当于织了一张网，在网络的经纬交织中再辅以小说里的零星证据来定位曹雪芹生卒行藏。顾颉刚在与胡适反复讨论中确实弄清楚了不少细节问题，但讨论的前提是胡适提出《红楼梦》乃曹雪芹之自叙传，顾颉刚对家世、生平的考证一直也没有脱离这个前提。顾经过多次考证终于可以定案的一个观点是宝玉的形象掺和了曹雪芹的影子，其论述过程可以窥见顾颉刚的叙述逻辑：

> 上回覆了一封信，便后悔起来，因为爱热闹与喜孤冷的性情，不一定是相反的品格；往往有经过挫折之后，从极热跌到极冷的。所以从来失志的人，都好"逃禅"。况且从《雪桥诗话》看来，曹雪芹与宝玉相类的已有两件：（一）第三回宝玉一赞，说"贫穷难耐凄凉"，这也说"竟坎坷以终"，合之书首自叙"半生潦倒"的话，更是三方面一致。（二）第二十六回，宝玉说起要送薛蟠的寿礼，道，"惟有写一张字，或画一张画，这算是我的"，可见宝玉会画，《雪桥诗话》所载懋斋赠雪芹诗，也说"卖画钱来付酒家"。《诗话》上寥寥数语，类似之点已很多，雪芹之为宝玉，自是可信。前天接到先生的信，把周敦颐辈相比拟，更坚固我的信心。（1921年6月6日致胡适的信）①

---

① 顾颉刚：《顾颉刚全集·顾颉刚书信集》卷一，中华书局2011年版，第352页。

至于顾颉刚信尾所言贾宝玉是曹雪芹，胡适从人之常情的角度支撑顾颉刚的观点，胡适认为"至于你疑心《红楼梦》里的宝玉与《雪桥诗话》里的雪芹不像，我觉得并不难解释。凡是孤冷的人很少是生来孤冷的，往往多是热闹的生活的余波，周敦颐、程颢、张载多是做过一番英伟少爷的人，都反动到主静主敬的生活里去。阮籍、刘伶大概也是如此的"。顾、胡二人在交流中越发相信贾宝玉就是曹雪芹，顾颉刚对日本学者盐谷温断定宝玉为雪芹的观念，评价其为"善读书者"，大有引为同道之感。

在这段论证中顾颉刚取诗话与小说文本直接对证，二者衔接丝毫无违和感，行文逻辑显得自然而然，顾这种有点断章取义、为符合自己的历史考据气味而为之比附的看法，在他的论证里还有不少。如这段论证：

> 第二回上说，'次子贾政，自幼酷爱读书，为人端方正直，祖父钟爱，原要他以科甲出身的，不料代善临终时，遗本一上，皇上因恤先臣，即时令长子袭官外，……又额外赐了这政老爷一个主事之衔，……如今已升了员外郎。'这一段话，除了'长子袭官'数语为有意错乱外，其余便写实了曹寅。至于贾政性情的方严，原是在宝玉眼光里看出来的：那时年纪大了，又是父亲，又是对着痴憨的儿子，自然不能和少年时朋友赠诗中所说的性情一样。

顾颉刚屡屡强调研读《红楼梦》是为了培养一点学问气息，因此明明知道《红楼梦》是一部"荒唐言"，还是要"实实的考辨"。顾的论证思路是推想与假设兼而有之。为了寻出作者身世，顾对各种志书、县志等用力研寻，实打实进行他的考证工作，因此不免犯了刘掞藜批评顾颉刚所犯"呆看"文字的毛病。顾颉刚用研究古史的方法看《红楼梦》，从对曹家的考证中他理解的意义是"深感到史实与传说的变迁情状的复杂"。这与他之后考证孟姜女故事的目的一样，他借孟姜女故事之研究，说明"古史之创造、演变、成立等情状，使人确知古史与故事无殊，故研究之目的并不专在故事"①。顾研究《红楼梦》与研究孟姜女故事的目

---

① 顾颉刚：《顾颉刚全集·顾颉刚书信集》卷一，中华书局 2011 年版，第 558 页。

的其实无丝毫区别,孟姜女研究之所以大获成功,乃在于孟姜女故事是历史、传说与民间信念兼而有之,在时间的长河里无名文人与民众合力加工塑造的产物,也有时空、地域之别而不同,作为小说的《红楼梦》不是世代累积型的小说,它有作者意识在里面,借《红楼梦》来讲历史方法很显然是一个有点夹生的案例。

顾颉刚与胡适、俞平伯的《红楼梦》讨论文字,好像可以从学理上分清这是历史,那是文学,貌似泾渭分明,一看就懂。不过事情没有这样简单。从大的方面讲,顾颉刚研究《红楼梦》也是无心插柳,据他说想练一练研究方法,如果还有其他目的,可能希望更多的人参与讨论,激起读书人讲学问的风气,这是顾颉刚一直就有的看法。因此,顾颉刚用"硬"方法来考证一本小说,内证外证兼有,比较综合并具,大体考证清楚了曹家世系问题。但有一个很重要的发现是,仔细阅读顾颉刚日记,发现顾颉刚与胡、俞讨论《红楼梦》的时候,顾颉刚连《红楼梦》完整一遍都没有读过。日记中显示顾颉刚曾多次读《红楼梦》,而且他的读法还很特别,有时顺着章节读,有时跳着读,并且有重读的习惯。他真正读完《红楼梦》的时间,日记记载是 1923 年 4 月 12 日,"看《红楼梦》完毕。"这离他们考证《红楼梦》已经过去两年时间了。顾颉刚没有读完《红楼梦》而研究《红楼梦》,总有准入资格不够的嫌疑。所以顾颉刚就发挥自己充分运用搜集证据比堪考证的长处,避其对文本不熟的短处,使得在《红楼梦》研究上也贡献了自己的力量。这正像顾颉刚自己说的,"深切地领受研究历史的方法"。

而钱玄同、刘掞藜等人则是与顾颉刚具体讨论古史的朋友。1923年顾颉刚在《努力周报》增刊《读书杂志》第九期发表了《与钱玄同先生论古史书》。在这篇文章里顾颉刚明确地提出了层累地造成中国古史的观点,他认为要想辨明古史,应当看它最先是怎样以及后来如何逐渐地变迁。这层累有三层意思:第一,时代愈后传说的古史期愈长。譬如周代人心中最古的人是禹,孔子时便有尧舜,战国时有了黄帝神农,愈到后面古史人物出现得愈多愈古。也便是时代越后,知道的古史则越前,文籍越是无法证实,知道的古史就越多,仿佛积薪,后来居上。第二,时代愈后传说中的中心人物愈放愈大。譬如舜在孔子时代是一个无为而治的圣君,在孟子时代成了一个孝子的模范。第三,研究古史如果不能知道某一件事情的真实情况,但可以探讨某一件事在传说中的最早的状况。顾颉刚很有底气地发现无论是辨伪性质、规模、方法,他的辨古史势必要凌驾超越他所崇拜的崔适之上。但这必然是个大工程,顾颉刚打算分成战国前的古史观、战国时的古史观、战国以后的古史观三个题目去探究问题,但仍感觉范围太大,便打算用专书研讨的方法考辨古史,各个击破,比如《诗经》中的古史,《尚书》中的古史。顾颉刚在 1921 年给好友王伯祥的信中谈到整理中国古书的目的和方法,其目的是让读者有进化的历史观念,具体方法是把古书分成三种情况整理:伪史源、伪史例、伪史对鞫。所谓源是考证某一说法最初为何人所言,之后流传开来渐渐变化之踪迹,也就是顾颉刚所说"愈放愈胖"的迹象。伪史例则是把言过其实的作伪心理归纳汇总寻出规律,告诉来者伪史喜欢往哪一方向走,提高提防的能力。伪史对鞫则是指造伪的人无法不互相抵牾,将造伪之语辑录起来,比较对勘,则伪史无所遁迹。顾颉刚很有信心地说他这样做"必可使中国历史界起一大革命"。[1] 按照顾颉刚目前的观察,东周以上无真史,"现在所谓很灿烂的古史,所谓很有荣誉的四千年的历史,自三皇以至夏商整整齐齐的统系和年岁,精密的考来,都是伪书的结晶"。顾颉刚下定决心想做一个"科学的史学者"。[2]

在《与钱玄同先生论古史书》中,顾颉刚还着重说到了"禹"的问题。至于顾颉刚何以谈论"禹"这一人物,乃在于他把禹看成研究古史人物的起点。顾颉刚认为"禹"在商族人那里是下凡的天神,在周族人那里是最古的人王,他发现"禹"观念的建立和形象的生成在不同古书中的演绎实在是一个可以研究的话题。东周初年只有禹,东周末年便有了尧舜,这尧舜禹三者间关系的联络、事迹的编造从《论语》之后便完备了,尧与舜有了翁婿的关系,舜与禹有了君臣的关系。顾颉刚觉着这之中必有蹊跷,哪会忽然造作这样完备的关系,记载这些事迹的古书如果

① 顾颉刚:《顾颉刚全集·顾颉刚古史论文集》卷一,中华书局 2011 年版,第 176 页。
② 顾颉刚:《顾颉刚全集·顾颉刚书信集》卷一,中华书局 2011 年版,第 117 页。

第二章 古书与古史

仔细阅读必能发现他们逻辑的缝隙。顾颉刚认为从战国到西汉是伪史充分创造的时代,禹之上有了尧舜,尧舜之上有了黄帝,黄帝之上有了神农,神农之上有了庖牺氏,这便造成了很有样子的世系表。禹这个半人半神的人物很可见出思想的催生与人物树立之关系,"自禹而尧舜,而尧舜之后,又有黄帝炎帝出,一看就知是五行的思想,以金木水火土寓青黄赤白黑"①。顾颉刚仍然是用禹的例子说明自己古史是层累造成,发生的次序和排列的系统恰好成反背的假设。在这封信里,顾颉刚还有一个骇人的观点为识与不识之人所牢记、所讥笑,便是顾氏认为禹是九鼎上铸的动物。在顾颉刚看来中国古史完全是一篇糊涂账要全面清理的情况下,一些不理解的人便以此揶揄顾颉刚,认为他的做法是非圣无法、满纸荒唐。

钱玄同在《读书杂志》第十期的《答顾颉刚书》中勉励顾颉刚"廓清云雾,斩尽葛藤,使后来学子不致再被一切伪史所蒙"。钱玄同还着重讨论了六经真伪问题。在他看来六经并不可信,六经的大部分没有信史的价值,也没有哲理和政论的价值。两千年来的六经研究属汉儒最为糟糕,因为他们不但没有搞清楚六经的真伪,还掺杂自己的意见,甚至作伪,"望文生训,闭眼胡说"。钱玄同用他俏皮形象的语言说明以前人无论如何疑古辨伪总不免为成见所囿,"所以他们总要留下一团最厚最黑的云雾,不肯使青天全见的。我们现在应该更进一步,将这团最厚最黑的云雾尽力拨除"。无论是研究国学还是国史,六经都不可不注意,虽然它只是古书中极少的一部分,但危害不浅,必须用大力去辨伪。在掀动古史革命的文化事业中,钱玄同无疑是顾颉刚的同路人,虽然答书有对顾颉刚些许商榷之处,但总体是鼓舞激励语气,希望顾颉刚斩将搴旗,得特别注意经书的辨伪。

顾颉刚的《与钱玄同先生论古史书》被他自己认为是"轰炸中国古史的一个原子弹",使得各方面读古书的人都引起了注意,"多数人骂我,少数人赞成我"②。在多数骂顾颉刚的人外,有一位年轻的刘掞藜依

---

① 顾潮编:《顾颉刚全集补遗》,中华书局 2021 年版,第 22 页。
② 顾颉刚:《顾颉刚全集·顾颉刚古史论文集》卷一,中华书局 2011 年版,第 164 页。

据经典常识提出了严正批评。刘掞藜,湖南新化人,南京高等师范学校文史地部毕业生,师从柳诒徵,学问路数是由经入史,曾任河南中州大学、武汉大学、成都大学教授。刘掞藜认为顾颉刚的疑古精神很可佩服,但是因之而举的证据和推想很使人怀疑。刘掞藜的行文是一段段分开引述顾颉刚原文,然后逐条展开驳斥,证据翔实,推理可靠,令人信服。譬如顾颉刚引用《诗经·长发》中的"洪水芒芒,禹敷下土方,……帝立子生商",顾颉刚认为这一句是载籍里提到禹最早的出处,他从诗句的意思推测禹是上帝派下来的神,不是人。刘掞藜于是举出《诗经》中其他提及与"下土"有关的人物如后稷、武王,反问顾颉刚难不成这些人物都是神不是人么。顾颉刚在证据上的薄弱、逻辑上的想当然都被刘掞藜一一找出来。尤其是顾颉刚说禹是一条虫的话,刘掞藜老实不客气地批评,"这种说文迷,想入非非,任情臆造底附会,真是奇得骇人了!我骇了以后一想,或者顾君一时忘却古来名字假借之说。不然,我们要问稷为形声字,是五谷之长,何以不认为后稷为植物啊?难道那奇形怪状底象物九鼎上没有稷这种植物么?九鼎上的动物——禹——流传到后来成了真的人王,何以不说稷为九鼎上的植物,流传到后来成了周的祖宗呢?"刘掞藜认为人类文明发展到能象物铸鼎的时代,绝对不会没有铸鼎人的名字和姓名流传下来,禹这样一位人物纵然有附会也不会绝无其人。他引用杨朱的话"三皇之世,若存若亡;五帝之事,若觉若梦;三王之事,或隐或显,亿不识一;当身之事,或闻或见,万不识一;目前之事,或存或废,千不识一。"[①]来证明学者不要瞎疑乱疑,要疑其所当疑。

至于顾颉刚说尧舜的事迹在《论语》之后便编造完备,于是有了《尧典》《禹贡》《皋陶谟》等篇的出现。刘掞藜从常识的角度认为顾颉刚因为没有看到《论语》里完备地记载尧舜禹的事迹,便以为《尧典》《禹贡》《皋陶谟》是在《论语》之后编造好的。刘掞藜顺着顾颉刚平行推论,如果因为没有看到《诗经》中的诗篇在《论语》中重复完整地出现,是不是

---

① 刘掞藜:《读顾颉刚君"与钱玄同先生论古史书"的疑问》,《努力周报》增刊《读书杂志》第11期,1923年7月1日。

可以认为在《论语》之后，后稷、文王、武王的事迹编造完备了，于是有《生民》《大明》《皇矣》等等出现呢？刘掞藜虽然觉得顾颉刚疑古的精神值得同情，但太过于"呆看"文字，所用的证据和持有的推想"很使人不能满意"。其实刘掞藜是不太赞同顾颉刚这样疑古，但他没有像某些人因为情感上接受不了顾颉刚的疑古而肆意攻讦。从刘掞藜的答书明显感觉得出他功底深厚，其文字说理公允，"理充辞畅"[1]，很可使人接受。这是因为刘掞藜是抱着"研究学问，真理是从"[2]的态度来写驳论文字。

来书痛驳的除了刘掞藜还有胡堇人，胡堇人乃胡适的族叔，他在绩溪上川家中给顾颉刚所写答书集中讨论"禹"的话题。顾颉刚在文中说若照后来人说法禹是桀的祖先，那为什么商国对于禹既感他的恩德，对于禹的子孙就会翻脸杀伐呢。胡堇人顺着顾颉刚的逻辑推断下去，说顾颉刚的意思好像是每一朝开始的君主如果有些恩德于人，他的子孙以后无论如何暴虐，天下人都应永远绝对服从了，"这般拘执的论调"，胡堇人实在不想再跟他辩论下去。胡堇人同样提到禹是一条虫的问题，批评顾颉刚望文生义，若照此推下去，舜的本义在《说文解字》中训为草，难道舜就是一种植物吗？文章最后胡堇人说顾颉刚想推翻全部的古史必须寻出坚实的证据，才能使人信服。他希望顾颉刚"平心静气细细研究"古史。

顾颉刚在读到刘掞藜、胡堇人二人的文章后也激起了事理越辩越明的心态，于是作了《答刘胡两先生书》《讨论古史答刘胡二先生》，前一文刊《读书杂志》1923 年 7 月 1 日第 11 期，后一长文分多次刊《读书杂志》，时间是 1923 年 8 月 5 日至 12 月 2 日。《答刘胡两先生书》首先强调《与钱玄同先生论古史书》是"总括大意"，总括大意是指自己辨古史系统性的看法，具有笼罩性意义，细枝末节上的证据不足、疏漏自然是有。顾颉刚也并没有讳言自己的问题。他提出推翻非信史的四条标准：第一，打破民族出于一元的观念。研究古史应当依据民族的分合为分合，寻出他们系统的差异之点。第二，打破地域向来一统的观念。战

---

[1] 景昌极：《故友刘掞藜楚贤事略跋》，《国风》(南京)1935 年第 7 卷第 1 期。

[2] 1924 年 3 月 15 日刘掞藜致胡适的信。《胡适遗稿及秘藏书信》第 40 册，黄山书社 1992 年版，第 114 页。

国以前只有种族观念没有一统观念,应当以各时代的地域为地域,不能把战国和秦汉时期的疆界认作古代早已定格的地域。第三,打破古史人化的观念。古人对神和人的认识原没有界限,到了春秋末期诸子又将神话中的神"人化",便又多了一层作伪。作为研究者,应该依据当时人的想象和祭祀,考辨出一部宗教史而不是政治史。顾颉刚认为宗教是本有的事实,政治是后人的附会。第四,打破古代为黄金世界的想法。后世看唐虞觉其美善快乐,其实只是后人附会,五帝三王的黄金世界原不过是战国后的学者杜撰而来。这四点后来被顾颉刚演变成打破帝系、王制、道统、经学四个偶像。在 1939 年 11 月 30 日日记中,顾颉刚写到若是能写出古史四考(帝系考、王制考、道统考、经学考)和古书四考(尧典考、禹贡考、王制考、月令考),则"死瞑目矣"。

顾颉刚提出这四条带有纲领性价值的辨伪标准遭到了刘掞藜火力强劲的狙击。刘掞藜的答书以《讨论古史再质顾先生》分四次刊载《读书杂志》1923 年 9 月 2 日第 13 期、10 月 7 日第 14 期、11 月 4 日 15 期、12 月 2 日第 16 期。虽然刘掞藜对这四点意见不无认同的成分,但是在刘掞藜看来,顾颉刚拿出的证据仍然十分薄弱。其中他们讨论的两个小问题颇有意思。

顾颉刚在打破地域向来一统的观念时举证据说,"我们看,楚国的若敖、蚡冒还是西周末东迁初的人,楚国地方还在今河南、湖北,但他们竟是'筚路蓝缕以启山林'。郑国是西周末年封的,地在今河南新郑,但竟是'艾杀此地,斩之蓬蒿藜藋而共处之'。那时的土地荒芜如此,那里是一统时的样子"。刘掞藜说看了这样的论述不禁要发笑。在他看来,蓬蒿藜藋容易生长,若有人居必要斩之方可,山林亦可同此看待。若某地乱到一年或者一年无人居住,蓬蒿藜藋疯长便可淹没人,最多只能说明居住的人少而不可证明地域不广。而且筚路蓝缕以启山林,斩蓬蒿藜藋可以证明祖先勤劳之意,不足以证明顾颉刚所说不像统一的样子。另外一个问题是顾颉刚在打破古史人化的观点里谈到夔的问题,说"人与兽混的,如夔本是九鼎上的罔两,又是做乐正的官",想说明古人对神和人没有区别性认识。在另外一篇答辩文章里顾颉刚继续谈夔,"彝器上的夔系属兽形,《吕氏春秋》又记乐正夔有一足的传说(察传),《尧典》上又说他会使'百兽率舞',夔之为兽,实无可疑"。刘掞藜说顾颉刚一边怀疑古史,以故事传说的眼光看古史,不是传说的事顾先生多多怀疑,是传说的事反而不怀疑。刘掞藜同样引用《吕氏春秋》书中记载的夔通音律,能以乐感化天下,舜以之为乐正。"夔能和之,以平天下;若夔者,一而足矣。故曰,夔一,足;非一足也"。行文至此,刘掞藜似乎再也掩饰不住心头的激动,连用了五个"明明","何以《吕氏春秋》明明载是传说的话,先生反如此相信?⋯⋯这明明是说夔非一足,这明明是传说之误,这明明是《吕览》教人须'察传',这明明警人得如'夔一足'一类的话,须'熟论其于人,必验之以理'。"

刘掞藜好像在说顾先生为什么看书如此不仔细,怎么会犯如此简单的错误。退一步讲,假如真有夔这种动物,天底下哪有一足的动物?刘掞藜的行文有时候会用常情常理去反驳,近取譬,随手拈来,增加了文章的活泼性,让专门的古史讨论显得有趣。譬如刘掞藜说耍把戏的阿猫阿狗都能让狗和兽率舞,难道就可以说它们也是兽?这种驳论让顾颉刚无法从证据层面回击,但是刘掞藜仍没有让顾颉刚屈服,顾认为夔是兽类,"只希望在这些材料之中能够漏出一点神话时代的古史模样的暗示,借了这一点暗示去建立几个假设,由了这几个假设再去搜集材料,作确实的证明。如果没有确实的证明,假设终究是个假设"①。顾颉刚这番话写于1924年,顾颉刚似乎是认为他们两人看古史的思路不一样。

刘掞藜主要在"禹"的问题与顾颉刚辩论,他所用的证据都在反驳顾颉刚禹有神性的说法。在证明禹没有神性的问题上,刘掞藜发现顾颉刚有"呆看""误看""笨看"文字的倾向,对《诗经》的解读过于坐实,忽略了它文学性的一面,心中有了成见去看古书,穿凿臆测,在某些问题上犯了清代人目为大忌的"增字解经"的毛病。用另一位批评顾颉刚的学者的话来说就是"牵强附会,主观糅合史事"②。刘掞藜以为研究古史

---

① 顾颉刚:《答柳翼谋先生》,《北京大学研究所国学门周刊》1926年第15、16合期。
② 绍来:《整理古史应注意之条件——质顾颉刚的古史辨》,《益世报·学术周刊》(天津)第6期,1928年12月3日。

一定要"参之以情,验之以理,决之以证",不可随便乱疑,假若证据又颇有破绽,会使人笑歪嘴。所以刘掞藜的文章往往忍不住说"不禁发笑""不是笑话么""大是笑话"这类话语,恐怕是想说顾颉刚读古书有时候读得实在是幼稚。1926年顾颉刚在写作《古史辨第一册自序》的时候依然提到刘掞藜对他的批评,顾颉刚觉得刘掞藜误解了他的态度,顾颉刚还是认为禹是一个充满了神性的历史人物,他强调他是根据当时人心目中的观念来判断禹的地位。顾颉刚之所以认为禹充满神性,是他认为战国秦汉之间的读书人为了应帝王之需求造成了两大偶像——黄帝和禹。黄帝是种族的偶像,禹是疆域的偶像,"这是使中国之所以为中国的;这是使中国人之所以为中国人的。两千余年来,中国的种族和疆域所以没有多大的变化,就因为这两个大偶像已规定了一个型式。除了外族进来混合在中国人的集团之外,中国人总不愿把这个旧型式有所改变"[①]。因此顾颉刚是把禹作为自己层累造成古史的一个很重要的解剖标本,他很自然不会认同刘掞藜的观点了。

　　钱玄同在看了他们的讨论后写了一篇《研究国学应该首先知道的事》,刊载于《读书杂志》1923年8月5日第十二期。文章说研究国学至少要知道三件事:前人辨伪的成绩;要敢于疑古;研究古史不可存"考信于六艺"的见解。钱玄同其实是想说刘掞藜、胡堇人仍然抱有信经的色彩,研究古史还是保守了。顾颉刚、刘掞藜这场针锋相对的古史讨论并没有再继续下去,顾颉刚写了三则启事,算是结束了。在启事中顾颉刚再次强调,"中国的古史全是一篇糊涂账。二千年来随口编造,其中不知有多少罅漏,可以看出它是假造的"。顾颉刚说他尽可以去寻他的古史罅漏,刘掞藜也尽可以寻他自卫的理由,只希望他们这种辩论可以"指出一个公认的信信和疑疑的限度来",大家各自朝前走去,"看到底可以走到那么远才歇脚"[②]。顾颉刚的确是一位值得敬重的学问人,虽然刘掞藜的文字点中了他文章证据方面的死穴,平心而论会令他很难堪,但顾颉刚并不动摇他辨古史的雄心,反而越辨越勇,在修正错误的

① 顾颉刚:《战国秦汉间人的造伪与辨伪》,《史学年报》1935年第2卷第2期。
②《读书杂志》1923年10月7日第14期。

第二章　古书与古史

前提下走得更远更深。

顾颉刚很尊重刘掞藜这位论战对手,他觉得刘掞藜的来书"痛驳",是修正自己思想和增进学问的好机会,"只当作好意的商榷而不当以盛气相胜",不得不佩服顾颉刚气量之宏大。当 1935 年 10 月 7 日顾颉刚听到刘掞藜因为贫病过早离世,年仅 36 岁,学问未成,不禁暗自神伤。顾颉刚在自己主编的《禹贡半月刊》(1936 年第 4 卷第 11 期)上刊登刘掞藜的遗文《晋惠帝时代汉族之大流徙》并写了一段纪念小记,文字颇为感伤。顾颉刚称赞跟他辩论古史的刘掞藜是"有人格的敌人",值得得到真实的钦慕,但刘掞藜的生存条件太差,贫和病过早过重地磨损了他的身体,顾颉刚写道刘掞藜有一次于战乱中归家,在旅店中买不到饭,绝食数天,回家便大病一场。这样一位在"贫穷中奋斗,在疾病中支撑"的有志之士终于被贫病击垮,用好友景昌极的话形容,刘掞藜乃"世福薄"者,顾颉刚感叹,"老天爷只让优游无为的人去享长寿,真把时间和饭食靡费得太过分了!"这不是顾颉刚第一次哀悼学人早逝,1935 年 4 月 25 日顾颉刚为早亡的清代人崔德皋《崔德皋先生遗书·寸心知诗集按》写了这样一段文字,如果用来形容刘掞藜也分毫不差,"知一文人或一学者之成就,虽云穷而后工,淡可养志,要必具有维持生活之最低限度,方可言之;苟并此而不存,则惟有以哀伤折其天年,又安所望于著述乎!""此中悲愤,岂丰衣足食者所可识知乎!"① 顾颉刚希望有一天还能和刘掞藜一起打古史的官司,直到把心头的问题打出一个结果为止,可惜没有那一天了。"造物者真太残忍了!"这是顾颉刚对刘掞藜的深深惋惜。

《读书杂志》上的这场古史讨论经历了九个月,产生了八万字的辩论成果。胡适在《古史讨论的读后感》(《读书杂志》第 18 期,1924 年 2 月 22 日)一文中高度赞誉这场学术论争,认为是"中国学术界的一件极可喜的事"。论争双方是顾颉刚、钱玄同与刘掞藜、胡堇人,双方旗鼓相当,阵容整齐,讨论得颇为精彩。胡适在这篇具有总结意味的文章中很坦率地承认他支持顾颉刚先生的疑古精神与观点。顾颉刚提出的层累

---

① 顾颉刚:《顾颉刚全集·顾颉刚古史论文集》卷七,中华书局 2011 年版,第 201 页。

的古史观点是"今日史学界的一大贡献,我们应该虚心地仔细研究他,虚心地试验他,不应该叫我们的成见阻碍这个重要观念的承受"。虽然胡适的立场是站在顾颉刚一边,但胡适的眼光十分敏锐,他感觉古史讨论渐渐走向了"琐屑的枝叶",所指乃是刘掞藜对顾颉刚某些薄弱证据的坚实批评,担心一般读者被繁琐的论证迷住而忽视顾颉刚提出的很有价值的中心论点的关注。因此胡适分三点对顾颉刚层累造成古史的观点进行强调和解释:时代愈后,传说的古史期愈长;时代愈后,传说中的中心人物愈放愈大;在前两种情况下,如果不能知道某一件事的真确状况,也可以知道某一件事在传说中的最早状况。所以胡适强调顾颉刚"看史迹的整理还轻,而看传说的经历却重。凡是一件史事,应看他最先是怎样,以后逐步逐步的变迁是怎样"的观点是这一次古史讨论中顾颉刚的根本见解,也是顾颉刚的"根本方法"。这个根本方法有三种表现形式:第一,把每一件史事的种种传说,依先后出现的次序排列起来。第二,研究这件史事在每一个时代有什么样的传说。第三,研究这件史事渐渐演进的过程:由简单变为复杂,由陋野变为雅驯,由地方的(局部的)变为全国的,由神变为人,由神话变为史事,由寓言变为事实。如果可能的话,解释每一次演变的原因。所以胡适指出顾颉刚研究禹只是一种根本史学方法的个案解剖。

胡适在文中批评了刘掞藜有些论述证据有疏漏,将未经证明的材料当先验的前提来使用。胡适还专门回应了刘掞藜怀疑古史会让人心变坏的观点。胡适的态度十分开明,他指出顾颉刚的研究古史如果能影响人心也是好影响,"我们的翻案只算是破了一件几千年的大骗案",即使证据不十分充分,也只是提醒人们不要轻易信仰。因此胡适用南菁书院山长黄以周八字作为研究古史的一个基本态度:实事求是莫作调人。胡适的这篇文章对争论双方都予以点评,以讨论学问的平实态度谈了自己的看法。一言以蔽之,胡适完全支持顾颉刚的疑古辨伪工作,对刘掞藜批评文字不无保留意见,同时对刘掞藜"搜求材料的勤苦"也表示了十分的敬意。这场《读书杂志》上的论争至此算是告以结束。

但关于禹的讨论并没有完结,1924 年柳诒徵在《史地学报》上发表《论以说文证史必先知说文之谊例》,批评顾颉刚不懂《说文解字》乱说禹是一条虫。柳诒徵认为若以说文证史,必先知说文之谊例,否则"刺取一语,辄肆论断,虽曰勇于疑古,实属疏于读书",提醒顾颉刚欲从文字研究古史要"先熟读许书,潜心于清儒著述"。年轻的历史学家杨宽仍然以禹是一条虫为例说开去,杨宽认为顾颉刚立论骇怪,使得舆论哗然但也暴得大名,但杨宽更想说明顾颉刚的疑古根植于康有为,疑得过头、疑得过火,"在今日而研究历史我们要认清史学家的大道,千万不能再走上经学家的老路。我们应该指出,从康有为一直到顾颉刚的这条歪曲的路,'此路不通'。"①

对杨宽的文章,顾颉刚未见回应,而柳诒徵的文章,顾颉刚回答得很干净利落,他很直接地说他的研究思路与柳诒徵的思路是"精神上的不一致"。顾颉刚回应研究古史要用时代的眼光去打量才不会受古书欺骗,"若把古书作我们治学的标准,不去研究而去服从,希望在服从之下再去疑古,这正和缘木求鱼一样的无望;我们如此,我们只有一生一世在伪史中打混了。"所以顾颉刚这次很明确地强调,他守着的不变的宗旨是"用史实的眼光去看史实,用传说的眼光去看传说"②。顾颉刚更加相信的是,他的这种学术路径一定是向着光明的路途前进,但他也知道,这是"处处在荆榛中辟路,只求大体不错,不必有如何精密的结论"③。顾颉刚要做的是发表出自己的学术见解,以博学者们的批评,来互相补益。因此顾颉刚也越发相信,"中国的古史,全是一笔糊涂账"④,得他们整理了方才可看。这是顾颉刚在数次讨论和研究中变得越来越清晰明白的学术主线。

第三节　古史研究之一:《诗经》

参与古史讨论的友人中,钱玄同提醒顾颉刚,经书本身和注解也有

---

① 杨宽:《从康有为说到顾颉刚——史学方法的错误》,《大美晚报·历史周刊》第 32 期第 3 版,1936 年 6 月 1 日。

② 顾颉刚:《答柳翼谋先生》,《北京大学研究所国学门周刊》1926 年第 15、16 合期。

③《古史辨》第二册,朴社 1930 年版,第 301 页。

④ 李孝迁等编校:《近代中国史家学记》(上),上海古籍出版社 2018 年版,第 234 页。

很值得辨伪的地方,受此影响顾颉刚便把注意力放在《诗经》上,他发现前人对《诗经》的经解是昏乱割裂的,顾颉刚便想自己撸起袖子大刀阔斧来一番重新整理解释,澄清谬妄的说法。其实早在1911年4月13日胡适日记记载读《诗经》的看法:"读《召南·邶风》。汉儒解经之谬,未有如《诗》笺之甚者矣。盖诗之为物,本乎天性,发乎情之不容已。诗者,天趣也。汉儒寻章摘句,天趣尽湮,安可言诗?而数千年来,率因其说,坐令千古至文,尽成糟粕,可不痛哉?故余读《诗》,推翻毛传,唾弃郑笺,土苴孔疏,一以己意为造《今笺新注》。自信此笺果成,当令《三百篇》放大光明,永永不朽,非自夸也。"胡适之意由于《诗经》被冠以"经"字招牌,变得严肃森然,不近人情,毛传郑笺的解释不免附会过多,将《诗经》的文学情味完全置之不理。在美留学的胡适早已看到《诗经》研究中的悖谬之处,不过对《诗经》进行深入细致的学理剖析,这个工作还是要靠顾颉刚来完成。

1923年2月9日钱玄同致信顾颉刚,希望顾颉刚能"救诗于汉宋腐儒之手,剥下它乔装的圣贤面具,归还它原来的文学真相"。顾颉刚回信谈《诗经》的厄运与幸运,其中厄运有五条。第一,战国时期人们没有历史知识,强把《诗经》乱讲到历史上去,使得《诗经》的外部蒙着一部不自然的历史。第二,删诗之说的提出,使《诗经》与孔子发生关系,成了圣道王化的偶像。第三,汉人把三百零五篇当成谏书,看得《诗经》完全为美刺而作。第四,宋人谓淫诗宜删,许多诗险些失传,此说若在汉代发生,一定发生效力。[1] 若从诗经解释学的角度来讲,对《诗经》做出非文学性解释且影响深远,沉淀为一种常识、观念的莫过于汉儒对其释读。

顾颉刚的《诗经在春秋战国间的地位》,按照历史演进的观念,分五个部分谈《诗经》的厄运,分别为:传说中的诗人与诗本事,周代人的用诗,孔子对于诗乐的态度,战国的诗乐,孟子说诗。其中周代人的用诗,"他们对于诗的态度,只是一个为自己享用的态度;要怎么用就怎么用。""虽是乱用,却没有伤损诗经的真相"。到了孟子解诗时期,对《诗

① 顾颉刚:《顾颉刚全集·顾颉刚古史论文集》卷十一,中华书局2011年版,第230页。

诗要明了诗歌的本旨，这本是一种客观研究的态度，意思虽好，但孟子
没有做到。顾颉刚认为，孟子将以意逆志看得太便当，结果用己意"乱
断"诗人的志。顾举例言孟子解《魏风·伐檀》。诗歌原意本刺君子不
劳而食，孟子所解则与之相反。顾颉刚指出孟子的以意逆志其实是"以
意用诗"：

> 这种的以意逆志，真觉得危险万分。回想春秋时人的断章取
> 义，原是说明本于自己的意思，代他们立一个题目，可以说是"以意
> 用诗"。以意用诗，则我可这样用，你可那样用，本来不必统一。至
> 于孟子，他是标榜"以意逆志"的人，诗人的志本只有一个，不能你
> 这样猜，我那样猜。这原是一件很难的事，然而孟子却轻轻的袭用
> 了"以意用诗"的方法，去把"以意逆志"的名目冒了！①

顾分析之所以出现这种情况，一是没有历史观念，二是没有正确的
研究宗旨。更要命的是，孟子的"胡乱说"还影响后世解诗者。二千年
来，讲诗学遵循的是经典的诗说。经典诗说来源有二，第一是春秋时人
的"用诗"，第二是孟子以来的"乱断诗"。由于《诗经》与他经不同，曲而
隐，使得后世解读起来莫不觉得意思恐怕不如此简单，以致强调曲解，
寻其微言大义，解出有益圣道王化、治乱兴替的隐微别解。孟子的读诗
法把《诗经》的本来面目遮蔽得"密不透风"，顾颉刚很直白地点明孟子
解读《诗经》与无中生有没有太大区别。对于孟子在《诗经》学史上的地
位，顾颉刚断定：

> 孟子能够知道"尚友论世"，"以意逆志"，对于古人有了研究历
> 史的需求，确然是比春秋时人进步得多了。但既有了研究历史的
> 需求，便应对于历史做一番深切的研究，然后再去引诗才是道理。
> 他竟不然，说是说得好听，做出来的依然和春秋时人随便用诗的一
> 样，甚而至于乱说閟宫所颂的人，乱说诗经亡了的年代，造出春秋
> 时人所未有的附会，下开汉人"信口开河"与"割裂时代"的先声，他

---

① 顾颉刚：《顾颉刚全集·顾颉刚古史论文集》卷十一，中华书局 2011 年版，第 289 页。

对于诗学的流毒,到了这般,我们还能轻易放过他吗?①

孟子成了附会《诗经》的一位"承上启下"的人物了。在受新文化影响的这批文化人看来,对《诗经》解读歪曲最甚、影响最大莫如汉朝人,其代表作毛传郑笺,对《诗经》做无关诗歌本身特质的解读。顾颉刚认为要抉发汉人对《诗经》的附会歪曲之处,最好的办法是以汉朝人眼光看去,看其如何附会,寻出观念上的鬼气,这样的捉妖打鬼才有效果,才能做到不轻易地放过。

顾认为汉朝人解诗的根本观点有六条:第一,认为诗有正有变,正为文、武、成、康,变为幽、厉以下。第二,作诗的对象皆为王公。第三,作诗的动机皆为美刺王公。第四,诗篇的次序和历史的次序一样。第五,诗中的话有不合历史的,作诗的人皆有深意在内,或陈古刺今,或是预言(如褒姒灭之)。第六,诗中的话有不关于美刺的,作诗的人皆认为有深意在内,如《苤苢》必说美后妃。② 推求汉人为何如此解诗的原因:第一,汉人将《诗经》当作谏书,《诗经》成为大臣上书皇帝言己之谏言的重要参考标准,因此对《诗经》的解读往治乱兴衰上引,其具体表现善讲美刺。"不好,则曰'诗人怀先王之德以刺之',明先王之德涵泽至深也。好,则曰'诗人鉴于世乱,陈古以刺之',明此为古之事而非当时实有是事也。于是不好可以变好,好可以变不好。"③秉此教化原则,《诗经》几可成为手中之丸,任意捏造,凡是正的,好人当国的,不好的诗也是好诗;否则就指定为淫诗,"这种势利的眼光,大可鄙夷!"

第二,汉儒认为凡古者必为好,笃信上古为黄金时代。脑中有一"圣"字,凡与"圣"沾边,自觉匍匐己意以合圣意,如孔子删诗,认为圣人之意必不简单,必有微言大义等待抉发,"他们先存好一'圣人'的成见,于是《诗》遂不为里巷之讴吟。他们先存好一'信古'的成见,和'古代必好'的成见,于是千七百年女史之彤管与三代之学校皆为神圣。他们先存好一'传授有源'的成见,于是与《诗》十分隔膜的《序》,可以决定作者

① 顾颉刚:《顾颉刚全集·顾颉刚古史论文集》卷十一,中华书局 2011 年版,第 291 页。
② 顾颉刚:《顾颉刚全集·顾颉刚读书笔记》卷二,中华书局 2011 年版,第 131 页。
③ 顾颉刚:《顾颉刚全集·顾颉刚读书笔记》卷一,中华书局 2011 年版,第 276 页。

之必不出于臆料，这些都是积威的迷信的表现"①。压服于积威的迷信，造作伪史，装饰前朝，难道上古三代有这样好吗？顾颉刚曾不无幽默地说，"看江永《礼书纲目》，真是一部《三代会典》。若起三代的帝王于地下而观之，不将曰：'费你们的心，装饰得我这样好！'"汉儒创造的《诗经》阐释系统，在顾颉刚看来，是看经学是经学，而不是将经学看成史料的眼光的表现。

第三，笃信"王迹熄而诗亡"。顾认为这种观念发展到后来成了研究"诗学的根本大义"。使得眼光所及只见讲王道，不见《诗经》中还有乱离之诗，只见官修的盛德，不见私写的个人悲情。顾颉刚以常识判断，《诗经》中悲伤之诗所在多有，难道写乱离之诗不成其为诗乎？"观三百篇中，多穷困愁苦之音，政治不良而诗愈多，是时王迹之熄亦久矣！（孟子专要说王，牵强处甚多，妄造证据，其实古代那有如孟子理想中之王道！②并非王迹熄而诗亡，相反，王迹熄而诗存。）

第四，以史入诗或以诗征事，汉儒对《诗经》的解释常以王事比附。诗歌表现范围是全体民众，然《毛诗序》释读《诗经》往往附会于国君及贵族。《毛诗序》为何爱以史实比附？顾颉刚认为，写《毛诗序》的人有一个最误谬的成见，就是认为流传下来的诗歌是流传下来的史事的记述。"他们逢到某时某地的诗歌，即用某时某地的史事来相比拟，他们不自知自己晓得史事的稀少，不够解释这些诗歌，只想把这稀少的史事尽力填入诗歌而后已。所以无所不用其穿凿，无所不用其附会。"诗作表现范围广阔，《毛诗序》认为作诗者为国为君而作，为之歌哭为之涕泣，顾颉刚发问，"其实那有这般多的闲涕泪呢！"③这就是顾颉刚极力批判的古人无历史观念的集中表现。抽离具体时空来解诗，使《诗经》的阅读流于生涩酸腐，退一步言，即使真有深意存在，顾颉刚认为必非汉人能解，若是本无深意，也用不着汉人来曲解。汉儒对诗中本有讥刺之意没有读出来，无讥刺之意则大大发挥：

---

① 顾颉刚：《顾颉刚全集·顾颉刚读书笔记》卷一，中华书局 2011 年版，第 282 页。
② 顾颉刚：《顾颉刚全集·顾颉刚读书笔记》卷一，中华书局 2011 年版，第 271 页。
③ 顾颉刚：《顾颉刚全集·顾颉刚读书笔记》卷一，中华书局 2011 年版，第 270 页。

汉人因为要拿三百五篇当谏书，所以只好把《诗经》说成刺诗。如《东门之池》《鸤鸠》《椒聊》等全无刺意，都转弯抹角说成刺诗。正如《楚辞》本不甚怨君，却被后来人都说成怨君了。他们的心理，总以为既有此语，必不徒然，一定有个大道理在，于是深文周纳到事实上，说他如何的讽刺。其实真的讽刺，他们倒看不清，譬如《葛屦》本是刺上流社会的阔绰，女士的苦恼，而作《诗序》的偏说是"其民机巧趋利，其君俭啬褊急，而无德以将之"。①

他们仿佛亲眼看见诗人的意思似的，一篇一篇给《诗经》造序，以篇名与前后的次序定好坏，这种"倒乱百家姓"的方法不顾及事实，不仔细考辨，常以一部分而言全体，以偏概全。顾颉刚指出，汉儒的毛病在方法上是以一部分之真证明全部皆真，是笃信盲从"经"的权威的表现，不是做学问的态度。秉持以上诸原则，《毛诗序》按照顾颉刚的说法极尽穿凿附会之能事。顾的研究思路一方面揭示汉儒解诗的原则，另一方面指出汉儒如何具体附会。换言之，一首诗何以失去本来面目变成几难理解的解读。1922年3月13日顾颉刚致信胡适谈《诗经》，"我从前读《易经》，觉得解释的话圆通得很，坤卦未始不可讲成乾卦，革卦未始不可讲成鼎卦。近读《诗经》，又有同样的感想，觉得他们的说法无施不可。我们若拿《二南》与《郑风》调过了，《唐风》与《齐风》调过了，也未始不可就当时事实解释得他服服帖帖。我常想我们要打破他们的附会，须得拿附会的法子传示给别人看。我们尽可以把人家万不信的事情附会出来。"②顾颉刚揣摩汉儒解诗之法，顺其附会之意做了一番"附会"：

譬如前年五星联珠，日月合璧，倘有一个诗人因为他希奇，做了首诗，后世作序者，便可看了当时的政治，来定他的美刺。政治好的，便可说："《联珠》，美时政也。天下膏润，南北和同，上天降瑞焉。"政治不好，便可说："《联珠》，刺时政也。无其德而有其祥，亦不能胜也。"如此，无论作诗的人的动机怎样，他的文辞怎样，无不

① 顾颉刚：《顾颉刚全集·顾颉刚读书笔记》卷一，中华书局2011年版，第249页。
② 顾颉刚：《顾颉刚全集·顾颉刚古史论文集》卷十一，中华书局2011年版，第114页。

的然恰与序称了。①

顾颉刚自己亲自"实践"一番,发现好与不好像一把双刃剑可以两面割,原来附会之法是这样做出来的。除了从原则上廓清《毛诗序》的"毒素",顾颉刚还对具体诗作予以点评,点评的篇目如《葛覃》《桃夭》《汉广》《行露》《江有汜》《何彼秾矣》《麟趾》等,其一贯思路仍是揭示汉儒解诗抵牾、不合常理之处。以《野有死麇》为例,这首诗引起了胡适、俞平伯、周作人、钱玄同的关注与讨论。顾颉刚指出,古来如卫宏《诗序》解释为"被文王之化,虽当乱世,犹恶无礼也。"宋代的朱熹将诗中的青春女子解读为俨然不可冒犯的冰霜美人,"此章乃女子拒之之辞,言姑徐徐而来,毋动我之帨,毋惊我之犬,以甚言其不能相及也。其凛然不可犯之意盖见矣",顾认为这些经学家是蒙住了心,才有此不近情理的解释,好好一首诗,被前人弄得云山雾罩。

胡适、顾颉刚、俞平伯都认可这是一首爱情诗,胡、顾还更进一层认为《野有死麇》是"男子勾引女子的诗"②,"明明是一首淫诗,若在《郑》、《卫》之风里,不知要把他怎样骂法"③。他们发生歧异的是顾颉刚解诗中"无感我帨兮"之"帨"意。顾将"帨"解释为佩巾,全句意为你(男子)慢慢靠近我,不要摇动我身上挂的佩巾,以免发出声音让人知道我们在幽会。胡适根据《礼记》的记载推测"帨"是门帘的意思,他反问顾颉刚,佩巾的摇动能发出多大的声音? 胡适提醒顾颉刚,"'性'的满足一个名词在此地尽可不用,只说那女子接受了那男子的爱情,约他来相会,就够了。"胡适此意很好,但有考据癖的他却又斤斤于"帨"的过深之意,显得呆板。

俞平伯则从诗意出发,认为解释为佩巾无碍诗意,不必另求别解。认为胡顾二人的解释未免胶柱鼓瑟,虽不像经学家解读为一味拒绝,但也不能如此坐实,诗意的回环想象不予考虑,忽略了诗的情致,也非读诗正途。在纠缠是佩巾还是门帘,讨论到底声音是大还是小问题上,俞

---

① 顾颉刚:《顾颉刚全集·顾颉刚读书笔记》卷一,中华书局 2011 年版,第 280—281 页。
② 胡适:《谈谈〈诗经〉》,欧阳哲生主编:《胡适文集》第五册,北京大学出版社 1998 年版,第 476 页。
③ 顾颉刚:《顾颉刚全集·顾颉刚读书笔记》卷一,中华书局 2011 年版,第 272 页。

平伯指出顾颉刚、胡适，"你们两位考据专家在此都有点技穷了"，在"悗"字的讨论中，胡、顾二人从文学走向了历史，非将字义坐实不可，好像不如此誓不罢休。俞平伯语带讥讽说，"我狠奇怪，以您俩笃信《诗经》为歌谣文学的人何以还如此拘执？郑玄朱熹以为那个贞女，见了强暴，必是凛乎不可犯也，而您俩以为怀春之女，一见吉士，便已全身入抱，绝不许有若迎若拒之姿态了。您俩真还是朴学家的嫡派呀！"①胡适虽然总是强调他研究中国文学是从文学史而不是文学的角度入手，但此处的解释未免掺入了过多的历史气味，顾颉刚的解释为了反击古人又未免矫枉过正。

最后周作人将三方讨论《野有死麕》的言论作了一番总结，周作人从诗歌本身特质出发，认为读诗还是不要过于执着为好，不懂之处最好阙疑，留下一点想象的余地与回味的余香，诗才有情味，诗才是诗。他认为俞平伯的解释是站得住脚的：

> 读《野有死麕》讨论，觉得你的信最有意思。陶渊明说"读书不求甚解"，他本来大约是说不求很懂，我想可以改变一点意义来提倡它，盖欲甚解便多故意穿凿，反失却原来浅显之意了。适之先生的把悗解作门帘即犯此病。又他说此诗有社会学的意味，引求婚用兽肉作证，其实这是郑《笺》的老话，照旧说贞女希望男子以礼来求婚，这才说得通，若作私情讲似乎可笑，吉士既然照例拿了鹿肉来，女家都是知道，当然是公然的了，还怕什么狗叫？这也是求甚解之病。但是死鹿白茅究竟什么意思，与这私情有什么关系，我也不知道，不能臆说，只是觉得旧说都不很对而已。匆匆，不尽。②

周作人对胡适用社会学的方法研究《诗经》多少持保留意见，认为犯了与汉儒同样的附会之病。按照诗歌本意，此诗是一首很明白的情诗，却被穿凿得不成样子。顾颉刚因此说汉人是随意的主观化解读，

① 颉刚、适之、平伯：《野有死麕之讨论》，《语丝》第 31 期，1925 年 6 月 15 日。全集这句话整理为："我很奇怪，以您俩笃信《诗经》为歌谣为文学的人何以还如此拘执？"(顾颉刚：《顾颉刚全集·顾颉刚民俗学论文集》卷一，中华书局 2011 年版，第 143 页。)
② 孙玉蓉编注：《周作人俞平伯往来通信集》(修订版)，上海译文出版社 2014 年版，第 25—26 页。

"可见他们作《序》，不问诗的本身，只问国的名望。名望好的，便是不好的诗也说出他好来；名望不好的，好诗也可说成不好。这势利的成见，真可鄙极了。"任意拔高或贬斥只看国之名声好坏与否，既然把《诗经》当作"诗"来读，那么"我们要了解的是诗人，不是圣人"①。

顾颉刚还曾比较过《诗经》中的两首诗，《小雅·白驹》与《周颂·有客》，顾解释说这两首诗其实都是说主客之情的，"这明明是一首宴宾之歌，既不是刺宣王，也不是微子到周见祖庙。那时的人说话很笨，态度很鲁莽，劝人喝酒，便说'死丧无日，无几相见'"。顾颉刚解释说那时的人说话很笨，态度很鲁莽，其实同样犯了汉儒随意性的毛病，因为顾颉刚没有证据来证明他这一说法。顾颉刚接着说，"这种诗，虽不能武断必是一首，然而依了歌谣的定则，很有假设为一首的可能"②，其实前人笺诗并没有都盲从汉儒解释，关于《白驹》的解读，东汉蔡邕解为"白驹者，失朋友之所作也"，曹植《释思赋》"彼朋友之离别，犹求乎白驹"③，这些解释其实与顾颉刚的看法无多大差异，他之所以对汉儒发起猛烈攻击，实在是汉儒太穿凿，他们把《诗经》当作"政治的课本"了④。对顾颉刚来讲，在号召以科学方法整理国故的当口，汉儒解诗牵强附会的案例是一个极好的活靶子。顾颉刚怀抱的野心是想将文学与历史、政治做彻底切割。不过话又说回来，新文化人反对穿凿、硬解，他们极力反对汉儒解诗法，希望回复到简明清楚的地步，就是因其求"甚解便多故意穿凿，反失却原来浅显之意"。可要清理旧式理解的附会之病也没有那么简单，连提倡整理国故、打破汉儒解经之谬的胡适亦不免胶着。

顾颉刚关注《诗经》，是他整理国故在文学方面的表现。顾颉刚要打破汉儒为要通经致用而把《诗经》与现实政治捆缚，将其作为谏书使用的观念，而《毛诗序》则是其代表作，顾颉刚的抉发重点因此集中于

① 闻一多：《匡斋尺牍》，《学文》（编辑人叶公超）第1卷第1期，1934年5月1日。
② 顾颉刚：《顾颉刚全集·顾颉刚读书笔记》卷一，中华书局2011年版，第303—304页。
③ 程俊英、蒋见元：《诗经注析》，中华书局1991年版，第533页。
④ 闻一多："汉人功利观念太深，把三百篇做了政治的课本；宋人稍好点，又拉着道学不放手——一股头巾气；清人较为客观，但训诂学不是诗；近人囊中满是科学方法，真厉害（此处应有标点符号'，'或'！'表示微讽之意——引者注）无奈历史——唯物史观的与非唯物史观的——离诗还是很远。明明一部歌谣集，为什么没人认真的把它当文艺看呢！"《学文》（编辑人叶公超）第1卷第1期，1934年5月1日。

此。在新文化人看来，"毛诗序最大的坏处，就在于他的附会诗意，穿凿不通"，"我们十分确信的证《诗序》之说如不扫除，《诗经》之真面目，便永不可得见"①。他们势必要打破《诗经》的"经"字招牌，打破汉儒的以礼说诗，以经说诗，以史附诗，以美刺言诗，以王化言诗的风气，还它一个本来的价值，恢复"经学的文艺性"，把历史的还给历史，文学的回归文学。顾颉刚在《郑樵对于歌词与故事的见解》一文中对郑樵能分清诗歌创作与故事本事之间的区别赞为"弘通"，"他能够把文学与历史分家；能够知道文学家创作的热力是遏不住的，他们要达出他们的想象与感情，要试演他们的描写手段，只会把事实供他们的驱遣，不能负叙述正确的责任；他们宁可牺牲了事实来迁就自己，并不是有意要造假话，只是出于他们的感情与想象之所不容已。"②认定《诗经》是文学作品，就要承认诗作有必要的变形与艺术手法的穿插，有诗人情感的灌注与丰沛的想象，而不能拘泥于历史的读解，否则死于句下。《毛诗序》的讲法之所以令顾颉刚他们感到可笑与酸腐，与他们有意忽视《诗经》的音乐性、文学性有莫大关系。

拨开负载于《诗经》的各样附会后，顾颉刚对《诗经》的一个总的看法是《诗经》是乐歌。他从郑樵、阎若璩手中接过这一看法进行了自己的读解。顾颉刚在《论诗经所录全为乐歌》一文中详细论证了这一命题。由于《诗经》中乐歌形式已颇繁复，往往重章叠唱，这些乐歌多半经过了采诗者的加工，加工的来源一部分来自民间的徒歌。所谓徒歌，"是里巷间妇人女子贩夫走卒发抒情感的东西，他们在形式上所求的只在声调的自然谐和，"少装饰性，形式比较自由，达意即可。顾颉刚的意见要分清徒歌与乐歌的关系，他在《从诗经中整理出歌谣的意见》中认为《诗经》中的歌谣都是已经成为乐章的歌谣，不是歌谣的本相。顾颉刚对《诗经》的一个主要切入点就是以音乐歌谣角度来理解，早在1916年北大的考试中，顾指出《诗经》乃"昔者遣使采风，用知谣俗。斯乃咏歌性情之真，发扬志气之美"③。此外，对于《诗经》所用的"兴"这种手

① 郑振铎：《读毛诗序》，《小说月报》第14卷第1号，1923年1月10日。
②《小说月报》第14卷第11号，1923年11月10日。
③ 顾颉刚：《顾颉刚全集·顾颉刚读书笔记》卷十五，中华书局2011年版，第155页。

法,顾颉刚也阐释了自己的意见,认为不是如汉儒所言非与各种深义绑缚一起不可。起兴只不过是一种修辞手法,往往与下文正义无关,或为引出所咏之词,或为押韵使音节谐婉。在《写歌杂记》(起兴)中,顾举民歌"阳山头上竹叶青。新做媳妇像观音。阳山头上竹叶黄,新做媳妇像夜叉",解释"青""音"同韵,只是为了开头不至于太突兀,因此有所衬垫,顾顺此逻辑解释《关雎》认为其意在君子求淑女,为避免起首的单调率直,才以关雎开头,既是叶韵又为后文蓄势。顾颉刚借歌谣谈起兴,往往能发人深省,能让问题明晰化,但起兴本来比较模糊,不好区分,常是兴中有比,比中代兴,要看具体诗作才能言说清楚。顾颉刚讲"兴"也是继承前人讲法接着说之意。在他的读书笔记"朱彝尊误解兴诗"条目里,记载了阎若璩的意见:"古人诗皆被诸管弦,音长而节舒,若只一章止,则短促不成节奏;必合二章、三章为一阕。故有韵换而义关合者,此'苦'与'下'是。(顾颉刚眉批:不必谈'义关合',一谈关合,即蹈朱氏覆辙矣。)"①

　　顾的这些看法一面是与北大发起的歌谣运动有关,另一面与顾颉刚的文学观念有涉。20 世纪 20 年代蓬勃发展的歌谣运动,顾颉刚是重要参与者,他将歌谣运动看做民众文化的一部分,关注戏剧、歌曲、歌谣、谜语、故事、谚语、谐语等文艺表现形式。研究的目的是抬升受歧视的民间文化,把一向集中于圣贤文化的士大夫目光下移,"打破在贵族为中心的历史,打破以圣贤文化为固定的生活方式的历史,而要揭发全民众的历史②。《诗经》的民歌性质以及创作的无主名使得顾颉刚认为《诗经》研究是上述目的的一个注脚。其次,顾颉刚持双线发展的文学观念。认为中国文学发展有两条路,一是平民文学,一是贵族文学,双线交织,以平民文学为主。他将《诗经》按作品性质而非按时代进行分类,认为《大雅》及《颂》完全是贵族文学(庙堂文学),《小雅》中有贵族文学,亦有平民文学,凡《风》大部分是平民文学③,后来顾进一步明确地划

① 顾颉刚:《顾颉刚全集·顾颉刚读书笔记》卷三,中华书局 2011 年版,第 385 页。
② 顾颉刚:《顾颉刚全集·顾颉刚民俗论文集》卷二,中华书局 2011 年版,第 574 页。
③ 顾颉刚:《顾颉刚全集·顾颉刚读书笔记》卷一,中华书局 2011 年版,第 303 页。

分：诗赋的发达（贵族文学的大本营）、乐府的风行（平民文学的潜势力）①。从文学性、可读性讲，平民文学优于贵族文学，顾回忆他小时候读《国风》时，感觉"句子的轻妙，态度的温柔，这种美感也深深地打入了心坎"，后来读到《小雅》时，"堆砌和严重的字句多了，文学的情感减少了，便很有些儿怕念"，等读到《大雅》和《颂》时，句子更难念了，意义更加不能懂得了。顾颉刚想不明白为什么要读它，因此读书的兴味都弄得没有了。② 雅、颂难读而艰涩，顾回忆九岁时读这部分内容时"被打不知几回"③，而十五国风蕴含有民间情味，感情真挚率真，如写男女爱情，伤悼离别，句子优美，意味隽永，且有歌谣的味道，为人易懂易诵，于此可见平民文学的生气与活力。顾颉刚眼中的平民文学发展到后世，揉进方言的因素，变得更为鲜明与亲近。在《钱镠的歌》一文，顾颉刚找出宋僧文莹《湘山野录》中记载钱镠还乡，自唱《还乡歌》以娱众宾客：

> 三节还乡兮挂锦衣，吴越一王驷马归。临安道上列旌旗，碧天明明兮爱日辉。父老远近兮来相随，家山乡眷兮会时稀。斗牛光起兮天无欺！
>
> 时父老虽闻歌进酒，都不之晓。武肃觉其欢意不甚浃洽，再酌酒，高揭吴喉，唱山歌以见意。
>
> 词曰：你辈见侬底欢喜，别是一般滋味子，永在我侬心子里。
>
> 歌阕，合声广赞，叫笑振席，欢感闾里。今山民尚有能歌者。

顾颉刚在文末评价："这便是平民文学与贵族文学争战的一段掌故。钱镠初唱的歌，并不十分有庙堂气息，只缘模仿《大风歌》，远致乡人不解。"④朱自清曾赞歌谣乃"野花的香"⑤，肯定其率真与自然。从顾颉刚关于民间文艺的相关论述看，"野生的鲜花"、"野花的香"可扩大为好的民众文艺的全称。上述钱镠的歌能让山民"叫笑振席"，原因在于山歌的朴野自然清丽，颇带韵律感，且有情歌的兴味，接近民众

---

① 顾颉刚：《顾颉刚全集·宝树园文存》卷三，中华书局2011年版，第58页。
② 顾颉刚：《顾颉刚全集·顾颉刚古史论文集》卷一，中华书局2011年版，第6页。
③ 顾颉刚：《顾颉刚全集·顾颉刚日记》卷一，中华书局2011年版，第437页。
④《小说月报》第14卷第3号，1923年3月10日。
⑤ 朱自清：《粤东之风序》，《民俗》第36期，1928年11月28日。

生活。这些古代的吴地歌谣后来被新文化人定位为方言文学的优秀之作,而方言文学则被他们认为是正在创作中的国语文学的基础与借鉴。

顾颉刚从歌谣角度谈《诗经》,除了《诗经》本身兼具歌谣兴味外,亦是抬升新文学的地位。新文化人兴起歌谣运动,起初之意就是为了寻求新文学(新体诗)在本国的传统。这种寻根溯源是为新文学的发生寻求合法性依据,使人能够接受与理解。换言之,即新文学古已有之,且有清晰的历史发展线索,只是无人发现而已。胡适曾多处强调新文学源头在民间。1925年胡适演讲《新文学运动之意义》认为一般民众因作不了古文,学也学不及,他们想歌,就用他们自己的语言歌出来,想唱,就用他们自己的语言唱出来,民歌童谣、儿歌恋歌由此产生,无形中产生了很多很好很有价值的白话文学。胡适1931年的演讲《中国文学过去与来路》,明确强调中国文学来路有四,其中一个来路是民间,"中国文学史没有生气则已,稍有生气者皆自民间文学而来","现今大规模的搜集民间歌谣故事等,帮助新文学的开拓,实非浅鲜"。胡适晚年依然认为,中国文学一直有一条不断发展的活的文学传统,表现形式如民间诗歌、故事、历史故事诗、一般故事诗、巷尾街头那些职业讲古说书人所讲的评话,它们有鲜活的生命力,与半僵半死甚至全死的古文文学相对而平行发展。他曾打算写一部汉代以前的《中国古代活文学史》,"要写的话我当从最早的活文学《诗经》写起。我要写一部有关孔子、孟子和老子的活文学。他们那时正和现代的白话文作家一样,是用口语著述的。等到我可以抽出时间来的时候,我想写一部新的中国文学史,把那些死文学全部丢掉"①,不仅汉以前文如此,整个中国文学史胡适都以"死""活"为区分,1935年胡适在北大国文系讲授"中国文学史(四)",其课程纲要写道:"这是最近七百年的文学史,从宋元之间叙到现在。……一部分是古文学的末日史……另一部分是活文学在各方面作长足的进展的历史,看它产生曲子,产生戏曲,产生平话小说,产生讲史

---

① 唐德刚译注,胡适口述:《胡适口述自传》,广西师范大学出版社2005年版,第253页。胡适说,"我总喜欢把这部(指《白话文学史》上卷——引者注)叫作《中国活文学史》,那时我曾许愿要写一部续集。"见该书同页。

长篇,以至产生创作的长篇小说。"①这种"活"多少意味着胡适用工具实用的眼光从语言文法和文学两面而言。"死"与"活"的对指,意义更为显豁,也表明新文学最大的特点是"活":鲜活、简明、有生气、有质感。

无疑,胡适把《诗经》看作新文学最古的榜样。《诗经》作为中国最早的诗歌总集,蕴藏丰富的民歌资源,自由真实表达一般民众的歌哭哀乐,与胡适等人提倡活文学,主张我手写我口,书写真实情感,不矫揉造作,发生了联系。顾颉刚本人熟悉民间歌谣,知其对新文学的有利,他提出不为人注意的徒歌是"真正的民众文艺"②,此后发生的士流文学(贵族文学)都是承民众文艺而来。民众文艺虽然粗糙,甚至秽亵,"但却有热烈的情感,又敢于表现,无论如何总是壮健的"③。顾指出"新文学的基础,是建筑在民间文学上面"④。这种基础不是空穴来风,顾颉刚认为古代的文学作品如《子夜歌》《孔雀东南风》,都是很好的民间文艺。顾颉刚这种拉高民间文艺地位的想法与做法是对新文化建设实质上的夯实。

客观来说,胡适等人发起的新文化运动,包括两个重要侧面,一是整理国故,对固有文明做严厉的批判与改造;二是新文学运动,这既是再造文明的手段,也是目的。顾颉刚廓清古来对《诗经》的附会,尤其是汉儒对《诗经》的深文周纳,从整理国故的角度而言,顾要全力打破学问上势利的成见。他在多处指出这种有意识的势利的成见(不止存在于汉儒说诗中)形成一种不利平等研究学问的贵贱尊卑的观念:

> 我的坚强的志愿,是要在学术上打破许多贵贱尊卑的势利的成见。大家看,同是情歌一类的东西,放在《诗经》里就崇拜为圣道王功,放在《楚辞》里就赞叹为骚人逸兴,从敦煌石室里拿出来的就惊诧为珍品秘玩,而在当世的歌伎口中唱出来的便鄙薄为淫词秽语,以为不足以乱缙绅之目而污文士之耳。这种的势利的成见实在太可鄙了! 它不被打倒时,学术是决没有发展的希望的,这一点

① 转引自季剑青《北平的大学教育与文学生产:1928—1937》,北京大学出版社 2011 年版,第 102 页。
② 顾颉刚:《顾颉刚全集·顾颉刚古史论文集》卷十一,中华书局 2011 年版,第 327 页。
③ 顾颉刚:《顾颉刚全集·宝树园文存》卷一,中华书局 2011 年版,第 250 页。
④ 顾颉刚:《顾颉刚全集·宝树园文存》卷三,中华书局 2011 年版,第 284 页。

平凡的意思,大家允许承受了吗?①

势利的成见若不予以打破,则难得形成学术社会。顾颉刚的目的是破除思想观念上的迷雾,提倡一种切实研究学问的态度,以历史的态度实事求是重估《诗经》的价值,示人学问的轨则。在有意提倡学问风气的这点意思上,顾颉刚或许怕人误解,还特意解释他反对汉儒说诗,实在是到了汉人手里,《诗经》已经成了一部"神圣的经典"②,还说自己"并不是好诽谤先贤,只是他们在中国学术界太有势力了;他们自己的头脑太可笑了,他们所做的事业太无道理了;崇拜他们的人太可怜了;不得不揭穿他们的黑幕,教后来的人不要与他同化,昏愦糊涂的过了一辈子"③。顾颉刚借着新文化运动革新传统的风气,大胆而自信地疑古,在思想观念上打开缺口,扫清障碍,奠定新基,"实在汉人之学太穿凿了,经宋人扩清之后,应当息绝,不意给继起的汉学家竭力表彰,至今还占据了经学的地位。现在整理国故,若不将此妖尘迷雾吹拨开来,则决不能真做整理之事。"④

从整理国故的实绩而言,这是对胡适的响应与深化。难能可贵的是,顾颉刚虽然狙击汉儒说诗谬误处不遗余力,却能分清打倒与保存的关系,简言之,若从思想方法层面看汉儒说诗,当要"放出眼光,谨慎的理出一个头绪来",要还原《诗经》本来面目,"不能不极端攻击",使其退出《诗经》研究的范围;若是保存史料,汉儒说诗无论如何"说谎胡闹,在保存上我们还应与别的好东西同等看待"⑤,将其当作一种《诗经》研究的学术史资料,"招他进来",好好整理,原则有异,态度亦不同。

从新文学发展角度而言,顾颉刚从歌谣角度谈《诗经》巩固了新文学的阵地,还"诗经是一部文学书"的价值。《诗经》尤其是十五国风显示的新鲜活泼的质地,或哀怨或甜蜜的真挚情感,以及被后世士人所忽略贬斥的民间因素成了新文学溯源的重要源头。这是对新文学的原动

---

① 顾颉刚:《上海的小戏》,《晨报副刊》第 1443 号,1926 年 2 月 24 日。

② 欧阳哲生主编:《胡适文集》第五册,北京大学出版社 1998 年版,第 471 页。

③ 顾颉刚:《顾颉刚全集·顾颉刚日记》卷一,中华书局 2011 年版,第 63 页。

④ 顾颉刚:《顾颉刚全集·顾颉刚读书笔记》卷一,中华书局 2011 年版,第 281 页。

⑤ 顾颉刚:《顾颉刚全集·顾颉刚读书笔记》卷一,中华书局 2011 年版,第 300 页。

力在民间观点的夯实。30 年代顾颉刚提倡民众文艺,未始不是看到了古来民间文艺的力量与重要性。更重要的是,胡适等人提倡新文学,在当时不啻石破天惊之举,如何让新文学站住脚,顺利挣脱古文的势力,取得主导地位,除了大力提倡白话创作外,更需要注意对观念的拓清。这种拓清首先是对中国文学史上旧有观念的先行铲除。诚如顾颉刚言,"国故里的文学一部分,整理了出来,可以使得研究文学的人明了从前人的文学价值的程度更增进,知道现在人所以应做新文学的缘故更清楚,此外没有别的效用。"顾还发挥整理国故与新文学之间的关系:新文学与整理国故二者并不矛盾,而是学问上的两个阶段,"生在现在的人,要说现在的话,所以要有新文学运动。生在现在的人,要知道过去的生活状况,与现在各种境界的由来,所以要有整理国故的要求"①。

顾颉刚讲这番话的语境是 1923 年 1 月 10 日出版的第 14 卷第 1 号《小说月报》发起谈论"整理国故与新文学运动"的话题。郑振铎在专栏中表示,该期发表谈整理国故与新文学运动之关系的文章都是从积极方面而言,参与讨论者有郑振铎、顾颉刚、王伯祥。他们都认为整理国故尤其是关于文学史方面的整理目的是打倒旧观念,建设新的文学史观。郑振铎在《新文学之建设与国故之新研究》称:"我们把他们的中心论点打破了,他们的旧观念自然会冰消瓦解了。这是我的理由之一。第二,我以为我们所谓新文学运动,并不是要完全推翻一切中国固有的文艺作品。这种运动的真意义,一方面在建设我们的新文学观,创作新的作品,一方面却要重新估定或发现中国文学的价值,把金石从瓦砾堆中搜找出来,把传统的灰尘,从光润的镜子上拂拭下去。"就郑振铎所言,顾颉刚领衔的整理国故运动对文学创作的意义在于建立一种科学理性精神,还原事物本来面目,客观真实描写,不虚饰,不浮夸,情感中立,这在历史小说创作中有明显体现②。佘祥森还认为建设新文学要从

---

① 顾颉刚:《我们对于国故应取的态度》,《小说月报》第 14 卷第 1 号,1923 年 1 月 10 日。
② 这方面论文可参见闫立飞的《新史学观念与中国现代历史小说》(《社会科学战线》2009 年第 5 期),文章认为从清季到民国先后产生三种新史学观念,分别为梁启超的"新史学",顾颉刚、胡适的"现代新史学"和李大钊的唯物史观。对应则有三种历史小说叙述模式,虽然观点有整齐故事、削足适履之嫌,不过值得一看。

整理国故与研究翻译外国文学两方面入手。新文化人整理《诗经》，重估《诗经》价值，将其从"经"的地位还复到文学的位置，是对他们自身所提观念的确证。而论整理《诗经》的学识与见解，顾颉刚无疑又是他们之中最合适的人选，因为顾用力最深，用功最勤，成果也最多。钱玄同赞许道："颉刚之疑古的精神极炽烈，而考证的眼光而〈又〉极敏锐，故每有论断，无不精当之至，尚在适之、任公之上。此等人才材极不易得，若设法使其经济宽裕，生活安全，则以彼之天才，对于整理国故必有绝大之贡献。"①

顾颉刚对《诗经》研究中旧式观念的清理，其意义无疑是重大的，如胡适所言，"用历史法则来提出文学革命这一命题，其潜力可能比我们所想像的更大。把一部中国文学史用一种新观念来加以解释，似乎是更具说服力。这种历史成分重于革命成分的解释对读者和一般知识分子都比较更能接受，也更有说服的效力。"②，顾颉刚的《诗经》研究沿着郑樵等人疑古的脚步在新文化运动开创的语境下进行了更大胆的怀疑与辩证，在前人疑古不彻底之处走得更远，破掉《诗经》研读中主观的情感的功利的面目，意图建立客观的理智的批评的风尚。1921 年 12 月 7日钱玄同致信胡适，希望"胡圣人"胡适能再接再厉，打下《诗经》的经字招牌，干"撕袍子，剥裤子的勾当"。不过这个工作最后由顾颉刚得以完成，是顾将《诗经》洗了一个澡，"替它换上平民的衣服帽子"③。年轻的清华学校教师张彭春对顾颉刚的《诗经》研究赞赏有加，他在日记里写道，"顾很可以作适之的高徒，写的是同适之一样的清楚明晰，有时也很能说笑话。所拟的假设有历史进化，时代分明的眼光，证据也非常充足。"④不得不承认，顾颉刚对汉儒说诗的牵强迂腐进行了丰富、全面、坚实的质疑，揭开受儒家道统香火笼罩的诗的神圣庄严面目。但也得明白汉儒解诗并非一无是处。囿于资料的稀少，顾颉刚的研究有些以己意出之，常有想当然耳的解读，凭现代人的常识去判断。他以歌谣讲

① 杨天石主编：《钱玄同日记》（整理本），北京大学出版社 2014 年版，第 522 页。
② 唐德刚译注，胡适口述：《胡适口述自传》，广西师范大学出版社 2005 年版，第 166 页。
③ 杜春和等编：《胡适论学往来书信选》，河北人民出版社 1998 年版，第 1119—1120 页。
④ 张彭春：《张彭春日记》（1923—1924），开源书局 2020 年版，第 105—106 页。

《诗经》①,在示人巨大启发②的同时,仍然会犯他所批评的汉人附会的毛病,若不能断定其必有,则不能确定其必无,证据不足就应当"展缓判断",顾颉刚不自觉使用了张荫麟批评的"默证法"。同时,顾颉刚指出《诗经》的新文学价值,承认其为具有新鲜的生命力但被士大夫所压抑的平民文学,沟通了新文学与传统的关系,这种沟通仅仅是理论上的自圆其说,至于在创作新文学作品中如何借鉴、贯彻平民文学中的优良因子,这恐怕不是顾颉刚所能为了。

第四节　古史研究之二:孔子

顾颉刚在他的读书笔记里记下来很多要辨伪的题目,除了经书的辨伪外,还曾思考过"孔子何以成为圣人和何以不成为神人"的题目。孔子在古史研究中算是一个核心人物,所牵涉的问题不可谓不多。无论是学术史、思想史,还是民国现实中各种运用孔子的情势,使得研究孔子这一话题都深具理论与现实意义。研究孔子正好也符合顾颉刚的思路,1921 年 1 月 25 日顾颉刚在《致胡适:论伪史及辨伪丛刊书》中说他想研究孔子的历史,"拿时代来同他分析开来:凡是那一时代装点上去的,便唤作那一时代的孔子。……至于孔子的本身,拆开了各代的装点,看还有什么。如果没有什么,就不必同他本身做史"③。顾颉刚的眼光很准,孔子是一位值得拆开来揉碎了看的人物。

若要讨论顾颉刚的孔子研究,便不可不提新文化时期人们对孔子的言论。随手翻阅《新青年》《新潮》,不难看到很多关于孔子的文章,说

---

① 顾颉刚 1922 年 2 月 20 日致常惠信:"《诗经》本来是歌谣,只有雅、颂中的一部分是朝廷宗庙所用的乐曲。不幸给汉儒专附会到美刺上去,竟弄成了政治的评论诗,失其歌谣的本色。弟弟想把歌谣去讲《诗经》,说明起兴不必有意义,异同不必为删改,恢复他原来的面目。"(《顾颉刚全集·顾颉刚书信集》卷二,中华书局 2011 年版,第 105 页。)

② 罗根泽在《乐府文学史》拟分的类别为"歌谣、乐府、词、戏曲、小说、诗、赋、骈散文",他在自序中说,"文学史的责任是什么? 不是死板板的排比,是要考究各种文学的流变及其所以有此变流(疑为'流变'之误。——引者注)的原因,察往知来,以确定此后各种文学的正当途轨。——假使此言不错,那末,我要拥护我的分类叙述法。"《学术消息新书介绍(乐府文学史)》,《学文》(王重民、谢国桢、后又加入孙楷第等编辑),第 1 卷第 2 期,1931 年 1 月。

③ 顾颉刚:《顾颉刚全集·顾颉刚古史论文集》卷七,中华书局 2011 年版,第 241—242 页。

起孔子都会谈及"孔家店"这个带有思想史味道的词语。在"孔家店"这个总名之下，涉及的具体话题包括孔庙、祭孔、儒教、传统等。讨论的人物如鲁迅、陈独秀、钱玄同等将历史上的孔子看成阻碍思想革新的绊脚石，喊出了"打孔家店"的口号，在报刊上写文章呼吁"打孔"，极为夸张地描述作为标靶的孔子的万恶罪孽。其实，这些谈孔子的人，心中未尝不清楚孔子的真价值，之所以要猛烈批判，其策略不过是行一百退五十的考虑。以陈独秀为例，他也没有一味否定孔子，对其正面积极的部分亦有肯定。陈独秀只是对孔子思想不适应今时自由、民主、科学潮流的部分痛下针砭。在陈独秀手稿中，陈对孔子问题有一个总体性回复，或可见出这位"老革命党人"的思想观：

> 我对于学术外延内含的观念，中国的旧学，只是世界学术中一部分，而非其全体；儒家孔学，只是中国旧学中一部分，而非其全体；纲常伦理，只是孔学中一部分，而非其全体。他们本分以内价值的存在，我们并不反对（此处所谓价值的存在，乃指其在历史上的价值而言，至于在现社会上适用的价值乃别一问题）。若要把一部分中的一部分的一部分，定为一尊，尊为道统，并且把全体的全体的全体，都一齐踩在脚底下，说都一文不值，说都是异端邪说，像董仲舒那样专制办法，大背讲学自由的神圣，实在是文明进化的大障碍。蔡先生兼收并蓄主义，大约也是不以这样专制办法为然。本志（指《新青年》杂志——引者注）攻击孔教，除不适现代生活以外，也是一种理由。①

这不得不说是相当平心静气的议论。但是陈独秀本人有一大特点就是认识不彻底，有时喜欢把话说过头，好为惊世骇俗之论，让人以为其激进，如他说，"全部十三经，不容于民主国家者盖十之九九。此物不遭焚禁，孔庙不毁，共和招牌，当然挂不长久。今之左袒孔教者，罔不心怀复辟。其有不心怀复辟者，更属主张不能一致贯彻之妄人也。"②这在

---

① 陈独秀手稿，藏中国社会科学院近代史研究所胡适档案。转引自唐宝林《陈独秀全传》，社会科学文献出版社 2013 年版，第 220 页。
② 独秀：《通信答钱玄同》，《新青年》第 3 卷第 4 号，1917 年 6 月 1 日。

顾颉刚看来,无疑是读书不多而发的谬论,这也许是思想家与学问家的分别。其实说来,顾颉刚反感的是新文化人语焉不详、含含糊糊的批孔态度,证据不足的批孔方式,太过功利的批孔目的以及急躁跃进的批孔心态。顾颉刚不同于他们的地方是不声不响正儿八经把思想问题当成学术问题研究起来,等研究好了,再转变成思想问题,一新国人耳目。

1919年顾颉刚写过一篇文章,文中有一个意思是对新文化人反孔策略与态度持保守意见。顾谓:

> 新近因孔教的反动,有几个人拿今世的人生观去判定孔子的本身也该推倒,我想这也不必。古人的价值是因古代的时势而有的,在从前的时势自然有这样的价值,如今回溯从前这价值,自然依旧存在,原是推不倒的。"道""礼"等名词原是抽象的,也没有什么固定的善恶,经书原是史书,有何可燔之理?只要现在能够考出一个精密适宜的人生观来,隐浃人心,那种无谓的孔教自然会得消灭,何须用"不塞不流、不止不行"专制手段做去?[1]

顾颉刚批判的矛头直指陈独秀。原因有二:其一,陈独秀作一文《宪法与孔教》,刊载1916年第2卷第3号的《新青年》。该文认为儒教的精华是礼,三纲说是孔教的根本教义。至若温良恭俭让信义廉耻这些道德乃世界实践道德家所同尊,不可"自矜特异,独标一宗"。文中陈独秀引证古书说明"礼"之含义,但顾对陈独秀大谈"礼"的行为表示相当不屑。顾认为"礼"的具体含义随时代而变迁,对礼的看法不能拘泥,而且礼是社会活动的一种形式,若要废礼,便是废除社会了。"礼"的形式在变,但"礼意"则万古不变,"陈独秀何尝有一句话搔着痒处"。[2] 其二,在文末陈独秀写道,中国若欲建设西洋式新国家新社会,"则根本问题,不可不首先输入西洋式社会国家之基础,所谓平等人权之新信仰,对于与此新社会新国家新信仰不可相容之孔教,不可不有彻底之觉悟,猛勇之决

---

① 顾颉刚:《顾颉刚全集·宝树园文存》卷一,中华书局2011年版,第136页。
② 顾颉刚:《顾颉刚全集·顾颉刚读书笔记》卷十五,中华书局2011年版,第352页。

心；否则不塞不流，不止不行！"①顾颉刚文中"不塞不流，不止不行"②即来源于此。两相比较，顾已很明确表示不赞成这种"专制"手法打孔。

顾颉刚文中的"可燔"一语实代表了五四的激进甚至极端话语。新文化人为打破束缚而一股脑全部废弃的思维，恰似倒洗脚水的同时把婴儿一同倒了，如吴稚晖扬言要把线装书扔进茅厕。新文化运动期间，思想家们激烈反传统，目的是为变革现实。他们反传统的一项重要内容便是清算"孔家店"。"孔家店"在新文化人那里几乎包括传统文化中所有负面的东西，他们将那些阻碍思想革新的种种因素——比如狎娼、小脚、辫子、礼教等——冠以孔家店的总名，用夸张的笔调进行批判。这种一锅煮的策略使用起来当然轻便省事，不过却有意无意忽略了事实，这肯定不是持久的打孔之法。顾说要考出一个精密适宜的人生观，这自然是目的，至于手段，顾一贯主张好好研究，以孔子而论，孔子何以成为今天之孔子？孔子何以又与孔教挂钩？这种问题不是新文化人几句激烈的语词可以论述清楚的。顾的意思是无谓的孔教不必驳斥，等到民智开了，烟雾自然灰飞烟灭。清算传统固然必要，但要清算得有理有据，在学理上站得住脚，则要下一番功夫，否则尊孔与反孔以拉锯的方式争论是非，互不信服。顾颉刚对孔家店的看法值得注意的是他根植于学理，虽然某些论述从论据的角度而言颇值得商榷。总体来讲，他的基本看法是欲对孔家店进行精确致命的打击，无如先从学术上弄清楚孔家店到底为何物。顾颉刚的清算孔家店是学术与思想的合一。

其实，顾颉刚早在 1912 年就谈过孔子的话题，那时他认为孔孟不当尊之如天，供奉为凛凛不可侵犯的圣人，成为历代帝王治人治心的工具。顾颉刚从人情物理出发进行考量，发明孔子为专制帝王之脚本，阐释把生活化、学术化的孔子变为政治化的孔子。顾颉刚在多处举了夏曾佑在《最新中学教科书中国历史》"孔子世系及形貌"的例子说明笃信今文家学说的荒诞无稽：

---

① 陈独秀：《独秀文存》（影印版），外文出版社 2013 年版，第 112 页。

② 当时郑超麟在去法国留学的船上读到陈独秀这篇文章，对"不塞不流不止不行"也是印象深刻，在日记里大骂陈独秀的反孔。（《郑超麟回忆录》，东方出版社 1996 年版，第 6 页。）

"孔子母徵在,游于大泽之陂,梦黑帝使请己,己往,梦交。语曰:'汝乳必于空桑之中';觉则若感,生丘于空桑之中,故曰玄圣。"【案此文,学者毋以为怪。因古人谓受天命之神圣人,必为上帝之所生。孔子虽不有天下,然实受天命,比于文王,故亦以王者之瑞归之。虽其事之信否,不烦言而喻,然古义实如此,改之则六经之说不可通矣。凡解经者必兼纬,非纬则无以明经,此汉学所以胜于宋学也。】①

至若今文学之末流附会更甚,"以谶纬说经,以西学说子,视孔子为万能",顾颉刚分析这主要是立场与情感出了问题。秉持这样的立场来看,他们相信汉儒所言,相信纬书的怪诞之说,不如此,经则解释不通。顾指出若要责怪他们而又终于不敢怪,他们也并非没有常识与判断力,只缘汉儒如此便如此尊奉,说来也是受害者。"这班自欺欺人的人,说来也可怜",可怜之处便是压服自己的理性,不敢怀疑,奴隶的根性未除。汉儒之解为什么有这样大的魔力?只缘是几个没出息的人甘心屈抑了自己的理性而做汉人的奴隶,更想从做奴隶中得到些利益的缘故。

孔子成为孔教,并非一朝一夕完成,从顾颉刚的研究来看,汉儒对孔子的改造对后世影响最大。顾颉刚很确定,"汉学是搅乱史迹的大本营",在他1915年的读书笔记中顾颉刚就认为汉代学术最不纯粹,既不如周,又不如后。如果不廓清汉儒的流毒,无从谈真实的孔子。顾颉刚的思路是以汉还汉,以周还周,以各时代还各时代,驱除情感、立场、利禄因素的干扰,就学术层面进行研究,换言之,先就事实而言事实。究竟汉儒如何讲孔子呢?顾颉刚在1926年在厦门大学演讲《春秋时代的孔子和汉代的孔子》中认为汉儒对孔子的叙述"真是闹得不成样子","真要笑歪了嘴"。例如夏曾佑书引汉代纬书形容的孔子相貌举止已经没有多少人间火气,纬书如此讲法不过是符合世运,为所谓的王制服务,因此可以把《论语》中不语怪力乱神的孔子发挥成"孔子斋戒,簪缥笔,衣绛单衣,向北辰而拜,告备于天曰:'孝经四卷,春秋、河、洛凡八十一卷,谨已备'"的神人。

顾颉刚在引述完这些议论后,相当带感情地评价道,"拿这种话和

① 杨琥编:《夏曾佑集》(下),上海古籍出版社2011年版,第829页。

《论语》上的话一比，真要使人心痛，痛的是孔子受了委屈了，他们把一个不语怪力乱神的孔子浸入怪力乱神的酱缸里去了"①，将一个或许平凡的人讲得不平凡甚至成为妖妄的怪物，莫名其妙增添许多微言大义，成为没有人性只有神性，发挥天不变，道亦不变的偶像，不容怀疑，只许尊奉。汉儒建立道统说的目的是想成为"永远不变的学说，密密地维护，高高地镇压，既不许疑，亦不敢疑，成为各种革新的阻碍：这真是始作俑者的孟子所想不到的成功"②。孔子作为中国文化史上的一个中心人物，各家各派对其附会尤为突出，厘清孔子的头绪不啻对以往观念做了摧枯拉朽的轰炸。这篇演讲还有一个争论的背景，颇可见顾颉刚的立场。厦大校长林文庆本来预定顾颉刚的讲题是"孔子之道是否有益于今日"，顾则改为"孔子何以成为圣人"，"这两个题目把我们两人歧异之点清楚地显示出来了"③。林乃一尊孔之人，"他提倡孔教而我反对孔教，但他犹信我，也不过因为我没有指名骂他，见面时佯为恭敬而已。我们固不当和旧势力妥协，但要打倒旧势力是要自己站稳脚步之后方可做得，决非鲁莽灭裂如林玉堂者所可做，也决不是借了风潮来成名如鲁迅者所能做。"④顾曾经这样概括他疑孔的意义：

> 本来语言风俗不同，祖先氏姓有别的民族，归于黄帝的一元论。本来随时改易的礼制，归于五德或三统的一元论。本来救世弊，应世变的纷纷之说，归于尧、舜传心的一元论。本来性质思想不一致的典籍，归于孔子编撰的一元论。这四种一元论又归于一，就是拿道统说来统一一切，使古代的帝王莫不传此道统，古代的礼制莫非古帝王的道的表现，而孔子的经更是这个道的记载。有了这样坚实的一元论，于是我们的历史一切被其搅乱，我们的思想一切受其统治。无论哪个有本领的人，总被这一朵黑云遮住了头顶，想不出有什么方法可以逃出这个自古相传的道。⑤

① 顾颉刚：《顾颉刚全集·顾颉刚古史论文集》卷四，中华书局 2011 年版，第 11 页。
② 顾颉刚：《顾颉刚全集·顾颉刚古史论文集》卷一，中华书局 2011 年版，第 114 页。
③ 顾颉刚：《顾颉刚全集·顾颉刚日记》卷一，中华书局 2011 年版，第 803 页。
④ 顾颉刚：《顾颉刚全集·顾颉刚书信集》卷一，中华书局 2011 年版，第 89 页。
⑤ 顾颉刚：《顾颉刚全集·顾颉刚古史论文集》卷一，中华书局 2011 年版，第 116 页。

顾颉刚想打倒这四个"一元论",孔子无疑是其中一个关键人物,因为孔子这一话题实际缠绕诸多思想史、学术史问题,牵出一点,其他问题接连而出,所谓拔出萝卜带出泥。顾颉刚读《论语》的感觉是孔子其实是一个很切实的人,修养的意味多,政治的意味少,不像孟子汲汲于王道。演讲的文末顾总结"春秋时的孔子是君子,战国时的孔子是圣人,西汉时的孔子是教主,东汉后的孔子又成了圣人,到现在又快要成君子了。孔子成为君子并不是薄待他,这是他的真相,这是他自己愿意做的。我们要崇拜的,要纪念的,是这个真相的孔子!"①顾颉刚发挥孔子是君子而不是圣人,早在他四年前的读书笔记中就谈到过:"孔子只勉力要做到君子的地步,后来人推他做圣人,实在不是他的意思。二名不同之处,君子为人类中有温、良、恭、俭、让许多德行的人,而圣人则是超人。惟其要推他做教主,所以不能不唤他做圣人。但他自己只是愿意做人世中的一个人。"②将圣人视为超人,无有凡人之情与性,顺着这种思路看下去,孔子既为圣人,世间凡人的喜怒哀乐在这位圣人身上就可能显得超凡入云,金光闪闪。例如孔子遇难必不会死,反而在民众心里生发出种种敬畏的情愫,他们必欲说孔子弦歌不辍,以歌退兵。"凡是一个圣人,照民俗心理,一定要度过许多难。……民俗的脑中,见得圣人一定受灾难,但一定有救星,不会死。这是一个极普遍的方式"。③实际上,孔子不过在宋冒了一点危险,在陈蔡受了一点穷饿而已,实在说不上什么大危险。这些看法实际牵涉顾颉刚的辨伪思路,他要找出"伪史源"、"伪史例"、"伪史对鞫"。所谓伪史源,就是找出造伪的源头出处。伪史例,就是对于一般造伪史的人,"记一事必写到怎样的程度,遂至言过其实,不可遮掩",将这些例子归纳起来,寻出造伪史喜欢走的方向。伪史对鞫,则是比勘各个造伪史者言论,必会发现互相抵牾的地方。④ 三者比勘,让伪史无所逃遁。推究孔子形象的流变就是上述三种方法应用的绝佳例子。

① 顾颉刚:《顾颉刚全集·顾颉刚古史论文集》卷四,中华书局 2011 年版,第 12 页。
② 顾颉刚:《顾颉刚全集·顾颉刚读书笔记》卷一,中华书局 2011 年版,第 384 页。
③ 顾颉刚:《顾颉刚全集·顾颉刚读书笔记》卷二,中华书局 2011 年版,第 144 页。
④ 顾颉刚:《顾颉刚全集·顾颉刚书信集》卷一,中华书局 2011 年版,第 117—118 页。

实在说来,顾颉刚还是愿意把孔子看作一近人情之人,而不是有着严肃面孔的圣人。顾颉刚的研究思路重点不是孔子的实际生平,而是弄清各个时代如何看待与解读孔子。先解剖后清理,这样才可分清哪些需要保存,哪些应予毁弃。1928年顾颉刚在中山大学开设"孔子研究"课程,课程的旨趣强调:"我们的本分,惟有把材料细细地分析,在分析之下判别它们的真实与虚伪;在分析之下寻出它们的相互关系和变迁的历程。我们不管是非,不管善恶,单讲然否。孔子学说好,我们不提倡;孔子学说坏,我们也不排斥:我们只要处处还它一个本相。"换一句话说,顾颉刚总是强调要立于超然中立者的地位,用客观的态度来研究孔子,不要糅杂丝毫感情。至于存善去恶措诸实用这是政治家和教育家的责任,不是史学研究者的责任。① 顾开的这门课的重点是考察汉宋两朝对孔子的看法,他要求学生把《汉书》等翻一遍,看孔子的偶像如何给汉人抬起来的;把《宋元学案》《明儒学案》翻一遍,看理学家心目中的孔子是如何,他们把汉人眼中的孔子又变成什么样②。善立计划的顾开列了庞大的孔子研究计划书:甲种,孔子事实及记载孔子事实之文籍考订。乙种,各时代人心目中之孔子。丙种,道统传衍问题。丁种,经书著作问题。即便如此,顾依然感叹,孔子这个人物世人皆知,名声虽大但事实细节不清,关于孔子研究最重要的一手资料《论语》的版本尚且存疑,不敢放心来用。顾颉刚很感慨地叹道,"咳,说到这里,我真是悲伤极了。《论语》是记载孔子事实的最先的一部书,也是比较能作客观叙述的一部书,尚且是一块破碎的璧,用了碱砆和粘质胶合起来的,我们还说什么呢!"③顾颉刚在《秦汉的方士与儒生》一书中指出秦汉方士和儒生为迎合上意,瞅准现实需要,将孔子实用化。两汉经学发生的大背景还是脱不掉宗教政治的色彩,"无论最高的主宰是上帝还是五行,每个皇帝都有方法证明他自己是一个'真命天子';每个儒生和官吏也就都是帮助皇帝代天行道的孔子的徒孙"④,因此可以理解不语怪力

---

① 顾颉刚:《顾颉刚全集·顾颉刚古史论文集》卷四,中华书局2011年版,第30页。
② 顾颉刚:《顾颉刚全集·顾颉刚书信集》卷二,中华书局2011年版,第347—348页。
③ 顾颉刚:《顾颉刚全集·顾颉刚古史论文集》卷四,中华书局2011年版,第71页。
④ 顾颉刚:《顾颉刚全集·顾颉刚古史论文集》卷二,中华书局2011年版,第468页。

乱神的孔子在汉代能够窜入谶纬的神秘理论中，看来不过是时人追名逐利罢了。

顾颉刚对孔子问题的研究，仿佛给人这样的印象：重求真而薄致用。他在很多处讲到，学问总当问真不真，不当问有用没用，如果学问有用，那也是自然而然的结果。作为研究者不能在研究之先就存致用之心，他不赞同康有为把致用与学问混合一起，也是因为那不是真学术。顾颉刚抱持这样的观念本来没错，但是从他的相关论述看，事实并非如他所言，换言之，他的疑孔也是呼应现实而起。如果梳理一下清季到整个民国大大小小对孔子的利用，就会发现祭孔大礼、尊孔读经，经常上演。按鲁迅在《在现代中国的孔夫子》中的讲法，进入 20 世纪以来，孔子的运气就很坏，经常被权势者当做砖头用，"种种权势者便用种种的白粉给他来化妆，一直抬到吓人的高度"，却与民众无干，民众对孔子只是恭敬而不亲密。若问起民众孔夫子是什么人，"他们自然回答是圣人，然而这不过是权势者的留声机"。孔夫子不过是权势者愚民的工具，顾颉刚亦有类似的意思，他在 1933 年的《古史辨第四册序》谈到，"一般人不知道，以为十三经便是孔子，也便是道德，只要提倡读经，国民的道德就会提高，这真是白日做梦"。古代不必说了，就是在革命潮流高涨的今日，还有革命的中心人物"想上绍尧、舜、孔子的道统而建立其哲学基础，就知道这势力是怎样的顽强呢"，"我们的民族所以堕在沈沈的暮气之中，丧失了创造力和自信力，不能反应刺激，抵抗强权，我敢说，这种思想的毒害是其重要的原因之一"[①]。顾颉刚在这里是含蓄批评国民党的尊孔立场。

对中国传统文化推崇备至的读书人也要从孔子处找到维系安身立命的情感力量。1927 年吴宓在《孔子之价值及孔教之精义》中认为："孔子为中国文化之中心，其前数千年之文化，赖孔子而传，其后数千年

---

① 顾颉刚：《顾颉刚古史论文集》卷一，中华书局 2011 年版，第 115—116 页。傅斯年在《一夕杂感》中对顾的意思发挥更清楚："第三件我要说的大祸害是，走了几十年革命的道路，忽然失却自信，以成败论是非，乃慕东邻，以徘徊代努力，乃演复古。记得袁世凯将窃国时，一些御用议员及进步党大众，要把'宪法'中弄上个'中华民国以孔子之道为立国修身大本'。不意国民党执政数年之后，忽然尊起孔来了。同时又听说一种议论，以为东邻既祀圣，中国不可不尊孔，这真是荒谬绝伦之谈！"（傅孟真：《一夕杂感》，《独立评论》第 164 号，1935 年 8 月 18 日。）

之文化,赖孔子而开。无孔子,则无中国文化。孔子者,中国道德理想之所寓、人格标准之所托。不特一人一家之运命,即一国之盛衰,一民族之兴亡,世界文化之进退,靡不以道德之升降、大多数人人格之高低,为之枢机,因果昭然。中西前史,可为例证。今欲救国救世,根本之法,仍不外乎是。"①吴宓之女吴学昭指出对于立言行事悉遵孔子为职志的吴宓,"批判孔子,不论出于何种考虑,都万万不可"。权势者利用孔子,读书人运用孔子,革新者借用孔子,其实孔子不过是搬出来的幌子:

> 直到近数十年受了列强帝国主义的压迫,兵败于外、民贫于内,大家始瞿然寻求国家贫弱的原因,而归咎于用孔子学说为国家政治道德之基础的不合,于是攻击孔子的议论又盛极一时。受了平等的洗礼的人要打破天尊地卑、乾坤定矣的学说;主张发展个性的人便要摧破吃人的礼教的壁垒;希望国家多得健全的公民的更要拨去身体发肤受之父母不敢毁伤的束缚……他们攻击的归宿都归到孔子身上,其实他们所攻击的又何尝是真的孔子呢,孔子只是代人受过。②

孔子成为箭垛,接受来自各面的利箭,这些议论与真实的孔子其实无多大关系,原始的孔子被架空,只剩下化妆过的契合己意的孔子,而不去真实考究其意思,"《论语》中确没有专制思想,近人好骂孔子为专制渊源,实是冤枉"③。这些格于时势与需要的意见若果不打破,民族就无重生的新机。顾颉刚一向是把对学问的研究看得极重,但是受过新文化影响的他,总会采用据实言理而非虚谈的方式进行思想革命。孔子研究便是典型的一个案例,从顾颉刚对孔子研究的论述与自剖心迹看,他文章中涉及的语汇如思想解放、时代潮流、思想毒害、旧思想、暮

---

① 转引自吴学昭:《吴宓与陈寅恪》(增补本),生活·读书·新知三联书店 2014 年版,第 495 页。有意思的是,吴宓这段话与柳诒徵的一段话类似:"孔子者,中国文化之中心也。无孔子则无中国文化。自孔子以前数千年之文化,赖孔子而传;自孔子以后数千年之文化,赖孔子而开。即使自今以后,吾国国民同化于世界各国之新文化,然过去时代之与孔子之关系,要为历史上不可磨灭之事实。"吴宓、柳诒徵同为学衡派成员,且柳诒徵居于该群体之核心位置,思想倾向趋于保守。(柳诒徵:《中国文化史》,东方出版社 2008 年版,第 226 页。)

② 顾颉刚:《顾颉刚全集·顾颉刚古史论文集》卷四,中华书局 2011 年版,第 29 页。

③ 顾颉刚:《顾颉刚全集·顾颉刚读书笔记》卷一,中华书局 2011 年版,第 387 页。

气等看来,他对孔子的研究无疑属于思想革命的范畴,他虽然标榜求真与致用要分开看,但又忍不住表示他的研究具有现实意义:

> 我们现在的革命工作,对外要打倒帝国主义,对内要打倒封建主义,而我的古史辨工作则是对于封建主义的彻底破坏。我要使古书仅为古书而不为现代的知识,要使古史仅为古史而不为现代的政治与伦理,要使古人仅为古人而不为现代思想的权威者。换句话说,我要把宗教性的封建经典——"经"整理好了,送进博物院,剥除它的尊严,然后旧思想不能再在新时代里延续下去。[①]

如果说顾颉刚在 1949 年之后的这种看法,多少让人质疑他当年是否真如他晚年讲得这样"先进",似乎有倒放电影的嫌疑。其实顾颉刚所言大体属实,他说要把古书、古史、古人重新定位,不再成为思想权威的话头,这在他不同时段的日记里都有记载。这从他与钱玄同的一场潜在的对话可以看出。

1924 年 4 月 29 日第 94 号的《晨报副镌》中钱玄同化名 XY 发表《孔家店里的老伙计》一文。此文写作缘起是第 78 号的《晨报副镌》发表署名又辰的《介绍只手打孔家店的老英雄底近著》,文章写道曾为打孔先锋的吴虞以"吴吾"名义在报刊上发表香艳的旧体组诗《赠娇寓》《新年赠娇寓十二首》共 27 首诗作,如"酥胸全露使人怜,睡眼惺忪态更妍。香汗微微娇不起,手巾亲为送床前。""玉体横陈看却羞,被翻红浪想娇柔。锦衾角枕诗人笔,不道花开是并头"。作者认为这还哪有当年勇立潮头打孔在前的风采!钱玄同文章赞同又辰的行为是"摘奸发伏",揭露吴虞倒行逆施的思想面相。钱玄同认为即使吴虞之前打孔有积极贡献,也不能抵消现在在报刊上发表香艳诗的行为。何况吴虞在新青年时期的打孔方法是采取孔子诛少正卯的方式,意为吴虞的打孔没有击中要害,"汗漫支离,极无条理",不是真正打孔之道,吴虞"只配做被打者,决不配来做打手","孔家店里的老伙计呀!我很感谢你:你不恤用苦肉计,卸下你自己的假面具,使青年们看出你的真相;他们要

① 顾颉刚:《顾颉刚全集·顾颉刚古史论文集》卷一,中华书局 2011 年版,第 173 页。

打孔家店时,认你作箭垛,便不至于'无的放矢';你也很对得起社会了"。弄得吴虞在1924年5月2日第97号的《晨报副镌》上回应称,胡适表扬他是"只手打孔家的老英雄"只是戏称,"其实我并未尝自居于打孔家店者",还说这封启示"曾示周作人马叙伦诸先生思想清楚者"看过,为自己的辩解增加砝码。这是吴虞在钱玄同的猛烈炮轰之下为求自保而做出的尴尬回应,但吴虞的回复总体态度不是反省,而是对自己行为振振有词。面对吴虞援引所谓的名人例子为自己行为做辩护的行为,该刊有署名薛玲的文章《吴虞先生休矣》对吴虞的反驳表示极大反感与不屑。

钱玄同《孔家店里的老伙计》一文有两点值得注意:一是指出打孔的意义,"孔家店真是千该打,万该打的东西;因为他是中国昏乱思想的大本营。他若不被打倒,则中国人的思想永无清明之一日,穆姑娘(Moral)无法来给我们治内,赛先生(Science)无法来给我们兴学理财,台先生(Democracy)无法来给我们经国惠民;换言之,便是不能'全盘受西方化'"①。二是孔家店有冒牌和老店之分。冒牌的孔家店尤其应该大打特打,打得它片甲不存,因为冒牌孔家店的货物光怪陆离,如钱玄同列举古文、骈文、八股、试帖、扶乩、求仙、狎妓、狎娼等,对人的思想毒害尤其大。对于老牌的孔家店,钱玄同认为无论孔子学说在当时如何有意义,但却不适应现代社会。现在要做的是应该让头脑清楚的人去把老牌孔家店调查明白,"摔破","捣烂",让现代社会的人不再用它。那么谁才是头脑清楚的人?"近来有些人如胡适,顾颉刚之流,他们都在那儿着手调查该店的货物。调查的结果能否完全发见真相,固然不能预测;但我认为他们可以做真正老牌的孔家店的打手,因为他们自己的思想是很清楚的,他们调查货物的方法是很精密。"钱玄同所谓的思想清楚就是具有以科学为基础的现代思想,他赞誉顾颉刚等人,觉得他

---

① 有署名"浭生"者在题为《浅陋的话》的短文中对钱玄同持论过苛、否定太甚的态度,表示异议:"在现在,'尊王室','平天下',⋯⋯等等的话头,自然不适于用,然而此一时,彼一时,以现在的眼光斥从先的著作为毫不足取,未免太过,四千年来的文化,给我们的仅是告诉我们,他自身是碎纸吗? 自然应当从新估价,沙内未常(疑为'尝'——引者注)不可练(疑为'炼'——引者注)出金子来。总之,现在奉四千年的旧话,作不传之秘的,自是呆鸟,而迷信'全盘受西方化'的也未必是聪明人。"但钱玄同还是坚持己见。(《晨报副镌》第113号,1924年5月20日。)

们具有科学理性精神,以此背景整理国故,不会再出现匪夷所思的陈腐观念。

就观念而言,疑古运动并不是五四时期才兴起,对汉人的怀疑从宋朝就开始多起来了。顾颉刚的思考是虽然他们的思索有的很深入,的确鞭辟入里,但总感觉仿佛要达到临界点,快要完全冲破陈规陋习束缚的时候,终还是止步不前,拖泥带水。钱玄同在日记里记叙的一件事可以说明一些问题:郑介石借给钱玄同一本1920年夏间武昌高师出版的《国学厄林》第一期,该杂志编辑主任是黄季刚。"在浴室中翻阅,其中竟有提倡君臣之说,可谓荒谬绝伦。"钱玄同认为杂志中还是黄侃文章稍微好点,不过谬误也很多,由此钱玄同感慨,"我常主张国学必须受[化]新文化洗礼之人,才能讲的明白,今观此志,而益坚吾说矣。"①也就是要用"新眼光来辨伪"②,借了新文化运动的新风,使得顾颉刚们整理国故有别于前,成为钱玄同口中赞许的"新国故党"。

整理国故此刻不是一个人的事业,而是一种集体行为,渐而成为一种潮流与倾向,有志同道合之人互相辩难质疑,砥砺切磋。伴随新式传播媒介出现,成果有了发表的空间,这给了顾颉刚在学术上拓地万里的雄心壮志与实际可能,即使有人反对,亦不必理会,因为不会形成拦阻大势的力量③。顾颉刚举了一个例子说明自己在新潮流之下整理国故的幸运,在读书笔记"任大椿之疑古(戴震之反疑古)"条目记载当时的学术权威戴震认为年轻人任大椿的疑古是"思而不学""贼经害道"。顾评价戴震向任大椿泼冷水,给了他极大压力,"遂使此一具有疑古能力之人不敢再走此道,而少年时代之写作亦遂湮没无传矣。以是知辨伪思想,无代蔑有,特为不适宜之时代环境所压折,乃若有时有、有时无耳。予若不处五四运动时代,决不敢辨古史;即敢辨矣,亦决无人信,生

① 杨天石主编:《钱玄同日记》(整理本),北京大学出版社2014年版,第389页。

② 顾颉刚:《顾颉刚全集·顾颉刚古史论文集》卷七,中华书局2011年版,第253页。

③ 批评分三种:一是从情感而非学理角度的批评,如后来老派人士张尔田认为"现在的人用了神经病的眼光,研究上古史,说尧舜没有,正如说张尔田没有一样可笑。"(顾颉刚1931年3月2日日记)二是从政治出发,如后来戴季陶认为顾颉刚的研究动摇国本,使人对民族信心与认同产生了动摇。三是刘掞藜、胡堇人等从学理上与顾颉刚辩难是非,指出顾的研究思路与解读存在的纰缪。前二种批评自然不必理会,第三种批评顾认为很重要,将刘、胡引为畏友,并对他们的早逝表示惋惜。

不出影响也。适宜之环境,与少年之勇气,如此其可宝贵也。"①这是很诚实的自白了。

如果将思绪拉回,还是谈顾颉刚对钱玄同所提打孔话题的回应。顾颉刚也觉得吴虞的诗"实在太肉麻了",况且吴虞并不是一个风流人物,根本没有资格做这种香艳诗。值得注意的是,顾颉刚明确解释了打孔家店的意思,"孔家店是孔子和他的学派。打,就是推翻"②。他还进一步解释了打孔的方法:

> 钱先生文中说孔家店有老牌和冒牌的二种,这二种都该打。他举出的打手,打老牌的二人,是适之和我;打冒牌的六人,是陈独秀、易白沙、鲁迅、周作人、适之先生、吴稚晖。这一篇文字当登出的日子我没有知道,人家也没有告我,直到上星期始看到。承他的奖誉固使我高兴,但这个工作确是难做极了。打冒牌的孔家店,只要逢到看不过的事情加以痛骂就可,而打老牌却非作严密的研究,不易得到结果,适之先生和我都是极富于学问兴趣的,他比我聪明得多,当然比我有力,但我的耐心比他好,旁骛的事业也比他少,自计亦有相当的优胜。除了我们二人之外,确是很难找到合适的人了。③

他相当乐意地接受与认可自己与胡适是打孔的压阵大将,并认为自己比胡适更合适些,顾颉刚有底气说这样的话,是他有绝对的思想自信。此信与其他文本参照来看,很明白表示顾颉刚不会也不喜采用痛骂之法打孔。他采用研究学问的态度打孔家店,而不是他所瞧不起的吴虞在《新青年》大骂孔子、说孔子提倡的礼教是吃人礼教的态度。痛骂固然痛快,但是说服不了受众,反而贻人口实。正如吴宓1927年在《孔子之价值及孔教之精义》一文所讲,新派学者"以专打孔家店为号召,侮之曰孔老二,用其轻薄尖刻之笔,备致诋諆。盲从之少年,习焉不察,遂共以孔子为迂腐陈旧之偶像、礼教流毒之罪人。以谩孔为当然,

---

① 顾颉刚:《顾颉刚全集·顾颉刚读书笔记》卷十二,中华书局2011年版,第16页。
② 顾颉刚:《顾颉刚全集·顾颉刚书信集》卷四,中华书局2011年版,第452页。
③ 顾颉刚:《顾颉刚全集·顾颉刚书信集》卷四,中华书局2011年版,第447页。

视尊圣如狂病。"①吴宓虽是尊孔过甚，但确也指出新文化人反孔存在浮嚣刻薄的一面，若如此反孔，可想而知效果甚微。用顾颉刚的话说，这几年中，常有学校读经问题、孔庙祭祀问题、旧道德提倡问题的争执，"他们两方面的胜败好像是循环似的，西风刚压了东风，东风又反过来压西风了。我气不过的是两方面只有哑嘶杀，或者只有极门面、极无意味的几句话：一方面说孔教为腐败思想的根源；一方面却说人心不古，世风日下，皆由孔教不振之所致也。照这样子骂来骂去便是再过一百年这个问题仍旧不会解决的。"②因为双方不是学理性地讨论问题，而是基于伦理、道德、情感而发的驳斥，所以骂来骂去互不心服。

顾颉刚对思想革命的态度是取稳健而非激进，与其像某些新文化同人对思想问题的解决路径取由破坏而致覆灭，不如由析理而致宽容与改良，慢慢去变。但宽容不是退让，而是强调在思想革命中对旧事物旧思想有同情之了解，必要之尊重，看得深、理得透，才能寻出适当的解决之法。方法上不趋极端以耸人耳目，达到所谓振聋发聩的效果，而实际于事无补，被对手看轻。在新文化期间喊出"选学妖孽，桐城谬种"的钱玄同反思自己当年的"破坏论"终究不妥。此与顾颉刚的意见有所类似，不能总是破坏，破坏，还是破坏：

> 我在两三年前，专发破坏之论，近来觉得不对。杀机一启，决无好理。我以为我们革新，不仅生活见解，第一须将旧人偏窄忌克之心化除。须知统一于三纲五伦固谬，即统一于安那其、宝雪维兹也是谬。万物并育而不相害，道并处而不相悖，方是正理。佛有小乘、大乘，孔有三世之义。其实对付旧人，只应诱之改良，不可逼他没路走。如彼迷信孝，则当由孝而引之于爱，不当一味排斥。至于彼喜欢写字刻图章，此亦一种美术，更不必以闲扯淡讥之。彼研馈故纸，高者能作宋明儒者、清代朴学者，亦自有其价值，下焉者其白首勤劬之业，亦有裨于整理国故也。至若纳妾、复辟，此则有害于全社会，自必屏斥之，但设法使其不能自由发展便行了，终日恨恨

① 《大公报》（天津），1927 年 9 月 22 日。
② 顾颉刚：《顾颉刚全集·顾颉刚古史论文集》卷四，中华书局 2011 年版，第 29 页。

仇视之,于彼无益,而有损于我之精神,甚无谓焉。①

钱玄同话中说喜欢美术不必以闲扯淡讥之,实际是转用,只是转用略有差异。此话来源于傅斯年在《新潮》1919 年第 1 卷第 3 号的《汉语改用拼音文字的初步谈》中一句流传甚广的话:"所以主张书法和研究书法的人,都是吃饱饭,没事干,闲扯谈。"钱玄同意识到极端的否定,一棍子打死的思维于学问、社会并不是好理。钱有此认识也是因为他曾开启过"杀机"。

新文化人主张打破旧的负累,他们选取的典型便是孔家店,一来影响深,二来便于突破。打孔的人很多,思考点、目的各有不同,就顾颉刚而言,他的打孔是合研究与思想革新于一炉。顾在孔子问题上对自己的定位是,他并不是一定能够担任打孔的任务,只是他秉持"严密的研究"态度,"将来不怕担任不了"。用钱玄同的俏皮话讲,像顾颉刚这样既有科学头脑,又有历史眼光的学者是最适合做整理国故的事业,"我希望他们(指文章中钱玄同认为有资格做国故事业的胡适、顾颉刚——引者注)最初做尝百草的神农,最后做配西药的药剂师,做成许多有条理有系统的叙述国故的书"②,改正一般人对国故的谬误看法,使之获得正确的眼光,这正确眼光就是进化论的眼光。钱还说,他们把国故整理好了,让我们看到祖先野蛮幼稚不求上进的样子,还可以激起我们现代人"干蛊"的精神。顾的工作可谓是把脉与开方并重。

顾颉刚的打孔一开始就摒弃骂来骂去的浮浅之论,梳理辨析事实,挖掘思想的根脉,称顾为"思想界底医生"③当不过分。顾的孔子研究主要是打破汉儒对孔子所做的各种附会,还孔子本来面目,因为汉儒对孔子附会最深,对后世流毒亦最深。从理性上讲,孔子作为诸子之一家研究则可,若还把孔子作为各种名目去利用、信从、膜拜,甚至作为现代道德的标准,用钱玄同的话讲就是"混蛋"。顾认为深入探究才能清理旧思想旧痼弊。在对待学问与现实的态度上,虽然顾颉刚常常强调学问

---

① 杨天石主编:《钱玄同日记》(整理本),北京大学出版社 2014 年版,第 367 页。
② 钱玄同著,沈永宝编:《钱玄同五四时期言论集》,东方出版中心 1998 年版,第 287 页。
③ 钱玄同:《钱玄同文集》第六卷,中国人民大学出版社 2000 年版,第 115 页。

的目的是求真,致用是它自然的结果,不是史学家关注的问题。顾之所以这样说乃是他的说辞,并不是真的想躲进小楼成一统。从顾的日记以及行为看,他的古史研究在思想与现实层面产生了巨大影响,换言之,与其说顾颉刚重求真薄致用,倒不如说,他是以研究学问的方式和态度来进行深澈勇猛的思想革命,"研究学问只要目的在于求真,也是斩除思想上的荆棘"①。这种着力戳穿汉儒道统说,打破奴隶思维,解放理性,灌注科学精神的行为,本身就是思想革命的一部分。从大的方面讲,顾颉刚打倒了消极的传统,建立了积极而富有时代特质的学问路径。② 温州地方士绅、夏承焘的国文老师张枏认为顾颉刚之流所编历史教科书乃"坏人心术之作,未可当教科用品也"③。老派士人张枏本是认为,顾颉刚考证古史得出的某些结论,让其觉得中华民族存在的历史根基、精神象征都被铲除了,这是他万万不能接受的。但这也从反面证明顾颉刚考辨古史的确威力巨大,是思想界的手榴弹,是民国学术界一种新范式、新思路。但也许是疑古之心太过浓烈,顾颉刚也有疑其不当疑不该疑的地方,确有"妄逞肊说"④的嫌疑。张舜徽评价近人(所指包含顾颉刚在内)不多读书而好研精空虚之地,其流弊不可胜言,"自秦汉以后载籍日富,窥览未周,不容置喙。故群趋于考先秦古史以便妄逞肊说而无所忌,所谓好画鬼魅恶图犬马者也。疑之不已,其祸乃中于国家,

① 顾颉刚:《顾颉刚全集·顾颉刚书信集》卷一,中华书局 2011 年版,第 85 页。
② 消极、积极之意借自钱玄同之语。钱在 1917 年 1 月 20 日日记里写道:"大凡学术之事,非知识极丰富,立论必多疏墟,前此闭关时代,苦于无域外事可照,识见拘墟,原非得已。今幸五洲交通,学子正宜多求域外智识,以与本国参照。域外智识愈丰富者,其对于本国学问之观察亦愈见精美。乃年老者深闭固拒,不肯虚心研求,此尚不足怪,独怪青年诸公,亦以保存国粹者自标,抱残守缺,不屑与域外智识相印证,岂非至可惜之事? 其实欲倡明本国学术,当从积极着想,不当从消极着想。旁搜博采域外之智识,与本国学术相发明,此所谓积极着想也,抱残守缺,深闭固拒,此所谓消极着想也。"[杨天石主编:《钱玄同日记》(整理本),北京大学出版社 2014 年版,第 303 页。]顾颉刚亦有类似看法,"有机体的活的道理就是同化作用。同化有两种作用:从消极方面说,它适应时代环境,它同化于时代环境;从积极方面说,它摄取时代环境的滋养力,变成它本身的热力活力,它将时代环境同化。"(顾颉刚:《顾颉刚全集·顾颉刚日记》卷五,中华书局 2011 年版,第 402 页。)
③ 张枏 1932 年 3 月 25 日日记:"看《白话中国史》.此书为武进吕思勉著,于历史眼光颇具特别处,然对于唐虞揖让、汤武征诛,皆疑为儒者学说,并非实有其事;则武断之甚;于宋之王安石、秦桧则极口誉扬之;于司马公及韩、岳诸将则任情诋毁之,皆所谓好恶拂人之性,与近日胡适之、顾颉刚一流,同是坏人心术之作,未可当教科用品也。"(张枏撰,张钧孙点校:《张枏日记》第八册,中华书局 2019 年版,第 3680 页。)
④ 张舜徽:《张舜徽壮议轩日记》,国家图书馆出版社 2010 年版,第 368—369 页。

非细故也。"说顾颉刚考大禹为无有,如此下去,"一部国史开卷便滋异说,内无以启邦人爱国之思,外则徒见轻于异族"。顾颉刚史学研究的方法论思维观确实不错,但考证粗糙、材料解读不细确也存在,因而就被人一而再再而三抓住把柄评说。上引张舜徽先生话语,若抛开情感的因素不论,所论也在理。

第五节　古史之外:教科书问题

顾颉刚原本好好研究古史,却如何又去为商务印书馆编撰历史教科书?一来当时的历史教科书在顾颉刚看来编得不算好;二来顾颉刚想把自己积累的历史知识用绳索穿起来,打算用编教科书的方式把知识再过一遍;三来若能一力编书不管外务专心读书,少一些烦嚣,对顾颉刚而言也是好事一件;四来顾颉刚跟家里关系不太和谐,有时受夹板气,到商务编书算是寻觅清静。

顾颉刚参与商务的教科书生意还有一个因素不得不提,那就是手头缺钱,才在李石岑、胡适的邀请之下干起编书的营生。当时周越然编英文教科书,抽版税每年可入八千元,顾颉刚便想效法周越然以此赚钱,因为若要论到如何挣钱,他觉得舍此途也别无他法①。顾颉刚想赚钱,并不表示他是财迷,只是家里开支比较大,用钱的事项多,编书算是一项收入来源。

顾颉刚在 1921 年 9 月 6 日日记记下编书的薪水是月支五十元,每千字四元,"数虽不大,但我亦不欲计较钱财",之后商务印书馆给他月薪百元,算是不错的收入了。顾颉刚所编这套教材名为《现代初中教科书本国史》(以下简称"本国史"),分上中下三册出版,封面署"编辑者:顾颉刚王锺麒　校订者:胡适",上海商务印书馆出版发行,上册 1923 年 9 月初版,1925 年 10 月第 4 版,1927 年 9 月 55 版,定价大洋陆角,共 196 页;中册 1924 年 2 月初版,1924 年 6 月再版,1926 年 1 月 25 版,定

---

① 顾颉刚:《顾颉刚全集·顾颉刚日记》卷一,中华书局 2011 年版,第 311 页。

价大洋肆角,共 116 页;下册 1924 年 6 月初版,1925 年 5 月再版①,1926 年 5 月 24 版②,定价大洋伍角,共 159 页。从发行版次来看,上中下三册初版时间间隔很短,明显看得出是时间紧、任务重的赶工作品,即便如此质量还是得到一些保证,虽然后来顾颉刚退出了教科书的编撰工作,但毫无疑问该书很能体现顾颉刚的古史观念和历史教学想法。

商务印书馆的这套教科书很畅销,是一笔很好的生意。这笔教科书的生意如何炼成,后来又是如何遭到国民政府的查禁,还得从它的编辑以及旨趣谈起。1922 年 9 月 21 日顾颉刚在日记里拟了一份编书计划表:

课文	十九天	至十月十号止
课文修正	五天	至十月十五号止
附文	十九天	至十一月三号止
附文修正	九天	至十一月十二号止
总修正	十四天	至十一月廿六号止
誊写	十三天	至十二月九号止
校勘	五天	至十二月十四号止
延期	十五天	至十二月廿九号止
共	九十九天	

顾颉刚还专门写道,"不能再迟了!"从 9 月 22 日开始到 12 月 25 日顾颉刚每天都在忙着编教材,加班加点,晚上有时只睡四五个小时,忙不过来还让妻子殷履安帮忙,这弄得顾颉刚失眠的毛病又犯了,精神困倦,便萌生了退出的想法。从顾颉刚日记来看,顾颉刚编完上册即告退出,剩下交由王伯祥续编完成。

按照顾颉刚的想法,编教科书得慢工出细活,因为历史的材料浩繁驳杂得放出眼光去取别择,光是搜集材料就很不容易。顾颉刚预计至少编四年,但商务印书馆要求一年之内编完,加上编书的时候赶上新学

① 原书版权页显示的信息。
② 参见王红霞在《〈现代初中教科书·本国史〉与顾颉刚的史学思想》一文中的统计,《史学月刊》2014 年第 8 期。

制颁布,商务印书馆为了赶出新式教科书抢到第二年的生意,便限令编译所所员二十天内编出各种教科书的第一册,"日工不够开夜工,第二章刚起草便发排第一章。我看见了这种情形,心中气闷得很,知道他们与我原来是处在两个世界,就此把历史教科书掷笔不做,不久也就辞了出来"[1]。除了时间太紧以外,对材料的处理恐怕是顾颉刚与商务印书馆最大的分歧,也是他不想干下去的最主要原因。

顾颉刚编本国史拟了八十个题目,打算分上下两册出版。因为当时的中学校教本国史是两年,每年以四十个星期计算,两年共八十个星期。预想的教授方法是每星期教授两小时,第一小时为教员演讲,第二小时为学生复习。这八十个题目如下[2]:1. 历史的需要和研究的方法。2. 从天体的构成到社会的成立。3. 中国民族的来源与其分布。4. 对于太古时代的揣测。5. 商代的神权政治。6. 周代的特性。7. 周初的疆域的开拓。8. 春秋的时势。9. 孔子——原始相的孔子。10. 战国变古运动。11. 战国的学者与政客。12. 战国的人民生活。13. 民族的迷信。14. 秦代的政治与疆域。15. 汉代各种族的关系。16. 经书的结集与其真相。17. 儒教的建设。18. 儒家的理想政治。19. 汉人的伦理思想。20. 专制政治的完成。21. 选举。22. 游侠的消灭。23. 道家与清谈。24. 佛教的流入。25. 道教的建设。26. 民族的混合。27. 民族混合中的文化。28. 门阀。29. 民族混合的结果。30. 唐代各种族的关系。31. 科举。32. 古文运动。33. 大乘佛教与禅宗。34. 藩镇与五代十国。35. 宋代各种族的关系。36. 义庄与家族制度。37. 新法。38. 学校制度与刻书的发达。39. 理学。40. 新创的文学。(以上四十课,为上册)41. 元代的疆域与种族。42. 元代的政治与宗教。43. 明代各种族的关系。44. 西洋交通的发展。45. 结社。46. 才子与山人。47. 建筑的进步。48. 清代的疆域与种族。49. 乾隆前与外国的关系。50. 清代的政治。51. 考据之学。52. 太平天国。53. 从鸦片之战到甲午之战。54. 戊戌政变。55. 基督教的传播与民族的冲

---

① 顾颉刚:《编纂国史讲话的计划》(下),《京报副刊》第 165 号,1925 年 5 月 31 日。
② 顾颉刚:《编纂国史讲话的计划》(未完),《京报副刊》第 164 号,1925 年 5 月 30 日。

突。56. 义和团。57. 物质文明的输入。58. 科学与政治思想的输入。59. 维新运动与其成绩。60. 立宪运动。61. 革命运动与中华民国的成立。62. 复古运动与孔教问题。63. 残余的宗教。64. 欧战与中国的关系。65. 蒙藏的态度。66. 政治与政党的变迁。67. 近年来国民所受的痛苦。68. 古物的发见与国故的整理。69. 国语统一运动。70. 文学革命。71. 现在的戏剧与歌词。72. 学校教育。73. 思想上的改变。74. 五四运动。75. 近年来经济状况的剧变。76. 国外的殖民。77. 现在的工商业。78. 劳动界。79. 联邦自治运动。80. 中国的国民性与我们的责任。（以上四十课，为下册）

顾颉刚这份拟目很明显是详今略古，目的是给学生灌输历史的常识，明白当下现实生活与历史的密切关系，顾颉刚反感中学课堂把历史课当作可有可无的敷衍。这八十个题目其实顾颉刚有把握的也不多，顾颉刚发现这些题目有问题，便是不能分出时代，也就是分期分段不太明显。他给胡适信中提到这个问题，希望胡适也能想一个两全的方法。但守常循故的商务印书馆看到顾颉刚这份目录表把"才子与山人""残余的宗教""五四运动"都删除了。

最后成书的目录上册分三编，第一编"总说"分四节（1. 历史与地理。2. 历史演进的各方面。3. 构成中国历史的诸民族。4. 史期的区分。）。第二编"上古——秦以前（公元前二二一以前）"分六节（1. 社会的进化和建国的雏型。2. 洪水的传说。3. 君位世袭和神权政治。4. 封建制度和家族主义。5. 诸侯兼并和当时的社会。6. 思想的激起和贵族的倾覆。）。第三编"中古——从秦初到五代之末（公元前二二零——公元九六零）"分十九节（1. 秦的统一和中央政府的确立。2. 长城与匈奴。3. 郡国并行的因果。4. 尊重儒术的影响。5. 域外交通的发展。6. 政治中心的坠落。7. 复古的失败。8. 一姓再兴和表章气节。9. 佛教的传入和道教的创兴。10. 清议和党锢。11. 三国并立的忧扰。12. 外族内侵的动机。13. 五胡乱华和南北对抗。14. 思想的转变和六朝的风尚。15. 异族同化和新的四裔。16. 科举制度和古文运动。17. 外教的继来和佛教的蜕化。18. 方镇的专横和朋党的倾轧。19. 五代的纠纷和当时的社会。）。

中册只有第四编"近古——从宋初到明末（公元九六一——一六四四）"分十二节（1. 群雄的削平和澶渊之盟。2. 西夏的勃兴和推行新法。3. 书院的建设和学派的蔚起。4. 金兴辽亡和宋室南渡。5. 蒙古的兵力和亚欧的交通。6. 元朝的政治与特种文学。7. 君主淫威的膨大。8. 海上交通。9. 明代的思想与士风。10. 天主教的影响。11. 流寇的酿成。12. 北族的侵扰和满洲的兴起。）。

下册分两编，第五编"近世——清朝（公元一六四五——一九一一）"分十节（1. 康雍乾三朝的力征经营。2. 奖励黄教和特开词科。3. 考据之学与时势。4. 鸦片战争。5. 太平天国和捻回。6. 光绪年间外交的失败。7. 维新运动。8. 民教冲突和枝节的改革。9. 日俄战争和门户开放。10. 立宪与革命。）。第六编"现代——中华民国（公元一九一二以后）"分五节（1. 民国成立和蒙藏的态度。2. 两度帝制的倏现。3. 法律争执和南北交讧。4. 最近的外交局势。5. 文学革命和国语运动。）。本国史所有章节一共是五十六节。

上册的目录基本乃顾颉刚所拟定，中下册乃王伯祥所拟定。两份目录比较来看，王伯祥的编法较注重政治方面，顾颉刚偏于社会方面，他想找出社会变迁的事实与心理，而不是偏于统治阶层与知识阶级，简而言之，顾颉刚以为编教科书不是照本宣科，得用故事说出背后隐伏的因果和必然。在发表于1922年第14卷第4号《教育杂志》的《中学校本国史教科书编纂法的商榷》这篇长文里，顾颉刚全面系统阐释了自己对教科书的看法。今日读来依然具有启发性。

第一，"打统账"的方法。顾颉刚认为以前的教员讲到东洋史便忘了本国史，讲到西洋史便忘了东洋史，讲到五代十国便与藩镇割据没有了关系。历史变得分疆划界，各自门户，显得零散具体，不见横向纵向的联系，只是让学生记得书本上的故事，至于故事背后的原因、影响、来历便不去问津，没有通盘筹划的能力。顾颉刚觉得需打破三种谬见：课程的界限，故事的记忆，循例的上课。简而言之，学了历史得有一种分析能力，对于构成事实的原因以及影响有相当之了解。从前的历史书只是材料的排比而不是运用。顾颉刚打了一个比方，"我们须看史的全部是一个高等动物的体系，虽可解剖而为某一部分的专门研究，但系统上是各相关联；骨骼的配置，神经的分布，血液的流通，全身均匀，没有一点冲突停滞的地方"。新编的教科书与之前不同在于不能偏枯于政治，得各时代的活动状况都要表现得当，新史应该是"普遍的而又精密"。

第二，注重各时代的社会心理、精神状况。一部篇幅甚少的普及型历史教科书可以不用去表现高深的学理、独绝的艺术，"对于独具只眼的《论衡》可以不管，而荒谬绝伦的纬书却不能不取来说明汉代人的思想"。探求各时代的社会心理应该比记忆那些各时代的故事要重要得多。"我们应当看谚语比圣贤的经训要紧；看歌谣比名家的诗词要紧；看野史笔记比正史官书要紧。为什么？因为谣谚野史等出于民众，他们肯说出民众社会的实话，不比正史，官书，贤人，君子的话主于敷衍门面"。要想描摹一个时代的社会心理，顾颉刚认为必须拣选精彩的故事，择取有代表性的典型示例，用生动的语言将各方面的关系表现出来，表现其时代精神。这样学生虽不知完全的事实，但对当时的时势可有深刻之了解。顾颉刚的这种眼光向下、重视民间史料的态度完全是其民众史观的表现。

第三，审定史料。以前的教科书重视名人效应，却不去注意名人背后的背景、时代的因缘。只去表现名人，名人背后簇拥着的大多数人反而被忘记了。旧教科书这些现象的造成源于没有去寻求、审查史料，不寻求史料，只得表面的事实。不审查史料，容易轻信妄信。顾颉刚用中国人相信唐虞三代为黄金时代为例说明何以会好古薄今。假如好好审查史料，发现上古三代非但不是黄金时代反而痛苦之音表现明显，"汉人要维持三代为黄金时代这个信念，所以拿悲苦的诗都归到幽，厉身上。实则他们所说全没凭据。假使周代向来是好的，绝不会一到幽，厉时候，就坏到这步田地"。顾颉刚解释说战国时期的那些游说之士常喜欢引用故事来证明自己的观点，而古书又少，只得杜撰故实，古代的事情就跟着说话人意思而转动，那时称道的古人有好有坏，"好人就放在好的模型里，你今天代他想一段好事，我明天再代他想一段好事，积了岁年，好人的好就登峰造极，不能再好了。尧、舜、禹、汤、文、武、周公，都是好模型里的人物，为托古改制的人所必须依附和赞叹的，于是唐虞三代的文化，就美备的到了绝顶"。好像全世界所有的好都集聚在这些圣人身上，如此下去，"进化论真是无稽之谈，正确的历史观念也永远立不起来了。"顾颉刚说从前的人信古而迷古，认为古比今好，弄得社会生机停滞，成了暮气的社会。编教科书的目的是让学生明白，"黄金时代不在过去而在未来"，不要再产生倒行逆施的复古观念，不要再有醉生梦死的混饭主义，形成一种历史进化的观念。这完全是顾颉刚研究古史的心得体会的再次表现。

第四，文字生动，要有剪裁，体例合适。从前的教科书文字失之简，简单得令人枯燥，学生习读提不起任何兴趣。现在编教科书得用生动有趣的语言叙述故事，使学生有一个鲜明的印象。剪裁方面就是所选取的材料要真确、扼要、严厉。不可考的传说、不具备信史资格的材料就得大刀阔斧地删去。"自盘古以至周公、孔子，都应该大删特删。伏羲、神农、黄帝，虽称说较盘古稍前，但也出于战国时人的杜造。黄帝本是天上五帝之一，误被人拉到地上来的（看《封禅书》可见）。唐虞二代，从孔子以来，固常常称道，但孔子只有'民无能名'，'无为而治'的许多赞叹的空话；直到战国时，始有具体的事实出来，看《孟子》上就和《论语》大不相同了。"顾颉刚依然表现出一以贯之的强烈怀疑古史的倾向。所以用现代的眼光看古史，很多材料只好存疑，若要编入教科书，顾颉刚认为商代以后才有可以征信的史料。教科书体例则要改变以前教师念课本，依赖参考书的习惯。顾颉刚的新式教科书分为主文和附文。主文就是课文，供中学生使用，附文就是参考文，附文种类可以是传记、原文、注释等，最主要供教员和高才学生参考。课文只是讲一段故事，附文说明故事的背景。举例而言，写到殷代的历史，课文中只讲盘庚迁殷的事，附文中则说明当时何以屡次迁都，神权政治如何占势力等问题，"课文当他小说做，附文当他论文做"。顾颉刚自认为这是历史教科书编纂上的一次"大革命"①。

一言以蔽之，顾颉刚是怀着满满的计划与信心准备大展拳脚干一场。他给蔡元培的信中明确表达了他的编书宗旨其实质是"略政治而

---

① 顾颉刚:《顾颉刚全集·顾颉刚书信集》卷一，中华书局 2011 年版，第 172 页。

重文化,略朝代而重种族"①,让读者明了社会变迁进化之痕迹。顾颉刚希望给予中学生丰富的历史常识,唤起大家搜集史料、保存史料的意识,改变从前教员在讲台读、学生在下面记的枯燥无趣场面,不再让一门活生生的历史变成毫无生气的满堂灌。顾颉刚在文末呼吁,"中学校的历史先生们,你们的责任正重着呢!"

读者诸君可能要问,顾颉刚的这些想法理念在本国史中到底贯彻得如何呢? 在本国史开篇的"编辑大意"中,顾颉刚明确强调了他的进化史观:第一,历史要注重事实的因果联系,不能拘迂于朝代的更迭;第二,历史的核心是时代精神,要把能表现当时特征而影响后世的材料揭示出来;第三,历史教学最重要的条件在于唤起一般想象。在本国史的总说部分,顾颉刚先后谈了历史与地理、历史演进、种族、历史分期等问题。他说研究历史必须重视地理,才能懂得一地域的历史有一地的特点,因其有此特点,国别史才能成立。研究历史一定注意多方面的情况,至少要顾及民族、社会、政治、学术四方面演进情况,在"诸侯兼并和当时的社会"这一节中最后一段,顾颉刚写到因地理环境不一,民性便不一样。这其实是在说历史人心与地理之关系:

> 秦居关中,地势四塞,所以那里的住民质朴强悍,乐于战斗。燕、赵地处高亢,便多慷慨侠烈的勇士。齐地近海,那边的住民多因逐利相欺饰,所以人极儇慧。楚国崛起江南,非力辟草莱,不能发展,所以人极轻果,勇于进取。余如魏地瘠苦,俗便俭啬;韩土狭隘,人多矜刻,尤足取证环境的支配了。更有一事足证地理关系的,便是燕、齐的方士。因为那两国都僻处海边,往往因海船的传闻,多所误会,以误传讹,便以为海中有三神山,诸仙人和不死之药都在那边了。于是争相夸说,方士变成了燕、齐的特产!②

顾颉刚的语言真是好极了,几个排比句下来,文气有了,背后的联系也讲清楚了。在"政治中心的坠落"一节,顾颉刚在文末评价西汉外戚宦官的历史影响时如此写道:

---

① 顾颉刚:《顾颉刚全集·顾颉刚书信集》卷一,中华书局 2011 年版,第 147 页。
② 《现代初中教科书本国史》上册,上海商务印书馆 1923 年 9 月版,第 50—51 页。

　　从此以后,外戚与宦官变成了中国历史上不祥的名词,影响到后世真大,直与帝政相终始。因为这两种人物,都是帝王所亲昵的私人,地位接近,则不必责功求效,而人家看他们易致贵显,则依草附木的自会聚集拢来。于是不问清流浊流,每多被他们搅混;激扬不和,便掀起大波了。如东汉末年的党锢,唐朝南北司的冲突,明朝东林结社的攻击,那一桩不与这班凭借势要的恶魔有直接或间接的关系!①

　　这册教科书最终呈现给大家的面目便是用做小说的方法讲故事,化历史的繁复为有趣,再出之以生动的文笔,让学生爱上历史。顾颉刚编书贯彻的想法是对重要的历史事迹要有系统的叙述,"以聚精会神的故事为课文"②,"课文当他小说做"这个方法固然是好方法,但做起来并不容易。历史的叙述哪里有那么多典型的有意义的好故事呢?最大的难题是如何找适合故事手法叙述的课文。也就是如何选择材料以及一段历史的开端如何起头,中间如何着墨,结尾如何收束,都得费工夫思量,平心而论,本国史上册还是有不少地方是在平铺直叙,比如"域外交通的发展"。但这不过是历史本身的问题,是常识性、基础性的介绍必须如此所致。本国史上册总体而言还是很能吸引人的,这首先得感谢顾颉刚有一支妙笔。顾颉刚在本国史上册所践行的理念在他《国史讲话》这部著作中依然沿袭,顾颉刚在"女真的勃兴(下)"这一节开头叙述故事的时候借鉴了说书人的口吻:

　　　演说宋朝的历史的,有三部重要的小说。一部唤做《杨家将》,是讲北宋与契丹的战事的。一部唤做《水浒传》,是讲北宋末年的强盗生活的。一部唤做《精忠传》(一名《说岳传》),是讲南宋与女真的战事的。《精忠传》一书共有八十回,用岳飞一人做线索,叙述女真的凶暴,奸臣的误国,很是淋漓尽致,所以戏剧中也有几出著名的戏是从这书里出来的。诸位不曾见过《八大锤》吗?这出戏一名《朱仙镇》,乃是岳飞打破金兀术的一段事。戏场上的兀术涂了

---

① 《现代初中教科书本国史》上册,上海商务印书馆 1923 年 9 月版,第 104 页。
② 顾颉刚:《顾颉刚全集·顾颉刚书信集》卷二,中华书局 2011 年版,第 123 页。

满脸的金碧,戴了翎顶,披了狐裘,两手挥着两个铜锤,何等的威风凛凛! 却被岳家军中四个善使铜锤的将官杀得大败,连呼"阿哟"而遁。岳家军真利害呵!

金兀术是谁? ……①

从普遍大众熟知的小说讲起,就像说书人手拍惊堂木,呷一口茶,润润嗓子清清肺,开场白先把观众代入语境,等大家的注意力被吸附过来之后,开始讲正史。顾颉刚一方面是严格审查筛选史料,另一方面确定叙述的基本腔调。应该说顾颉刚的努力是科学与艺术的结合。1921年8月13日胡适与顾颉刚谈编写历史教科书的问题。胡适给顾颉刚提的建议是做历史得有两方面的能力,一是科学,一是艺术。前者是严格的评判史料,后者是大胆的艺术想象力。因为史料总是不整齐,往往有一段,无一段,"没有史料的一段空缺,就不得不靠史家的想像力来填补了。有时史料虽可靠,而史料所含的意义往往不显露,这时候也须靠史家的想像力来解释。整理史料固重要,解释(interpret)史料也极为重要。中国止有史料——无数史料,——而无有历史,正因为史家缺欠解释的能力。"②这段话里胡适认为发挥艺术的想象力来解释历史比评判史料还更重要。他相信顾颉刚可以做到科学和艺术的结合。

作为本国史教科书审读人的胡适对这套教科书还是颇为满意。这从他评价顾颉刚的一些话语颇可看出,"读颉刚做的《中学历史编纂法的商榷》一文。此文甚好,中多创见。"(1922年4月6日)"颉刚近年的成绩最大。他每做一件事,总尽心力做去;这样做的结果,不但把那件事做的满意,往往还能在那件事之外,得着很多的成绩。同辈之中,没有一人能比他。《诗辨妄》一事,便是最好的例。"(1922年4月12日)

然而这样一部有口碑、有市场的教科书却在1929年遭到了国民政府的查禁。顾颉刚在《我是怎样编写古史辨的?》一文中说有一个山东省的参议员王鸿一提出专案要弹劾本国史,原因是"非圣无法"。后来梁漱溟告诉顾颉刚这个提案是北大同学陈亚三执笔,戴季陶便用这个

---

① 顾颉刚:《顾颉刚全集·顾颉刚古史论文集》卷十二,中华书局2011年版,第268页。
② 胡适:《胡适日记全编》(三),安徽教育出版社2001年版,第431页。

提案做文章,说"中国所以能团结为一体,全由于人民共信自己为出于一个祖先;如今说没有三皇、五帝,就是把全国人民团结为一体的要求解散了,这还了得",又说,"民族问题是一个大问题,学者们随意讨论是许可的,至于书店出版教科书,大量发行,那就是犯罪,罪该严办"。商务印书馆便派总经理张元济到南京,请党国元老吴稚晖斡旋,当时国务会议所提惩处条件颇为严苛,谓"这部教科书前后共印了一百六十万部,该罚商务印书馆一百六十万元"。因为吴稚晖的说情,免去了罚款,书禁止发行,顾颉刚说这是"中华民国的一件文字狱"。

戴季陶从1926年8月到1930年9月担任中山大学委员长、校长,与顾颉刚任教中山大学的时间基本重合。戴季陶对中山大学的建设、发展做过一定程度的贡献,他主张三民主义,在中山大学实行党化教育,力主恢复传统道德,"只要把中国固有的道德智能恢复,人人立志,个个自强,把身体练好起来,把智识增高起来,把社会的风俗习惯改好起来,那么中国就可以做一个顶有用顶能干的民族!总理孙先生告诉我们说,要恢复民族地位,必定先要恢复民族精神,这是救国强种的必由之道!"①。戴季陶的主张是"革命就是复兴中国的文明,再造中国的繁荣,扫除破坏文明摧残繁荣的专制力与野蛮力,必须把专制野蛮的根子拔出,再种下文明的种子"。"复兴中国黄金时期的文明"②。即此可知戴季陶是拥护传统之人,顾颉刚在日记里也记下几则与戴季陶有关的信息:"敬文为学校所辞,谓是因《吴歌乙集》有秽亵歌谣之故,为戴季陶大不满意。然此等事由我主持,何不辞我耶?"(1928年7月4日)。"大不满意"大概是其中一些涉及男女情爱的小情小调登不了大雅之台,有碍观瞻、有伤风化了。顾颉刚45年之后在这条日记下补记,"此是戴季陶对我直接开炮的第一声。在他作校长时,我尚能作教授否?""朱先生告我,戴校长读予《古史辨》,大惊,谓如此直使中华民族解体(无共同信仰之故)。"(1928年12月31日)从顾颉刚的叙述来看,戴季陶早就对他心生不满了。那么本国史教科书中又有哪些"大惊"内容

① 桑兵、朱凤林编:《戴季陶卷》,中国人民大学出版社2014年版,第568页。
② 戴季陶:《再造中国黄金时代的繁荣》,《民国日报》1929年12月4日第1张第4版。

呢？第一处是顾颉刚叙述上古时期的伏羲氏、神农氏时,认为"这些理想人物,也许并无其人,只是当时社会背景里的一种精神","其实我们应当承认那时确有此等由无至有,由简至繁的事实,却不能完全相信这班半神体的圣人!"第二处是在"洪水的传说"这一节的末尾谈到尧舜:

> 尧舜的传说,为后世所崇信;我们看惯了,遂以为古代真有一个圣明的尧、舜时代了。其实尧、舜的故事,一部分属于神话,一部分出于周末学者"托古改制"的捏造;他们"言必称尧舜",你造一段,他又造一段,越造就越像真有其人其事了。二千年前,韩非曾说:"孔子、墨子俱道尧、舜,而取舍不同,皆自谓真尧、舜。尧、舜不复生,将谁使定儒、墨之诚乎？……不能定儒、墨之真,今乃欲审尧、舜之道于三千岁之前,意者其不可必乎？无参验而必之者,愚也。弗能必而据之者,诬也。故明据先王,必定尧、舜者,非愚即诬也。""必"是武断,"诬"是造谣言。韩非在二千年前,已有这种戒心了;我们生在二千年后,对于尧、舜及其他种种上古史料,不应该都作这样观察么？

史料不可考,尧舜不可信。这应该就是戴季陶所言非圣无法动摇国本的内容了。1928 年国民政府确定的全国教育宗旨,其中一条是"恢复民族精神,发扬固有文化,提高国民道德……"[①]这样一对比,说顾颉刚的研究动摇国本倒的确是有所谓法理依据了。顾颉刚那会一面编教科书一面在《读书杂志》发起古史讨论,推翻古史神话,他也担心写进教科书会不会有所冲突。他把疑虑跟商务印书馆的朱经农谈过,朱经农说,"现在的政府大概还管不到这些事罢,你只要写得隐晦些就是了。"顾颉刚的确没有写得太过火,不过点到为止,但还是被查禁了。顾颉刚觉得冤屈,认为以前夏曾佑编的《最新中学教科书中国历史》称三皇五帝的时代为"传疑"时代,"拿我所编的来比他,我并不比他写得激烈"。夏曾佑的没事,顾颉刚怎么就出了问题？顾颉刚解释说夏曾佑编书的时候是帝国主义瓜分豆剖中国的时候,大家无暇顾及教科书审查

---

① 高平叔:《蔡元培年谱长编》第三卷,人民教育出版社 1998 年版,第 276 页。

的事,而1928年国民政府定都南京,政权在名义上得到了全国统一,三民主义成为执政之理论基石。当政者便得着手统一意识形态的事情,抓意识形态最重要的突破口自然是教科书审查。这是顾颉刚1980年所写《我是怎样编写〈古史辨〉的?》中的说法。

顾颉刚在当时日记中所记的是梁漱溟和黄节的提案,理由是本国史中不承认尧舜为实存,败坏中国人道德,请求查禁。顾颉刚认为这是"彼辈宗旨在于打倒我及适之先生二人,以我为编辑者,胡为校订者也。"(1929年3月1日)顾颉刚猜测这是罗常培在暗地里搞鬼,想借政治势力驱逐他。从叙述语气看,顾颉刚也不知道太多的内情。本年3月22日商务印书馆王云五拜访顾颉刚,跟他说查禁的原因是多方面的,谓商务的业务大引起其他书肆的不满,加之本国史非常畅销(每版五千,已出五十版),同行嫉妒是一方面。顾颉刚对王云五解释是中山大学同事(戴季陶)攻击自己而造成了商务的损失,王云五表示这只是一方面因素,并非主因。

本国史的另一位编者,长期服务于商务印书馆的王伯祥对查禁事也有记录,且所知消息更多。1929年1月31日王伯祥记国民政府从商务印书馆南京分馆拿了三十册备查,该分馆毫不防备,也不知究竟指哪一本书,"乃疑神疑鬼,编调各书本查阅有无违碍"。王云五跟他一起抽查馆中书册,结果"予所编者绝无问题,而予检傅(傅东华——引者注)编之本有不妥语数处告之"①。当局的一副"查案嘴脸"让王伯祥深为鄙夷。2月2日王云五得到南京方面的来信,明确告知审查的教科书乃《现代初中教科书·本国史》,指摘之点是尧舜禹禅让之否定以及六朝思想反儒两点。王伯祥评价此甚可笑,"岂渐成定谳之史实反不容揭发真相邪!"2月6日王云五跟王伯祥谈话,告诉他查禁本国史"纯为党争作用,大约广东方面颇不满于颉刚,故出此无聊之举耳",其中戴季陶持之最力,想以此"牵倒蔡元培",据传处罚商务印书馆一百万至一百五十万之巨。王伯祥"愤无可遏"。2月7日王伯祥记载王云五托党国元老吴稚晖致信胡汉民以及戴传贤以示斡旋,看查禁既以决定,巨额罚款是

---

① 王伯祥:《王伯祥日记》第三册,中华书局2020年版,第868页。

否可免。王伯祥还加上了自己的揣测，"柏丞（何炳松——引者注）曾为此事赴杭看骠先，彼亦与戴一孔出者，当然无好话，然则颉刚之在粤真难一日居矣。"2月25日王伯祥记载教育部查禁本国史的令文已到，并且还附上查禁本国史的提案，王伯祥看到原提案具名人是山东曹州重华学院学董丛涟珠、院长陈亚之。"实大可笑。支离拘囿，不值一辩，而国府竟据以为是，不惜推翻大学院所已经审定之书而徇之"，这就是前次日记所记教科书本为党争，戴季陶想打倒蔡元培领衔的大学院。

从顾颉刚、王伯祥日记所记内容以及时间看，顾颉刚获得的信息不少得自王伯祥，因为顾颉刚不像王伯祥有人事之便可获得更多消息，因此顾颉刚的一些判断是以王伯祥的信息为依据。而王伯祥为了饭碗，虽有千般不痛快，但还是着手改，"不得不大易旧状而复道唐虞之隆焉"。之后王伯祥又听说这次审查事件是派系之争，"实出郑奠（郑介石）一人之力。盖受马叙伦之意旨以专与胡适臭味相近之人周旋也。予以颉刚合作，故连类及之耳"。（7月26日）之后王伯祥又记载教育部通过了编纂教科用书条例，今后中小学教科书将收归部编，"不任私家书店发卖"。（1929年8月11日）但效果如何，王伯祥并不看好。

王伯祥经此一事，大有一朝被蛇咬十年怕井绳之感，"予苦教科深矣，十年来无日不在呕气中，《现代本国史》之触讳固一虽败犹荣之笑剧，而后来送部审查及此次为心南所弄诸端，在在足使心灰意枯，万无再编教科之趣味"。（1931年2月11日）从王伯祥的记载看，他看了教育部令以及原始提案，这一点已经是确定无疑了。王伯祥得自王云五的消息也比较可靠，至于他推测有可能是派系之争，挟政治之力打压学术，可惜无论顾颉刚还是王伯祥都没有拿出第一手直接证据，只好存疑。当时报纸上对这件事有所论及。发表于1929年第198期《醒狮周报》的文章《一件比蒋桂战争还要重要的事》，作者站在学术自由的立场上发言，谓戴季陶查禁教科书的行径干涉学术自由。作者认为顾颉刚写的尧舜故事一部分出于神话，一部分来自周末学者托古改制的杜撰，"这在稍稍明白中国学术史或欧洲近代史学界消息的人，决不会认定这是顾颉刚一种什么了不得的创获，或者说这是一种什么不稳的思想，实实在在，只是平平无奇。"作者既批评了戴季陶，也批评了蔡元培，认为五四时期的蔡元培为了白话文问题不惜与林琴南痛驳,今日之蔡元培更应批评后进戴季陶的倒行逆施之举,不想蔡元培却哑然无声。作者在文末呼吁中国的学者应该挺起脊梁,从思想上表示与国民党绝对的不合作。王伯祥在日记里写到此文"呵戴责蔡,语语着实,非徒快心之论也! 予得之甚喜,将录以壮我之禁书也。"(1929 年 4 月 10 日日记)胡适在《新文化运动与国民党》①一文中批评国民党思想层面的反动倒退,其中提到查禁教科书的例子,就以顾颉刚说事,"一个学者编了一部历史教科书,里面对于三皇五帝表示了一点怀疑,便引起了国民政府诸公的义愤,便有了戴季陶先生主张要罚商务印书馆一百万元! 一百万元虽然从宽豁免了,但这一部很好的历史教科书,曹锟吴佩孚所不曾禁止的,终于不准发行了!"胡适语气下得如此之重,一方面在于他参与其事,另一方面对国民政府为了所谓的思想审查而小题大做,弄得鸡飞狗跳,表示不满。

顾颉刚认真编了一册教科书,没想到弄成了文字狱。顾颉刚反感政治力量介入历史教育。这背后的原因是政治干预学术,也许是党派斗争,兴许还有一点私人意气,真的就有那么些人看见顾颉刚的古史研究就是觉得哪儿不对劲,要刺他一刺,但好像无论如何言之,这反而愈加扩大了顾颉刚的影响力,让他辨古史的名声传得更入人心,这大概是他想不到的。还有一件更想不到的事情是,1941 年顾颉刚作为教育部史地教育委员会成员与马毅提案《建议订正历史上有关障碍国族团结之传说案》,其中一条写道,"凡关于边民问题之著作,经教育部审查后,方准出版。不得违反三民主义,尤须与中央之政策一致。"②在如何维护中华民族的统一完整上,西北壮游之后的顾颉刚不遗余力提倡中华民族是一个的观点,积极与中央保持一致。此时的他与其说赞同政治干预学术,倒不如说因为爱国心涌动,在国家精神层面的统一完成之前,顾颉刚认为最好还是搁置一些具体的学术争议,爱国第一,而并非以为顾颉刚善变。

---

①《新月》第 2 卷第 6、7 期合刊,1929 年 9 月。
②《教育部史地教育委员会概况》(第二号),无出版时间,第 17 页。

第三章 民俗、历史与现实

第一节 民俗研究之一:孟姜女

1924 年顾颉刚在《歌谣周刊》第 69 号上发表了《孟姜女故事的转变》一文,正式拉开了孟姜女故事研究的序幕,随后不断加入进来的学者们为顾颉刚提供了各式各样的孟姜女材料,让这一场学术研究显得热闹非凡。百年之后回望这一场热气腾腾的学术接力赛,依然令人钦羡不已。

"孟姜女哭长城"是一个流传千年、耳熟能详的民间故事,提到孟姜女,中国人都能说上几嘴,但要说出一个门门道道却又有些茫然,所谓轮廓清晰、细节粗糙。在顾颉刚生活的那个年代以及以前的时光里,孟姜女仅仅是民间故事传说,活在普通百姓口耳之间,知识分子的高文典册一般不会记载,导致传说的面貌形容失去了凭依,真有点无所措手足了。

顾颉刚凭着对民间文化的熟稔,提出了"无踪无影"和"无穷无尽"八字总结。所谓"无踪无影"是读书人士大夫刻意忽略民间底层,但如果某一天发现这些一向瞧不上的材料居然有很大的参考价值,下手搜寻之时,发现往时不注意的地方材料从四面八方涌来,"无穷无尽"。也就是眼光变,立场变,问题来。

诚如标题《孟姜女故事的转变》所言,顾颉刚的侧重点不是考察这个故事的真伪,而是探讨这个像是长了脚的故事在不同文本中的文字差异为何如此不同。最开始是《左传》襄公二十三年中记载了一个"杞梁妻"。说的是齐庄公攻打莒国,杞梁战死,齐庄公回国路上,在国之郊野遇见了杞梁妻,齐庄公向她表示吊唁,杞梁妻并不以齐庄公的吊唁为然,还说出了这样一番话:若杞梁有罪,也不必吊;倘使没有罪,他还有家咧,我不应该在郊外受你的吊。(顾颉刚的翻译)这个故事里杞梁妻被塑造成一个遵守法度的人。到了《檀弓》中杞梁妻迎她丈夫的灵柩变得"哭之哀",相较《左传》,这里涂上了一层感情色彩。在《韩诗外传》里记载的杞梁妻"悲哭,而人称咏"。顾颉刚梳理之后发现了一些规律:杞梁之妻的故事中心在战国之前是不受郊吊,在西汉以前是悲歌哀哭。在西汉后期,故事的中心发生了转移,从悲歌变成"崩城"。第一个叙述崩城的是刘向的《说苑》,其他史料叙述得较为详细的是《列女传》。顾颉刚推测从此以后大家只要谈到杞梁妻,总是说哭夫崩城,把"却郊吊"一事给忘了。之所以这样写,"本是讲究礼法的君子所重的,和野人有什么相干呢!"

到了唐代,这个故事发生了很大变化。唐代贯休的诗《杞梁妻》显示了三大变化:杞梁成了秦朝人;秦修长城,把杞梁筑在长城里;杞梁之妻一哭而城崩,再哭而杞梁的骸骨出土。顾颉刚分析其中之一个原因是唐代时势的反映,顾颉刚的这一段分析十分绝妙,把自己丰富的历史想象力与文学感知力完美结合在一起:

> 长城这件东西,从种族和国家看来固然是一个重镇,但闺中少妇的怨毒所归,她们看着便与妖孽无殊。谁人是逞了自己的野心而造长城的?大家知道是秦始皇。谁人是为了丈夫的惨死的悲哀而哭倒城的?大家知道是杞梁之妻。这两件故事由联想而并合,就成为"杞梁妻哭倒秦始皇的长城",于是杞梁遂非做了秦朝人而去造长城不可了。她们再想,杞梁妻何以要在长城下哭呢?长城何以为她倒掉呢?这一定是杞梁被秦始皇筑在长城之下,必须由她哭倒了城,白骨才能出土,于是遂有"筑人筑土一万里","再号杞梁骨出土"的话流传出来了。她们大家有一口哭倒长城的怨气,大家想借着杞梁之妻的故事来消自己的块垒,所以杞梁之妻就成为一个"丈夫远征不归的悲哀"的结晶体。[①]

① 《歌谣周刊》第 69 号,专号二"孟姜女"(1),1924 年 11 月 23 日。

顾颉刚的论学语言不枝不蔓，但有时候又旁逸斜出像说评书一样自问自答，首尾圆合，逻辑自洽，上引这一大段叙述态度和语气很像是一篇有腔调感的散文，与他早年写的一首白话新诗《自你殁后》口吻十分相似。就是他想象着有一个读者站在他的面前，听他絮絮叨叨讲古，文字背后有一种精神的兴奋。这与学术文要束缚情绪十分不同，所以顾颉刚对自己的语言一向非常自信。

　　唐朝以后杞梁妻故事的中心从哭夫崩城变成"旷妇怀征夫"。这个故事发展演变到宋代，顾颉刚考证北宋有一本叫《孟子疏》的书出现了"孟姜"的称谓，于是这个故事的女主角从杞梁妻变成孟姜，这是之前很多书上完全没有提到的事情。"自此以后，这二字就为知识阶级所承认，大家不称她为'杞梁之妻'而称她为'孟姜'了"。自此孟姜女哭长城这个经典民间故事为世知晓。

　　这篇《孟姜女故事的转变》如果用示意图表示就是这样：（战国之前）不受郊吊→（西汉以前）悲歌哀哭→（西汉后期）哭夫崩城→（唐以后）旷妇怀征夫→（北宋）孟姜女哭长城。这篇约一万两千字的文章行文思路十分清晰，写的过程中顾颉刚也不断强化叙述逻辑，循着材料抽丝剥茧，找到了开门的钥匙。对这篇文章，顾颉刚十分满意，自感文气顺畅，一气呵成。1924年12月22日日记，"此文甚是惬心，然总觉改之不尽，奈何！"顾颉刚改之不尽的原因是材料没有穷尽，这个故事他只研究到宋代，只是把基本线索理出，至于这个故事作为"范式"到处传播开去，在各时各地开花结果，原因若何，顾颉刚很想再来一个总结算。这个总结算就是全文发表在1927年《现代评论》"第二周年纪念增刊"上的《孟家女故事研究（古史辨自序中删去之一部分）》。此文很长，和前一文相比，发表晚了两年。其中原因固然是顾颉刚太忙，另外是他发现和接触的孟姜女故事材料越来越多，问题也越来越多，思考越来越复杂，花时间消化吸收，才终于写成三万余字的大文章。

　　这篇文章的思路也很清晰。全文分为三部分：孟姜女故事历史的系统，孟姜女故事地域的系统，研究结论。顾颉刚把之前《孟姜女故事的转变》中一些材料也重新整理进来，在第一部分中分二十三点从古到今按照进化论的顺序排列故事形貌。大致发展轨迹是故事生长越来越

159

茂盛,枝叶越来越丰富,比如孟姜女与范杞梁如何认识、如何结婚、如何千里送衣,这些关节被人们编造得惟妙惟肖。第二部分是分述山东、山西、陕西、湖北、直隶、京兆、奉天、河南、湖南、云南、广东、广西、福建、浙江、江苏等地孟姜女故事的差异。可谓各省不一,各地不一,各有特色。尤其是顾颉刚的结论写得精彩纷呈,令人拍案叫绝。这也代表了顾颉刚对具有范式意义的民间故事的总体看法。结论总共写了六点:

民间故事的流传与文化中心的转移有关。春秋战国间,齐鲁文化程度高,孟姜女故事便发生在此。西汉以后文化中心在长安,故事流传到西部有了崩长城的传说。故事之后沿着长城而发展,长城西到临洮,因此在敦煌曲子中能找到孟姜女寻夫的故事。到之后北宋建都河南,故事转到中部发展,南宋以后江浙成了文化最盛的地方,所以孟姜女传说最后起。明清以后北京是文化中心,顾颉刚认为北京附近的山海关成了孟姜女故事最有势力的根据地。故事的生长与文化中心的转移有巨大关系。

故事的改编与时势风俗有关。西汉讲究天人感应,民间百姓就在这故事中加进奇情和传奇的成分;六朝隋唐间人民苦战争徭役久矣,于是借孟姜女故事寄托哀感,把故事的走向从崩城变成哭长城,文学作品中便出现捣衣、送衣等创作,主题成了反战与思归。

民众情感和想象与故事生长的关系。顾颉刚写道,"民众的感情中为了充满着夫妻离别的悲哀,故有捣衣寄远的诗歌,酝酿为孟姜女寻夫送衣的故事;有登高望夫的心愿,酝酿为孟姜女筑台望远的故事……所以我们与其说孟姜女故事的本来面目为民众所讹变,不如说从民众的感情与想象中建立出一个或若干个孟姜女来"。

传说、故事的"真"与"变"。以前的人一旦考虑到真,便以为传说故事全是假,读书人于是要处处弥缝。只是故事的研究方法与史学考辨不同,"故事是没有固定的体的,故事的体便在前后左右的种种变化上"。如果说史学的"体"是真实正确,故事的"体"就是研究迁流漫衍,就是不立一真,唯穷其变。一个故事当然可以推翻它在史学上的地位,但不能推翻其在传说上的地位。所以看历史和看传说的眼光必得有所差异。

解释学与时势风俗人情之关系。一件物事的解释有地域人心之不同,譬如对孟姜女与范杞梁结合一事来看各有各解,为了安排二人见面,想出各种会面关节。这些编排有借鉴风俗、有读书人的穿凿、有民众的美好想象,不一而足。"因为个人有解释传说的要求,而各人的思想智识悉受时代和地域的影响,所以故事中就插入了各种的时势和风俗的分子",民众有强烈的解释传说故事的欲望。

民众、士流的思想分别与故事的分野。民众朴厚的情感借故事而发作,孟姜女的故事日益倾向于纵情任欲方向发展,而知识分子谨守法度,让故事循规蹈矩,比如故事流传之初杞梁妻的却郊吊。孟姜女的故事总有一些矛盾的痕迹。"所以虽有崩城的失礼而仍保留着却郊吊的知礼,虽有冒险远行的失礼而仍保留着尽孝终养的知礼"。民众喜欢的仍然是那个千里寻夫哭长城的孟姜女,喜欢在人人不敢破坏礼的社会里孟姜女的大声哭泣。民众在心里早已把最高的赞美给了她,虽然有矛盾,但一点也不妨碍大家喜欢她。

顾颉刚在这篇文章里还谈到"小题大做"的问题,针对有些人提出这样研究一个民间故事到底是否值得的向度,顾颉刚讲了一句和胡适说发明一个字的古义和发现一颗恒星类似的话:"一粒芥菜子的内涵可以同须弥山一样的复杂"。顾颉刚是想把孟姜女故事的研究看作一个可资借鉴的范式和方法,借此去研究古代交通的变迁、文化迁流的系统、宗教的势力、民众的风俗习气。至于是不是小题大做,顾颉刚以为没有小不小,只有做不做。

顾颉刚的孟姜女故事研究在民俗学发展史上自有其贡献和价值。他的剥洋葱式的方法和精当结论在当时就令人钦佩不已。这是其一。另外一点是顾颉刚的研究在《歌谣周刊》发表后,激起了大反响,获得读者们无限的同情与好意,很多人给他供给材料,弄得顾颉刚"天天手舞足蹈地接受这些新发现的材料",将问题越放越大,讨论越来越深入,让这场学术研究显得精彩纷呈、欢喜无限。

给顾颉刚供给材料的人里面有钟敬文、吴立模、郑振铎、陈万里、郑鹤声、徐玉诺、刘策奇、郭绍虞、伍家宥、何植三、徐光熙、刘半农、魏建功、常维钧、钱肇基、郑宾于、周作人、容庚、沈兼士、程树德、孙伏园、董作宾、赵元任等。这些热气腾腾、情绪放松的讨论多是通过《歌谣周刊》"通讯"栏体现出来。本着问题越辩越明的思路,讨论中时见新意。郭绍虞在《文人的兴会与传说》中提出了一个观点,认为传说的生成与文人的附会有关。郭绍虞认为文人创作本是羌无故实,只是凭他一时的兴会,想象所及,随意掇拾,恐怕未必成为一种传说,但是影响所及,后人附会其上,则有可能成为传说。顾颉刚却不完全同意好友郭绍虞的意见,他认为中国的文人最不敢虚构事实来变更传说,因为文人对于描写事实本来不感兴趣,何况信古之念太深,也不太敢任情编造。另外,纯粹的文人创作不会在民间社会有很大影响力。顾颉刚认为,"一种传说的成立,全由于民众的意想的结集;它的所以风行,也全由于民众的同情的倾注",也就是传说是民众世代累积型作品,文人在其中的作用更多是修改润色,至于说由他们凭空造出一个传说,得到民众深入人心的认可,这种可能性很低。还有一种颇值得重视的现象是顾颉刚重视图像材料,主张图像是另一种能说话、能证明的学术语言。譬如在《歌谣周刊》第八十六号上有两幅图像:

顾颉刚产生了怀疑,这个怀疑发生的起点是这样的。当刘策奇把一册广东出版的宝卷送给顾颉刚阅读,顾颉刚感觉很吃惊,就是为什么在广东流行的宝卷竟与江浙地区通行的唱本除了神话的成分以外,其他完全一模一样:孟姜的丈夫都姓万,都是苏州人;孟姜的父亲都叫孟隆德,都是松江人,仆人都叫孟兴。顾颉刚第一反应可能是江浙地区唱

本的势力广大,影响到两粤地区。后来广东的容肇祖翻阅此宝卷,发现里面并无广东方言,由此推断并非是广东人士所创作。于是顾颉刚便怀疑这故事有可能是苏州人所创作,便托人去苏州专卖经忏善书的玛瑙经房去问,却没查到相关消息。正在失望之际,偶然发现上海城隍庙翼化堂善书坊的书目有孟姜女,顾颉刚赶紧托人去买,把上海的刻本与广东的刻本一对比,发现文字、行格、图画等完全一样。查版权信息,上海翼化堂本 1912 年新刻,广东明星堂本是 1915 年重刊,这就足以证明流传到两广的孟姜女仍然受江浙刻本的影响。顾颉刚由此得出"故事的错杂和考证的困难"①的心得。

另外一幅是孟姜女哭长城的图像②:

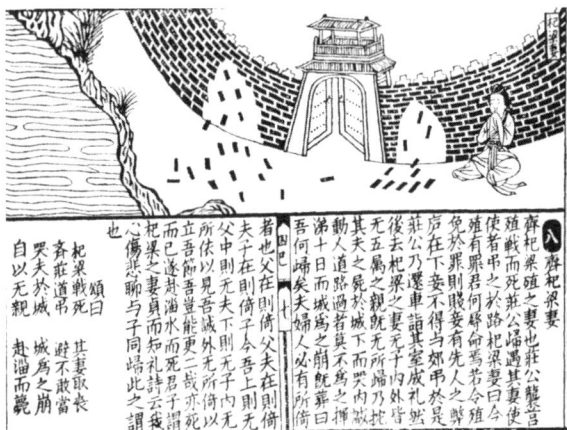

研究孟姜女很少得见哭崩长城的图画资料。《歌谣周刊》中插入的这张画片来源于《古书丛刊》中影印的阮氏文选楼刻本《列女传》,文选楼底本是南宋建安余氏刻本。顾颉刚在按语里写道这很有可能是东晋大画家顾恺之的画法和笔意。顾颉刚由此感觉到研究学问的两重快乐:一是得见顾恺之留存的画法。二是看到了一千五百年前人们想象的孟姜女哭城的样子。顾颉刚在孟姜女研究中重视材料的倾向已经显露无遗,对于材料的获取和开掘是掘地三尺不止不休:找材料是上天入

① 2011 年中华书局版《顾颉刚全集》没有收录《歌谣周刊》中关于孟姜女图像方面信息和顾颉刚的一些按语。
② 《歌谣周刊》第 83 号,1925 年 3 月 22 日。这幅图像和顾颉刚的说明文字亦未收入《顾颉刚全集》。

第三章 民俗、历史与现实

地,用材料是竭尽所能。

　　孟姜女故事研究是顾颉刚用新眼光审视旧材料、老树发新芽的一种尝试。时至今日阅读这些有味的材料,并不让人感觉到一种学术的负累,而是问学求索道路中一种清新之气扑面而来。毫无疑问,《歌谣周刊》中孟姜女专号的"通讯"栏很是亲切有味,这种引动各种层次的人参与进来,是完美地把学问与趣味结合在一起了。顾颉刚在《孟姜女专号的小结束》(《歌谣周刊》第96号,"孟姜女专号九",1925年6月21日)说,"我真快乐"。他真的是没有料到从1924年11月23日出"孟姜女专号"第一号到第九号,这场问学之旅足足经历了七个月,每一期专号出八版,其中第七号增刊了八版,总共出了八十版,每版约一千五百字,总共得十二万字。看着这些满满当当的文字,顾颉刚再一次动情地说,"我真快乐,我深深的感受到研究学问的快乐,我真想不到研究学问的快乐有这样深挚而浓厚的"。这种快乐主要是指顾颉刚能不断看到新材料,刺激他产生新想法,就像小孩子吃糖葫芦,舔了一口还想吃第二口,勾起他无限的兴趣:"今日在唐(?)写本《文选集注》中发见孟姜女赤体为杞梁见之传说,极快。"(1925年7月1日日记)他的同道们也感受到了顾颉刚的欢喜,刘复在给他提供敦煌写本中的材料之时把这样美好的评价送给了顾颉刚:"你用第一等史学家的眼光与手段来研究这故事;这故事是二千五百年来一个有价值的故事,你那文章也是二千五百年来一篇有价值的文章"。同道中人参与接力提供孟姜女研究的各种材料,显出一种元气淋漓的生机,学问与生活就像鱼之于水,融融乐乐,欣快无间。

　　在顾颉刚一生之研究中,能像他如此反复说在学问中获得了"快乐"的,恐怕就此一回。不是说这一回研究孟姜女获得的快乐会特别不同些,而是这次学术实践汇集了众人拾柴火焰高的群策群力,常常有新材料来到顾颉刚眼前,常常有不同的思路冲击顾颉刚,让他及时调整,获得新想法,产生意外之喜,把一个有趣有情的民间故事做成了一个现代学术研究的范本,能够体现人情的真和学术的美。这是顾颉刚的幸运。顾颉刚更像是一只聪明的狐狸,嗅觉敏锐,不疑处有疑,找到了孟姜女这样一个箭垛式人物,挥洒着自己的才华,把现代学术研究中的分工合作的研究方式推向了远处与高处。

第二节　民俗研究之二:妙峰山

自北京大学提倡研究歌谣以来,激发了学者们对原来不为人注意的民众生活的关注。而民间组织的香会则是观察民众的一个很好的窗口,为了了解这一民众精神生活的绝好例子,1925 年 4 月 30 日,容庚、容元胎、孙伏园、庄严、顾颉刚受北京大学风俗调查会之嘱出发寻访。此行目的地妙峰山位于北京城西北八十里,属于宛平县玉河乡之地界,在每年阴历四月,从初一到十五,民众朝山进香十分踊跃,是北京一带民众信仰的中心。他们早八时出发,先雇人力车到西直门,九时到海淀吃饭,然后换车到北安河,顾颉刚日记写道,"车上看《马可博罗游记》。到长明客栈小憩。步行上旸台山,山高甚,凡二十四里始到顶。越岭后,见杏花满山,间以白杨。玫瑰未发,仿佛荆棘,甚爱之",庄严也记载,"沿路陌陇如茵,野花似锦,倚车谈话,心中畅然"①。对顾颉刚而言,这次为期三天、只有五十元活动费用的调查是他一直想有的。五人之中属顾颉刚对资料的渴求最炽,"他走路比大家都快,沿途细心观察,了解进香者的神情、动作,有时和进香者漫谈,为了深入无拘束的畅谈,还为进香者照相,借以深入地了解情况"②。他有如此渴求,与其所持观念有莫大联系,即认为民众的生活、精神资料有重要研究价值,是观察他们思想的好机会。

到妙峰山进香的民众大部分为周边的贫苦农民,物质生活水平很低,用孙伏园的话形容,简直"低得真是可惊",他们一年劳苦所得不过养家糊口而已,没有多余的精神生活。这朝山进香是他们的一种放松与狂欢,在这特殊时日他们整理打扮一新,去迎接这属于他们的盛会,"他们在城市中打拱作揖拘拘得一年了,到这里借着神的佑护呼喊个痛快"③,这里是安慰他们已经麻木魂灵的栖息之所。在神的名义下,一切都显得不同,民众将妙峰山进香的组织事宜安排得井井有条。从顾颉

---

① 庄严:《妙峰山进香日记》,《京报副刊》第 163 号,1925 年 5 月 29 日。
② 容肇祖:《回忆顾颉刚先生》,《顾颉刚先生学行录》,中华书局 2006 年版,第 21 页。
③ 伏园:《朝山记琐》,《京报副刊》第 147 号,1925 年 5 月 13 日。

刚的《妙峰山的香会》看，民力的表现在这种特殊时日是如此值得佩服。这体现在如下三方面：首先，民众造就的香会组织具备"国家的雏形"。顾颉刚采取横向与纵向两方面予以说明。纵向，从时间的角度梳理历代的香会情况。横向，则类似横剖面的解读。他在研究清代的妙峰山香会组织架构时，就已掌握的资料对香会的内部架构作如下归纳：

（一）引善都管（香首和副香首）是会中的领袖。

（二）催粮都管是收取会费的人。

（三）请驾都管是掌礼的人（即古之祝）。

（四）钱粮都管是采办供品的人。

（五）司库都管是管理银钱的人。

（六）中军吵子（疑是哨子之误）都管是管理巡查防卫的人。

（七）车把都管是管理车辆的人。

（八）厨房茶房都管是管理饮食的人。

（九）女香客不任职务，所以别立"信女"一项。①

"都管"是指茶棚及文武会②的负责人，"茶棚"为施粥茶供香客饮食的临时场所。顾颉刚排比这些资料后的结论是，"我们看，他们的组织是何等的精密！他们在财政、礼仪、警察、交通、饷糈⋯⋯各方面都有专员管理，又有领袖人物指挥一切，实在有了国家的雏形了！"顾颉刚认为这相当于一个缩小的社会模型。

其次，香会显示民力的活泼、朴野、自怡之情。顾颉刚考古例今，发现明代的香会之盛远非今日可比，这种盛况除了场面外，更是精神面貌的高于今人。他在文章中引用刘侗《帝京景物略》说明盛极一时的香会传统，其中一段很能见出民众的情致："香客归途，衣有一寸尘；头有草帽；面有鬼脸，有鼻，有须；袖有麻胡，有欢喜团。入郭门，轩轩自喜；道拥观者啧啧喜。入门，翁妪妻子女旋旋喜绕之。然则或醉则喧，争则殴，迷则失男女，翌日烦有司审听焉。"这种意态与今日比拟有天壤之别，顾颉刚非常自然地发出感慨，真要令人有"世风日下，人心不古"之

① 顾颉刚：《妙峰山的香会（上）》，《京报副刊》第157号，1925年5月23日。

② 关于文武会的解释请参看下引奉宽原文。

感觉:

> 现在的妙峰山,只有寥寥落落的几竿中幡(中,疑当作幢),那里有百十个绣旗丹旐! 只有唱着秧歌的高跷,那里有婴儿跨马蹬空的台阁! 只有穿着戏装来的乡下小戏班,那里有面粉墨的闲少年所扮的僧尼乞丐无赖诸相! 只有秸编的小草帽,那里有什么鬼脸,鬼鼻,鬼须! 游戏的兴趣是淡得多了,美术的意味也薄得很了,大家只管规规矩矩的进香磕头,所以"醉则喧,争则殴,迷则失男女"所谓"风化攸关"的事情的确也没有了![①]

顾颉刚这种对民间的看法,可以用一个词来形容:"生气"。生气者,乃精、气、神灌注而成,有之则神采奕奕,无之则如泥塑木雕,令人齿冷。他的这段议论指出早前的香会之盛充分体现人的活气,没有拘牵,各样物什体现虎虎生气,于此才能见出艺术的兴味,这既是一种生活,更是一种美。顾颉刚的这种对民众生活作整体性的衡量标准不单体现在对妙峰山的历史现实考察中,在其对杨惠之塑像多次呼吁保护中也得以体现,二者情形有异,思路实同。杨惠之塑像本是顾颉刚家乡苏州保圣寺的一座塑像,历数百年保存至今,然因无人修缮,以致倾圮,令人忧虑。顾颉刚看来,杨惠之塑像值得保存的缘由,是它乃一件极有生气的艺术佳作,能看出艺术的美来。杨惠之塑像的成功在于"筋肉的表现"与"衣褶的松动",全身匀称,喉骨都能看见,与其他死气沉沉的罗汉塑像比较,表明一为艺术家制作,二乃匠人手笔。他用同样的对比手法叙述:

> 现在的罗汉都成了肥头胖耳的和尚,看西园可知,全不见有筋肉,全不见个性;【略】现在的罗汉都是装金,一望过去,似乎他们都穿了制服;而杨氏所塑有显明的色彩,且色彩极浓重。后来补修者,色彩极淡薄。现在的罗汉大都是整齐的坐着,差不多是排队;

---

① 顾颉刚:《妙峰山的香会(中)》,《京报副刊》第 163 号,1925 年 5 月 29 日。同样引用这段原文的奉宽,解读却不同。具有遗老气的奉宽发出今不如昔之感:"景物略所述明代盛况,什八九与今妙峰山相若。士习民风,视今犹昔,虽异地,无不皆然也。"奉宽:《妙峰山琐记》(影印本),萧放主编:《华北民俗文献》第 3 卷第 123 册,学苑出版社 2012 年版,第 205 页。

而杨氏却高低上下,随了山水去布置;坐在山洞里的坐禅,立在峭壁边的题壁,相逢在水涯的鞠躬,降龙的龙蟠梁上,伏虎的虎也像真的一般大,虽是限于两壁,却可表现无数不同的人,不同的地。【略】何以故?因为塑像之业,数百年来,只有谋生的工匠,没有有艺术观念的作者。到如今,连古代的艺术作品也不会保存了!这种没有艺术观念的社会,真的是可怜得很。(没有美感,简直是人性中缺去一项。)①

整齐坐着的罗汉与现今规规矩矩的进香客,既说明真的艺术反而随着时间的推移越来越少,更是"美术的意味也薄得很"的象征,顾颉刚希望艺术作品中要有人的气味。

第三,香会的各种分类见出民众的有情。他们各司其职,从职能上讲,有修路、路灯、茶棚、缝绽、成补铜锡器、呈献庙中途中用具、呈献神用物品及供具、施献茶盐膏药(各种技艺如武术、音乐、大鼓等)等,大类下面还有更细的分类,如呈献庙中途中用具类下还分九小类。这些是为方便香客而设置,他们在平时互不相识,然在进香时节,一路上随处有人招待,随便取用,仿佛显得很熟络。顾颉刚很欣赏民众发起的这类利民组织,"这一路的山光水色本已使人意中畅豁,感到自然界的有情,加以到处所见的人如朋友般的招呼,杂耍场般的游艺,一切的情谊与享受都不关于金钱,更知道人类也是有情的,怎不使人得着无穷的安慰,仿佛到了另一个世界呢!"②

从民众修路开山、架设路灯、设置茶棚的力量中,顾颉刚联想至知识分子,指出知识分子的精神与气质实在"太暮气""太衰老",需要向民众吸收自新的力量,"如再不吸收多量的强壮的血液,我们民族的前途更不知要衰颓的成什么样子了!强壮的血液在那里?这并不难找,强壮的民族的文化是一种,自己民族中的下级社会的文化保存着一点人类的新鲜气象的是一种"。在情感上,顾颉刚是抱着"最热烈的同情心与最恳切的了解力"来调查妙峰山,顾颉刚更愿意从

---

① 顾颉刚:《顾颉刚全集·顾颉刚读书笔记》卷一,中华书局2011年版,第391页。
② 顾颉刚:《妙峰山的香会(下之一)》,《京报副刊》第171号,1925年6月6日。

正面积极的层面看待朝山进香的这些实际上既无真正信仰又无知识的群氓。

在《京报副刊》上分四期登载完的《妙峰山的香会》材料相当齐备，顾颉刚的用意也很明显，就是去发现新材料，开辟新的学术领地，材料尽管客观，但观点却很浪漫，他对进香民众的浪漫主义观照与事实恐有一定距离。顾颉刚何以会有这种很是浪漫的民众认识，换言之，进香民众生活意态真如顾颉刚所言如此吗？为考辨清楚这个问题，可以从两个方面来观察，一是将研究妙峰山的历史文献与顾颉刚的文本对勘，二是从与顾颉刚一起上山的其他人等发表于《京报副刊》的文章着手，梳理顾颉刚何以如此认识的原因。

在顾颉刚等人上妙峰山之前，已有奉宽的研究著作《妙峰山琐记》。此书以《中山大学民俗丛书》名义于 1929 年出版，其梳理之清晰，文献之翔实，连后来发现有此书后的顾颉刚都不禁佩服。有着多年持续追踪妙峰山经验和历史考证兴趣的奉宽描述的进香，可作为顾颉刚文章的重要补充甚至反证之处有三点。第一，进香者并非仅是民众，也有富人，虽然奉宽在书中不轻下褒贬，但很明显看出进香亦是不平等的，"每山期，庙门未启，王侯中贵，于元君前竞上头香。孝钦显皇后，尝为穆宗祈痘于此；先期预嘱庙祝，必俟宫中进于香后乃开庙，谓之'头香'。余日，豪右富人，亦得于殿中展礼。寻常百姓，惟余阶下手香拜；已，掷之池。"[①]第二，顾颉刚说为方便信众而设置的各种香会体现人类的有情，这些都不关于金钱，这或许是顾颉刚的一种想当然的发挥。事情不止如此，并不如顾颉刚所讲"一到四月初，就如何的在各条路上架起路灯，在各个站口开起茶棚；他们开了茶棚之后，如何的鞋匠来了，铜锡匠来了，施送拜垫围棹的人来了，施送茶盐的人来了。那时香客们如何的便利，一路上随处有人招待，如熟识的朋友一般。开茶棚的人也如何的便利，茶叶是有人送来的，供品设备是有人送来的，打破了的碗盏也自有人来修补的。大家虔诚，大家分工互助，大家做朋友！"之所以引用这一

---

① 奉宽：《妙峰山琐记》（影印本），萧放主编：《华北民俗文献》第 3 卷第 123 册，学苑出版社 2012 年版，第 162 页。

完整的段落,是想说明顾颉刚是如何将民众的善良实诚证成一个自然而然、水到渠成的过程。然而我们看奉宽的论述,即可发现顾的观察不深,香会的施送既关礼俗,又有逐利成分:

> 沿途设碧霞行宫,施粥茶供客食宿,曰"茶棚"。纠合朋党,酬神献供,为"文会"。结客少年,搬演社火,为"武会"。茶棚,假祠庙,或另结苇棚为之;陈香案卤簿,奉元君或其他神像,周悬二十八宿旗,门树七星皂纛,及九连灯架。香客入棚参驾已,就座饮啜。执事者当案唱叫粥茶,众和之;脆韵曼声,与磬音相杂,山鸣谷应,袅袅宜人,途有步而拜者,负鞍綍匍匐行者,则棚遣两三人奉饴浆逆于百步外;又遣四人鸣钲号于众。文武各会,亦须逐棚交纳香烛钱粮,呈献技艺。关白不到,或言语少叶,则敛门纛以拒。斯时必须有调人左右之;否则两造必至凶殴,涉讼而后已。①

奉宽又引用清人震钧《天咫偶闻》中的说法作为自己论述的证据,谓好事之人逢此香会之盛,乘机渔利或败坏风俗,他们"联棚结党,沿路支棚结彩,盛供张之具,谓之茶棚,以待行人少息",其他人等也想法盈利,"食肆亦设棚待客,以侔厚利。车夫脚子,竟日奔驰,得傭值倍他日。无赖子又结队扮杂剧社火,谓之赶会。不肖子弟,多轻服挟妓而往。"好事之人在清咸丰年间已存在,上谕称烧香人众中有无赖之人,装演杂剧,希求明令禁止,事实却无有效遏止。乘机渔利者不止好事之人,还有乞丐、村民、扒手。1936 年出版的《妙峰山指南》指出乞丐亦知此地人气旺盛,因之大量聚集,不可胜数。他们抓住进香人都是些慈眉善目的香客,讨钱定然丰富②,但也要略施伎俩,"娘娘顶乞丐老幼男女残废之人,皆有破条扫一把,将道微扫一点,皆坐在山边乞钱,有二三百名之多。口中唱着洪而且哑之哀歌,如哭如泣。垂胸打地的乞钱。香客若给某甲钱,某乙则恶言蛮骂"。香客上山下山必经之地涧沟,此处也是

---

① 奉宽:《妙峰山琐记》(影印本),萧放主编:《华北民俗文献》第 3 卷第 123 册,学苑出版社 2012 年版,第 170—171 页。

② 金禅雨编辑:《妙峰山指南》(影印本),萧放主编:《华北民俗文献》第 6 卷第 126 册,学苑出版社 2012 年版,第 382 页。

产生纠纷之所,过前山或至北京的人,绝不敢说是涧沟人,原因在于"在阴天下起雨时,香客在他房檐下避一避雨,该家长即按位收费铜钱一吊文(铜元十枚),稍迟则恶语相加,过山说涧沟人,常有挨打之事"①。作者金勋认为这并不妨碍香客进香的虔诚,即使有这些问题不过是大醇小疵,无害大体,香客们热烈团结,互相亲爱,欢声载道,虔诚代福还家之词不绝于耳,这是"佛国民"的气概,见出一种"新国民运动气象"。

如果把奉宽、金勋所带入的情感因素——一为遗民之思②,一为信众之念——祛除而言,客观而论妙峰山是五方杂处的道场,不是顾颉刚所描绘的那副有情社会面目所能涵盖得住的。一个最现实的问题是顾颉刚在妙峰山调查,晚须宿客房,而此地食宿房费颇贵。据金禅雨介绍,以在涧沟村住宿而论,大致于初五六七八日"租价奇贵",其他时日香客量少,价格稍低落。吃饭而言,也是"物价奇贵",较平市高二三倍不等,香客最好自带干粮或于别处吃饭。顾颉刚是 1925 年 4 月 30 日(农历四月初八)上山,他们住在山上,食宿费据庄严日记,"付二日之房饭费八元,和尚仍露不欢之色",和尚不欢,自然是嫌钱少。这个价格与涧沟住宿相比,涧沟房费从十枚铜元到四五十枚不止,金蝉雨认为已经很贵,顾颉刚一行给和尚的房费比涧沟要高许多,差异之大,真是不可以道里计。

第三,顾颉刚说研究妙峰山要注意其间蕴蓄的民众生活、心理、思想,还特意强调决不可将其当做迷信而一笔抹杀。顾颉刚的意思没有错,然而妙峰山的民众进香本身实难上升至宗教层面,他们的祈福还是源自现实的无处求告、无力担负,换言之,求佛求神还是为求消灾祈福。举例而言,进香者多有为其久治不愈亲人馨香的心愿,方式有多种,如拜香、背鞍、滚砖、镯镣、耳箭、悬灯。最简单为拜香,"自头道茶棚或山

---

① 金勋:《妙峰山志》(影印抄本),原始出版年份不详。萧放主编:《华北民俗文献》第 7 卷第 127 册,学苑出版社 2012 年版,第 14—15 页。需要说明虽然不乏好事逐利之人,但同时有本分村民借此一年难得之机挣一点辛苦钱。

② 奉宽《妙峰山琐记》自序:"居士(奉宽自称小莲池居士——引者注)丰沛流民,沧桑过客,当年案吏,喜朝衫野服交披;此日阶因,悲麦秀黍离并赋。问王侯之弟宅,昨是今非;听山野之讴歌,东收西拾。雕虫有技,勉成怀旧之篇;吐凤无才,难作美新之句。爰就目更身历,撰为是编。所记多村田琐事,市井谰言,支蔓旁生,薰莸杂植。然而牛溲马勃,用之当,何殊玉札丹砂?"很有敝帚自珍之意。

下及涧沟等处起始;有三步一扣首(原文如此,恐系叩首之误——引者注)者,有五步七步一扣首者"。其中一些方式相当残忍,背鞍者,"身伏于地,背负马鞍,上系红绳,紧扎娘娘码及钱粮一份,口衔红绳作缰,伏地膝行登山"。滚砖者,"形式略与背鞍同,仅不背鞍而已。砖上书病者之名,其子弟伏地作马行,随走随将砖滚上山去,此类拜香多因病者年事过高不良于行,故许此愿。"镯镣者,"身着罪衣罪裙(红色)与犯人相同,亦全份手镯脚镣,起点多自海甸或北安河及涧沟等处。"耳箭者,"如古军中犯罪者插箭游营地,法以短箭插于耳骨上,使直立,有一支两支不等。"①这些情况在顾颉刚一行的调查中都没有提及。

与顾颉刚同去的其他人对进香民众也自有一番观察。同去的庄严、孙伏园、容肇祖都留下了文章。庄严日记的记载值得一述。首先,他用游记散文的笔调发挥妙峰山风景之美,以此映衬进香民众壮健的精神气,"一路见妙峰归来之客,或乘车,或徒步,三五成群,歌笑雍容。每人手中均持桃木杖一,各色纸花插戴满头,女人则以鲜艳之布包头,亦满插花,与鞭丝蓬影互相照映。此种不可形容之野趣,非目睹者不知其可乐也。"其次,对妙峰山正殿供奉神祇的批评。妙峰山山顶正殿进门左手边依次供奉财神、王三奶奶、华佗,右手边是广生殿、五圣宝殿、释迦殿,中间为天仙圣母碧霞元君殿,庄严谓供奉王三奶奶等是"不伦不类之塑像",信仰多神,混乱无凭,实属可笑。且庙前碑上所记文字无一有溯述庙之古迹、源流的文字,即使有文字,也是记载公启与人名,"字迹恶劣,文笔俚野"。

孙伏园在《朝山记琐》中则佩服民众能勃发如此惊叹之力,甚至感慨在文明社会亦不一定能为的行为,因为他发现在山中溪水旁竟写有"此水烧茶,不准洗手脸",于是感叹这要是在都市文明社会中看到了也要"愧色了"。个中原因是香客们以神之名义而做,孙伏园指出这与现代文明的熏陶其实没有多大关系。孙伏园希望民众有丰富的物质生

---

① 金禅雨编辑:《妙峰山指南》(影印本),萧放主编:《华北民俗文献》第6卷第126册,学苑出版社2012年版,第378—379页。

活与知识生活,不再来朝山进香,甚至幽默地说,如果妙峰山的天仙娘娘真的灵验,就让民众不再迷信她能降福于大众,但可以保存进香的风俗。庄严与孙伏园共同感慨知识分子是不属于这个世界的。容肇祖在《妙峰山进香者的心理》中把民众朝拜的心理解释为一是情感的发泄,因为城里人的快活对于妙峰山周围"拥有缠足的老婆,高崎的土地"的民众是享受不到的,他们借着妙峰山像年节一样稍微放纵一下,"从节俭而略奢华,从限制而暂放纵,是最可娱乐的"。二是满意的安慰。借助神的力量对生活、农事的幸福予以祈祷。容肇祖以为妙峰山的进香是宗教、制度、风俗、习惯、传说、环境的融合,同样也有迷信的表示,"妙峰山的山路,是凭迷信的心理,每年集款修道,不然,官吏不管,居民又没能力管,游人亦不易到了"。容肇祖肯定的是民众借助迷信修路总是有比无好,只是说政府官员的无能,并不肯定民众的觉悟如何之高。容肇祖以为要使风俗习惯得以改变,须从环境与教育下手。

相对而言,奉宽、金蝉雨、金勋等人的著述对妙峰山有更立体的认识,历史渊源,香会茶棚,人情物理,行规俗矩,甚至借机生财之举,各样人等一色写出,使得妙峰山的进香大典显得喧嚣与鲜活。孙伏园等人短暂的三天调查对妙峰山的了解虽然不及远甚,然他们以新知识分子眼光看待民众,也读出不少问题。民众的贫穷在奉宽笔下也有涉及,奉宽却不及孙伏园等追溯民众穷极呼天的根源,而且孙伏园等人看出知识分子与民众的极度隔膜,对民众的所思所想所知甚少。顾颉刚在这二者之间的态度和立脚点,从奉宽一面来说,他没有奉宽浸润数年于此道的熟悉,史料的搜集与排比无奉宽的丰厚与翔实,甚至有些问题顾颉刚在认识上还有缺憾,如上所举顾对人间有情的浪漫肯定与事实的偏离,对茶棚规矩的隔膜。从孙伏园、庄严一面来看,孙等人也能看到妙峰山香会中的不和谐、不合理物事之存在,如供奉多神、民众的粗鄙、残忍的民俗,顾颉刚与孙伏园诸人的共识是看到知识分子与民众的两极之差。然而顾为什么没有看到上述新旧两面人物所见到的现象,如逐利之举、迷信活动呢?

顾颉刚与新旧两派观察差异的形成与其立场有关系。顾颉刚对民众表达思想、信仰与情感的形式,本有亲切一面①,他对民众存有的反映他们思想的片言只字一向珍视有加,他的调查妙峰山不光是提倡新学术、新资料的体现,还是他以学术来救国救民的一种表示。顾颉刚常常说知识分子与民众离得太远,不知民众如何思如何想,要矫正这种倾向,自然是深入民众生活实地踏勘,才能细思拯济之法。当时知识界提倡的口号是"到民间去",这在《京报副刊》《国语周刊》都有热烈的反映,顾颉刚的调查呼应了这一潮流,他很明白地指出:

> 我们若是真的要和民众接近,这不是说做就做得到的,一定要先有相互的了解。我们要了解他们,可用种种的方法去调查,去懂得他们的生活法。等到我们把他们的生活法知道得清楚了,能够顺了这个方向而与他们接近,他们才能了解我们的诚意,甘心领受我们的教化,他们才可以不至危疑我们所给与的智识。现在我们所以不能和他们接近之故,正因两者之间的情意非常隔膜:所以我们劝他们开学校,他们以为我们要去传播洋教;我们劝他们放足,他们以为我们要害他们的女儿不能嫁人。②

> 国内受香火的山川,像妙峰山的必不少;香火胜过妙峰山的也还有。同志们,你们肯各把自己看得见,听得到的,都写出来吗?这是民众艺术的表现;这是民众信仰力和组织力的表现。如果你们要想把中华民族从根救起的,对于这种事实无论是赞成或反对,都必须先了解才可以走第二步呵!③

顾颉刚已很明确告诉我们,他的目的是让民众能甘心领受我们(知识分子)的教化,顾颉刚之所以不在《妙峰山的香会》中提及进香中的迷信残忍行为,并非是他没有看到或是不了解。从观察态度上看,他们五人之中最认真的是顾颉刚,庄严日记,"五人分散,或抄录碑碣,或就和

---

① "我自己做小孩子的时候,每逢节令,吃到许多特别的食物,看到许多新奇的东西,尤其是大家穿了新衣裳,红红绿绿的走着玩着,满觉得自己是被一种神秘的快乐的空气包裹了,这种快乐仿佛是天上的仙女散下来的,充满了高贵而又温和的意味;又仿佛这些花样是天上规定了的,有不能改变的意义。"(顾颉刚:《论中国的旧历新年》,《民间月刊》1932年第2卷第3期。)
② 顾颉刚:《妙峰山进香专号引言》,《京报副刊》第147号,1925年5月13日。
③ 顾颉刚:《顾颉刚全集·顾颉刚民俗论文集》卷二,中华书局2011年版,第323页。

尚谈话,惟颉刚最勤。吾与伏园见之,叹服。余曰:'此颉刚之所以为颉刚也!'"因此不存在顾颉刚视野狭陋问题,何况与其同去诸人都看到了。在《妙峰山的香会》中顾颉刚没有一处提到民众缺点的地方,这是他采取的一种写作策略,其策略是先不下贬斥,多施宽容与赞扬,以了解之同情、哀矜而勿喜的态度多观察多记录。以他为何不对民众迷信一事进行批评而言,顾颉刚后来有一个解释说,民众本来就没有多少娱乐活动,你说去公园游玩,公园要收费,并且还要衣冠整齐,不许下层民众进去,根本已与民众隔绝,现在若说废除迷信,废除节令与烧香等类活动,"这种话若在将来国民智识提高了后说着是很对的,但在过去及现在,政府对于民众教育漠不关心,而空言破除迷信,是谓舍本逐末,不但毫无效果,并且使得民众对于智识更将发生一种恶感的成见,而不愿接受现时代人应有的智慧。"[1]

顾颉刚举例说从前的女子不能出门,终年受着监禁,借着烧香的名义,到庙里放松放松,"把呆板的生活调剂一下,这在精神和身体上都是极有益的事情,这个益处远超于迷信的害处之上,我们哪里忍得非薄它呢?"[2]由此可见,顾颉刚没有对妙峰山的迷信活动进行批评,非不能也,是不为也。为了防止民众"恶感的成见"发生,还是先去了解民众,引他上轨道,施以教育,再慢慢进化,不能总是以知识分子的理性去看待民众的活动,顾颉刚认为这所谓迷信活动本身就已构成民众生活的一部分。要想真正了解他们,先放下知识分子无处不在的理性,高于众侪的眼光,"自尊自贵的恶习惯",从民众本身的历史去看待。顾颉刚在《妙峰山的香会》中大量抄录香会的资料,用他在《一个光绪十五年的"爻目"》中的解释,这既表明他一贯研究学问的思路,也说明他研究民俗的现实关怀:

> 凡是社会上的一种仪式,都有很长久的经历,他每经过一个时期,即挟着这时期的质块随以俱流;经历愈久,杂糅的质块也愈多,虽是这些质块在应用上的价值已经丧失,但仪式上的资格是不废

的。所以我们无论在丧仪上、婚仪上、以至一切的仪式上看,必可分出他的先后的层次。固然要把这些层次分得十分明了是很困难的,但有了这个观念,一定可以帮助我们明了这个仪式之所由来,及其迁变的经历,这是无疑的。我们对着这些无聊的仪式,当然憎恶到极度,但知道了这些事都是由一点一滴地积成的,也可使我们对于愚昧的人们兴起悲悯的同情,想出解悟他们的方法,而不仅仅以怨恨咒骂了事。①

顾颉刚在《妙峰山的香会》中按照时代先后顺序罗列香会,以民国论就列出 99 条,也是要见出香会背后的时代因子,民众生活的流质,他的目的是找出并示人随以俱流的质块。因此顾颉刚在 1928 年国立中山大学语言历史学研究所编印的《民俗》周刊发刊词中强调"我们要站在民众的立场上来认识民众","我们要探检各种民众的生活,民众的欲求,来认识整个社会!""我们自己就是民众,应该各各体验自己的生活",也就其来有自了。因为知识分子常对民众有不切实际的幻想,因而要改变立场,换换脑筋重新打量民众。

顾颉刚的《妙峰山的香会》这篇文章虽然只是三天调查的结晶,多少存在浮光掠影的成分,但能看出顾颉刚的思路,即重视民间。他不对民众进香活动中迷信成分进行批评,反而大力阐扬民众生活的新鲜活力,并与知识分子的孱弱无力相映衬,他这样的写作安排是囿于民众的知识水平还不便对之进行否定,免得民众对知识心生恶感,后续的启蒙无法进展。同时也希望知识分子能吸收民众的新鲜血液改变衰老的面目。顾颉刚的妙峰山调查被何思敬称为是时代精神的代表,这种时代精神被人解读为顾受新文化运动的刺激,因此到中国传统下层文化中去发现他们需要提倡的平等的研究学问之精神②,此论倒也不差。

《妙峰山的香会》一文不遗余力地表彰民众活泼泼的精神,这自然

---

① 顾颉刚:《一个光绪十五年的"食目"》,《歌谣周刊》第 58 号,1924 年 6 月 8 日。
② 吕微:《民国时期的妙峰山民俗研究——纪念顾颉刚等人的妙峰山进香调查七十周年》,顾潮编:《顾颉刚学记》,生活·读书·新知三联书店 2002 年版,第 267 页。

值得肯定。然从学术角度来讲,抛开救国救民的因子,顾颉刚的研究思路还是主观感太强,时常发情绪性的议论,上述对民众有情的议论就不太经得起推敲。兹举一例,顾颉刚在《泉州的土地神》中分析民众为何供奉各类神祇的原因,顾颉刚说民众的知识很浅薄,但又有要求配社的心理,因此供奉什么福德正神、大帝、圣君之类:

> 这些大帝、圣君……原是配祀于土地庙的,意义甚为显著。只因福德正神的样子太柔懦了,神迹太平庸了,他虽然为民众所托命,但终不能获得民众的热烈的信仰。配祀的神既为民众的自由想像所建立,当然极适合于民众的脾胃。【略】于是民众信仰土地庙中的配祀的神比正神深切得多,寖假而配祀的神占夺了正神的地位,升为土地庙中的主祀,把正式的土地神排挤到庑间或阶下去了。久假不归,由来久矣!但是我们何必替福德正神抱不平呢,新鬼大而故鬼小原是世界上的一条公理。[1]

严肃的凭史料说话的顾颉刚有时仍然束缚不住自己的感情,用清畅而富有感情的语言表达十分热烈的意思。顾颉刚的文字中有体温,纸面下有深情,是一个学术上的平民主义者,有时他还会走出书斋为民众鼓与呼,他1925年在《京报副刊》上发表的一系列政论时评文字便是显证。

第三节 "我们要自己站起来干!"

如果说早年在北大的听戏经历让顾颉刚对下层民众有了亲切之感,之后他在学术研究方面关注民众、研究民众,展现一个学者开拓新领域的敏锐嗅觉,那么1925年"五卅"惨案爆发后,顾颉刚直接参与唤醒民众的事业,则是学术关切外更进一层的关注。读书人除了读书写字外还深度参与现实,为国难而起,为民众发声,就像顾颉刚写的很具豪侠之气的诗:"肩头自觉坚如铁,要把河山一担盛。"不得不提,顾参加

---

①《民俗》第2期,1928年3月28日。

当时为唤醒民众而发起的救国团运动,在《京报副刊》登载大量时评文字,其中还有一个私人原因,便是其暗恋的女朋友谭慕愚也参与其中,顾颉刚不忍其辛苦遂加入。顾在 1925 年 6 月 9 日日记:"今晚谭女士来,面容憔悴,嗓音干哑,闻自沪案起后,每夜至二三时始得睡,早五六时即起,在救国团日夜操劳。她身体本弱,向不能迟眠,今因国事如此,令人泪下。我为文字所迫,无时间作救国运动,明日教职员会本拟不去,今日她来,使我不忍不去。但去后明日便须空半日工,故于今夜补之,至上午三点许始眠。"

由于国难骤起引发了知识分子如何到民间去启蒙民众的大争论①。顾颉刚以"无悔"的笔名在《京报副刊》撰文进行鼓与呼,表达一个知识分子对民瘼与国家的关怀,并且小试牛刀如何唤醒民众的方法。顾颉刚当时所写《上海的乱子是怎么闹起来的》作为传单印发,全文不长,从开头到结尾,文字都经过精心结撰:

> 诸位知道　这次上海的乱子是怎么闹起来的　是因为日本人开的纱厂里头　开枪打死了中国工人　中国人看见了气不过　起来打抱不平　印了传单在街上分发　发到英租界的时候　给英国巡警看见了　把发传单的人抓进巡捕房去　中国人瞧见了越发生气起来　聚了好些人到巡捕房去　要他们把发传单的人放出来　谁知道巡捕房不由分说　就开起枪来　当时打死了十一个人　受重伤的有好几十　枪子儿都是从脊梁上打进去的　可见是中国人一边儿跑　外国人一边儿追着打的　自从那天以后　英国人跟日本人天天在上海随便杀人　打人　到人家家里去抢东西　调戏妇女　【略】可是外国人不是个个都是这样坏的　好的外国人　我们仍旧要待他们和和气气　我们的主意　并不是凡是外国人都恨　我们恨的是不把我们中国人当人看待的英国人跟日本人　这个意

---

① 以清华学校学生会的贺麟为例。贺麟 1925 年 6 月 23 日致信孙伏园,"你所说的'救国在实行,不在多说话。'又说:'说话的热度不怕只有五分钟,连五秒钟也不要紧,但实行的热度却至少非支持五十年不可'。我觉得是很有远见的话。我们停办惨剧特刊自然是趋重实行的表现,但并不是不说话,或者说话的热度减低;我们乃是要到民间去口头说话,要出小册子说有系统的话罢了。"《京报副刊》第 191 号,1925 年 6 月 27 日。

思　我们一定要明白记住才好①

句子不长,短句居多,每句话基本就是一个意思。用北京语,都是大众能懂之词,采用传统评书说书之法,将事件前因后果描述清楚,一句接续一句,无废话,清楚明白,既有情绪,亦有理性。孙伏园在文末附识指出,为了让民众看得懂、听得明白,第一,少用乃至不用特别或新鲜的名词。第二,不用标点,怕民众因没有看惯标点而不看全文。第三,为防止发生排外的流弊,需要在文末特别强调区别对待。为了更好地传播宣传,顾颉刚还写了一首《伤心歌》:

咱们中国太可怜　　打死百姓不值钱
可恨英国和日本　　放枪杀人如疯癫
上海成了惨世界　　大马路上无人烟
切盼咱们北京人　　三件事情立志坚
一是不买仇国货　　二要收回租界权
第三不做他们事　　无论他给多少钱
大家出力来救国　　同心不怕不回天
待到兵强国又富　　方可同享太平年

欢迎翻印,看完送人

顾颉刚作为一个学术研究者,用孙伏园的话讲"向来是线装书,线装书,线装书里面钻着"的人,却模仿歌谣形式写出这样一支民歌。孙伏园说作为语丝同人的顾颉刚若果不是深得民歌三昧,是无论如何写不出这种"惟妙惟肖"的作品,说明"语丝同人对于时事竟也破例热心,不落人后"②。这支民歌收到良好的宣传效果,顾颉刚在 1925 年 6 月 30 日日记(1973 年 7 月补记)写道,"此传单发出后即生效,孩子们口中唱了,刷黑的墙上用粉笔写了,以是知通俗文学之易于入人。九一八事变后,予之办三户书社即因此故。然如非北大收集歌谣,予从而响应之,亦不能为此。"当时的亲历者王真回忆,"那时我在北京读书,记得许

① 顾颉刚:《上海的乱子是怎么闹起来的》,《京报副刊》第 177 号,"上海惨剧特刊(五)",1925 年 6 月 12 日。
② 伏园:《救国谈片》,《京报副刊》第 178 号,"上海惨剧特刊(六)",1925 年 6 月 13 日。

多同学把这首歌写在扇面上，一般都能背唱，说明了这首民歌得到了广泛的流传。"①传单在北京各学校印了十万张左右，顾颉刚认为这第一回的试验工作是满意的，它成功吸引了民众对国内重大事件的关注。

当时用民歌形式来灌输国家意识和新思想，不仅顾颉刚一人如此做去，还有顾的同乡、署名"爱湖"者，其发表的《五月三十国耻小曲(泗州调)》全文甚长，抄录开头与结尾部分："月亮一出上柳梢，英日两国狗强盗，来中国真正不少！ 强盗——强盗——，来中国真正不少！""上海开了机关枪，汉口还要放大炮，杀华人真正不少；同胞！ 同胞！ 这冤仇怎样报了？""诸位同胞记住心：报仇雪恨最要紧，从今后想法强盛，要紧——要紧，从今想法强盛！"②这种民间小曲往往很受民众欢迎。茅盾回忆瞿秋白用民歌形式写了《救国十二月花名》(孟姜女调)、《大流血》(泗州调)，前者内容的最后四句为："十二月里来过年忙，千万同胞永不忘，全国国民齐兴起，大家来做革命党。"茅盾说，"此种旧瓶装新酒的民歌为广大工人、小市民所欢迎，起到了重要的反帝爱国的教育作用。"③民歌形式讲国耻内容效果的确还行，但茅盾所说的旧瓶装新酒只是由于事件的刺激而起，并没有持续创作下去。

在时事的刺激下，已有一批知识分子开始思考如何直接而有效地对民众进行宣传。如果说用通俗的形式吸引民众对焦点事件的关注就算成功，很显然顾颉刚不会这么认为，要想提振民众的观念与常识，按照顾颉刚的设计就应该更进一步在通俗的形式中讲更深的内容。通俗的文字本身不易做，尤其是在其中讲政治、外交、教育等等话题更是难之又难，这种难实在是由于民众的知识太过缺乏了。顾颉刚感叹：

> 我们生长在都会中的人的眼光实在太窄了！ 我们只看见自己一部分人，我们常常骄傲地看自己是时代前面的人物，今天说共产主义，明天说无政府主义，以为我们要怎样就怎样了，却忘记了都会以外的可怜人民！ 他们得不到什么知识，他们的智识是初民的，

① 王真：《记顾颉刚先生领导下的通俗读物编刊社》，王煦华编：《顾颉刚先生学行录》，中华书局2006年版，第104页。
② 《国语周刊》第4期，1925年7月5日。
③ 茅盾：《我走过的道路》(上)，人民文学出版社1997年版，第302页。

至少也是夏商间的,他们只懂得皇帝是最高的理想。他们非到实行最高理想的要求心极热烈的时候,是不为外人所知的,也就不会失望的。①

只具有初民时期知识的民众当然没法对诸如"帝国主义""殖民"这类新鲜词语有所反应,这些对他们脑筋实在过于隔膜。孙伏园举例说学生高喊"打倒帝国主义",而妇人小子以及游手好闲之辈竞相效仿,变成"大,道,稽,古,祖,遗!""打,扫,鸡,骨,猪,皮!"除了恶作剧之外,民众对"帝国主义"这种抽象名词是"未之前闻的"②。要是对毫无这类知识储备的民众猛然提出这样一问,用老舍的话讲民众若能懂,那就是"奇迹"了。面对这样的困难,采取何种样式让民众知道除了五卅惨案本身的来龙去脉外,更要知道外国殖民者侵略中国的历史事实,就不得不费苦心。顾颉刚采取了两种方法,一是吸收民间故事中习见的、民众能产生无意识反应的词汇来普及国家意识。为了让普通民众知道外国势力到底如何进入中国,顾颉刚写了一系列谈不平等条约的文章,他在其中一篇文章的末尾这样写道:

> 在这个时候,正似无赖恶霸抓到了一个百万家私的娇养惯了的大少爷一般,只要略施恐吓,便不怕不缴出钱财来。恶霸们拍一下桌子,骂一声贱骨头,大少爷就哀呼一声饶命,于是他们志得意盈的满载而归了。牛皮王二既从这个大少爷身上发了一注大财,于是泼皮李三,麻皮金五都垂涎起来,奋臂而至了。就是已经发财的牛皮王二,也因发财的容易,激起无尽的贪心,过了几天,又照样的演一番了。不到这个大少爷倾家荡产,他们决不肯完结。诸君,现在这个大少爷的动产是已经送得精光了,只剩下一所破旧的房屋还住着,而这班泼皮又在外边声势汹汹,带了凶器,见人乱刺,非进来拆卸木料,搬运砖瓦不可。为这个大少爷计者,是避去了他们的凶焰,让他们拆卸房屋,从此飘零荒野,冻馁而死的好呢?还是纠集了族人,同他们拼上一拼,胜则从此恢复了家业,败则得到轰

① 张久(顾颉刚):《红枪会与八卦教》,《语丝》第 65 期,1926 年 2 月 8 日。
② 伏园:《游行示威以后》,《京报副刊》第 170 号,1925 年 6 月 5 日。

第三章 民俗、历史与现实

轰烈烈的一死的好呢？费心，请替他想一想！①

顾颉刚这一系列谈不平等条约的文章其行文思路基本是引用条约原文，条约原文是文言文，对于普通民众可谓晦涩难懂，为了增强报纸可读性与民众注意力，顾颉刚在文末来了上面所引一段叙述，有意用上"无赖恶霸""大少爷""牛皮王二"这类民众习知的词汇，还以民众熟悉的意象（"破旧的房屋"）作比拟。顾的探索虽然值得肯定，但在文末加上一段带着"伪民间"特点的描写显得太夹生。首先，最末一段忽然改换行文风格与前文不搭。文章前面是生涩枯燥的条文介绍，文后忽然插入一段风格迥异的叙述，显得相当不协调。其次，顾颉刚曾在1926年5月19日日记中记载胡适所言的文章心法：要使人在全篇中忘不了一段，在全段中忘不了一两句，因此造格言式的句子尤其重要。客观来说，胡适此番话确实有理，顾颉刚这篇文章平心而论也许能抓住民众眼球的莫过于这最末一段。问题是，一般读者不会忍受读完前面难懂枯燥的条约原文接续着读到最后一段。再加上《京报副刊》是属于知识阶层的报纸，受众依然局限于知识界，这与普通大众还是有很大距离的。

顾颉刚的这种试作看似通俗实则不然。一是并非采用了通俗之名就是通俗文艺，换句话说，通俗既是语言俗——俗是好懂之意——更要意思俗，不然民众依然不懂。对通俗文艺创作比较了解的老舍认为，我们以为把打倒帝国主义和赶驴的王二拉在一处成为"赶驴的王二打倒帝国主义"就是通俗文艺，其实大谬不然。为了迁就民众将意思进行改换，把外国入侵者比拟成牛皮王二、泼皮李三，反而显得不伦不类，"哎，哪知道这既不俗，又不艺呀！我们根本不晓得赶驴的王二怎么思想，和他怎样想像！"②钱玄同根本就反对这种比附，"近来大家把'帝国主义'四字改为'英日强盗'四字，我觉得极不妥当；因为'帝国主义'是全世界平民底蟊贼，其可恶远过于'强盗'万万，不应该减轻他们底罪名，仅仅以'强盗'目之"。钱玄同的意思是帝国主义不能随便比附，最好的做法

① 无悔：《不平等条约之一——江宁条约》，《京报副刊》第198号，"救国特刊（三）"，1925年7月5日。当时顾颉刚在《京报副刊》上发表文章以"无悔"为笔名。
② 老舍：《编写民众读物的困难》，《教育通讯》第39期，1938年12月17日。

是把"帝国主义"用原文 imperalism 来称呼,此外再无更好的办法[①]。当时有署名"家霖"者在《国语周刊》发文谈要唤醒民众,让他们知道下次侵略者来了要懂得拿起武器反抗,这宣传文字必须把握两个原则,第一是词类,最好用民众口语里的词类。第二是语法,以习惯用法为主,不要欧化,他提出"到民间的白话"的概念,想使文字真正地深入民间,"第一要用口语里常用的词儿;第二要语法不可和习惯相离太远。我给它取个名儿,叫做'到民间去的白话',以别于普通所谓白话文。"[②]浸润于通俗文艺创作的老舍在后来总结经验时提出,要创作真正的通俗文艺必须要利用民众所知晓的限度内之事实,利用民众思想所能及的道理,利用与民众利害攸关的假想作为故事与蓝本进行再创造,才能收到效果。

顾颉刚后来也意识到除了借鉴通俗的形式来表达,还得多多揣摩民众的心理与思想,光靠文人的闭门造车恐怕还是太过隔阂。顾颉刚考虑采用比如鼓词、弹词、摊簧等民间形式来传播常识,他认为如果能将一班爱好歌唱的同志,联合起来组成团队,到民间去歌唱,这会是很好的策略。顾颉刚尤其看重大鼓词的宣传效果,他把大鼓词的宣传与学生的演说对比,认为学生演说,固然出于一腔热诚,但因为"口音的隔膜,用语的艰深,态度的失当,使得民众听了之后感不到切身的需要,只觉得还是'他们'的事",最后还是沦为一种漂亮话而已。如果同样的内容由民众信从的艺人用说说唱唱的形式表现出来,基本妇孺能解,即使不懂,"经了善于揣摩民众心理的唱书人的解释,他们自然要感到救国是'自己'的事了"[③]。顾多次提到署名"北观别墅"者所作的《科学救国大鼓书》,认为这篇鼓词做到了普及民众的目的:

> 言得是,世界进化就数人强,
>
> 科学出世破天荒。
>
> 自从那白种人把科学开创,

---

① 钱玄同:《〈到民间去的白话〉附言》,《国语周刊》第 2 期,1925 年 6 月 21 日。
② 家霖:《到民间去的白话》,《国语周刊》第 2 期,1925 年 6 月 21 日。
③《科学救国大鼓书序》,《京报副刊》第 315 号,1925 年 11 月 1 日。

第三章 民俗、历史与现实

好一似怒潮汹涌，万夫难当。

他们连一昼夜的光阴都不肯空放，

天天有新发明，天天还要改良。

欧美各国全仗着这个兴旺，

你追我赛的斗胜争强。

好比他能弹的就弹，我会唱的来唱，

这分工的结果就弄得事事精详。

好比那木有木匠，瓦有瓦匠，

讲普通不够细，才分立些专门学堂。

分出来德育，体育，为的是品端身壮，

分出来动，植，史，地，农，矿，工，商；

分出来音乐怡情，医药疗养，

分出来气，热，重，水，化，电，声，光。

再加着月异日新，不可限量，

数不尽那千头万绪，只觉得学海无疆；

要是按统系排成个家谱式样，

倒好像这家子子孙孙繁衍，五世其昌。[①]

行文朗畅，节奏韵律也有了，抑扬顿挫之感相当明显，内容也不显得空泛，虽然还有一些新名词，但效果是有了，俞平伯评其为"刚柔并用"。顾知道鼓词的宣传不能只让民众知道大意，还必须得让民众有很深的印象，若无深刻印记，大意仍然会渐渐渐灭，效果又为零，而这种深刻印象的取得恐怕不是靠单纯内容的获得，大概还要从民众习见的传播形式中不自觉的浸透。这其实说明，要想让民众得到常识，首先要让他们觉得宣传有趣味，对民众而言，讲趣味比讲知识还更关键。只有有了他们熟悉的味道与气息，他们才能顺畅地接受信息，这样方能种下持久努力的种子，而不是因一时义愤激起短暂的爱国热潮，当热潮低落，民众又作鸟兽散。顾颉刚最怕就是这种因义愤所起的宣传，过不多久又寂无声息。顾的目的是"要把这次兴奋的感情变为持久的意志，要把

---

① 《京报副刊》第 233 号，1925 年 8 月 9 日。

一时的群众运动变为永久的救国运动",他希望有心人能借助鼓词多作一些如圆明园的焚烧、大沽口的失守、沙基惨案之类的国难题材,可惜好的鼓词太少,"我们中国的通俗教育实在太不讲究了"。

顾颉刚的这种隐忧不只是他一个人的担心,当时在《京报副刊》"救国特刊"专号以及其他刊物上面,读书人讨论如何觉醒民众以及给民众提供何种内容形成了一个话题圈。有的说要用《黑奴吁天录》那样的爱国文学来普及大众,有的认为唤醒民众的唯一办法是到乡村去宣传,还有的主张在如何宣传问题上,应该让民众明白国家与国民之关系,并要详细叙述亡国后当亡国奴之苦楚,晓之以大义,明之以利害。钱玄同在《语丝》(1925年6月15日第31期)撰文《关于反抗帝国主义》,指出今后唯一的救国之道在于唤醒国人,唤醒的消极方面是消除国贼,积极方面是用科学、民主、道德来驱除民众的奴性,让人性发展起来。这些讨论中,郑振铎(署名西谛)的文章《止水的下层》值得重视。他认为唤醒民众实非易事。例如五卅惨案,于己身又无切身利害关系,民众表面上表示一点关切,但也只是隔靴搔痒,无补于事,他们要的只是安稳日子,只要不打到自家门口,他们是不会睁眼反抗的,民气实在消沉得很近于一潭止水。郑振铎对中国民众特性的揭示可谓鞭辟入里:

> 我们的民众是一泓止水,能被风雨所掀动的只是浮面的一层,底下的呢,永远是死的,寂静的,任怎样也鼓荡不动他们。他们一丝一毫的反抗思想和前进意志都没有。"现在"是最好的,是不必变动。就处在最逆境之下,他们也能如驯羊,如耕牛似的忍耐的生活着。至多只能发出几句追羡古代仁德的叹声。在今日是追想着袁世凯,前清皇帝,在清代是追想着唐宋,在唐宋追想着汉魏。……像这样乐天任命的民族,我们将如之何呢? 他们又是最自私的,最现实的,眼光只能射到最近的一道圜线。你们如果不去打扰他们的田园,不去多征他们的租税,不去把他们现在的和平之梦打破,他们是什么事也不管的。【略】唉! 止水的下层,止水的下层! 我们将如之何?①

---

①《京报副刊》第268号,1925年9月13日。

这样的民众简直就是无赖,笃信好死不如赖活着,郑振铎哀其不幸怒其不争之心情溢于言表。知识分子的唤醒民众总是陷入一种两难的境地,当知识分子觉得国势日衰,民气不振,觉得快要亡国之际,他们认为最要懂得常识与理性的是普通大众,然而普通大众却只是安于现状,一边是热心的唤醒者,铁屋中的呐喊者,一边是昏睡致死的可怜民众,他们本身又不觉得自己可怜,加之这所谓的唤醒又只是局限于城市或是城市近郊的乡村。郑振铎文章的中心意思虽是看到民众如此之重的毛病,落脚点依然是我们该如何唤醒这止水的下层。顾颉刚在文后回应说,这实在是一个应该解决的问题,如果这个问题不解决,"中国民族终究是一个天生为顺民的民族","我常想,外国人这等欺侮我们,我们且慢一点生气,我们还是回过头去看看这班所谓的安分良民。实在教我们自己做了外国人,也是忍不住要来欺侮的!"这实在是恨之切的激愤之语,所谓"安分良民",顾颉刚在五年前纪念五四运动的一篇文章里就深刻指出其具体内涵:

> 我且不要说别的。我们走到北京的街上、看见野蛮的兵、袅娜的女人、动荡西靠的游民、伸手讨钱的乞丐、来往不停。他们一天到晚、干的什么事? 他们心里又想的什么? 再进一步、工人做完了工、就去喝老酒、或去上茶馆、直到睡觉;商店里的伙计、终日靠在柜台;人家用的听差、伺候主人、早起迟眠;开店的主人、时时监督伙计、盘算盈亏。他们在职业之外、倒底有没有别的心思? 北方的土著、仍旧拿五六岁的女孩儿、裹了小小的脚,涂了满脸脂粉。他们对于外面的情形、到底有没有接触? 接触了道理有没有起念?【略】他们依旧保守着无史时代的思想、和近古时代的习惯。他们住在中国最大的都会里、看见的人事、可谓不少了、但永起不来什么反应;何况穷乡僻壤呢?①

顾颉刚描写的这些小民十分形象,这就是老中国儿女们的生活世相,他们只要自己觉得还过得下去,与己无关的事情是无人关心的,面

---

① 顾诚吾(顾颉刚):《我们最要紧着手的两种运动》,《晨报》"五四纪念增刊附录",1920年5月4日。

对这样的庸众再如何责骂也是无济于事,目下最要紧的是如何唤醒。顾颉刚的话未尝不是带着一种愤激的启示,然而顾颉刚话中"我们"与"他们"的明显分别引起别人的反驳。在1925年10月5日第289号的《京报副刊》有署名"郢"者致书顾颉刚,对顾意思中认为民众具有奴性表示异议。在《士大夫与奴性》这封短信中,"郢"认为说民众愚昧固可,言奴性则实在冤枉,知识阶级未必不具有奴性,还具体举了章士钊以及骂章士钊辈的例子,"今后局面,最好请士大夫退出,不要他们来挽国运,存世道,且让非士大夫来试试"。"郢"觉得工人虽然无多知识,但敢为,有勇气,无传统之束缚,加以组织与给予知识,实际效果则未必逊色于士大夫,如欲勉为今日之人,还是要看非士大夫。"郢"的意思是民气终究宜鼓不易泄。其实早在1925年9月27日第282号的《京报副刊》上,这位署名"郢"的人就致书顾颉刚,指出目下中国还是先对内再对外,"不对内无以对外",对内一是制服军人,一是教育民众。"郢"认为"对"并非只是恶狠狠之意,其中亦含有春风雨露的温润,"要知要中国好,必须合中国民众之力来干;中国民众诚蹩脚,然我们可与结合者惟此蹩脚之一些人,则只有你勉我劝,冀其渐臻不蹩而已"。"郢"的意思用顾颉刚的表述就是"我们要国家不亡,总得先把自己做像一个人"①。

总体来讲,在救国的态度上,顾颉刚坚持两个原则。归纳一下可分为:第一,主张"近人情的救国"。顾颉刚这个意思是从钱玄同1925年7月19日致他的书信引申而来。钱玄同信中说因为救国,上海各报均取消游艺栏,对于此种措施,钱玄同表示不以为然,谓救国当然是严肃认真的事业,但也不能让人无时无刻都要救国,救国可以,其他工作也不当疏略,"我们的意见以为兵士在休战之顷,也未尝不可在战壕中讲笑话,也未尝不可与他的爱人接吻","故娘死了尽管哭得呕血,而清炖蹄膀仍可吃得"。顾颉刚由此生发说救国之外的事业与兴趣应该保存,换句话说,救国之先要首先注意个体,"我常觉得一个人要有自己的才可服务于公众;一个人要有特殊的工作才可为共同的工作。假使不是这样,这人一定只会盲从,只会呐喊,结果是无济于事,或者竟是到处偾

---

① 无悔:《我们为什么不能战斗!》,《京报副刊》第226号"救国特刊"(七),1925年8月2日。

事。所以我们真要做救国事业,一定要同时发展自己的才性,把自己的才性放到最适宜的事业里头",个体之所以对救国事业发生兴趣,前提是要让人感到人生的乐趣,人生的乐趣当然也包含物质的快乐,但不是享乐,这是人生的基本要素与必要前提。若将生的乐趣剥夺,一味朝着民众喊救国,当然应者渺渺。顾颉刚分析我们的民族缘何生趣减少,缘何成为一麻木不仁的民族,"实因汉代以来的政治与教育过分把人生的享乐的欲望遏抑了。大家说去欲(宽一点说节欲),大家说知足,大家说恭敬,使得所有的人只觉得人生的本分是仅有奉侍长上与抚育儿孙两件事,此外一切非所当为;就是因情绪的冲动而忍不住去做,也只敢偷偷摸摸的做",使得人的活动范围极小,"弄得偌大的一个国家竟布满奄奄殆尽的空气"①。因此要救国,必须使人感到生的乐趣,方法是解放向来的礼节的束缚,顺从人的情感去发展,因而"我们对于享乐是绝对不应反对",这便是近人情。这种救国显得雍容与不迫,还更真实,与鲁迅的"壕堑战"颇为类似,更重要的是顾颉刚这样讲是看到了某些整天高喊救国之人的虚伪与做作。

第二,顾颉刚坚持做基础实际工作,认为要将沸腾的情绪建立在永久的切实工作上,反对空洞的主义与名词,主张要有永久的工作,要有切实的主义,"我们才可真实的做出救国的事业。否则无论呐喊得天摇地动,终究是一个幻影而已"。顾颉刚说现在的大学生和大学教授对于主义没有明了的概念,就滥用主义的名词做植党营私、扩张地盘的勾当,将救国的事业变成一己之私。如果这种事情由人格久已破产的政客去做,"我当然不觉得什么;现在号称清流的大学生与大学教授竟也是如此,这使我看了那得不心痛欲绝!"②这与政客已经无异了,民众本来就不明就里,如此号召,"可怜的民众,只会随着这班人乱跑,做他们的牺牲!所以运动虽多,激刺虽强,民气虽盛,而国家却永远得不到实惠,只在这个时期之中制造出许多登场的小政客而已"。这样的空喊乱叫只是"天上的云霞",虽然一时灿烂无比,不过来得快去得也快,目下

---

① 无悔:《永久的救国事业的真实基础》,《京报副刊》第 268 号"救国特刊"(十三),1925 年 9 月 13 日。
② 无悔:《救国与工作》,《京报副刊》第 282 号,1925 年 9 月 27 日。

最重要的是切实长久的调查工作。顾分析中国人不喜欢做扎实深沉的工作,实因从本性讲,讲救国的同志高兴随了本能而冲动地做去,不愿意费了脑髓而作工作,前者可以得名得利,出尽风头,后者则无论形式抑或内容都隐蔽得多,做的人自然少。顾说这与数千年专制之国的影响有关。然而时潮的刺激,容不得叫嚣与浮泛,顾颉刚强烈呼吁:

> 我们不要和人妥协,也不要和人争权,我们有我们自己的事业,这种事业是只有耗损我们的精力与金钱,却不会使得我们的地位升高(?)到升官发财的地位的。我们也不要做群众所仰望的偶像;我们只要把我们的工作公开给众人看,听他们的采择。我们要勤勤恳恳的做,拼尽了自己的一生的精力,成功也这样,失败也这样:成功了不居功,失败了不丧志。我们不要号召什么徒党;也不要预备组织什么政党;我们只要把自己的精力尽自己一部分的责任,不责望别人的帮助。我们只承认可以一步一步走的路是我们的路,不希望一飞冲天和一鸣惊人。我们自知这样做去,当世名流一定要笑为迂远,因为这是出不出(疑为"了"——引者注)风头的。可是到了我们成功的时候,他们的良心上也要感受到他们自己所作的罪恶的惩罚了。①

他始终认为实在长久的工作是必要而且有效的。这切实的工作划分为三块:调查,研究,宣传。即如顾颉刚连载不平等条约的文章,其目的是为探究做一部有条理的国耻史,追本溯源,如他拟定的研究题目②:租界的由来;中国境内有多少租界;什么叫做治外法权;什么叫做领事裁判权;上海工部局的罪恶;什么叫做帝国主义;什么叫做文化侵略和经济侵略;中国境内有多少外国工厂;外国工厂中的中国工人;为什么要罢工;外国对付罢工的事情是怎样的;中国销售的外国货和土货的比较;出口货和进口货的比较;中国贫穷的缘故和状况;中国人的生活和外国人的生活的比较;中国的陆军和海军;中国的财政;我们如何才有富强的希望;国民的责任。

---

① 无悔:《救国与工作》,《京报副刊》第 282 号,1925 年 9 月 27 日。
② 顾颉刚:《顾颉刚全集·顾颉刚书信集》卷二,中华书局 2011 年版,第 249—250 页。

拟目的最后两条便是顾颉刚的研究目的,他希望免得再一次国难发生之时,民众依然一头雾水,四顾茫然,或甚至连茫然都没有,引导民众从冲动的感情变为持久的意志才是关键。他根本相信知识阶层通过努力是可以启蒙民众的,这一点与周作人大不一样。顾颉刚在文章中引用周作人的一句话,"我以为读史的好处是在豫料又要这样了",在周作人看来历史不过一循环,惨祸周期性发生,民众仍然无知无识。此话出自周作人的《代快邮》,刊于《语丝》1925 年 8 月 10 日第 39 期,该文的意思是由五卅惨案引发的爱国运动声势浩大,却找不出几个爱国的志士,当然"揭帖,讲演,劝捐,查货,敲去人家买去的洋灯罩"的人必然有,但意义不大。周作人说我们应该痛加忏悔,知道自己的罪恶,要有"自批巴掌的勇气",否则革新无从谈起。

周作人认为要救国首先要把自己当人,"我们如不将这个拿自己当奴隶,猪羊,器具看,而不当做人看的习惯改掉,休想说什么自由自主,就是存活也不容易,即使别人不来迫压我,归根结蒂是老实不客气地自灭"①,否则总会出现周作人说的一边是学生慷慨激昂地演说,一边却是两脚小得将要看不见的女人与从脸上看出他每天必要打针的男子从旁走过,这无疑是自己糟蹋自己。从周作人对五卅事件的发言看,他擅长从思想与细节入手对民众进行观察,固然体现他对事情洞若观火的冷静观察,不过他的一个总的意思是由于以上观察,他对爱国运动终持冷淡态度,这也是顾颉刚对周作人这种悲观论调表示"极不愿意承受"的原因。顾在周作人表示否定意思后面接着问了一句,"但试问有什么方法可以把它推翻呢?"这大概是顾颉刚与周作人的不同。比较周作人与顾颉刚应对救国运动的态度,不是要说明顾颉刚一定比周作人高明,是想从周作人的角度来看顾颉刚的选择,说明知识阶层在救国运动面前的不同表现与各自态度,并不是情感层面的孰优孰劣。

简洁而言,周作人看到了民众乃至整个民族的缺陷,他用一双冷眼已经提前预知了结果可能依然不会有太大的改变,便选择冷淡甚至冷漠地回应,懒于行动;顾颉刚未尝没有看到这些问题,他在文章中也提

① 凯明:《对于上海事件之感言》,《京报副刊》第 185 号,"沪汉后援专刊(二)",1925 年 6 月 20 日。

到救国运动每隔四五年来一回,三十年间也发生了五回,第五回便是这五卅惨案。他也很疑惑,第五次爱国运动相比第四次,我们国民的救国能力到底提高了多少呢? 虽然他的答案不很乐观,但顾颉刚接下来的思路是采取何种方法提高民众孱弱的救国能力,这可从顾颉刚在《京报副刊》撰写的"救国特刊卷首语"①得以表现:

> 我们醒悟了! 我们要永久这样做,直做到完全达到我们的志愿的时候。(1925年8月9日,第233号,"救国特刊"八)

> "九层之台,起于累土。"弟兄们,我们在救国的工作上已经堆了几畚土了?(1925年8月16日,第240号,"救国特刊"九)

> 我们的身体里有的是血! 我们的脑髓里有的是奋斗! 我们的眼睛里有的是实际的救国的事业!(1925年8月23日,第247号,"救国特刊"十)

> 我们有的是什么? 我们没有学问,没有金钱,没有一切的势力;但我们有清白的心和沸腾的血。我们要用了我们的心和血,努力吸收丰富的学问,赤手造成纯洁的势力,把旧有的污秽都洗刷得干净!(1925年8月30日,第254号,"救国特刊"十一)

> 失败不可悲,失败而灰心乃是真的可悲。我们要在无尽的失败程途之中作继续不断的奋斗,这便是我们的成功。我们不怕失败,我们只怕灰心!(1925年9月6日,第261号,"救国特刊"十二)

> 我们不要无条件的承受什么主义,我们的主义要建筑于我们的工作上,我们的主义是我们工作的结果!(1925年9月13日,第268号,"救国特刊"十三)

> 我们要轰轰烈烈的生,也愿意轰轰烈烈的死。我们不愿意做本国军阀的良民,也不愿意做外国强盗的顺民,所以我们要自己站起来干!(1925年9月20日,第275号,"救国特刊"十四)

> 我们要移山,只有把泥土一畚一畚的运掉。我们要填海,只有

---

① 《京报副刊》"救国特刊"由救国团主撰,每周日出刊,从1925年6月21日第186号开始,讫于1925年10月5日第289号。顾颉刚的卷首语分布于"救国特刊"第一版右上角位置。

把砖石一块一块的投下。朋友们,我们空喊移山和填海是不中用的,我们还是大家去做运土投石的小工罢!(1925年9月27日,第282号,"救国特刊"十五)

一束的薪虽烧完了,但火种却传下去了。我们祝颂这一星星的火种能够永久燃烧,发出伟大的光明,打破大地上的阴森黑暗!(1925年10月5日,第289号,"救国特刊"十六)

这些卷首语充满着火热的炽情与坚定的意志,很难想到这是孜孜矻矻考辨古史的顾颉刚所写。格言警句式的表达背后彰显的是顾颉刚的决心与信心,他有高远的目标,扎实的思路,可行的方案,理想主义的情怀。这种读书人的议政置诸现实未免难行,顾颉刚有点像其笔下的清代人物颜习斋,颜元曾对人道:"如果天不废弃我,将以七字富天下:垦荒,均田,兴水利;以六字强天下:人皆兵,官皆将;以九字安天下:举人材,正大经,兴礼乐"①。可惜,颜习斋不得大用。顾颉刚就是一团浪漫的烈火。

五卅惨案中顾颉刚在《京报副刊》的发声是顾第一次参与唤醒民众的实践,做得十分认真。此时顾颉刚重视民众还是从理智上着想,他与民众的关联仍然有限,这种有限是止于理性的认识有余而情感触摸仍显不足。他在1928年的演讲《圣贤文化与民众文化》中指出民众的数目比圣贤多,民众的工作比圣贤复杂,民众的行动比圣贤真诚,但却无地位,"久已压没在深潭暗室之中",顾颉刚认为要大力研究民众的历史,因而提出"研究旧文化,创造新文化"的口号。"旧文化"中既有圣贤文化也有民众文化,如将二者等而察之,势必可以扩大学术研究的范围。顾颉刚的这种想法这时还只是为正统意识压服下的一种学术思维逆转。

真正触动顾颉刚,让其直面民众之惨、无法忘怀民生之多艰的是1931年前往内地考察的旅行。这次学术旅行不是他第一次关注民生,顾颉刚第一次游内地是1924年年初,那次顾颉刚到了河南、山西两省具体为郑州、开封、洛阳、巩县、石家庄、正定、太原、晋祠镇、天龙山共九

① 郑侃媯作,顾颉刚修改,署名顾颉刚:《颜元》,《中学生》第67期,1936年9月。

处,行程共 22 天。顾颉刚发现贩毒与吸毒者甚多,"民间贫苦,衣、食、住均不堪,除都市外皆若乞丐。予本志欲多见古物,而不意所见皆农村破产之状,不禁激起悲天悯人之思矣。"①无独有偶,政治家李璜 1931 年有一次山西之行,他具体描写山西民众的苦况,可以为顾颉刚的描写提供一个佐证。李璜说,"过了忻县,汽车所过,一片荒烟蔓草,兔走鸢飞,其时正是阴历近三月了,而毫无春意,还使人有'凉秋九月,塞外草衰'之感,因是过原平、崞县,我都谢绝参观。将至雁门关,汽车盘旋而上,晴空下望,但见山畔儿童多赤身,有些连裤子都没有穿;大人则只有长裤,而上身多无衣;老年人也是单衣袒裼,惟胸下挂一红色夹'裹肚'以遮住腹部。其时我在车上,着薄棉衣尤有点冷意,晋北之民又何以如是之能耐!"②底层人的苦和惨并非只有顾颉刚一人瞧见,但凡有良知的读书人亲历其境,都能引起悲天悯人之思。相较 7 年后的旅行而言,顾颉刚这次旅行时间较短,所到之地较少,加之顾颉刚虽然有记载,但未组织成文,然他对民瘼的关注是一脉相承的。只是 1931 年的行旅让其感触更深且剧。

1931 年 4 月 3 日顾颉刚与容庚、郑德坤、洪业、吴文藻等组成燕京大学考古旅行团进行考古调查,据顾潮《顾颉刚年谱》(增订本)介绍,此次考察行经河北之定县、石家庄、正定、邯郸、魏县、大名,河南之安阳、洛阳、陕州、开封、巩县,陕西之潼关、西安,山东之济宁、曲阜、泰安、济南、龙山、临淄、益都、青岛等,历时 57 日。这次旅行也彻底打破了顾颉刚曾受诗词歌赋影响认为田园村景是极乐天国的遐想,此次旅行最令人难以忘怀的是国家民族的危机,这危机的表现就是民众生活的悲惨与无助。顾颉刚看到许多老百姓过着穴居生活,"我用了历史眼光来观察,知道炕是辽金传来的风俗,棉布衣服的原料是五代时传进中国的棉花,可称为最新的东西。其他如切菜刀、油锅之用铁,门联之用纸,都是西历纪元前后的东西,可以说是次新的。至于十一世纪以后的用具,就找不出来了。然而他们所受的压迫和病痛却是二十世纪的,官吏和军

① 顾颉刚:《顾颉刚全集·顾颉刚日记》卷一,中华书局 2011 年版,第 440、445 页。
② 李璜:《学钝室回忆录》(增订本)上卷,明报月刊社 1979 年版,第 256 页。

队要怎样就怎样,鸦片、白面、梅毒又这等流行,他们除了死路之外再有什么样路走!"①一言以蔽之,根本找不到一点现代文明的影子,"除了一把菜刀是铁器时代的东西外,其他差不多全是石器时代的"②,然而他们却要承受二十世纪的压迫与病痛。民众的衣食住行,无一不劣,"自郑州以来,我们住过的客店,大大小小,没有一处是有玻璃窗的。地永远是泥的,墙壁永远是脏的。尤其是毛厕,一个小院内,你爱在什么地方下便就在什么地方下便。现在天气已暖,一阵阵的臭气直送到客房里。将来天气热了之后,叫人怎样下榻呵!"③顾颉刚描述他们住的客店,天气还不很热的时候,苍蝇已在饭桌上"满飞了","饭菜实在太脏",一盘一盘放在檐下,不知过了多少天,无法下咽。一到下雨天,交通完全阻断,"我们住在高厅大屋里,听着雨声,很觉风雅,或者睡在被窝里,更觉安稳,哪里想得到路上行人的万千苦痛呢",顾颉刚说他理解了陈涉吴广为什么有叛秦的勇气而没有冒雨行进的勇气,"哪里知道北方的道路不是苏州的道路,没有石子砌成的街道来漏水,更没有纵横的河道来宣泄呵!"④顾说这次旅行他算是"享受纪元前的生活"了。民众的生活已经是呼天抢地,住在城里的人又多是"无心肝之陈叔宝"⑤,这些都让顾颉刚"心惊肉跳",觉得中华民族的颠覆将"及身亲见"⑥。

这些并非顾颉刚的有意夸张,作家张恨水对百姓之惨也有描述:"陕甘人的苦,不是华南人所能想象,也不是华北、东北人所能想象,更切实一点地说,我所经过的那条路,可说大部分的同胞,还不够人类起码的生活。你不会听到说,全家找不出一片木料的人家;你不会听到说,炕上烧沙当被子盖;你不会听到说,十八岁的大姑娘没裤子穿;你不会听到说,一生只洗三次澡;你不会听到说,街上将饿死的人,旁人阻止拿点食物救他(因为这点救饥食物,只能延长片时的生

① 顾颉刚:《旅行后的悲哀》,《独立评论》第111号,1934年7月29日。
② 顾颉刚:《顾颉刚全集·宝树园文存》卷六,中华书局2011年版,第358页。
③ 顾颉刚:《顾颉刚全集·顾颉刚书信集》卷四,中华书局2011年版,第500页。
④ 顾颉刚:《顾颉刚全集·顾颉刚书信集》卷四,中华书局2011年版,第509页。
⑤ 顾颉刚:《顾颉刚全集·顾颉刚古史论文集》卷五,中华书局2011年版,第398页。
⑥ 顾颉刚:《顾颉刚全集·顾颉刚书信集》卷三,中华书局2011年版,第1页。

命,反而增加将死者的痛苦)。"①百姓生活多么惨苦!从情感上讲,顾颉刚受不了心理上的五味杂陈,他后来深入中国西北边地看到百姓的惨已经不仅是物质的,更是知识与精神的。西北边地因掺杂宗教、民族因素,情况更为复杂,这种状况在顾颉刚笔下描述得已是非常严重了,顾颉刚的《西北考察日记》1938年5月11日记载,"村中一老人持冰糖塞予口,曰:'愿委员为本县多办学校!'其诚朴之状几使予滴泪。"②此情此景给他留下深刻印象,"日后先生常常提到这件事情,说明人民的觉悟与朴厚,及从政者远未能满足其要求"③,顾颉刚没法平复自己的内心忧思。

1931年的这次学术旅行看到古物的破坏,固然值得惋惜,但真正伤心的是国计民生的愁云惨淡。顾颉刚回到北平后,北平歌舞升平的景致让其无法心安,农村凋敝的景象"永远占据了我的心","我总觉得在研究学问之外应当做些事了"。作为一个读书人,顾颉刚下了决心,他要效法范仲淹"以天下为己任"之志,要做救国救民的事业了。

顾颉刚决心好好做好救国救民工作的背后是想兴起第二次新文化运动。顾颉刚曾在不同场合谈过要再造一次新文化运动的愿景。诚如他在《旅行后的悲哀》一文中所说,就在他考察的这一年九一八事变爆发,别人都义愤填膺,他则独喜。因为他觉得借此机会能激起国族的奋斗心与上进心,正好可以来做启蒙与救亡工作,"如果天佑中国,能改掉五四运动以来轻薄浮华的积习,在适当的领袖之下做复兴中华民族国家的工作,不求个人的名利,不求成功的急速,有计划的一步步地走下去,中国还是有光明的前途的"。顾颉刚所指的"浮华浅薄",一个很重要的方面是五四新文化运动与乡村民众基本是绝缘的。顾颉刚批评第一次新文化运动根基不稳,没有充实的知识与准备,导致的结果是"好似一声霹雳,虽然破人耳鼓,但不久云收雨散,就没有这件事了。堕落的还照样的堕落,害人的还照样的害人"④。

① 张恨水:《写作生涯回忆》,江苏文艺出版社2012年版,第97页。
② 顾颉刚:《顾颉刚全集·宝树园文存》卷四,中华书局2011年版,第459页。
③ 王煦华编:《顾颉刚先生学行录》,中华书局2006年版,第215页。
④ 顾颉刚:《充实杂志发刊词》,《顾颉刚全集·宝树园文存》卷三,中华书局2011年版,第92页。

顾颉刚经常反思新文化运动的启蒙工作只是局限于知识界,不及乡村。这种深切的反思如果以顾颉刚当年参与的《新潮》为例,就看得很清楚了。《新潮》当时的发行网络主要是书局、报馆、图书馆、文化社团、书店、私人、学校及其他教育机构,发行地点为北京、上海、天津、苏州、南京、武昌、长沙、绍兴、梧州、济南、成都、开封、重庆、南昌、昆明、汕头、漳州、南宁等人口集中之地,刚开始每期印量在1 000册①(不含重印),全年定价国内为二元四角。可推知《新潮》的读者大体为居于人口稠密处且有一定经济能力与文化水准之人,影响自然有限。顾颉刚很沉痛地说,"我们用文字去教育,但大多数人不识字。我们在城市里去教育,但大多数人不在城市。我们开了学校去教育,但大多数人没有到学校的境遇。世变这样的急速,下手这样的困难,假使没有恒心,只希望他弹指立现,真要使人灰心丧意。"②顾颉刚之意现在还根本谈不上启蒙的层面,当务之急是教育一般民众,"我去年到西山一带旅行,走了四天,经过了二三十个村庄,只见了磨石口一所国民学校;至于演讲所阅报处等,不用说是没有了。这还是近都的乡村,还是居民稠密的地方,还是生机宽舒的所在,尚且如此,其他还说什么呢!"

他主张兴起第二次新文化运动是希冀在国难当头的背景下,知识分子与民众能有机融合,为民众解放开辟一条可行之路。在这条结合之路上,民众需要洗心革面,知识分子也需时时反省。顾颉刚用那饱含感情的语调说:

> 在这民穷财尽,赤地千里,人肉只卖几毛钱一斤的当儿,我们还能有饭吃,有书读,有研究的工作可做,我们的享用虽甚清俭,而在一般民众中比较起来,已是特殊的优厚;如果相信有上帝的,应当知道自己已是天之骄子。如果我们再不认清自己的地位,竭力负荷自己的责任,拼命去作有计划的进行,只是跟了快

① 顾颉刚:《顾颉刚全集·顾颉刚日记》卷一,中华书局2011年版,第66页。
② 顾诚吾(顾颉刚):《我们最要紧着手的两种运动》,《晨报》"五四纪念增刊",第487号,1920年5月4日。

要没落的社会流转,我们便是这时代的罪人,我们饮的便是民众的血,吃的便是民众的肉,我们的行为正无异于罪大恶极的军阀政客。①

每次读到顾颉刚剖析他所属知识阶层的文字,体会其间透露的歉意愧疚之情时,觉得"五四"那批文化人真能眼光朝下、对普通民众确能倾注关怀并身体力行的,顾颉刚可以算一个。顾颉刚认为知识分子应该肩负责任,与民众一起进退,知识分子的启蒙如果脱离民众,难免变成自说自话,搔不到痒处。顾颉刚曾记录爱罗先珂1922年3月3日演讲的意思:"民众离开了文学的光明,就要变得迷信、愚蠢,变得自私自利。智识阶级隔离了民众,也要退化为书呆子,退化为孔雀、鹦鹉。"②道理虽然简单,做起来却不为人理解。顾颉刚在30年代发动大规模的通俗文艺运动,采用大鼓词等旧形式进行新内容的宣传,创办"通俗读物编刊社",编印通俗读物。据顾颉刚自己讲,从1933年到1937年间,他们总计出版通俗读物大约六百种,共印了五千万本,别人翻印的与图画还不算在内,数量可谓惊人。蒋梦麟就觉得,"顾颉刚是上等人,为什么要做这种下等的东西!"胡适讲,"你办这东西,足见你热心。但民众是惹不得的,他们太没有知识了,你现在放一把火,这火焰会成为不可收拾的,怕你当不起这个责任呢!"言外之意,胡适希望顾颉刚三思而行。丁文江也认为,"你做千万件民众工作,不如做好一件上层工作。做好一件上层工作,就能收到很大的效果。民众无知识,无组织,是起不了什么好作用的"。③ 蒋、胡、丁的看法很能代表这些精英知识分子的态度,感觉民众是一股无名的力量洪流,不能随便煽动,应保持克制,要严守"我们"(知识分子)与"他们"(普通民众)之别。论及"我们"与"他们"之别,顾颉刚曾就白话文能普及的原因谈过一番看法,顾说以前章太炎等人也提倡白话,但是提倡者自己还是用文言,士大夫们谨守"我们"和"他们"的区别,态度好像就是丢一根肉骨头打发群氓,白话文运

---

① 顾颉刚:《充实杂志发刊词》,《顾颉刚全集·宝树园文存》卷三,中华书局2011年版,第93页。
② 顾颉刚:《顾颉刚全集·顾颉刚读书笔记》卷一,中华书局2011年版,第349页。
③ 顾颉刚:《顾颉刚全集·宝树园文存》卷六,中华书局2011年版,第511—512页。

动自然不会成功,顾颉刚认为胡适在白话文问题上能打破"我们""他们"的区别,因而得到普及,只有破除界限,事情才会得以成功。如今在对待民众这一根本立场上,顾颉刚觉得他们仍然坚守"我们"与"他们"的立场,殊不知,时代的洪流裹挟而至,如果还是严守二者之别,将会有大危险。不过要特别指出,顾颉刚能在态度上消泯"我们"与"他们"之别,愿意俯首下心接近普罗大众。

知识分子不愿意接触民众,自然有知识分子的傲慢与偏见在里面。顾颉刚曾深情又愧怍地表述"我们"与"他们"的隔阂,将各自的心理细腻地描摹出来:"我们这般人就包办了雅的生活。天不下雨,农民担心的是田里的谷子快晒焦了,我们却因感觉不到雨打芭蕉,减少了作诗的兴趣。下雨下得大了,我们心里怨起老天爷来,出门时脚底下这双擦得发亮的皮鞋又要踏脏了,却不理会车夫和挑夫们早已湿透了衫裤,在雨潦中苦撑苦捱,一辆汽车飞驶过来时,还溅了他们满头满脸的污泥。"①假使真的要"夜猫子叫醒雄鸡",这叫醒应该是双向的。顾颉刚经过多次实地勘验、1938年还深入中国西北边陲多民族杂居之地近距离观察最底层民众生活,他发现知识分子实在不应该拉开距离以俯视的眼光看待群氓,民众的意思与生活实际对知识分子也有修正与启发的意义。

顾颉刚的这种民众情怀用傅斯年用来形容自己的话就是:"我本以不满于政治社会,又看不出好路线来之故,而思遁入学问,偏又不能忘此生民,于是在此门里门外跑去跑来,至于咆哮,出也出不远,进也住不久,此其所以一事无成也。"②这番话是傅斯年1942年2月6日写给胡适信中的一段。傅斯年写这封信的处境是其母不久前病故,傅此时亦受高血压袭扰,卧床养病。在微凉的心境中傅向亦师亦友的胡适表露了心迹,颇有总结人生的意味。傅斯年说凡遇公家之事,每有过量的热心,感情常常极易冲动。用他的话讲,真是把别人的事弄成了自己的事。傅斯年感慨如果太平之世他本可以学问见长,惜乎清平世界不可

---

① 顾颉刚:《田家读者自传序言》,《顾颉刚全集·宝树园文存》卷三,中华书局2011年版,第308页。
② 王汎森等主编:《傅斯年遗札》,社会科学文献出版社2014年版,第918页。

得见。顾颉刚与傅斯年毕竟有不同,他没有与政治扯上太深的关系,但不能忘此生民则是顾、傅共有的特征。只是相较傅斯年而言,顾颉刚更注重下层民众。

其实说来,傅斯年、顾颉刚从某种意义上讲是一类人,他们因为哀民生之多艰,不忍独坐书斋,便探出头来,弄启蒙,搞革新,谈政治,总想凭一己之力做点"公事"。傅斯年如果好好研究学术,肯定还可以写出几本力作,傅斯年在书信里多次表示了这个意思。顾颉刚如果一直深居象牙塔,研究他的古史,也无可非议。不过他们没有如此做去,在自觉不自觉间为时势所牵引,加之机缘、人事、理念的凑泊,演化成一种忍不住的关怀。这种关怀是古来读书人达则兼济天下的现代衍变,就像顾颉刚 1938 年 2 月 1 日给父亲信中所言,"男以时势所迫,不得不作范滂、张俭一流人。诚恐钩索瓜蔓,竟累堂上。若彼执其父以诱其子,则男将为尚乎? 抑为员乎? 是男之所不忍言者也。"[1]同时也是受五四新文化催发而作的未完成启蒙,用他 1934 年 10 月 25 日所写一首诗就是:"同听边关笳鼓声,莫将痛泪洒新亭。肩头自觉坚如铁,要把河山一担盛。"[2]"同听"者为谭慕愚,是国家主义派,涉及实际政治,为一女豪杰[3],乃顾颉刚终身不能忘情的女朋友。顾颉刚希望与她一起共济时艰,做救国事业。忧国忧民的情怀,顾颉刚无一刻稍减。

---

① 王煦华编:《顾颉刚先生学行录》,中华书局 2006 年版,第 239 页。

② 顾颉刚:《顾颉刚全集·顾颉刚日记》卷三,中华书局 2011 年版,第 252 页。

③ 李璜回忆,他在 1926 年 3 月 10 日组织反俄援侨大会,为防意外发生事先做了布置。"林德懿称,主席台系从后面上台,因之主席台后门必须把守,最为重要。于是我派台湾籍北大同学团员林炳坤与谭慕愚守主席台后门,因林身高力大,而谭系北大女生,当时风气,对于女子,尚不敢乱下拳头,我两次参加游行,察知军警也不敢捉女学生……"(李璜:《学钝室回忆录》(增订本)上卷,明报月刊社 1979 年版,第 198—199 页。)"当五卅案起,北平学生列队游行,至东交民巷口,因有护兵,不敢穿过,她夺了校旗,喊道:'事到如今,还怕死吗?'即冲进巷内,许多同学随之而进。"(顾颉刚:《顾颉刚全集·顾颉刚书信集》卷二,中华书局 2011 年版,第 342—343 页。)

第四章　从广州到北平

第一节　从中山大学到燕京大学

　　1927 年 3 月 1 日、3 月 16 日,顾颉刚接傅斯年信邀其往广州任中山大学史学系教授,顾颉刚表示同意,不久抵广州。顾颉刚能应傅斯年之招,一来是熟人之谊,二来此时留居厦门大学,无论生活还是学问事业皆不太顺遂,而且与鲁迅发生龃龉,顾颉刚早有去意。顾甫到广州,主持中山大学实际事务的朱家骅怕其与鲁迅再生事端,命其到江浙买书,充实中大图书馆。顾知此非久远之计,致信傅斯年,提出三条办法:一是用一二年时间为中大购书,半年回广东整理一次,以为研究开新路;二是派其到日本学习;三是回粤后,专任研究,不兼行政,不上课,不管图书馆事务。① 观顾颉刚日后行止,傅斯年并没有同意顾的要求,顾颉刚回粤后担任史学系教授兼任系主任,1928 年 11 月顾颉刚还担任中山大学语言历史学研究所主任一职。

　　其实顾颉刚来中山大学之前也接到武昌中山大学、燕京大学聘书,只是顾颉刚囿于武昌中大设备不良、燕大有教会背景而作罢。他的想法是如果广州中大可安心研究学问,也只拟住两年再换其他地方②。然而事与愿违,及至顾颉刚就职中山大学,却要面临各种问题。

---

① 顾颉刚.《顾颉刚全集·顾颉刚书信集》卷一,中华书局 2011 年版,第 193—194 页。
② 顾颉刚.《顾颉刚全集·顾颉刚书信集》卷二,中华书局版 2011 年版,第 172 页。

一是，顾颉刚自谓在厦大与鲁迅交手后余波还在，在 1927 年 6 月 27 日、1927 年 6 月 29 日致傅斯年、罗家伦信：“我现在想和鲁迅避面，并不是怕他，实在我觉得时间可惜，精神可惜。我自己的事业，尽了我的时间精神去做还嫌得不够，那里可以分心于人我的争战上。所以他若不在报上露脸攻击我，我是不攻击他的。所怕者，到粤之后，他处心积虑的对付我，我为自卫起见，也不得不处心积虑的对付他。他是整天闲着的，时间不值钱，我便苦了。”“得友人书，知鲁迅已回校。此公一去，吾如入囹圄矣。以骝先生及孟真相待之厚，我固说不出辞职。但秋间赴粤后如他再作无理由之攻击，或鼓动学生向我胡闹，则弟实无才干、无时间、无精神和他对付，惟有一走了之。”①顾颉刚认为与鲁迅交手是他 1927 年前半年厄运最甚之代表，“推其原因，皆由于鲁迅之闹。他使得我不能不离厦门，又使我不能安居广州，又唆使其徒党遍为造谣，使我心神不能宁定。弟与他不知是何冤业而竟至于斯，诚不可解。”②顾颉刚自认与鲁迅的结怨使其无宁日进行学术研究。

二是，广东政争、战事激烈，对民众心理影响甚巨，也导致学校经费困难。顾颉刚日记 1927 年 12 月 11 日记载，“昨夜广州共产党起事，今日四处纵火。城中与国民党军格斗，东山警署由工人缴械。屈园被抢，绍孟等损失均大。夜中长堤火光烛天，终夜枪炮声不绝。予与履安均彻夜不眠，真有‘不知命在何时’之感”。第二天，顾颉刚避地岭南大学以保万全。日记记载两军交战，“闻死者极多”，“与丁山莘田到元胎处，路见死尸甚多”。因战事影响，顾颉刚的“上古史”课程缺课人数颇多，罗常培的课堂竟无人上课，“盖学生大部分归家，其家广州者又赴港避难也”，周予同从上海发信给顾颉刚表示关切之情，认为时局纷乱，“学术运动恐非三十年后不易谈矣”③。鉴于广州之乱，顾颉刚父亲令其归家，以编书为活，但顾颉刚并没有马上动身，此时上海暨南大学邀其担任史学系主任，顾也未同意。顾由于人情，仍决定留中大，“予在粤固无甚意味，但为骝先，孟真友谊所困，无法决绝，非至万不得已不便易地

---

① 顾颉刚：《顾颉刚全集·顾颉刚书信集》卷一，中华书局 2011 年版，第 195、252 页。
② 顾颉刚：《顾颉刚全集·顾颉刚书信集》卷二，中华书局 2011 年版，第 173 页。
③《国立中山大学语言历史学研究所周刊》第 1 集第 1—12 期合刊，1927 年版，第 243 页。

耳。"(1928年1月27日日记)虽说广州并不是顾颉刚理想的问学之地，但顾颉刚在广州做了不少事，他在民俗研究方面，发起民俗学会，刊印《民俗学会小丛书》，出版《民俗周刊》，为各种民俗丛书做序介绍，编辑《妙峰山》和《孟姜女故事研究集》第一集，培养扶植学术人才。

顾颉刚其实是把北京大学歌谣民俗研究的种子带到了中山大学，他一以贯之地坚持那种平民的学术观点，关注普通民众生活，搜集各类资料，譬如杂志日报、家谱、日记、公文、职员录，专门研究如观音、关帝、龙王、八仙、祝英台、诸葛亮等故事。顾颉刚依然诚恳地呼吁不要把眼光总盯着帝王将相、才子大夫，人间的生活原本丰富多彩，顾颉刚发出了研究的质问，"人间社会只有这一点么？呸，这说那里话！人间社会大得很，这仅占了很小的一部分而且大半是虚伪的！尚有一大部分是农夫，工匠，商贩，兵卒，妇女，游侠，优伶，娼妓，仆婢，堕民，罪犯，小孩……们，他们有无穷广大的生活，他们有热烈的情感，有爽直的性子，他们的生活除了模仿士大夫之外是真诚的！"①1929年顾颉刚给《中山大学语言历史学研究所年报》所作序里呼吁在民俗学方面要"无限制的搜集材料"②，强调建设学术社会的重要。顾颉刚在中山大学的民俗研究可谓收获颇夥，这也造成时至今日中大民俗学依然是全国民俗研究的重镇。

虽然中山大学看上去有一定的发展前途，顾颉刚还是多次表示北京(1928年北京改称北平)图书最多，最适宜为学。因此当容庚招顾颉刚前往燕大任教，顾此时确是愿往，其原有三："一，予尚未经过正式之研究生活，日夕盼望达到。二，予书籍器物俱置京中，两年在外，总难宁定。三，康媛(顾颉刚之女顾自明)不入北京聋哑校，无其安心立命之所也。"(1928年2月23日日记)顾颉刚想完全致力学术研究，但燕大要求须兼本科课程，加上傅斯年反对，因此事不果行。顾颉刚在中大只是权宜之计，这一点傅斯年看得明白，"且顾、杨诸兄而下，均不觉广州之可久居，颉刚望北京以求狐死首丘，金甫居广州如乌孙远嫁。何缘如是，

---

① 顾颉刚：《发刊词》，《民俗》1928年第1期。
② 顾颉刚：《国立中山大学语言历史学研究所年报序》，《国立中山大学语言历史学研究所年报》，1929年1月16日，第6集，第62、63、64期合刊。

或亦斯年之过。"①信中"杨"为杨振声，杨、顾不乐长居广州，傅斯年的形容并非夸张，周作人1928年3月27日致俞平伯信亦言，"杨金甫身在蛮荒而心在燕京，托吴雷公谋后职，又非七日不准发表，不知他究竟何去何从也。"②可以确定，杨振声、顾颉刚都想回到北京（北平）。就顾而言，他是去志已定，只是顾颉刚再次强调碍于情面，不好陡然离开，"予回京之计早决，而今日骝先先生苦为挽留，学生代表亦然。人情难却，因提出不上课，不办事之要求。"（1928年6月28日日记）除慰留外，顾颉刚若想离粤，也得傅斯年理解才行。

另外，顾颉刚不能爽快离粤，还与中山大学语言历史学研究所有关。中大语史所本是傅斯年创办，但傅事多，主要由顾颉刚负责，所耗心血不少，顾希望能将语史所后续事项办好，不致使其塌台，这是顾颉刚"良心上不能自已的责任"。因此顾颉刚想离粤赴平，又不想甩手不管中大语史所，乃向傅斯年提出"假请假，真辞职"的办法：

> 至弟离粤之后，实际上弟当然不为中大办事，不支中大薪水，与辞职无异。所以说暑假后或来一月者，以弟走后如研究所主任不定，研究生不能招成，则前途仍危险，故弟拟于到平后为校延聘主任，成则弟不必来，如延聘不到，而锡永可以支援下去，则请学校即实任锡永为主任，而弟亦可不来。万一主任延聘不到，锡永又支持不下，则弟只得自向粤方一行，招定二、三十个研究生，既有学生则学校说不出停办，这个机关的生命便不至夭折矣。③

顾颉刚这种拖泥带水的方法，虽则盛意可感，但傅斯年既不相信也不同意。傅斯年认为不向中大表示完全的辞职是"狡兔三窟"，既不放弃中大语史所，又到中研院史语所，是"两头马之伎俩"。顾颉刚认为自己的办法是保存中大语史所，他觉得傅斯年惑于谗言，不信任自己。根据中研院史语所的规定，专任研究员必须真实专任，在不再添聘兼任研究员的情况下，顾颉刚不能与中大斩断人事关系，是不可以专任或兼任

① 王汎森等主编：《傅斯年遗札》，社会科学文献出版社2014年版，第82页。
② 孙玉蓉编注：《周作人俞平伯往来通信集》（修订本），上海译文出版社2014年版，第57页。
③ 顾颉刚：《顾颉刚全集·顾颉刚书信集》卷一，中华书局2011年版，第197页。

研究员,因此顾提出任特约研究员。这又与顾颉刚 1928 年 12 月 15 日草拟的《国立中央研究院历史语言研究所文籍考订组工作计划书》第三条矛盾:颉刚现在任职中山大学,课务蝥繁,本组尚未能即行组织。兹定于明年春初辞职北返,专任本组工作,故本组办公应于民国十八年二月开始。①

在信息不对称的情况下,顾颉刚自身又起反复,傅斯年难免反感,最后商之于蔡元培,同意顾颉刚任特约研究员,时间是 1929 年 4 月。此举大惬顾颉刚心意,一来顾本不想再参与史语所所务,其次特约研究员给了顾颉刚很大发挥空间,拘束少了许多。顾颉刚给傅斯年的信中说,"故得在中央研究院作一散工而又得借支常工之工价,实为弟极大之福泽,以既保此自由之身,又免于家人之埋怨也。"②

顾颉刚本无长居广州之意,但顾之离粤则是多种因素综合的结果,如广东政局不稳、地方主义、南方气候等问题,而与傅斯年关系不睦也是重要一环。上述顾颉刚与傅斯年这种属于公事的往来,矛盾可激化处还少,但若共事一处,商量具体细节,则摩擦遂生。首先是二人性格之差异,胡适评价顾颉刚:"适之先生评予,谓予性欲强,脾气不好,此他人所未知者也。又谓予的性格是向内发展的,彼与孟真是向外发展的。"(1927 年 8 月 25 日日记)顾颉刚的性格内实倔强,自主性强,能办事,不喜人压服,顾颉刚自评,"予之性情有极矛盾者,极怕办事,而又极肯办事。孟真不愿我不办事,又不愿我太管事,故意见遂相左,今晚遂至破口大骂。"(1928 年 4 月 29 日日记)顾颉刚在 1973 年 7 月补记这一次的相争写道,傅斯年"以家长作风凌我,复疑我欲培养一班青年以夺其所长之权。予性本倔强,不能受其压服,于是遂与彼破口,十五年之交谊臻于破灭。"顾颉刚、傅斯年都是不甘别人压服之人,如今让此二人构成实质上的上下级关系,其关系之波澜必然翻涌无已。

胡适以为顾颉刚在中大是因骄傲而树敌,顾颉刚回信解释并非骄傲,是自己现在负了事务上的责任,难免与人"碰伤",并解释说"我树的

---

① 王汎森等主编:《傅斯年遗札》,社会科学文献出版社 2014 年版,第 127 页。
② 顾颉刚:《顾颉刚全集·顾颉刚书信集》卷一,中华书局 2011 年版,第 205 页。

敌人可以分作两种,一种是妒忌我,一种是想征服我,这两种都是没法避免的。我不能求悦人而自暴自弃,迁就了别人的标准。我自己不愿压迫人家,也不愿人家来压迫我。如有人想要压迫,当然反抗。"①傅斯年不属于敌人之列,但时有压迫顾颉刚之处。顾在这封信中指出两人性格有两点相同:一,自信力太强,各人有各人主张又不肯放弃。性格不同,办事风格迥异,"我办事太欢喜有轨道,什么事情都欢喜画了表格来办;而孟真则言不必信,行不必果,太无轨道。又我的责功之心甚强,要使办事的人都有一艺之长,都能够一天一天的加功下去而成就一件事业。孟真则但责人服从,爱才之心没有使令之心强",因此二人在用人上面时相冲突。二,急躁到极度,不能容忍。不知为何顾颉刚这封信被傅斯年看到,结果二人又"相骂",顾在日记中相当情绪化地记了一笔,认为傅斯年"久不慊于我,今乃一发也。予与孟真私交已可断绝矣。"(1928年11月13日日记)此刻他已很厌恶傅斯年了。1945年8月3日日记,顾颉刚写道傅斯年借故打压他,在朱家骅面前毁坏他的名誉,"此君借端压迫我,必欲我不能成一事。""然我道路正多,看他破坏得尽否。胜利在最后五分钟!勉之勉之!"这样的重话顾颉刚在1946年12月16日给妻子张静秋家信中又说了一次,顾颉刚对傅斯年称名不称号说,"傅斯年真不是东西,今夜看见我,他摔转了头颈和我握手。这个傲慢的人迟早要失败的,他失败之后必然又来趋奉我了。"②此信背景是顾颉刚在南京参加宴请教育界人士的会议,胡适、朱家骅等熟人均在场。这是1949年前二人交恶后顾颉刚在私信里称"傅斯年"而不称"(傅)孟真"的极少例子。

二者,二人学术见解存在差异,这是非常重要之点。从之前傅斯年赞叹"颉刚是在史学上称王了""颉刚的《古史辨》,我真佩服得五体投地",到中大后,傅斯年对顾提倡民俗学、征集民俗歌谣的研究表示不屑。中大语史所民俗学会出版的《民俗丛书》,如《台湾情歌》《扬州的传说》《情歌唱答》等,傅认为"这本无聊""那本浅薄"③,谓出版学术书籍当

---

① 顾颉刚:《顾颉刚全集·顾颉刚书信集》卷一,中华书局2011年版,第459页。
② 顾颉刚:《顾颉刚全集·顾颉刚书信集》卷五,中华书局2011年版,第20页。
③ 顾颉刚:《顾颉刚全集·顾颉刚书信集》卷一,中华书局2011年版,第455页。

是积年研究的结果,而不应如此草率出书。顾颉刚也不完全否认傅斯年此种说法,他认为在治世说是对的,在乱世说则不尽然,顾颉刚更强调在学术社会未成型、学术风气未养成前,先出书以提倡一种研究风气,使治学青年能看到一种奖掖之风,当学术风气养成后再来改变草创时期的粗疏之误。换言之,顾颉刚认为一种新学术如民俗学想要得到发展先要多印资料,引起关注,"我主张有材料就可印",顾颉刚似有很明显的两步走目标,先普及后提高。傅斯年的意见似可看成一出手就为成熟之作:

> 傅在欧久,甚欲步法国汉学之后尘,且与之角胜,故其旨在提高。我意不同,以为欲与人争胜,非一二人独特之钻研所可为功,必先培养一批班子,积叠无数资料而加以整理,然后此一二人者方有所凭借,以一日抵十日之用,故首须注意普及。普及者,非将学术浅化也,乃以作提高者之基础也。(1928 年 4 月 30 日日记,1973 年 7 月补记。)

顾上面所言主学问的团体合作甚于单兵作战,让人以为傅斯年的做学问尚单打独斗。其实不然,这毕竟是顾颉刚若干年后的回忆。仔细考察这里面的话语,说傅斯年认为民俗学学问气息浅确然是真,但以为他不支持这种研究,完全否定,则也不太准确。在《中研院语言历史学研究所筹备办法》中,傅斯年认为学术工作有个人与集众两类,严格说来,这种分别本来就不确切,"盖据材料为研究之工作,于材料之搜寻及参订上,俱不能一人闭户为之,不取于人也。然一人搜求之业,或数人谋集合的分工,固有不同",若姑且以此分别,"如颉刚于古史材料及民间传说之研究,今自当继续"①。引述这段话是想说明,二人在民俗学研究观点上,确有歧异,但不致如顾颉刚所形容,给人感觉傅斯年与民俗研究势如水火。顾颉刚看人常带过强主观色彩,对此不可不注意。

---

① 王汎森等主编:《傅斯年遗札》,社会科学文献出版社 2014 年版,第 89 页。此信函虽为顾、傅二人联合具名发出,然从语气看,实为傅斯年所写。在筹备中研院过程中,很多信件都署名傅斯年、顾颉刚、杨振声,绝大部分也都为傅斯年所写。杨振声好文学,对中研院史语所创办事务不大上心,顾颉刚与傅斯年因为观念的差异,不多插手。

还有，二人对学术资料的看法不同，傅斯年评价顾颉刚是"上等的天分，中等的方法，下等的材料。又谓予所用方法只有历史的和结账的两种。又谓历史方法不过一个历史观念而已。劝予向民俗方面发展"，傅斯年所谓"下等的材料"大概指顾颉刚研究妙峰山、孟姜女，搞民俗歌谣[①]。顾无法接受傅斯年材料分高下的观点，反驳"材料是客观实物，其价值视用之者何如耳。岂能分高下乎！"（1929 年 2 月 13 日日记，1973 年 7 月补记）

顾颉刚在 1929 年出版的《国立中山大学语言历史学研究所年报》序中也表明："我们承认凡是一件材料没有不可供研究之用的，材料本无生命，有方法用它时它就有了生命，所以死活是方法的问题而不是材料的问题。"[②]值得注意的是，顾颉刚并没有对傅说自己"中等的方法"进行驳斥，所谓"中等的方法"就是方法一般，不新不旧。顾颉刚实际默认了傅斯年的说法。有一个证据可以佐证这一判断，是顾颉刚听辛树帜转述何思敬在讲堂上的说法，谓"顾颉刚所出的书，皆是材料而无方法"，顾颉刚认为何思敬的说法他能接受，"我在治学方法上实未经严格锻炼，只是不厌烦地找材料耳"（1929 年 1 月 1 日日记，1973 年 7 月补记）。顾颉刚此话不虚，他也并不讳言自己史料考据的倾向，他以后更是明确说，"一生所治乃史料学而非史学"[③]。或可认为正是因为顾颉刚与傅斯年这种你中有我，我中有你，既有理解，又有意气的交织，才会使得二人的分道扬镳是发展的必然，而不是立马一拍即散的结果。

最终，顾颉刚北上选定燕京大学，看重其环境清静，无人事纠缠，自由度大，实治学佳地。他在 1928 年 2 月 26 日给燕京大学史学系的容

[①] 杨树达 1947 年 12 月 23 日日记："闻人述傅孟真批评顾颉刚语云：'上等天资，中等方法，下等材料。'颉刚昔年为妙峰山孟姜女笔墨不少，孟真所谓下等材料，盖指此也。"（杨树达：《积微翁回忆录》，北京大学出版社 2007 年版，第 188 页。）

[②] 顾颉刚在《妙峰山进香专号引言》中说："学问的材料，只要是一件事物，没有不可用的，绝对没有雅俗贵贱贤愚善恶美丑净染等等的界限。正如演戏一般，只有角色，并无阶级，天神仙子与男盗女娼尽不妨由一人扮演。所以玉皇与龟奴，在常人的眼光中是尊卑高下的两极端，但在优伶的扮演上是平等的，在学问的研究上也是平等的。因此，我们决不能推崇史记中的封禅书为高雅而排斥京报中的妙峰山进香专号为下俗，因为他们的性质相同，很可以作为系统的研究的材料。我们也决不能尊重耶稣圣诞节的圣诞树为文明而讥笑从妙峰山下来的人戴的红花为野蛮，因为他们的性质也相同，很可以作为比较的研究材料。"（《京报副刊》第 147 号，1925 年 5 月 13 日。）

[③] 顾颉刚：《顾颉刚全集·顾颉刚书信集》卷二，中华书局 2011 年版，第 564 页。

庚信提出七项要求,此缜密之具体要求一看就知是详细思考的结果,极能窥见顾的择校择业之由:

(1) 不引进政客,免致机关本身受政治摇撼。

(2) 不引进复古派,免致学术不能照了轨道走。

(3) 不引进学阀,免致学术机关为其私人垄断,且为排击敌派之根据地。

(4) 不引进文人,免致机关腐化,致同事不勤业务。

(5) 不引进平庸人,免致发表刊物为讲义式之文字。

(6) 不引进头脑不清之人,免闹意见。

(7) 不引进爱发议论而不负责任之人,免致团体分裂。①

顾颉刚没选母校北京大学,而且是北大校长陈百年亲自邀请他回去,还是以"北大党派太多,攻讦太甚,婉辞拒之,心中痛苦可知矣"。(1929 年 9 月 21 日日记,1973 年 8 月补记)好友罗家伦邀至清华大学任教,顾颉刚回信表示不愿意在同学太多的地方做事,免得"招尤纳悔"。北大清华都不去,个中详由即可清晰可见。顾颉刚并进一步谈为何选择燕京大学:"如果弟当时应聘,则此一年中,不是由他们离间,使我二人不睦,即是由他们造谣,拟弟于兄之走狗死党。此乃必至之局,非弟之神经过敏。弟之所以宁愿卖身于教会学校,正欲与这辈活动人物断绝关系,使弟不致成他们之眼中钉,而得专心致志到学问上,成就我理想中的著作。故卖身其名,超然其实"②,否则顾颉刚又要陷于党同伐异之境地了。

民族情绪强烈的傅斯年对顾颉刚栖身燕京大学,之前就表示不同意,骂顾颉刚"忘恩负义",没有气节,电函顾颉刚:"燕京有何可恋,岂先为亡国之准备乎?"(1931 年 6 月 12 日日记),每当傅斯年用故意刺激的语气"挑衅"顾颉刚时,顾颉刚内心的傲气与情绪就会被激发出来,紧接这句话后,顾颉刚反驳道,"我入燕京为功为罪,百年之后自有公评,不必辨也。"说是无须辩解,顾颉刚还是忍不住加一句,"中国学校聘外国

---

① 顾颉刚:《顾颉刚全集·顾颉刚书信集》卷二,中华书局 2011 年版,第 177 页。

② 顾颉刚:《顾颉刚全集·顾颉刚书信集》卷一,中华书局 2011 年版,第 254 页。

教员亦多,岂此外国教员亦为作亡国之准备乎?"他心中沛然莫之能御的感情遭人不解后,越发激起他偏要做去的笃定。时隔六天,顾颉刚更是草长信答傅斯年,谓其并非奴颜婢膝,也绝不会成为洋奴,且当闭户读周秦汉之书。信中谈到傅斯年对自身态度之变迁,从生活交往到人事、学术层面,让其不解:

> 当兄自沪到平,弟偕何定生君到站相接。弟非习为迎送之流,乃因兄数月前曾到长堤相送,报施之道应如是耳。兄乃不解,以我为营谋之流,当兄嘱领取借款时,对赵元任先生及我言云:"明天今甫由南京来,我们应到东车站去接他,谋个清华学校的事情。"兄试思之,兄任中央研究院之所长,那会向清华谋兼职;赵先生本在清华,也用不着去谋:此话非指我而指谁,非讥我到站接兄而讥谁?弟生平从未受过此等气,眼前为之发黑。兄对我既如此,论理正当绝交。但念昔日西斋旧谊,且粤中大是兄拉我去的,中央研究院又是兄拉我去的,觉得不当为感情所蒙之兄过于愤激,故假作痴聋,未道一语。此事兄或忘之,弟则深记。①

事情原委是顾颉刚手中无钱曾向傅斯年借了一笔 200 元的款子以作纾解。自尊心极强的顾颉刚自然受不了傅当面的含讥带讽,他语带夸张地说,"他交给我支票后,我走出门来,真觉得天地易色,伤心吊泪。"②顾颉刚妻子殷履安怕与傅斯年再生口舌,劝其勿寄,顾颉刚便未寄出。而顾、傅二人实彼此了解,顾日记记载:"孟真谓余,彼写此信,盖欲挑得余之覆信,而竟无覆信,殊出意外。并谓此不像我的态度。此诚知我,非履安之阻,固早如其所料矣。"(1931 年 6 月 24 日日记)之后顾颉刚执教燕京大学,傅斯年执掌中研院史语所,虽然傅斯年还邀请顾颉刚回中研院,顾颉刚已脱是非圈,而且二人已经很清楚彼此之为人,顾颉刚肯定不会再蹚浑水。

顾、傅两人早年在北大一起办《新潮》,合作愉快,原因是囿于学校,无论他们日后是多么厉害的人物,彼时还是学生,不具备较大规模地聚

① 顾颉刚:《顾颉刚全集·顾颉刚书信集》卷一,中华书局 2011 年版,第 207—208 页。
② 顾颉刚:《顾颉刚全集·顾颉刚书信集》卷二,中华书局 2011 年版,第 326 页。

合资源的能力,他们的社会角色还未发露出来,人事往来还在师友之间,没有产生嫌隙的土壤。换言之,二人的特质多少被学校和学生身份遮掩。及其共事中大,矛盾渐而显露,傅斯年能办事,能识人,懂机变,务欲胜人,胡先骕评价其"有手腕,喜弄权"①,时人称傅斯年为"曹大丞相"。曹大丞相,岂能甘居人后为人役使乎?顾颉刚的学生赵贞信1943年8月22日致信顾颉刚谈傅、顾二人不同,认为傅斯年断制严厉而赏罚分明,用人恰当,然量小,有私,好专;顾颉刚之长在于气量大,处心公,其短"在于理智不能胜过感情。故感情极易冲动,使所行之事未能恰当,被用之人无法对付。论者颇谓吾师既不能识人,又不能察势"②,提醒顾颉刚若不能别贤愚,清权责,明赏罚,则事不能成。此番话恹心厌理,顾颉刚认为是良友之言,但想改则谈何容易。可以说赵贞信对顾颉刚的长短看得非常明白。观顾颉刚对傅斯年的看法,日记中激烈甚至极端的情绪化表述不在少数(不仅对傅斯年,对其他人如钱穆、洪业也是如此),这些说法不能完全代表事实,只是顾颉刚本人彼时彼地心态的折光。顾颉刚与傅斯年既有同窗之谊,也有处世谋略、学术视差的存在,同时还有互相争胜的一面,彼时傅斯年对顾颉刚继长增高的学术声誉多少还有嫉妒成分存在,傅斯年当面揶揄顾颉刚:"我向孟真诉苦,他说:'先生名已高矣,钱已多矣!'这一刺,刺得我的心好痛,我知道他原来已用高价买下我的身子了!"③因其如此,顾、傅共事一地多会产生纠纷。最核心一点在于顾颉刚、傅斯年都是"霸才",具有强烈的掌控欲,都想做"学阀"。顾颉刚解释"学阀"之意不是为己,乃为公。在他脑中,"学阀"是一褒义词,他非常乐意做这样的"学阀":

> 我觉得,学问也同征战,固然需要将帅,但尤需要的是兵丁。【略】所以我们现在做学问,应当注重训练兵丁,要训练兵丁先要把自己看成一个兵丁,过兵丁的生活。人是有政治欲的,当然想做领袖,研究学问的人如果没有作领袖的野心,那个人是没出息的,他

---

① 胡宗刚:《胡先骕年谱长编》,江西教育出版社2008年版,第538页。
② 顾颉刚:《顾颉刚全集·顾颉刚书信集》卷三,中华书局2011年版,第202页。
③ 顾颉刚:《顾颉刚全集·顾颉刚书信集》卷一,中华书局2011年版,第455页。

决不会有独特的成绩。但他如果单有作领袖的野心，而不肯切切实实作苦工，那是更没出息，因为他从此只会奔走联络，抢地盘，包而不办，排挤人才，陷害青年，做人群的蟊贼了。所以我们应当决绝舍弃做现实领袖的野心，而刻苦的工作，使得后世的人承认你是一个真实的领袖；即使他们不承认你是一个领袖，而你有真实的工作在，他们也必然承认你是一个健全的兵丁。①

他不想做盘踞地盘、拉帮结派、不学无术的假学阀。在他看来，学阀，学阀，要先有学而后可阀，二者须若合符节才行。顾颉刚的这个意思在 1919 年 1 月 4 日的日记里已明白表述过，"人不务于正当之事业，由实以致其名，而惟窃附纸尾，冀因题署以存其名，吾不知果谁览之而谁记之也。凡小家文人，小家学者，都是为捷径成名一语所误。不知若要成名，必无捷径可言"②。顾颉刚不甘于做写几篇文章，弄几篇疏证的"小家文人""小家学者"，顾颉刚明确承认，"我除了做学阀之外再没有别的路了"。顾颉刚敢响亮地说出做学阀的话，是他此时与胡适一样，既有了实际的学术话语权与资源，又有暗中的自信，顾颉刚想做真学阀打倒假学阀，"要为学术界造出一个真正的地盘，替代了现在存在的个人主义的地盘"③。事实上，顾颉刚、傅斯年都是学阀，此二人共事，很难心平气和，顾颉刚也不想一直在傅斯年的掌控下讨生活，因此顾颉刚离开广州中山大学便是势所必至。

1929 年顾颉刚离粤赴平任职燕京大学，按他的说法是不想再惹是非，求得一安静治学之地。在粤的顾颉刚遭遇与鲁迅的纠纷，与傅斯年又因性格、学术、行事风格之差异使得共事频生龃龉，若非朱家骅一留再留，顾颉刚早已离开。同时，外部环境也不宁帖，激烈的政党之争造成人心焦虑，广州于顾颉刚而言，既非适于生活之所，又非治学佳地，"广东地方主义的发达，为全国之最"④，想做点事本省本地人便来扯手扯脚，这些因素更增添广州绝难久留之感，而且顾颉刚对广州印象不甚

---

① 顾颉刚：《顾颉刚全集·顾颉刚书信集》卷三，中华书局 2011 年版，第 22—23 页。
② 顾颉刚：《顾颉刚全集·顾颉刚日记》卷一，中华书局 2011 年版，第 43 页。
③ 顾颉刚：《顾颉刚全集·顾颉刚书信集》卷二，中华书局 2011 年版，第 478 页。
④ 顾颉刚：《顾颉刚全集·顾颉刚书信集》卷一，中华书局 2011 年版，第 461 页。

第四章　从广州到北平

211

佳，"我对于广州，老实说是不爱的"①，顾颉刚觉得广州参考书籍不够，学术团体也没有，而且屋宇太小，不能把顾颉刚的藏书悉数搬过来，于学术研究不方便。他后来给闻一多的信说自己是"立下决心，春间逃出广州，到了北平"②，一"逃"字直比广州为监狱了。

顾颉刚所设想的最佳状态是谋一北平高校教职，不教课，不兼职，不任行政，专一为学。顾颉刚最后选择燕大也因其人地生疏，不会陷入因谣言所起的人事、利益、观念、派系的争斗中。他讨厌派系斗争，想远离却逃不掉"籍和系"的牵连与打击。他反感结党营私，却又被人看做"党魁"，呼之为北平教育界三个"后台老板"之一（胡适、傅斯年、顾颉刚）（1931 年 9 月 9 日顾颉刚日记）③。《夏鼐日记》1937 年 12 月 5 日记载："向（向达——引者注）云顾颉刚近来颇从事政治活动，在学界方面亦暗中养成自己势力，以燕京大学为大本营；谓其人阴险，在厦大时，鲁迅即受其排挤（《两地书》中之'朱山根'，闻即指顾），在广大时，又排挤傅斯年。……"④向达是南高师毕业生，柳翼谋的学生，为学衡派阵营成员。柳翼谋与顾颉刚又有学术上的交锋，且顾颉刚一向被看成是胡适派成员，因此向达这番议论明显带有强烈感情色彩，并非全是事实，但这类说法最起码能说明本人之心迹与旁人之观察并非同一，有时甚至大相径庭。向达所指顾颉刚在学界养成自己势力大概是指顾颉刚有意培植青年学生跟着自己办《禹贡半月刊》，搞历史地理。实际而论，顾颉刚的《禹贡半月刊》确实办得红红火火，发掘了一批人才，养成势力的确是事实。关键看他养成学界势力的目的是为公还是为私。辛德勇⑤2015 年 10 月 11 日告知笔者："顾先生，在政治上，我理解，他无意参与，但一心想做学术领袖。这种做领袖的欲望，是以为这个国家建设学术

① 顾颉刚：《顾颉刚全集·顾颉刚书信集》卷二，中华书局 2011 年版，第 349 页。
② 顾颉刚：《顾颉刚全集·顾颉刚书信集》卷二，中华书局 2011 年版，第 363 页。
③ 在民国的语境里，"老板"并不是一个坏词。王钟翰回忆："70 年代初，顾先生受命任点校《二十四史》总编，我亦奉召至中华书局参与《清史稿》的点校工作。书局的负责人向顾先生介绍我，顾先生一见便风趣地说：'我们是老伙计了'。解放前，学术界喜欢称呼有名望、地位高的名教授为'老板'，如胡适被称为'胡老板'，顾先生亦被称为'顾老板'。先生为老板，学生自然是伙计了。"王钟翰：《王钟翰学述》，浙江人民出版社 1999 年版，第 55 页。顾颉刚日记所记乃"流言"。
④ 夏鼐：《夏鼐日记》卷二，华东师范大学出版社 2011 年版，第 134 页。
⑤ 北京大学教授辛德勇为史念海的学生，史念海是顾颉刚的学生。

为己任的,与现在这些蝇营狗苟的鼠辈想出人头地,是完全不同的。"以辛德勇的话和顾颉刚一生行止相印证,大体也符合事实,若果是这种"养成自己势力",倒也无妨。向达说顾颉刚"阴险"似乎太过,说他心思细密,刚强自尊,庶几近之。

时人之所以有此看法,从顾颉刚一面看来,他爱聚合相关学人共举其成,用得好是各职其事,各司其责,效率高,用不好是一人办数事,一事多人办,职不专,权不清,绪太繁,因而手忙脚乱,顾此失彼。顾颉刚常有用不好的毛病。所以然者,乃在其"好定计划,好向强处走,好拼命办一件事,以至于此也。弟之为人,不办事、不教书则可,少办事、少教书则不可,盖生性贪多务博,好大喜功,无论什么事情,一经着手立刻会有野心,希望得到最高的成绩"[1],而且一着手就是"最大最好之计划",使得他"永永不能有满足之时而事情亦永永做不完"[2],这样做的结果往往是开局甚好,收尾实难,总有遗憾。

从他一生的行迹看可以毫不夸张地说,他实在是一个少有的爱学乐学的学术人。学者许冠三评价顾颉刚是 20 世纪少有的读书人[3],绝非虚誉。因为顾颉刚总想在学术领域开疆拓土,许地山戏称顾为"学术上的多妻主义者"[4]。他也知道自己的特性,曾书一条幅"好大喜功,永为怨府;贪多务得,何有闲时"以自戒,无奈性格如此,改不了了。顾颉刚这个人有拓地万里的学术雄心与计划,但在拢合青年实际做事过程中,他的理智有时又不能克制丰富强烈的感情,不免情绪化,好恶都过于极端,"且吾师于爱之时,则任之必过,及其衰也,又恨之极甚"[5],对"兵丁"管得太多,学生杨效曾回忆,"顾先生是好人,就是太琐碎。不在一块共事,热情、爱护、照顾,一块作事,琐琐碎碎啥都有意见要管。还是远着点好"[6]。杨效曾的说法用另一位学生王树民的表达就是:顾颉

---

① 顾颉刚:《顾颉刚全集·顾颉刚书信集》卷二,中华书局 2011 年版,第 185 页。
② 顾颉刚:《顾颉刚全集·顾颉刚日记》卷二,中华书局 2011 年版,第 130 页。
③ 参见许冠三《新史学九十年》中顾颉刚部分的论述,岳麓书社 2003 年版。
④ 顾颉刚:《顾颉刚全集·顾颉刚日记》卷三,中华书局 2011 年版,第 372 页。
⑤ 顾颉刚:《顾颉刚全集·顾颉刚书信集》卷三,中华书局 2011 年版,第 203 页。
⑥ 中国社会科学院历史研究所、中山大学历史系合编:《纪念顾颉刚先生诞辰 110 周年论文集》,中华书局 2004 年版,第 274—275 页。

刚是"能爱人而不能用人,凡不熟习者觉其为好人,愈熟习则发现其劣点,浸以疏远"①。这些学生的回忆都关涉到了顾颉刚的性格。世间有一种人从远处看十分完美,对人、对事的处理妥妥当当、舒舒服服,走近、深交以后才发现此人毛病甚多,不能长久维持。顾颉刚大概就是这种性格,他在日记中经常记载他人对自己的中伤,以及与人交往过程中对别人的不满,顾颉刚最后得出的结论总是别人的错或别人做得不到位的地方占多数,他虽有毛病,但总以为大错不在我。请看顾颉刚记录的这段别人说他小话的分析,可见他的观人思路:

> 玄同先生告诉我,幼渔先生对他说,"你如何与顾颉刚往还,他这样的性情,同鲁迅闹翻了,同林玉堂闹翻了,同傅孟真也闹翻了!"予闻之悚然,别人和我闹也是我的错处。鲁迅处心积虑,要打倒我,我没有还手。玉堂与孟真则因地位在我之上,要支配我(玉堂要我帮他和林文庆翻脸,孟真要我帮他和戴季陶翻脸)而我不肯(为要保全厦大之国学研究院、中大之语言历史学研究所),所以把我骂了,于是亦成了我的罪状了。在现在的世间,我很明白,做事是要结党的,党员是要听党魁的话的。但我的良心上过意不去的时候,我总不能灭没了自己的良心而做党魁的机械,所以我便应受许多攻击了。②

他仿佛处于无辜者地位,受人中伤,对于这一类小话谣言,顾颉刚一般都是这种笔调。在顾颉刚的逻辑世界中,这种越是责任在别人身上,而不想想自己问题在哪里的表述,越要引起怀疑。他表述中潜在的思维是从来没有意识到自己有错或大错,而合情合理地认为错在别人,这并非是推卸,这就是顾颉刚观察、与人相处的心理定式。从史实看,鲁迅也好,傅斯年也罢,自然有不妥,此处只是想指出,人是群居性动物,在顾颉刚的交往圈层中,他的问题实在不小,这是控制欲、自尊心、性格、办事理路、情绪主观化太强所致。顾颉刚的性格有真诚、无私、热情的一面,使得别人愿意为其办事,但他性情中又有事无巨细掌控一切

---

① 顾颉刚:《顾颉刚全集·顾颉刚日记》卷四,中华书局 2011 年版,第 640 页。
② 顾颉刚:《顾颉刚全集·顾颉刚日记》卷二,中华书局 2011 年版,第 349 页。

的欲望,所以关系难以长久保持,自然不免僵化。对顾颉刚了解颇深的傅斯年于1941年6月18日致朱家骅信,"凡与颉刚共事,最后总是弄到焦头烂额",①这话说得颇有道理,是知人之言。应该说顾颉刚是一个好人,想做学阀,总想掌控一切。这注定顾颉刚与傅斯年不能在一个屋檐下共事、一个饭锅里吃饭。傅斯年、顾颉刚二人都是强人,都想做领头羊,傅斯年想让顾颉刚听命于己,顾颉刚则想按照自己的心愿办事,但事实是一山不容二虎。若论使用手段,顾颉刚则又略逊傅斯年,所以顾颉刚在中山大学老是觉得不爽快,心里忿忿不平,说这段生活简直是"如沸如羹"。到了燕京大学的顾颉刚做了不少事情,发表重要学术文章,编辑《禹贡半月刊》杂志,培养史学人才,创办通俗读物编刊社,带领一帮人编印通俗读物教化民众。可以说顾颉刚与燕京大学是互相成全,他在燕大开辟了新的事业园地。更进一步讲,1937年前顾颉刚在燕大的这一段稳定岁月是他学术事业上的一个难得的黄金时期。

第二节　讲义与大文章

顾颉刚栖身燕京大学,他的首要身份是教授,得教书育人。说到顾颉刚的教书效果,便很有必要荡开笔墨谈一谈民国时期那些学人的讲课风采,以便对照比较一番,对顾颉刚的讲课能力有一大致定位。何兆武回忆史学家雷海宗西南联大时期的讲课,到老了还印象深刻,原于雷海宗超强的记忆力:"在我的印象中,雷先生不但博学,而且记忆力非常了不起。上课没有底稿,也从来没带过任何一个纸片,可是一提起历史上的某某人哪一年生、哪一年死,或者某件事发生在哪一年,他全都脱口而出,简直是神奇。一般的像我们,除非特别有名的可以记一记,哪能都记得?反正我不能,他那脑子真是了不起。"②中央大学学生王觉非回忆历史系缪凤林教授,对其惊人的记忆力也是印象极为深刻,"多年以后,我在有一次和他谈话时,他还记得我们大学一年级作业中的一些

① 王汎森等主编:《傅斯年遗札》,社会科学文献出版社2014年版,第891页。
② 何兆武:《上学记》(增订版),人民文学出版社2016年版,第148页。

具体错误",而且缪凤林给学生上课曾相当自信地表明二十四史他读过两遍:"他在上课时,常常讲些题外话,以引起我们的兴趣。他问我们,你们知道中国有哪几个人曾经把二十四史读过一遍?同学们都笑着等他的回答,结果他很得意地微笑着说:'我读过两遍!'"还说缪凤林上课还有一个特点就是喜欢骂人,"特别是郭沫若,几乎每堂课必骂郭沫若"①。史学系教授在两位学生的回忆里其共同特点是记忆力超强。可惜的是,顾颉刚没有雷海宗、缪凤林这样超凡的记诵能力。

应该说,民国时期那些登上讲台讲课的先生,风采各异,不胜枚举,到而今他们的逸闻趣事还在民间流传,是人们眼中一份美好的谈资。简而言之,这些大大小小的先生们,有的人演讲像梁启超一开始就大段背诵《史记》,有的人像马其昶一学期下来就讲一篇《庄子·天下篇》,有的人像北大林损上课一开始先骂了胡适之再讲内容,有的人像俞平伯讲到文学作品的好处不知道如何形容,便只是连说"好"字。这些先生之中有正襟危坐一丝不苟者,有不修边幅幽默风趣者,有温和儒雅绅士风度者,有上课须坐太师椅方肯讲书者,有说学逗唱极为欢乐者,有临时怯场面红耳赤者,有声音苍哑讲书效果不好者,有拼命写黑板鲜有言语者,有学识横溢却结结巴巴者,有讲书兴奋而无边无际者,有抽烟微笑极具魏晋风度者,有深感文学之美而无以言说者,有所教非所学大唱京戏令人瞠目结舌者,形形色色,不一而足。

具体到顾颉刚身上,他的讲书效果很一般,不如雷海宗、缪凤林,也不如他引荐到燕京大学任教的钱穆。顾颉刚的口才似不见佳,有一些口吃。他的口吃毛病据顾颉刚回忆是小时候在私塾背《诗经》,因为念不出来私塾先生就把戒尺在桌上乱碰,背不出来就用那戒尺在顾颉刚头上乱打,使得顾颉刚"战栗恐怖","害得我的一生永不能在言语中自由发表思想"②,就这样形成了口吃的毛病。再加上顾颉刚多少带一点吴地口音,他的口才没有他的文采流畅动人。他的长处是写黑板,编讲义,引导学生讨论思考。顾颉刚在燕京大学的学生王锺翰回忆,顾颉刚

---

① 王觉非:《逝者如斯》,中国青年出版社2001年版,第147—148页。
② 顾颉刚:《顾颉刚全集·顾颉刚古史论文集》卷一,中华书局2011年版,第7页。

讲课就是不停写板书,从黑板右边写到左边,"行书写的很快,约莫写过三四遍,下课铃响,课也就结束了"。按说这样上课会比较枯燥,但王钟翰说大家都听得聚精会神,生怕下课铃响起,原来顾颉刚所讲都是他的读书体会,许多问题都是大家平日相信不疑的,"现在突然被顾先生提了出来,大家先是惊愕,继之是兴趣盎然,思之再三,终是佩服"。能在顾颉刚的课堂上听出门道来还得要学生好学深思,产生的效果是"勇者进而弱者退,智者得而愚者失矣!"①假如先生们的讲课按有意思与有意义来评价,那顾颉刚的上课是意义有之,趣味则稍稍稀薄。顾颉刚的讲课与他的古史研究是紧密相连息息相关的,是学问的深入研究,不是泛泛而谈。顾颉刚先后在1928年中山大学、1930年燕京大学、1939年云南大学开设"中国上古史"课程,他都写有讲义。从系统性、完整性角度而言,燕大时期的讲义最为丰富,很多想法都被顾颉刚融入其文章中了。

讲义不比文章,因为是授课底稿,只需准备某些方面问题,将其大致说清楚即可,待成文之后再深入论述。相较文章的繁密论证,作者写讲义可以是关键词提示,可以只就某问题点到为止。如果文章是正规军,讲义就是轻骑兵,直接明了,有时是提纲挈领轻点几句,有时是发挥文学家的想象,用文学化语言谈古史问题。这些具有兴味的小句子将遥远的古史研究变得亲切可感。顾颉刚的讲义一般是两种体式:一是直接下按语,二是抄撮史料后间杂评论。但顾颉刚在燕大时期的讲义很明显有文章化的趋势,这时期的讲义与文章对读有很多颇有意思的缝隙。

顾颉刚在燕京大学的讲义接续了中山大学时期的相关讨论而更为深入。他在1928年10月写的中山大学《中国上古史实习课旨趣书》对学生有一种期许,希望学生在下列方面做出努力:第一类是对于某种专书的整理,其中顾颉刚细分为年代总表,人名索引及世系表,地名索引及地图,材料考订。第二类是对某一问题的整理,其中分为人的传说的演变,制度的传说的演变,古史系统的传说的演变,书籍与学说的演变。顾颉刚的这些教学计划安排跟他的学术研究完全相辅相成。他很有信心

① 王钟翰:《王钟翰学述》,浙江人民出版社1999年版,第52—53页。

地强调现在我们的条件比以前强，可以把眼光放大放远去研究问题。

以顾颉刚1928年在中山大学的上半学期为例，他的中国上古史课程规定平时成绩占本学期总评成绩的百分之三十至五十，也就是平时成绩与期末成绩相加之后，以二除之得出最终分数。但顾颉刚对学生很宽容，若是平时成绩未来得及完成，他还另出二十余道题让学生从中选做一题，然后再核定分数。这些题目不是顾颉刚一时的心血来潮，而是思谋许久，他认为这些题目是研究上古史必须思索的题目，同学诸君即使不施研究也要看到相关材料随手抄撮，养成分析与综合的能力。随举两例："《左传》成书，取自《国语》，此为清末今文学家坚定之主张。吾人欲试验此说之确否，应将《左传》拆散重整，依《国语》之方式而为之并入《国语》。但此事甚大，非一时可办。今请先就《左传》中择抄某一国之事，为之删除涂附，试与《国语》中之某国语相合。在并合时所遭值之困难，亦请详细记出。""用颉刚研究孟姜女故事之方法，选取一个担负甚多之传说之古人（如舜、黄帝、伊尹、太公、周公、孔子、介之推等），施以同样之研究。"这之中有的题目所涉及的问题颇为复杂，如果研究下去写成专书极有可能。如顾颉刚所拟这道题目，想必是顾颉刚极力要攻破的问题：

> 清代学问之中心为经学，而其成绩为搜罗与考订上古史之材料。吾人研究历史，应如何应用清代人之成绩，使之在上古史研究上发生实际之效用，而不负彼辈三百年之努力？究竟两部《皇清经解》及此外之清人经学书，其中包涵之上古史问题有若干？此等问题中，其已解决者有若干？其留待我等解决者有若干？在我等此数十年中，尚无解决之望者有若干？当时虽未解决而至今日已不成问题者有若干？当时虽不成问题而今日忽然成问题者又有若干？换言之，即吾人今日研究上古史，应如何进行，方能承受清代人之遗产而踏上现代历史学之大道？①

这无疑是一环扣一环的大问题，以个人之力短期内绝无完成的可能。顾颉刚这个题目与其说是出给学生做，倒不如是他对自己没时间

---

① 顾颉刚：《顾颉刚全集·顾颉刚古史论文集》卷三，中华书局2011年版，第56页。该卷收录了顾颉刚在中山大学、燕京大学、云南大学三校的中国上古史讲义。

好好做的一种提醒。顾颉刚中山大学时期的讲义多以"按语"形式谈学问。如《刘向传》的按语，顾颉刚强调一时代有一时代之历史观念，各时代的历史传说都是由那一代的历史观念演变而来，西汉人喜欢讲阴阳五行，若只是一鳞一爪去看他们的想法，会觉得很可笑。因此顾颉刚说看问题要观其大略，抓其命脉，提纲挈领。"可知当时学说貌以六经为根据，实际则以阴阳五行之说组成一系统而以六经之言傅合之，凡其引据古事，议论时事，无不支配于此系统之下，其驱遣之术万变不穷。是谓'通经致用'！是谓'为汉制作'！"因此汉代人并不求得历史之真相，而只是求其自己学说能否支配历史之运用，当下社会之现实效果，致用大于求真，因此对于汉代人引用古书古事，必须提高警惕，"悉当视为传说，以研究传说之方法研究之，观其所由出发之思想以定本项传说之意义，勿轻散入各代而误认为史实"。在《毛诗序》的按语中，顾颉刚接着谈汉朝人喜欢改历史，"汉人最无历史常识，最敢以己意改变历史，而其受后世之信仰乃独深，凡今所传之古史无不杂有汉人之成分者。廓而清之，固非一日事矣"。

顾颉刚以为一时代有一时代之历史观，然后在《明堂论》中进一步发挥，认为"时代愈后，凭虚之古文遂愈多"，这是他层累观的体现。他举例说西汉多"伪事"，东汉多"曲解"。清代人信古甚笃，不敢怀疑，以礼学为例，"不过将古人乱造之伪事与可笑之曲解整理之，傅会之，使其成为一系统耳；按之实际，则对于古代制度仍茫然无闻知。且向者人自为说之故事，抵牾易见，指摘易施；自经此一番整理，又多出若干曲解以弥缝调停之，则藉手转难"。这篇按语还有一点值得注意，顾颉刚提到了秦汉方士与儒生大肆鼓吹明堂，将虚想之明堂坐实为实然之明堂，最后成为帝王宫室之一部分。这里提到秦汉方士与儒生跟顾颉刚后来的专书《秦汉的方士与儒生》必然有因由关系。在《山海经》的按语里，顾颉刚说这书以前人关注得少，多用史实眼光看而觉得满纸荒唐，要是用民俗学眼光看去，则会发现《山海经》所讲的奇怪故事很像是来自民间，如果一究其本原，"则知此等偶像皆民众建立于先，而儒者乃选取其中之最有力者以自己之思想改变其外貌于后耳"。这些基础的工作是顾颉刚太想打破旧系统、建立新系统，可恨建设新系统的材料实在不够，就是这些新材料中也还有许多假材料的"黑影","于是我们对于上古史的知识觉得太缺乏、太空虚,于是我们在这条路上踯躅而彷徨,想诅咒这个时代"①。顾颉刚这话就像一个失意文人穷途末路的仰天长叹,我们很能明白他的心意,他虽没有专门从事文学工作,但他的文字特别有郁达夫似的惆怅。

顾颉刚在中山大学的讲义显得有些零碎,不系统,燕大的讲义无论篇幅还是内容,都是对之前讲义的升级与扩大。顾颉刚在《古史辨第四册序》里提出在古史研究旧的方面他想进行四个方面的考察:考辨古代帝王系及其年历、事迹的帝系考;考辨三代文物制度的由来及其同异的王制考;考辨帝王心传及其圣贤学派的道统考;考辨经书的构成以及经学演变的经学考,简言之就是帝系考、王制考、道统考、经学考。这无疑是抓住了古史考辨的核心要义,不过工程量实在是太过浩大,帝系和道统还相对简单,王制和经学方面的研究顾颉刚认为非隐居十年无从下笔,他在燕京大学的讲义也只是帝系考的一部分内容,目的是借着讨论史料的真伪问题使得问题学术化,而不是一般地灌输常识。帝系考的相关内容有"纬书""道书""刘歆""王肃""河图""洛书""皇极经世""外纪""前编""路史""绎史"等专题。古史中类似这些问题虽然以前有些老先生怀疑过,比如清代疑古大家崔东壁,虽然打了几拳踢了几脚,但仍然没有打中要害,总有不彻底的地方,古史中的"病菌"仍然肆意蔓延,因此顾颉刚在1930年上半年所讲的内容自认为谈论了古史中的一个最大症结(帝统)。请看他这一时期的讲义目录,分为34篇,每一篇以专书名字命名,如"山海经""吕氏春秋""潜夫论""史记封禅书""白虎通德论""风俗通义"等,讨论的核心是三皇五帝。

这份讲义开篇讨论的书是《诗经》,副题是讨论商周的祖先。为什么开首要讨论《诗经》? 顾颉刚的想法是靠得住的最古的书就数它,《诗经》中有颇多古史研究的线索,值得探讨。顾颉刚引用了"赫赫姜嫄,其德不回。上帝是依。无灾无害,弥月不迟,是生后稷"。顾颉刚表示这话真不真我们暂且不用去管,我们从此可知古人对于古人的观念如何,

---

① 顾颉刚:《顾颉刚全集·顾颉刚古史论文集》卷三,中华书局 2011 年版,第 68 页。

即古人以为祖先都是天生的,上帝特意生出一个人来繁衍种族。因此"天子"一词便来源于此。这应该是古人想象祖先的一种型构。接下来谈《论语》这部书的帝王世系,认为截至论语时期,古史系统还不甚远,在三代以前,还只是说起尧舜禹,且这三人为同时代的人物。这些专书研究中顾颉刚又讨论起了"禹"的问题,这是一个悬而未决的老问题。到了《孟子》这本书里,孟子把"禹"的承前启后的关系挑明了,顾颉刚提醒大家注意到了战国时期,"历史缩得短,放得广,实在是一件极可注意的事情"[①]。这个时期的儒者只注意这一时期的古史,尧以前的事便不闻不问。到了《尧典》便已造出了形象完整的帝王事功,讲义引用了很大一篇文字,顾颉刚就此评价,写古代帝王相揖相让的样子,"真足以表现一个很灿烂的黄金时代"。

研究到《国语》时,顾颉刚有一个判断,就是许多古书里其实有很多重要人物,为什么有的人物流传至今,有的慢慢湮灭,他们的地位有幸有不幸,原因在于"完全靠着讲故事人的口爱说不爱说"。到《山海经》里顾颉刚抄了一大篇所谓荒唐文字,忽然跳出来说,他怕诸君会笑话他,以为这种毫无真实可言的东西也可以研究么? 于是他娓娓道来自剖心迹,说研究和信仰是两种态度,以前看儒家的书多觉得古人道貌岸然,古事有条理,但我们不知道的是这些古人古事都是先有民众信仰于先,才有后来儒者根据自己的思想加以改造的一幕。要是知后不知前,必然会上当。顾颉刚说《山海经》是传说无疑,但提供我们了解古人信仰之窗口。大而言之,若论谎言,《山海经》和《尧典》都是谎话,前者的谎是民众对于宇宙的想象而来,后者的谎是儒家把民众的谎加以"人化""圣化"而来。顾颉刚要做的就是戳破谎话,告诉大家何谓谎言,谎言是如何炼成的。

读到《庄子》这部书,顾颉刚发现里面的古帝王又多了些,但这书给大家的感觉不在于多出了几个具体帝王名号而是观念,庄子告诉我们那时人是多么快乐,这种快乐是现代人想象不到的。还有书中呈现的那种一代不如一代的观念:远古是归真返璞羲皇上人的最淳朴时代,越到后来越糟心,"二千年来,大家一想到皇古,谁不有一庄子所写的幻影

① 顾颉刚:《顾颉刚全集·顾颉刚古史论文集》卷三,中华书局 2011 年版,第 100 页。

立于目前,于是今苦而古乐就成了正统的古史观念了!唉!"①顾颉刚在这篇讲义还讲了两个重要问题,一是他提出"儒家的古史系统短,道家的古史系统长"。二是"黄帝"问题。说黄帝这个人变来变去,有趣得很。一开始是上帝,后来是好战的人间帝王,又变成谈玄说理的道家,最后变成修炼身心的仙人,"时代潮流怎样变,他的人格也怎样变,从战国到西汉约四百年,他总是一个站在时代前面的人物,这真可称为'圣之时者'了!"黄帝形象的演变典型是一代有一代之历史观念的表现。

在《吕氏春秋》中顾颉刚又提出了新的疑问,为何帝王系统是"三五"的排列?为什么最早称"皇",后来称"帝",再后来称"王"?为何最早露脸的是三王,之后三王以前的是五帝,之后是五帝以前的三皇?看到这儿才明白顾颉刚讲义的专书排列顺序其实是想告诉读者,三皇五帝形象的塑造就像他之前说的是譬如积薪后来居上,越来越复杂。

在《史记·秦始皇本纪》中顾颉刚研究了一个很有意思的问题。这个问题的意义打一个比方就是譬如看一座山特别高,那是因为有群峰的衬托,这座最高的山远远望去,有山在虚无缥缈间之感,之所以有此感觉是因为群峰的环绕,水汽雾气的互相弥漫氤氲。顾颉刚的研究对象是这座最高的山峰,但他也要把群峰环伺的地表生态系统弄明白。顾颉刚这篇讲义借"泰皇"这个人物出现过又在东汉消失说明,"时势的变迁"和古史传说演变的密切关系。"战国时,制造古史成了狂热,帝呀,黄呀,日出而不已,出得愈后的占的地位愈高",到了秦汉时期已经是大一统时代,不容异说纷纭,古史传说也就慢慢收敛起来。像泰皇这个形象,本在战国时期是没有塑造完工的,只是靠了帝王之力得来一个位置,在民间已无多大信仰力,"一朝儒者得势,便立刻把它废除,或把它合并"。无论历史真正的发展是否如他所假想,顾颉刚从文字层面生发的历史想象力都是茂盛的。

接下来的讲义主要研究儒家如何排斥非儒家的一些著述而深拒固必,又如何在时代浪潮的拍打下吸收其他的资源而打破壁垒。《帝系》一篇讨论古帝王世系,他发现绝大多数的氏族谱系都靠不住,"简直七

---

① 顾颉刚:《顾颉刚全集·顾颉刚古史论文集》卷三,中华书局 2011 年版,第 156 页。

穿八洞，东倒西歪"①。"七穿八洞"这个词顾颉刚在讲义里用了两次，另一次是在《世经》。在这篇很长的讲义里，顾颉刚认为《世经》是中国上古史材料中最重要的一部，千年来的上古史记载以及一般人的上古史观念都受了这部书的支持，"虽是从我们的眼光里看出来是七穿八洞的，但要是我们生早了多少年，我们未必能看出，就是看出了也未必敢这样说。这便叫做权威，叫做偶像！"这篇讲义主要说明汉代的儒者将五帝与五行相配，造出一个三统说和五行说，把前后的逻辑与渊源理出合法性，为统治者鸣锣开道，真中有假，假中带真，假作真时真亦假。这些儒者中最重要的人就是刘歆，虽然后来王莽的帝王之业失败了，但是刘歆的这套理论却成为后世帝王登基的模仿准则。以刘歆为代表的古文学派立意与今文学派为难，刘歆把他们的学说打倒，造为新说，但又不能把所有的痕迹弥缝得干干净净，这就给后来的崔述、康有为、顾颉刚他们看出了破绽！他们于是想将刘歆之流"偷天换日"的手法剥个精光，昭示作伪的痕迹。顾颉刚研究刘歆时好像凡是刘歆留下的文字都得仔细勘察，因为顾颉刚已经形成一种印象：刘歆是篡改古书的造伪高手。顾颉刚的这种看法来自崔述、康有为的认知。在这本讲义里顾颉刚多次引用崔述、康有为的说法来作为自己的例证，在某种意义上讲，顾颉刚是接着崔康二人的话头往下讲，而当时的一些学者对顾颉刚的说法颇有异议，觉得顾颉刚有矫枉过正的嫌疑。

这部讲义从第 7 篇到第 19 篇主要谈的是战国秦汉间非儒家的一些著述对三皇五帝的记载。这份讲义最后的一篇讨论的是《潜夫论》，是因为在这部书里王符写了《五德志》和《志氏姓》。这两篇文章把古史排列得整整齐齐，顾颉刚觉得这部书里谶纬的成分太重，造伪的痕迹太明显，因此给后来的人看出了很明显的破绽。王符的思想实际来自王莽以黄帝为初祖和以虞帝为始祖的事实，顾颉刚说他自己一头钻进今古文家的纷争圈子里打来打去，辨来辨去，所以耗费精力于此，是因为古史中的若干纷争就是今古文家遗留下来的纠纷，非要把它们搞清楚不可。

① 顾颉刚：《顾颉刚全集·顾颉刚古史论文集》卷三，中华书局 2011 年版，第 192 页。

　　以顾颉刚的心气来讲,他绝对不会将自己的想法仅仅停留在讲义阶段(虽然有些讲义顾颉刚是修改后当论文发表了),他还是琢磨着写大块文章与专书。燕京大学时期顾颉刚写过三篇大文章,分别是《五德终始说下的政治和历史》《三皇考》《秦汉的方士与儒生》,顾颉刚为何抓住这些话题深入探讨,用他自己的话讲,"我决以全力研究'一,三,五'。一是泰一,三是三统,五是五德。这三种是一切伪史所由出"①。前两文分别刊发在 1930 年《清华学报》第 6 卷第 1 期、1936 年 1 月《燕京学报》专号上,它们是顾颉刚根据他在燕京大学的中国上古史研究讲义进一步思考而来,"把讲义之文放大"。两文的字数都超过十万字,说它们是专书丝毫不过分。《秦汉的方士与儒生》原名《汉代学术史略》,顾颉刚觉得书中所写内容涉及面没有反映汉代学术发展的全部,用此名恐怕有词不达意的嫌疑,因此改成"秦汉的方士与儒生",后来由上海亚细亚书局于 1935 年出版,此书可以看成是《五德终始说下的政治与历史》《三皇考》一文的通俗版本。这书的写作手法和前两文还不一样,前两文完全是学术性很强的论文写法,剥洋葱一样层层深入,从不同角度不同史源论证中心问题。《秦汉的方士与儒生》正如原标题"汉代学术史略"所显示是一种史的梳理,立场偏于今文说,语言通俗流畅,可读性很强,史料尽量稀释在行文之中,注重通俗性和故事性,但是学术的眼光与见解丝毫不见减弱,可说是学术性与普及性融为一体的优秀作品。

　　顾颉刚在燕大所编上古史讲义是他古史四考中帝系考的一部分,《五德终始说下的政治与历史》则是这一部分中的一部分。照顾颉刚的看法,汉代社会是一个以阴阳五行为中心思想的社会,要弄清楚汉代人云山雾罩的假把戏,对五行说的起源发展流变等问题就不得不来一个总攻击。这篇《五德终始说下的政治与历史》全文用十二万字的篇幅、以 24 个小专题的方式将战国至秦汉之间蓬勃发展的五行之说条分缕析,将五行说以及相关问题考辨得较为清晰可信。

　　顾颉刚始终认为汉代人的思想骨干是阴阳五行,读书人将自然界的阴阳五行配以五德,将五德配上古帝王,形成一种五德终始说,煞费

① 顾颉刚:《顾颉刚全集·顾颉刚日记》卷二,中华书局 2011 年版,第 402 页。

苦心地营造一个周而复始的循环且闭环的系统，造成一种命定论，告诉大家某位皇帝上台登基是在五德之中得到了符应，才有名正言顺的资格，否则名不正言不顺，位置不终久。

首先提倡五德终始说的是一个叫邹衍的战国人。邹衍的意思是做天子的人一定要符合五行中的某一德，如果这个天子的德衰了，就有在五行中得到另一德的人代替他。五行依次循环，依次用事，终而复始，得到五德的天子也跟着它循环，这就是邹衍所说的五德相胜。所谓五德相胜就是木胜土，金胜木，火胜金，水胜火，土又胜水，按照土木金火水土的次序循环。从邹衍到汉的王莽、刘向、刘歆，五德终始说是慢慢发展严密起来的。在这之中因为史书记载的上古帝王极为混乱，因此要将古帝王与五德说严丝合缝地对应起来，这些善于造伪的读书人便花了大力气干这件弥缝的事。那么顾颉刚是如何揭穿汉人造伪的谎言的呢？请看这一段造伪"炎帝神农氏"的文字：

> 我们从周、秦诸子和史记里看，知道黄帝之前为神农氏。神农氏传了十七世，衰了。那时称雄的有炎帝，有黄帝，有蚩尤。黄帝先起兵和炎帝战于阪泉之野，后来又和蚩尤战于涿鹿之野，都胜利了，于是诸侯尊黄帝为天子。这种记载固然未必可靠，但炎帝和黄帝是神农氏末世的两个对立的雄豪，这意义是很显明的。《封禅书》中载的管仲论封禅的一段话，也说"神农封泰山，禅云云。炎帝封泰山，禅云云。黄帝封泰山，禅云云"，可见炎帝是在神农和黄帝之外的一个帝王。但是他们依据了"木生火，火生土"的原则，定伏羲为木德，黄帝为土德，则夹在中间的神农当为火德；神农是种田的，田应属土，生出来的禾稼应属木，如何可以算作火德呢？他们说：不妨，只消把炎帝和神农拍合为一个人就得了！于是这位古帝称为"炎帝神农氏"，他的火德的意义在名号上已经表现了出来。[①]

造伪的方式是生拉硬拽，削长补短，按照顾颉刚的观点，时代愈后古史就拉得越长，古帝王就不断冒出来，邹衍起先创立的五行相胜是根

① 顾颉刚：《顾颉刚全集·顾颉刚古史论文集》卷二，中华书局2011年版，第539页。

据夏商周征伐天下的历史事实来确立的,因此用后一德战胜前一德的顺序,而汉代的王莽要用禅让说来取得汉家天下,因此要宣扬前一代传给后一代的好印象,于是刘歆就把相胜说改为相生说,王莽和他手下的读书人最后要造成的局面是汉为火德,王莽是土德,最后他们煞费苦心弄来弄去,安排好了古帝王与五德之关系,最后是风水轮流转今日到我家之印象,最终形成了"全史五德终始表":

木	1 太皞伏羲氏	6 帝喾高辛氏	11 周
闰水	共工	帝挚	秦
火	2 炎帝神农氏	7 帝尧陶唐氏	12 汉
土	3 黄帝轩辕氏	8 帝舜有虞氏	13 新
金	4 少皞金天氏	9 伯禹夏后氏	
水	5 颛顼高阳氏	10 商①	

顾颉刚认为当五德相胜说不够用的时候就用五德相生说来济它的穷,只要能自圆其说,无可无不可。顾颉刚这篇超长的文章实际是详细揭发出了汉人在帝系方面的造伪,按照顾颉刚本来的意思,此文只是写完了一半,还有一半顾颉刚已经拟定了回目,无奈事繁,只得就此作罢。

这篇文章在当时产生了颇大影响,其中钱穆在 1931 年 4 月 13 日第一百七十期《大公报·文学副刊》发表文章《评顾颉刚五德终始说下的政治和历史》一文,对顾颉刚提出了批评。钱穆认为顾颉刚过于相信晚清今文学家关于刘歆全面造伪的观念,"在我看来,从汉武到王莽,从董仲舒到刘歆,也只是一线的演进和生长,而今文学家的见解,则认为其间定有一番盛大的伪造和突异的改换",顾颉刚有王莽、刘歆全面造假的观念在心间,因此"横添许多无谓的不必的迂回和歧迷"。顾颉刚的学生杨向奎在 1945 年由独立出版社印行的专书《西汉经学与政治》以及 2000 年由浙江人民出版社出版的《杨向奎学述》一书中不少观点与乃师不同,如顾颉刚认为五行相生说是刘歆一派伪造的观点,杨向奎不认同;顾颉刚认为《左传》乃刘歆伪造,杨向奎也不赞同。顾颉刚轻信

---

① 顾颉刚:《顾颉刚全集·顾颉刚古史论文集》卷二,中华书局 2011 年版,第 417 页。

今文学家造伪观念,的确很让人诟病。他的老友徐旭生就认为这篇《五德终始说下的政治和历史》后半截等同于"呓语",原因就是顾颉刚有刘歆大规模造伪的成见横亘于心,导致"无处不谬","其上半篇虽有小毛病,大致尚佳。这样的努力,而竟被成见所蔽塞,致成巨谬,殊属可惜"[1]。

虽然钱穆、杨向奎对顾颉刚的某些论述表示异议,却都肯定了顾颉刚这篇长文的价值,正如顾颉刚的学生刘起釪所言,虽然顾先生有轻信清末今文学家的论断,的确有失慎重,但是顾先生用历史演进和传说流变的方法将五行说问题还是考辨得颇为明白,依然是瑕不掩瑜[2]。而通俗版的《秦汉的方士与儒生》是把《五德终始说下的政治与历史》《三皇考》等复杂内容以流畅的语言深入浅出地重新写了一遍。该书大致分为三部分,按顾颉刚的说法,第一部分是一到七章,说明在阴阳家和方士的气氛作用下形成秦汉时期的若干种政治制度;八到十八章说明博士和儒生如何由分到合,他们如何接受阴阳家和方士的观念来左右两汉时期的政治制度;十九到二十二章说明汉代经学如何转入谶纬,谶纬又如何影响汉代政治。

顾颉刚这本小书之所以一直再版,与顾颉刚的述学语言有很大关系。顾颉刚有一种本事就是能将复杂的学术问题用清晰流畅的语言娓娓道来,有逻辑有条理。在严谨的学术追求之下用讲故事的方式写学术文章,偶或有适当的渲染,使得文章好读耐读。在书中最后一章"曹丕的受禅"最后一段,顾氏用这样的语言结束了全文,让想读爱读的人不但记住了顾颉刚的文风,也激起了读者想进一步探究顾颉刚所说的汉代学术的一些核心问题:

> 我们读了以上许多受命(皇帝的宗教)的故事,该得明白,所谓五德和三统,所有图谶和纬候,莫不是应时出现的东西;它们自己虽处处说是老古董,其实尽是些时髦的货色,好比一笼馒头,现蒸热卖的。现在我把它们的真相揭开,诸君或者要以为这种东西无聊得很,不值得大谈特谈。须知许多真的老古董(历史)都给这种

① 徐旭生:《徐旭生文集》第十册,中华书局 2021 年版,第 1103 页。
② 刘起釪:《顾颉刚先生学述》,中华书局 1986 年版,第 182 页。

各时代的时髦货色淆乱了,我们无论看到哪部古书,或者提到哪件古史,几乎没有不蒙上这一层色彩,甚至在内部起了化合作用的。我们要捉得这汉代的学术的中心,明白看出他们的思想和理论的背景,然后对于这些修饰过和假造过的材料可以做剥洗和分析的工作;做了这部工作之后要去真实地认识古代社会,就不会给这些材料牵绊了。倘使你不屑瞧瞧这种无聊东西,我敢决然说:你永远跳不出他们设下的天罗地网![1]

顾颉刚写文章脑子里有想法,心里面有热情,真诚不伪,下笔写字时心存读者,总有很多话要说,总感觉没说完。所以他的学生杨向奎说在他所见的民国那批史学家中,顾颉刚是"史学家中的大文学家,文学家中的大史学家,没有任何人能写出他那种文风"[2],诚非虚言。而且他自己对这本小书也很看重,自认对汉代经学的背景谈清楚了,"可贻后生以指导"(1942年8月16日日记)。

顾颉刚在30年代燕大时期是一生著述的高峰时期,光1930年一年时间顾颉刚写稿总量达七十多万字[3]。顾颉刚在1930年写作《五德终始说下的政治和历史》之后,1932年还写过一篇《三皇考》,该文长达十余万字,分29个方面考证三皇问题。这一文章的原始样子是顾颉刚燕京大学中国上古史讲义中"帝系考"的一部分。该文写到后半部分,因为要搜集道教中"三皇太一"的材料,这方面的材料阅读量太过巨大,顾颉刚自感没有时间去阅读,便委托学生杨向奎续写。

在文章的前言中顾颉刚表示在思想解放的时代,大家不要拘执于"三皇"的信仰,因为这多半是虚妄之谈。既然是研究,就要摒弃信仰的态度,二者泾渭分明,不能混为一谈。顾颉刚认为"三皇"在中国古史中没有它们的地位,应该清出它们的位置,请它们到宗教史中安营扎寨,生根发芽,在合适的地方发挥合适的作用。若要谈到三皇,就必得谈到隐伏在背后的两种学说:太一说、三统说。这两说和三皇的关系就像藤

① 顾颉刚:《顾颉刚全集·顾颉刚古史论文集》卷二,中华书局2011年版,第575页。
② 杨向奎:《杨向奎学述》,浙江人民出版社2000年版,第12页。
③ 刘起釪:《顾颉刚先生学述》,中华书局1986年版,第185页。

缠树树缠藤的关系一样，谈三皇问题不能避免地要谈到五帝，所以三皇五帝的古史问题是连带及之、一并而谈的。顾颉刚在文章第八节"'太一'一名的来源"开头写下的一段话几可看作整篇文章的思考主线："大凡一个人能使后人在他的身上有所附会，有所依托，必是这个人的文字或思想上有使后人翻筋斗的余地。不然，一个平正明白的道理，你尽说它是神奇的了不起，有谁来信你。"后来的读书人煞费苦心地在"三皇"上做文章，最主要还是现实政治的需要。顾颉刚这篇文章就把被后人各种附会的三皇的来源以及演变好好考证了一番。

《三皇考》有一篇童书业写的前言，把顾颉刚文章的思路理得十分清晰，按照童书业的综述，"皇"在战国时期只是一个形容词和副词，并没有深意，战国以后"皇"的指称从虚幻的神变为实在的人，有了名词的用法，如秦王嬴政统一天下之后臣下上书言天皇地皇泰皇，这就是在顾颉刚写这篇文章前最先知道的"三皇"名号。西汉时期三皇之说颇为消沉，原因是西汉阴阳五行谶纬之风风行一时，不需要专门言说三皇；到了东汉时期三皇说又热闹起来，因为王莽自居于"皇"的地位，便想恢复"三皇"的名号，在第十三节"三皇的复现"，顾颉刚认为王莽要托古改制，便又把三皇、五帝的古史系统拿出来说事，来确定三皇五帝的人选，三皇分别是黄帝、少昊、颛顼，五帝是帝喾、尧、舜、夏、殷，为了增加说服力，还在古史里编排证据，于是在《周礼》和刘歆重新编撰的《左传》中确立三皇五帝的合法地位，这样做的最大影响是让"三皇五帝"这个称谓（具体内容仍有争议）长留天地之间。在三皇说的发展过程中，顾颉刚总认为刘歆造伪的动机和能力太过强大，把董仲舒关于朝代次序的"黑赤白"三统改成"天统地统人统"，称之为新三统。因为有新三统，纬书里便要讲新三皇（天皇地皇人皇），有刘歆的创始于前，有纬书的编排于后，于是把原先的泰皇改成了人皇。第十六节"伏羲们和三皇的并家及其纠纷"指出三皇的人选正式确立下来还得益于后来的郑玄，郑玄大着胆子把少昊加入五帝，五帝成了六帝，而所谓三皇实际只有二皇，各家说法中唯有神农、伏羲是确定的，三皇便缺了一皇，而黄帝则是固定的五帝之首，这就给人一种暗示，要用多出的一帝来补三皇之不足。于是孔安国的《伪古文尚书》把五帝之首的黄帝拉进三皇，这样少昊就成了五帝之首。虽然三皇五帝的具体名号仍然有一些论争,但是经过孔安国和孔颖达的鼓吹之后,伏羲、神农、黄帝为三皇作为一种普遍的说法流传开来。在道教中也有三皇的说法,但是说法很复杂,分为所谓的初三皇、中三皇、后三皇,杂有很浓厚的神话怪诞色彩。

关于"太一"的研究因为涉及宗教史、道教史,也十分复杂。《楚辞》里有太一的名号,是把它当作神名出现,到了汉武帝时又有了"泰一"的出现,稍后出现了天一、地一、泰一的名号,这三一就是"三皇"的化身,泰一是泰皇的化身。在汉武帝时期对泰一的祭祀达到极盛,泰一的地位达到最高类似于玉皇大帝的地位,统属五帝和日月。到了东汉王莽时期,定上帝的名号为"皇天上帝泰一",后来简称"皇天上帝",于是"泰一"之名就渐渐消失了。顾颉刚认为这是西汉末年儒者"留术数而去鬼神"①的心理作怪,因为他们觉得泰一之名原先附着了不少猥琐鄙俗故事。越往后世发展,泰一的造作和发展也越是新奇可怪,地位沉沉浮浮,渐渐往道教方向发展衍变,直到明清之后,太一的祀典才被废除。

研究这篇长文,发现这些上古神话传说中的神到人之转变过程中主要是排定座次和具体名称,问题的复杂就在于此②,因为各家找的人不同,于是产生了甚大歧义,而后世帝王要利用它们,人化的同时又要神化,到东汉又弄出五行谶纬之说让他们配享天地,搞出各种祭典,于是这些三皇问题显得面孔繁多。童书业评价此文"体大思精",也毫不避讳地谈了八处缺点,认为难免有挂一漏万之嫌。

顾颉刚对此文颇为满意,在该文自序中他觉得把三皇问题说清楚了,这个问题所以能解决,他认为是这个传说起得较晚,能看清楚里面的构造。但是五帝问题就没有这么简单,它们都有"深长的历史",史料不完整,无法找出其中的演变轨迹。从民族信仰上来讲,以前人总是宣扬三皇五帝时期是黄金时代,"装了许多金身,画了许多极乐世界,似乎可以吸收多少位信徒,但结果只落得貌合神离,反不如几个民族英雄的慷慨悲歌使人感动"。顾颉刚的《三皇考》是一篇结实的学术文章,再次

---

① 顾颉刚:《顾颉刚全集·顾颉刚古史论文集》卷二,中华书局 2011 年版,第 82 页。

② 顾颉刚:《顾颉刚全集·顾颉刚古史论文集》卷二,中华书局 2011 年版,第 23 页。

证明信仰没有扎实的依据就是糊涂的信仰,起不到振作民族精神的作用。

顾颉刚从来不是一个闭门写学术文章的人,他很懂得如何让学术发挥最大的光和热。那就是除了写扎实的学术文章,还要利用好手上的学术资源:发动学生、办学术刊物,形成学术共同体,形成学派,这样影响力才会持久。《禹贡半月刊》就是学术影响力强大的典型代表。

第三节 "使中国人认识中国"

早在北大读书的时候,顾颉刚看到室友傅斯年编《新潮》的过火做法,予以规劝,建议其远离谩骂、以扎实研究学问的沉潜方式办刊。这条建议傅斯年未必能听进去。到了 1934 年顾颉刚创办《禹贡半月刊》的时候,他把《禹贡半月刊》按照自己的想法打造成讲论学问的高地,还出人意料地创下了可观的发行量。顾颉刚一生写刊编刊,早先的如《民俗》《国立中山大学语言历史学研究所周刊》,之后的如《责善》《文史杂志》,无论从办刊的持续性、稳定性还是影响力、文章质量,《禹贡半月刊》都是其中的翘楚,这份刊物也最能显示顾颉刚的办刊思想、魄力与雄心。

一个人想成事离不开外在环境,顾颉刚后来办《责善》《文史杂志》,均不能达到《禹贡半月刊》的高度乃在于全面抗战爆发,读书人转徙流离,自身都难保全,更别谈分出精力持久做一件文化事。从1929 年 9 月 19 日顾颉刚迁家至北平成府蒋家胡同正式加盟燕京大学,到 1937 年 7 月 21 日因办通俗读物启蒙民众得罪日本人而乘车离开北平,这之中的八年时间是顾颉刚研究学问、实现学术梦想的最好时光,无论是物质待遇还是学术氛围都是最好。我们不用引述相关资料,只从陈寅恪历尽艰辛来到昆明西南联大后写的一句诗,"景物居然似旧京,荷花海子忆升平。"即可窥见他无限怀念北平清华大学时期的优渥条件,这也是顾颉刚所心念的美好环境。那里承载了一个学者最好的年华。

顾颉刚创办《禹贡半月刊》得益于他在北京大学、燕京大学教课,能把一批有志有才的学生聚拢起来形成团队作战。顾颉刚在燕大的课程是"中国上古史研究""尚书研究",1932 年 9 月在燕大、北大开"中国古代地理沿革史",他想"借了教书来逼着自己读书",认为这门课程教好了有"极远大的前途"。所教学生有张维华、邓嗣禹、李晋华、罗香林、翁独健、杨向奎、王树民等。另外谭其骧在辅仁大学担任"中国地理沿革史"一课,顾、谭私下切磋琢磨讲学论文,于是想着把三校力量融贯在一起成立一个专门研究中国地理的学会:禹贡学会,创办发行《禹贡半月刊》杂志。晚清研究地理沿革曾有一个小高潮,到了顾颉刚那会此调不谈久矣,"各种文史学报上找不到这一类的论文,大学历史系里也找不到这一类的课程,而一般学历史的人,往往不知禹贡九州,汉十三部为何物,唐十道,宋十五路又是什么"①。因此课堂上积攒的困惑、学生的学习热情以及北平良好的学术氛围催动顾颉刚办刊。

办一份优秀杂志要有源源不断的好稿源。请看顾颉刚当时所写杂志背后的学术力量,用各有所长、欣欣向荣形容实不过分,这样强大的学术阵容使得办刊论学已是箭在弦上不得不发了:

> 是时燕京大学中,郑德坤先生研究《水经注》,重绘水经注图;朱士嘉先生研究地方志,编《中国地方志综录》;冯家昇先生研究辽金史,作《契丹名义考释》等论文;张维华先生研究中西交通史,注释《明史佛郎机吕宋和兰意大利亚四传》;从事于历史的地理之研究者日多。而燕京大学以外,北平学界之研究甲骨文及金文中之地名与其地方制度者有董作宾,于省吾,吴其昌,唐兰,刘节诸先生;研究古文籍中之地名及民族演进史者有傅斯年,徐炳昶,钱穆,蒙文通,黄文弼,徐中舒诸先生;研究地方志者有张国淦,瞿宣颖,傅振伦诸先生;研究中西交通史者有陈垣,陈寅恪,冯承钧,张星烺,向达,贺昌群诸先生;研究地图史者有翁文灏,王庸诸先生;是诸家者,时有考辨之文揭载于各定期刊物中;风气所被,引起后生之奋发随从者不少。顾谭二君担任此课,于学生课卷中屡睹佳文,而惜其无出版之机会,不获公诸同

---

① 顾颉刚:《发刊词》,《禹贡半月刊》第 1 卷第 1 期,1934 年 3 月 1 日。

好,于二十四年二月在北平成府蒋家胡同三号组织禹贡学会,自三月一日始发行禹贡半月刊。①

这是顾颉刚 1936 年 1 月 1 日所写《禹贡学会募集基金启》中之一段。大好形势摆在眼前,就缺一个人来领头,《禹贡半月刊》的出版简直是呼之欲出了,毫无疑问这个领头人就是顾颉刚。当时顾颉刚在北平学界做出了实打实的成绩,有了一定的学术声望和号召力,所以时人送顾颉刚外号为北平学界三大老板之一,从好的方面理解是在顶级大学教书的顾颉刚聚拢了一批青年学子,写文章,搞禹贡学会,办《禹贡半月刊》,把历史地理研究弄得红红火火,让有些人眼馋又眼红。真可说是红日初升,光芒万丈。

顾颉刚首先做的是发起成立禹贡学会,"禹贡"是中国古书中研究中国地理沿革史的第一篇,所以顾颉刚便借来用做学会刊物之名,有纪念之意,更有继往开来、超越前贤之愿,更有因禹贡二字而让有识之士思及华夏不可侮、国土不可裂的家国之感。关于该会的基本情况,当时的报纸多有报道,结合禹贡学会 1934、1935、1936 年分别拟定的三份简章来看,学会的规模是越来越大,随之而来的影响力亦不断壮大。在1934 年 3 月 1 日拟定的《禹贡学会简章》十二条中之第一条开宗明义强调,"本会以集合同志,研究中国地理沿革史为目的",后来觉得如此定义禹贡学会恐有不妥,便又加了"民族演进史"。该会的会员不少是北京大学、燕京大学、辅仁大学的教职员学生,会员分为甲乙两种,分别在于甲种年费六元,乙种三元以学生为主,若如一次捐款在百元以上者为终身会员。其出版物分为期刊、丛书、研究报告、会务报告四种。禹贡学会是想打造成一有影响力的纯学术机构,对于会员的公私事务概不干涉,不过在 1936 年修订过的章程里对于会员的公私行止有了明确禁止性规定:凡有违反三民主义之言论或行动者,褫夺公权者,患精神病者,嗜好赌博及吸食鸦片者,开除会员资格。

1935 年 6 月编的《禹贡学会会员录》共收录 193 名会员。根据1936 年第 2 卷第 7 期《新北辰》消息,禹贡学会国内外会员已达 300

① 顾颉刚:《禹贡学会募集基金启》,《禹贡半月刊》第 4 卷第 10 期,1936 年 1 月 16 日。

余人,并决定于 1936 年 5 月 30 日在燕京大学临湖轩召开成立大会,会上选出理事七人:顾颉刚、钱穆、冯家昇、谭其骧、唐兰、王庸、徐炳昶。候补理事三人:刘节、黄文弼、张星烺。监事五人:于省吾、容庚、洪业、张国淦、李书华。候补监事二人:顾廷龙、朱士嘉。对于禹贡学会,顾颉刚并不想让它止于专业学术团体范畴内,顾颉刚有很强烈的学术报国心态,他想让最终的地理研究成果成为陶铸中国人精神的利器,"以识吾中华民族自分歧而至混一之迹象,以识吾中华民族开辟东亚大地而支配之方术,以识吾中华民族艰难奋斗以保存其种姓之精神,蘄为吾民族主义奠定坚实之基础,且蘄为吾全国人民发生融合统一之力量。"①

禹贡学会跟一般就地理言地理的研究机构不同,乃在于由研究地理问题而让中国人认识国家民族之内涵,进而谋改造之术。因此禹贡学会的研究方法当时有人总结为综合研究法,具体而言分为纵横两面,横向言之,举凡民族、交通、文化、政治、经济无不包含。纵向言之,上至远古,下迄近代,一切演变迁移混合分化等种种沿革都纳入研究范围。顾颉刚与同仁商定禹贡学会编辑八种图书的目标:一曰写中国民族史,其目的是于此艰难图存中增进中华民族之自信力;二曰写中国地理沿革史,三曰绘中国地理沿革图,四曰考订校补历代正史地理志,此三者名辞虽异,实质一样,"识其盛衰之迹";五曰整理中国地理书目,六曰编辑中国地名大辞典,七曰辑存中国地方文化史料集,八曰编写中华民国一统志。第八项顾颉刚强调最为重要,前七种是学者的专门事业,这第八种是供给社会所用,"择其为现代人所当有之常识,出以通俗化之文笔,而期广远之灌输"。② 为了写成中华民国一统志,《禹贡半月刊》有"地方小志"专栏,以为将来合成一统志做准备。但囿于经费限制,只得请本乡本县人写作调查报告,本着"材料取其近,眼光取其新"原则,预估每县写数千言或万言的报告。禹贡学会重视学以致用学术救国的理念,因此有意识训练调查人才,奖励民族边疆史地研究,如打算出版的

---

① 顾颉刚:《禹贡学会募集基金启》,《禹贡半月刊》第 4 卷第 10 期,1936 年 1 月 16 日。
② 顾颉刚:《禹贡学会募集基金启》,《禹贡半月刊》第 4 卷第 10 期,1936 年 1 月 16 日。

专书就有王日蔚之中国回族史,冯家昇之东北史地西辽史,谭其骧之中国内地移民史,白寿彝之诸藩志笺注。

为了研究方便,禹贡学会将边疆问题细化成十一个主题,分别是满洲、蒙古、新疆、青海、西藏、西南诸族、南洋、海防、沿长城附近、屯田、移民,每一主题下分配学有专精之三五会员对其研究,以供政府和开发边疆者参考。看得出来禹贡学会的研究注重团队协同,分工合作,各个击破,避免个人的重复劳作,提高工作效能,达到个人与团体"相依为命"的程度。顾颉刚这番话说得好,"夫个人之力有限,集团之力无穷,以集团之广大济以个人之深邃,其成就宁有底止耶!"另外学会还组织旅行团商定专题进行实地考察,撰写调查报告,譬如去五原包头考察沟渠。重视实地踏勘与顾颉刚的提倡息息相关。顾颉刚极为重视实地考察,他主张地理学者要亲身获得实际数据,不仰外人鼻息,否则研究地理而不勘察实际,岂非"奇耻大辱"? 因此实地观察是"摆脱束缚,自挺脊梁"的最好方法。加之顾颉刚本人雅好游览,实地考察于他而言既是科学研究也是身心调剂。他一般都会留下详细文字以寻踪,1931年他与容庚等人组织燕京大学考古旅行团寻访古迹古物,之前在大学里还曾开设古迹古物调查的课程。在顾颉刚的倡导下,禹贡学会的研究有很强的实践色彩,同时也有很典型的示范启发作用,当时陶希圣受禹贡学会启发,发起成立食货学会,办《食货》杂志,研究中国经济史,也是成绩斐然,声誉卓著。

《禹贡半月刊》创刊于1934年3月,终于1937年7月16日第7卷第10期,总共出7卷82期,若不是全面抗战爆发,顾颉刚肯定会接着编下去。刊物为半月刊,每月1日、16日出刊,以12期为一卷,年出24本。从装订方面而言,起初每期30页,从四卷起大幅扩充,每期约为八九十页。封面纸张后来改为厚道林纸,彩色字体排印。《禹贡半月刊》每期三栏,一栏为论文,一栏为国内外地理界消息,一栏为通讯,主要是地理研究者的意见和近况。但最主要的还是论文。据有人统计,《禹贡半月刊》前三卷36期共发表论文242篇,其中关于古代地理77篇,战国至汉27篇,三国至唐20篇,宋至元9篇,明至清23篇。关于边疆者24篇,内地种族者5篇,中外交通者13篇,方志研究者11篇,地方小记

7篇,地图评论 12 篇,游记者 9 篇,书评目录传记共 24 篇,通论杂类等共 10 篇。① 从四卷以后来看,《禹贡半月刊》发文重点更注重边疆及水利,还专门开辟"国内地理界消息",搜集疆土、户口、交通、矿产、工商业、水利、水灾各种新闻,其实有着保存史料和致用的功能。由此可见,《禹贡半月刊》的发文数量和分量在当时地理学杂志中确然是翘楚。

《禹贡半月刊》社址设在北平成府蒋家胡同 3 号,也就是顾颉刚自己的居所。刊物的英文名是 The Evolution of Chinese Geography. 但并不局限于上古地理,即便是中华民国的区域沿革亦在研究之列。假若财力人力充分,《禹贡半月刊》会更重视当代的研究。翻开《禹贡半月刊》杂志第一期,总共二十四页,有文章 13 篇。顾颉刚日记里记载是从 1934 年 2 月 15 日开始编辑《禹贡半月刊》,全部校对完毕是 2 月 25 日。文章的来源首先是学生的课堂作业。在杂志正式发行之前,顾颉刚已经把《禹贡半月刊》的广告章程和发行计划书拟好了。说来也颇为有趣,顾颉刚开始编《禹贡半月刊》居然是想"做事赚钱",弥补之前办朴社的亏空,这所谓的赚钱也是为了搞学术事业,而不是图一己私利。顾颉刚办《禹贡半月刊》倾注了很大的热情,他办《禹贡半月刊》是积蓄已久,绝不像他在发刊词中很谦虚地说着希望读者原谅他们刊物的草创未久、经验不足云云。顾颉刚把学生朋友能网罗的尽量全部网罗起来,以老师的名义给学生分配题目,改变各自为战的散兵游勇模式,有组织有计划约稿组稿,最终顾颉刚是想形成学派,做积极意义上的学阀。

《禹贡半月刊》的设计中正素朴,中间上方是"禹贡"二字,两边为刊物信息,正中则是文章要目,最引人注目的是下方密密麻麻的代售处,以第一卷第一期为例,总共为 19 位个人、7 个文化机构。分别如下:

> 北京大学史学系余逊,燕京大学史学系李子魁,辅仁大学史学系谭其骧,清华大学史学系吴春晗,天津河北女子师范学院史学系班书阁,山东大学丁山,齐鲁大学史学系张立志,河南大学史学系杨鸿烈,上海暨南大学江英樑,武汉大学史学系吴其昌,四川大学

---

① 《记禹贡学会》,《申报》1936 年 7 月 2 日第 11 版。

文学院刘以塘,厦门大学史学系郑德坤,中山大学文史研究所罗香林,岭南大学容肇祖,协和神学院李镜池,河北遵化初级中学赵巨川,北平图书馆王以中,浙江图书馆夏廷域,苏州第二图书馆陈源远,北平景山书社,北平文化学社,北平琉璃厂松筠阁书铺,北平成府兢进分社,南京钟山书局,上海亚东图书馆,重庆天主堂街重庆书店。

　　具体的代售人、代售书铺每一期都有所变动,总体趋势是人与城市数量渐增,从一卷五期开始就已出现了日本东京中华青年会魏建猷作为代售人。顾颉刚日记里记了《禹贡半月刊》在日本受到学术界重视,"日本人购得甚多,有一天至数十册者,可知我们更不能不好好儿干"。(1934年12月21日日记)从1935年1月26日《大公报》报道来看,保守估计杂志每期能销五百到七百份。这说明顾颉刚办《禹贡半月刊》很注意宣传与发行。这也许是他从通俗文艺事业中平移过来的经验。其实也很容易理解顾氏心理,办这种专业性极强的杂志,最好是口碑市场双赢,最差是赔本赚吆喝。刚办杂志的时候顾颉刚感觉专业性太强,应者渺渺,肯定会亏本,不承想发行之后销路很不坏,杂志第一卷和第二卷每期印数在千余份,不及半年就已售罄。从第三卷起,《禹贡半月刊》

不但收支相抵，还略有余存，这种状况让杂志社为之一振，因此顾颉刚决定增加杂志篇幅，将前面两卷再版合订，不幸的是，印好之后赶上了时局不靖，市面大为萧条，购买力削弱，《禹贡半月刊》杂志损失颇大，因此顾颉刚在《禹贡学会募集基金启》中忧伤地写道，"今乃颠簸于惊涛骇浪之中，大忧陨越……骤雨飘风，常不终日，时局虽极恶劣，而必有变阴霾为晴朗之时"。

这第一卷第一期的《禹贡半月刊》有一篇顾颉刚与谭其骧合写的发刊词，很能代表他们办刊的想法与追求。文章开首第一句话是"历史是最艰难的学问"，若要研究好历史，必须懂地理，这二者之关系就是演剧和舞台，历史是演剧，地理是舞台，如果找不到舞台，就看不到戏剧表演。顾颉刚说打开一部二十四史，到处是地名，同名异实、异名同实都不少，若不对地理沿革史痛下一番功夫，"真将开口便错。我们好意思让它永远错下去吗？"发刊词里顾颉刚拟定了四大方面的工作计划：整理中国地理沿革史，顾颉刚感叹之前这方面的著作太过老旧也很简陋，既不精密而且失之冗繁，比如王应麟的《通鉴地理通释》、顾祖禹的《读史方舆纪要》。顾颉刚他们的工作是想办法从散乱的故纸堆里整理出一部中国地理沿革史。比如重绘中国地理沿革图，将原来清代杨守敬之历代地理沿革图合以经纬度改印成由若干单小张合成之新式地图，待成熟后合编中国地理沿革图，然后再出版大学及中学用之挂图，绘成若干种详细精确又合用的地理沿革图；编辑"可用""够用""精确""详备"的中国历史地名辞典；考订整理历代正史地理志。历代正史地理志在顾颉刚看来考证精详的很少，大部分都显得粗浅，因此分配人手将各代地理志进行详密考证。在研究过程中顾颉刚强调要借鉴其他学科的研究成果，互融互通，钻研人文地理得看看自然地理的成果。顾颉刚很有信心地表示在科学昌明之下，我们可以借用更好的工具拿出比前人更好的研究成果，不必像从前人研究"毛诗"就自居毛老爹奴仆的弯腰屈膝态度，而是平等平心去研究，用"平凡的力量，合作的精神，造成伟大的事业"。同时顾颉刚强调在学术之神面前，禹贡学会中的成员是平等的，大家只是平平静静研究问题，不存"是丹非素"的成见，没有"独树一帜"的虚名。

在《禹贡半月刊三周年纪念辞》中,顾颉刚强调了《禹贡半月刊》特点之一是"无问新旧,兼容并包",相向而行而彼此吸收。让偏旧的人可以得到新方法的训练,偏新的人也可以进行旧材料整理,互相进益而相得益彰,"他们有相互的观摩和补益而没有相互的隔膜和冲突"。特点之二是"理智指导热情,学术参与救国"。这是顾颉刚一贯秉持之观点,早在五卅惨案爆发之时,顾颉刚以笔名在《京报副刊》发表时评呼吁救国,就主张不要空喊乱叫,不要五分钟热度之后作鸟兽散,而要踏踏实实研究学问,而这踏实研究用在中国地理这门学问上,顾颉刚主张要鼓动研究者远游的兴致,让荒寒的边疆塞外大片国土引起国人重视,不要让那些侵略者、野心家觊觎,"永不忘记在邻邦暴力压迫或欺骗分化下所被夺的是自己的家业",研究中国地理沿革的目的是要把祖先费尽千辛万苦而结合成的中华民族的经过探寻出来,让中国人明白"大家可合而不可离的历史使命和时代使命"。

顾颉刚主张的学术参与救国可以理解为从学问的角度了解历史、认清现实、为当下情况开一剂药方。钱穆在 1935 年 9 月 1 日出版的第 4 卷第 1 期特大号《禹贡半月刊》发表《水利与水害》一文可作典型例证。钱穆文章纠正长江有利、黄河为害之观点,而倾向于认为"水可为利,亦可为害",他开篇就写道,"历史的事实告诉我们:人类社会之演变并不老是在上进,有时可以大大的倒退和堕落;而人类的智慧也有时竟可以今不如昔",接下来全文就是引经据典的论证。钱穆这篇文章在词学家夏承焘看来是一篇好文,原因在于夏认为钱穆此文是读书人关注世运与致用的典型,没有坐而论道、空谈义理,"阅《禹贡》钱宾四君《水利与水害》,历据史实,以证唐宋以前黄河有利于北方文化。唐后河渠不修,北方文化遂日衰落。故宋后人文南胜于北。又论黄河为患,由以堤岸防河,而不知开渠兴水利。河域废而江域兴。今江水年年泛滥,人只亦知以堤防消患于一时,必为河患之续。此文实有关世运,不虚读书,拟奉一函,以道钦仰。"[1]可以这样认为,顾颉刚办《禹贡半月刊》杂志有一颗大公无私为天下的热心,想着是文章观天下,这种气度绝不是想图一

① 夏承焘:《夏承焘日记全编》(第五册),浙江古籍出版社 2021 年版,第 2749—2750 页。

第四章 从广州到北平

己之荣利。

编杂志顾颉刚有相对丰富的经验,编《禹贡半月刊》也不是他第一次做编辑。客观来讲顾颉刚能写能编,他编《禹贡半月刊》有一个特点是及时总结经验,调整思路。如在 1934 年 8 月 16 日出版的第 1 卷第 12 期《禹贡半月刊》上,顾颉刚所写编后记说把《禹贡半月刊》拿到书铺希望他们代为销售,他们断然拒绝,理由是"性质太专门,恐不易销售";有些书铺愿意销售,但几期之后就退回了,"没有人买";让身边的朋友代售,朋友们翻了翻,把手缩回,扬言"看不懂"。但他这个人偏偏要逆流而上,无人买没人看也不能降低标准,那就培养读者口味而不是俯就他们。顾颉刚明白专业杂志必须专业,可也不能一直板着脸说话,这样会让有兴趣的读者知难而退,顾颉刚想到的办法就是"调剂"。研究历史地理自然包括山川河流、名胜古迹、乡风民俗,那就让学者们写写他们熟悉的地方印象,用生动的文笔给读者留下一种深刻的印象,培养他们对历史地理的兴趣,口味慢慢就培养出来了。

顾颉刚主张这类文字一期之中总需要一两篇,只要"材料新,不怕说得浅",把科学家的严谨研究与文艺家的生动形象结合起来,未尝不是一种有益的尝试。如在科学的研究中可以请画家为杂志社画故宫一角或北海之秋,形成科学与文艺的相得益彰。因此顾颉刚颇欣赏杨向奎的《丰润小志》一文,因为作者用清畅的文笔描写了他的家乡丰润的人文地理状态,尤其是引用了当地歌谣来作为地方民情的证明。所以专门杂志若适当增加一些湿润的文艺气氛是很聪明、很奏效的办法。像顾颉刚分配学生张公量写的《缙云小志》以及顾廷龙写的《绥远方志鳞爪》便是此类风格。其他讲乡风民俗的游记散文,如胡传楷《畲民见闻记》记述他所亲见耳闻的畲族的图腾、文化状态、婚姻情况,有增广见闻的意思。还有像徐文珊透露着忧国之思的《平绥路旅行归来》,李书华的纯粹记游《黄山游记》,黄典诚具有社会调查意味的《龙溪小志》,萧愚的《开封小记》以及黄文弼的《韩城禹门口记游》、杨效曾的《临清小记》。

顾颉刚编杂志注重"望远镜与显微镜"相结合的思路。学生杨效曾在《历史与地理的中心关系》一文中指出考证整理史实不应是研究的终极目的,只能作为了解历史进化的初步手段,由了解历史进化的过程而达致把握未来社会的走向。其实杨效曾的意思是《禹贡半月刊》的文章不应止步于零敲碎打打补丁似的小考证。为此顾颉刚主张学问无边无界,学者经历有限,不得不分割成块作深入研究,这一点一滴的工作才是通贯的整体研究的基础,"假使拿望远镜的笑拿显微镜的为眼界太小,拿显微镜的笑拿望远镜的为所见太粗",各不相容,终非幸事,最好的状态是,"有大力量的,尽不妨把整个世界作为研究的对象;没有这力量的,也尽不妨在一寸一分之下做功夫"。所以顾颉刚聚合师友搞中国地理研究是分工合作,按性之所长划定研究领域。

《禹贡半月刊》很能看出顾颉刚重材料轻理论的倾向。1936 年第四卷第十期《禹贡半月刊》发表了王毓铨的来信,谓杂志不应只是材料的搜集与整理,要有科学的理论作为依归,"因为忽视了方法论,因而忽视了理论,所以出版的作品都变成了技术的东西。内容非常干燥,非常贫乏! 而且有时还发现很大的错误。"对此顾颉刚的回应是中国地理研究本身就是一门干燥的事业,他并不为杂志上的文章缺乏理论气息而感觉不妥,反而着力论述搜集材料、研究材料是建设理论的坚实基础。顾颉刚感觉随意发表议论流于浅薄无聊,根据事实发表议论又苦于材料不完备,因此踏踏实实搜集材料,研究材料方是正理。顾颉刚很自信地表示,我们研究的问题是货真价实的东西,即使没有理论也不要求全责备,"我们这班人也许因为机械的工作做得太久了,此生此世更无建设理论的希望,可是只要我们留下来的是货真价实的东西,也就足以供给将来理论家的采取。正如为了造屋须烧砖瓦,更须工程师打样,我们没有打样的才能而只能做烧砖瓦的呆板工作,地位当然不能很高,但我们的材料却是真东西,是工程师所必须取用的。"[1]"至于本刊缺少理论文字,并非不愿,乃是不敢,因为随意发议论则流于浅薄无聊,根据事实发议论又苦于材料不完备,我们不愿意把信不过的材料贻将来学术界以扫除的麻烦"[2]。这短短几句话里,顾颉刚两次强调他们剖析的材料虽然干燥短小,但却是真问题,是一点一滴的解决,绝不是花里胡哨的

---

① 《通讯一束(47)编者按》,《禹贡半月刊》第 4 卷第 10 期,1936 年 1 月 16 日。
② 《通讯一束(146)编者按》,《禹贡半月刊》第 7 卷第 1、2、3 合期,1937 年 4 月 16 日。

银样镴枪头。顾氏对于《禹贡半月刊》多研究问题、少谈论理论的朴学风气有很成熟的想法和底气，他对记者笑着说，"如中国沿革地理之研究工作得到系统的结果，则各时代之经济政治社会学术生活当可明了其大概，而若干伪书及其所记载之伪造史事当有不待辨而自明者矣云"。①

《禹贡半月刊》还有一个很明显的特点就是丰富的编读往来。顾颉刚编《禹贡半月刊》写了很多按语，长长短短，各式各样。不少按语都能感觉到强烈的时代气息。这些按语有对具体问题的回应，有借读者的话头说开去的意思，有自述心曲，也有对文章的介绍推荐。学生赵贞信在 1935 年 11 月第 4 卷第 6 期《禹贡半月刊》讲《辞源》中地名之误植的问题。顾颉刚在回应文章中转述徐旭生的见闻，说在河南叶县旧县之南，有一个"长沮桀溺耦而耕处"，没走多远又看到一个土墩上竖着一块碑是"长沮桀溺之墓"。长沮桀溺本不是夫妻，以前的人不知考辨就照着古书随便立了一个碑。赵贞信后来把长沮桀溺的问题详详细细考证了一遍，写成《河南叶县之长沮桀溺古迹辨》，刊于 1936 年 6 月第 5 卷第 7 期《禹贡半月刊》，赵贞信得出的结论是，热闹的长沮桀溺之事，"竟是空中楼阁，纸上烟云"。顾颉刚专门为赵贞信的文章写了一篇很长的《河南叶县之长沮桀溺古迹辨跋》把赵贞信的意思又大大发挥了一遍，他把自己游历的见闻与史迹考辨结合起来谈问题。文中说后人臆造的古人生地葬地，不但在长沮桀溺身上有，像王昭君墓顾颉刚就亲眼看见了三处，孟姜女据传死于好几个地方，王羲之的兰亭也是假造多处。后来的人不是没有发现这些地方的可疑之处，但为了圆谎又生造另一个来掩盖。顾颉刚说明朝的张岱发现兰亭之假，但他仍然要选出一个最胜处定为真兰亭，"活见鬼地在那里幽赏了许久"。顾颉刚提出一个很有意思的想法，那就是故事在传播过程中随时生长，民众想留住故事，难免对故事添油加醋，让故事长腿走路。因此顾颉刚最后得出结论，古史古迹不尽可信，"靠不住的古迹总要占到百分之九十以上"，"所以我们就使充量地说一切古迹都不可信，也不为过。因为古人的一举一动，哪能都为人所注意；等到人家注意的时候，这人和他的同辈早已化为异

① 长江：《顾颉刚主持之〈禹贡学会〉与中国沿革地理之研究》，《大公报》1935 年 1 月 26 日第 4 版。

物,讯问不出来了"。可想在地理学方面还保存了很多伪史,需要大力做一番辨伪工作才对,顾颉刚勉励学生加把劲努力干下去,因为广阔的考辨天地实在是大有可为。

顾颉刚和赵贞信的编读互动体现出师生之间互相启发,将一个小问题引向最后之解决,有问学的趣味,有老师的热情鼓励,有学生的孜孜以求。若从编辑杂志的角度来说,顾颉刚安排学生写文章,出于训练学生研究学术的目的。从学生来讲,写文章不是一件容易事。赵贞信就表示如果写一些大题目像"论语中之国名与地名",材料太多,字数非万字以上不易完成,"踌躇不敢着手"。写小问题之文,又感觉材料不熟,书籍不够,见解不充分,"不能冒昧下笔"。"不敢"与"不能"其实体现了学生的普遍困境,毕竟学识未充,写文章有生疏的毛病。但赵贞信看到顾颉刚的鼓励按语,有了搜求的兴致,便循着蛛丝马迹把长沮桀溺的问题好好考索了一番。没承想学问就像滚雪球,资料越翻越多,只得草拟六千字文章,把问题说清楚,下一最后之结论。赵贞信从这个案例里面获得了很深的学术体会,他发现崔东壁的"考而后信"是研究古史古迹的不二法宝,是一面照妖镜,"不论千年老狐,一照终现原形"。"故事最不经剥,大都剥至核心,则仅余气泡"。这就像元始天尊的灵符一般,待到将灵符揭去,嗖的一声,便冲出一股黑气,朝空中四散开去,乃成一无所有。

赵贞信是有心有情之人,不枉顾颉刚对他的教诲,更关键的是在文章的结尾,赵贞信很悲哀地写道,"时局阴郁,使人闷懑达于极度。……愿吾侪愈益奋勉,不因外界之压迫而颓丧放废,共怀匹夫之责,存志士之心,使学业不坠,学术终得灿烂,无任企祷"。读罢这段话忽然有一种浩然之气在心中冉冉升起,学术真乃其安身立命之所在,真可谓穷且益坚,不坠青云之志!

顾颉刚写的这些编读按语无废话、无套话,无论长短都可见出为学术的纯洁之心。他身体力行读在前面、写在前面,时时鼓励学生都来写文章,这跟他一贯的看法息息相关,这看法可以归纳为:"心中有问题,眼中有材料,从问题去寻求材料,更从材料去增加问题"①。初学者最难

---

① 顾颉刚:《编后》,《禹贡半月刊》第 1 卷第 2 期,1934 年 3 月 16 日。

的就是心中如何产生问题,顾颉刚为此给出的见解是,刚了解了一些学术门径的大学生想要产生问题,最好的办法就是随处留心别人的意见,同时敢把自己的意见对别人发表,要能容纳别人的讨论,"自己错了肯承认,肯屈服于别人的意见之下,那就是你自己的进步。"这些好像卑之无甚高论的话说来容易做来难,因为万千想法都得用文字去表达,所以顾颉刚不遗余力地鼓励学生多写多发,写出来是第一步,然后才有往复的讨论与进步,如果长期不写,所谓的想法只是装在肚子里,慢慢被时间稀释掉,永远都不会成熟。顾颉刚说:

> 假使你在青年期没有练习发表意见,你到了壮年以后就不会发表意见。假使你在青年期没有练习容纳别人的意见,你到了壮年以后就不能容纳别人的意见。你的胸中在青年期没有几个问题,壮年以后,脑筋越来越僵化,思想越来越枯涩,更没有发生问题的希望了。

> 在我们的团体中,大多数是大学生,我希望大家能有这样的认识,捉住这个练习的机会,一步一步的往前走,使得这些"少作"无负于现在的年龄,更使得将来的年龄对得起这些"少作"![1]

后来顾颉刚还专门回应过一个质疑,即刊物出得太快,篇幅这样多,写文章本不是一件容易事,是不是有粗制滥造的嫌疑。顾颉刚鼓励学生多写多练,把自己的学术思考写下来,此时他却从另一个角度回答这个问题。也就是1937年的中国不是一个平安的中国,没有做正式研究慢工出细活的可能。好不容易把好学的青年人聚集在一起,唤起他们做学问的热心,让他们经常练习,虽然难免粗浅,但总会做出些成绩:

> 我们要使不注意的人注意,不高兴的人高兴,不动作的人动作,只有用了这样由浅入深的方法才可引诱初学化为博学,也只有用了这个方式才可逼着整个团体有不懈不息的进步。我们明白,要造一座高高的瞭望台,就得一篑一篑地畚土堆高;要上一处远的地方,就得一步又一步地向前迈进。只有平凡的进步才是真实的

---

① 顾颉刚:《编后》,《禹贡半月刊》第1卷第2期,1934年3月16日。

进步。谁见有一个斛斗翻到青天里去的？谁见有张口一嘘气就现出楼台来的？[①]

顾颉刚基本从写文章和做学问两方面回答了写得多、写得快的问题。这也就是《禹贡半月刊》上学生文章那么多的根本原因了。顾颉刚对学生的真心爱护提携的确是没话可讲。顾颉刚与赵贞信的编读互动是《禹贡半月刊》一个极好的学术接力典范。

《禹贡半月刊》中的编读互动还涉及一些其他问题。第 4 卷第 6 期有读者张德庸来信对《禹贡》提出意见，呼吁研究者不应只待在研究室而必须出门考察旅行，不应只是专做研究工作而忘了做民众都看得懂的大众文字。这位读者是话里有话，他是看了叶公超的一篇文章"我们要爱国，就要爱我们版图内的山河、景物、人民，以及我们以往的光荣"有感而发，说当时的年轻人来了一个刺激的时候就跳得八丈高，等到五分钟一过，就仿佛天下太平了。"这样的青年，济得甚事？"如果要认清事实，第一要肯出门，第二要搜集材料，第三要有耐性在研究室工作，第四要有优裕的环境容他去研究，不受衣食的限制。顾颉刚说在普遍贫穷的状态之下，莫说青年人有志难伸，就是中年人也好不到哪儿去。只能有一份力尽一份心。至于供给大众普及性文字，顾颉刚以为得处理好专业与通俗之关系。以《禹贡》而论，这些作者是以清代朴学的方式研究地理，不擅以华辞相号召，通论性文字绝少，自然显得沉闷琐碎，民众难以了解，但发表的多了，读的人多了，把研究的结果连接起来，将来集合起来成为《中国地理沿革史》和《沿革地图》，慢慢地这些地理知识变成常识，民众自然就懂了，也就通俗化了。"他日相将以民族史与疆域史之研究结果灌输于民心，而激发其保国保种之血诚，则此会为不虚集，此刊为不虚出矣"。[②] 因此顾颉刚认为通俗的知识范围是最广泛的，而《禹贡》的讨论是最窄小的，但必须窄小才能广大，才能慢慢通俗化，"通俗化是我们的目的，而专门化是我们的手段"，"我们永远向着这目标走，总有给我们走到的一天"。因此到了 1946 年顾颉刚打算复制《禹

① 顾颉刚：《纪念辞》，《禹贡半月刊》第 7 卷第 1、2、3 合期，1937 年 4 月 1 日。
②《通讯一束(48)编者按》，《禹贡半月刊》第 4 卷第 10 期，1936 年 1 月 16 日。

贡半月刊》,在《国民新报》副刊版办《禹贡周刊》,仍然强调,"以通俗性之笔墨,写历史地理之智慧"。对于学术与普及这两者如何互融互通,顾颉刚一直在思索。

顾颉刚在对学生黎光明的回应中也表明了《禹贡半月刊》的发文原则。对于文章是深思熟虑之后再拿去发表,还是先搜集一点材料就公布这一问题,顾颉刚倾向于后者。他认为一种东西要寻不出一点错处是做不到的,只要材料是真实的,不妨搜集一点就发表一点。顾颉刚谦虚地说目前《禹贡半月刊》上的文章不是那种传世大文章,"而是一堆堆铺地的石子,预备积得多了,可以在工程师指导之下,从工匠们的手中筑成许多条坦荡的大道"①。顾颉刚举例说有人批评朱士嘉《中国地方志综录》搜集材料不齐全,他为此说道材料搜集齐再做研究,那就没法做了。何况在这种兵荒马乱之下,材料更是没法搜集齐备。在如此情况之下,还不如有多少米做多少饭。顾颉刚还在编后记中谈到研究古籍的方法,较之他在其他文章里的系统论述,这里言简意赅的提要也很能发人深省。他说研究学问只有两条路,一是"述",就是把从前的学说整理出一个头绪,知道在一个问题之下有哪几种说法,此种与彼种说法间有何关联。二是"作",能解决的问题就解决,不能解决的不妨大胆地猜一猜,等将来发现了新材料再来对勘。顾颉刚强调,无论述还是作,读古书的时候务必平心静气,"对于古人切不可把现在人的是非来判定他的功罪","学问的工作是性急不来的,只有这样做才能为后来人减少葛藤"。比如顾颉刚认为上古之时周姓姬而骊戎亦姓姬,齐姓姜而瓜州之戎亦称姜戎,这就足以证明周与齐是入中原而华化者,其未入中原之残余部族则仍保存西戎的文化面貌。顾颉刚说等将来西北考古工作发达的时候,当可以找出西戎之真面目。在研究学问的路途上,"述"和"作"需要相互融通才行,要有述有作且述且作才行。再比如经学上的一些问题,顾颉刚就认为很多是出于经师的曲解,非要把不通说成通,以前不敢明说,只能腹诽,现在理性发达,"大家敢戳纸老虎,古帝王和经典尚且发生疑问,何况经师,于是他们的地位就根本消散了"。

---

① 《通讯一束(31)编者按》,《禹贡半月刊》第 4 卷第 7 期,1935 年 12 月 1 日。

无论是述还是作,都需要人才。顾颉刚在对陈槃信的回应中强调了人才难得之叹。陈槃信中写道年轻的李晋华因病去世,不胜伤感。李晋华是禹贡学会会员,广东梅县人,中山大学毕业,精研明史,著有《明代倭祸考》《明史纂修考》。李晋华去南浔嘉业堂校书,因水土不服而突发心力衰竭,抢救无效,于 1937 年 2 月 7 日上午 11 时 20 分去世,年仅 39 岁。陈槃伤感地写道,"君轻财尚义,书史外无嗜好,天之报施善人抑何酷耶!"在顾颉刚眼中,李晋华是一个爱学术的年轻人,过于好学而努力工作,甚至都忘了吃饭睡觉,有时将就睡在校勘的书案上,本身又患有心脏病,平时疏于对身体的关注,不幸短命死矣,"这是我们史学界的大不幸","从此研究明代史地的人又弱一个,真要使我们搔首问苍天了"。此前禹贡学会会员马培棠患肠结核病而死,顾颉刚也是不胜感伤。这番感叹顾颉刚曾在当年跟他辩论古史的对手刘掞藜身上发过。学术是一个绵长的过程,需要身体康健,劳逸结合,不急不躁做去,千万不可毕其功于一役。

　　翻阅全套《禹贡半月刊》,很容易发现《禹贡半月刊》出了各种专号,精彩纷呈,让人目不暇接。专号是《禹贡半月刊》很出彩的特点。这些专号有"西北研究专号""回教与回族专号""东北研究专号""后套水利调查专号""南洋研究专号""古代地理专号""察绥专号",这些专号的共同特点是内容相当丰富,每一期的专号称之为专题论文集毫不为过。以"利玛窦世界地图专号"为例,该专号登载《禹贡半月刊》1936 年 4 月第 5 卷第 3、4 合期,这一期的主题是"地理与地图",页码达到 203 页,简直就是一本专书。专号中的文章对来华传教士利玛窦在地理学方面的贡献评价很高,"在中国地理学的历史上,用近代新科学的方法和仪器来做实地测量的第一人恐怕就是利玛窦"(陈观胜:《利玛窦对中国地理学之贡献及其影响》)。专号分析了来华传教士和中国人对于世界地理观念的认识与变迁。作者有顾颉刚、童书业、贺昌群、洪煨莲、周一良、李晋华、陈观胜等。其中顾颉刚与童书业合作《汉代以前中国人的世界观念与域外交通的故事》,这篇文章最后得出的结论是,战国以前中国人的世界观念非常狭小,那时人只有一种简单空泛的"九州""四方"观念,战国以后才有具体的"九州"观念出现,到了战国晚期,产生理想的"大九州"说法,此时有"大九州"说法出现源于域外交通和哲学思想的影响。因为域外交通的出现,顾颉刚认为才构成了昆仑和蓬莱两个神话里的地名。

简言之,中国人对世界的了解是越来越丰富。接在顾颉刚、童书业后面的文章是贺昌群的《汉以后中国人对于世界地理知识之演进》,历数中国古代地图与地理知识之进步。概而言之,早在汉代地图之学渐已发达;魏晋时期海陆交通频繁,求法僧徒与出使官吏记载行经之地,著之于书,因之对世界地理知识有实地之观察;隋唐时期海陆交通更为繁盛,与西域文明的交往亦深切而广大,此时地理地图之学有更大发展,地图制作亦较精审;宋以后罗盘的运用使得海上交通更为发达,中国人对于南洋的认识也迥异于前,但对南洋地理情形仍然较为模糊;到了元朝,疆域连接欧亚,对世界地理之认识开前所未有之新天地。贺昌群据实条述中国人对于世界地理之认识,在文章结尾写道,"悠悠数千年,世界乃得混而为一,人类知识之进步,盖如是其难也"。刊发在1937年6月1日第7卷第6、7合期的"古代地理专号",页码更是达到374页。作者有顾颉刚、童书业、马培棠、蒙文通、杨向奎、杨宽、钱穆、陈梦家、孙海波、小川琢治、史念海、侯仁之、孟森等一批中外学者。这一期的编辑童书业在序言中说明,文章分为六组:研究古代民族迁徙、研究古代国族、研究古代国族疆域、研究古代地方制度、考证古代地名、研究古代地理书。顾颉刚在该期有三篇文章《九州之戎与戎禹》《春秋时代

的县《读周官职方》。在《九州之戎与戎禹》一文中,顾颉刚考辨梳理禹与九州之关系,他发现很有可能与戎族迁徙有关。顾颉刚得出结论是因为戎居九州,演化为代称天下之九州,更演化为尧之十二州,州与岳随民族疆域之扩大而扩大,禹迹也随州与岳之扩大而扩大。"夫戎与华本出一家,以其握有中原之政权与否乃析分为二;秦汉以来,此界限早泯矣,凡前此所谓戎族俱混合于华族中矣。不幸春秋时人之言垂为经典,后学承风,长施鄙薄,遂使古史真相沉埋百世"。顾颉刚在这个时候证明华戎一家,共同构成中华文明的基础,自然有其强烈的现实观感在其中。《春秋时代的县》写得大而略显空泛,材料方面还有进一步补充的可能。倒是顾颉刚在文章说到《左传》的问题,指出《左传》记事颇可信,记言则十之八九是作者自己的话。《左传》的作者定出了几种性格,对一部历史中的人物分配这几种性格,作者便替他们说话,"他又看某国某人的祸福存亡的结果,于是取了这结果造作预言,放在前面,算作某几个标准人物的话语,这样,一方面可以说明当事人的祸福存亡的由来,借作劝惩,一方面又可表示出这几位标准人物的论事的眼光何等正确","所以我们读《左传》,该用看戏的态度来看它,用生旦净末丑的类型来分配一切《春秋》史中的人物才对"。这是顾颉刚当年北大求学听戏悟来的读史体会,至此依然未变。《读周官职方》则是一篇短小的读书札记,辨《职官》与《禹贡》之承继关系。

顾颉刚既能写作又能编辑,想干事的顾颉刚总会遇到一个困难,这个困难就是缺钱。顾颉刚似乎像孙悟空一样分身有术,办禹贡学会的时候还主持通俗读物编刊社,可惜两者都缺钱。在通俗读物编刊社的运作中,顾颉刚还可以涎着脸东西找钱,而禹贡学会又跟通俗读物编刊社不一样,这是他的学术志业,是他最看重的东西,奔走呼号可以要来一点钱,但禹贡学会的发展需要持续永久,要有不停歇的经费支持。经费的不足时常困扰着顾颉刚。看他反复修改后发表的《禹贡学会募集基金启》,经费短缺其原有四:第一是《禹贡半月刊》的印刷费用。《禹贡半月刊》总体上并不盈利,加之办地理刊物需要制图,所费不赀。顾颉刚估算年费需四千元。第二是专书的印刷费。年费需六千元。第三是聘请专业人员的人工费。年需六千元。第四是实地勘察费用,年需五千元。总计二万一千元。以《禹贡半月刊》的印刷费而言,顾颉刚 1935 年 10 月 27 日日记记载:"《禹贡》印费欠印刷所千余元矣,书春逼得要交三百元,予因向履安借百元,取《史地周刊》所余三十元,又景山支版税七十元,又嘱世五从燕大本月薪中取百元,方过此难关。然地图方面,学会开办方面,均成问题矣!""书春"指李书春,是燕京大学校印所负责人,《禹贡半月刊》在此印刷,因欠费而被其讨债。对于日记里的记载,我们必须弄明白两个问题,第一是《禹贡半月刊》的印费和其他开销大约是多少,第二顾颉刚贴补了多少。根据《禹贡学会会计报告(自民国二十五年四月二十九日至五月二十六日第十一次)》可以管中窥豹,了解大概情形:

收入:

收顾颉刚先生捐助北大四月份薪水 50

收吴世昌先生捐助二十五年三四月份印费 10

收张维华先生捐助二十五年三四月份印费 10

收许道龄先生捐助二十五年四月份印费 5

收杨向奎先生捐助二十五年五月份印费 5

收会费总计:176

收定(按:原文如此)阅费 78.85

收零售寄售费 19.37

收利玛窦地图及禹贡合订本售价 8.16

收借用顾颉刚先生 100

收东方书社,花牌楼书店保金 25

共收 487.38

前帐结存 699.43

总存 1186.81

付出:

杂志印费,补交利玛窦地图印费 100.00

五卷三四期 390.31

五卷五期 156.42

五卷六期 150.24

信封,装杂志封套,会章,会员录,黄山游记单行本共计 85.07
(本月及上月共计印费)882.04,前欠印费 603.93 上月付款 235.00
本月付款 650.00 计下欠印费 600.97

成立大会,午饭,茶点,工友赏钱等 41.27

登大公报广告 21.84

邮费 36

英文打字边疆计划送中英庚款董事会 7.30

修理秤及算盘、购台布 1.61

车费 0.70

文具及捆书绳纸 1.20

共用 759.92

除用下存 426.89①

从上面数据看,下月的印费因无着落,只好先欠着印刷了刊物再
说。所以从这一月的报表看,顾颉刚出书办刊物是严重的寅吃卯粮。
顾颉刚能坚持三年,经费的来源大致是四方面:个人和机构的捐助(朱
家骅曾捐助禹贡学会 500 元)、会费、政府拨款以及营业性收入。到
1937 年 7 月《禹贡半月刊》终刊之时仍然有欠账未结清。所以当顾颉刚
还想着复刊《禹贡半月刊》的时候,他的妻子殷履安极力反对:"我听了
真是要急死了,在这儿所欠的三千多元还无法偿还,哪儿来的闲钱再办
呢?虽是你也许弄到一些钱,但是在现在所谓局势中,出版有什么销路
呢?谁有心思再做文章呢?两样均不具备,哪能出得长久呢?""我劝你
不要傻干了,趁此时机落得结束"。② 但顾颉刚相信的是:"我决不信我
的工夫是白扔的。"(1935 年 12 月 9 日日记)

从这份账目收支再看顾颉刚在《禹贡学会募集基金启》中展现的以
扶大厦于将倾的豪气,文中白纸黑字地写着:"今日何日乎,非唤起民族
精神殆无术自存于世。且在此苦闷之时局中,我辈若不以自力创造希
望,即将相率流入颓废之途,而青年无属望之人,国家乃真不可救矣。

① 系拍卖品,西泠印社拍卖有限公司楼望杰先生提供。
② 顾潮整理:《顾颉刚殷履安抗战家书》,中华书局 2023 年版,第 257、259 页。

夫使人识吾国家为不可分割之国家,吾民族为不可谗间之民族,是吾侪之力所能为;善用其力而使有成焉,知必得食其硕果于将来也"。这豪气不是空洞的豪气,是顾颉刚领着同人"傻干"的结果:他捐出自己的薪水,他厚着面皮东奔西走讨经费,他认真约稿校稿写编后记。顾颉刚能把《禹贡半月刊》做成,拆开来分析有很多原因值得一述,比如质量过硬的作者队伍、国事危机刺激下的知识分子情怀、好心人的捐赠①,这些原因背后都指向了一个因素:读书人的公心与责任。这大概是顾颉刚非常佩服的顾炎武那句话之体现:天下兴亡,匹夫有责。

无论如何,顾颉刚和同道之人合力办《禹贡半月刊》,坚持了三年,从刚开始的一份薄薄小册子到后来数万字的文字量,加上合期出版的特大专号,文字量更是惊人,禹贡会员最后达到四百,不得不说顾颉刚真是打出了一片天。在近代中国的地理学专门刊物里,顾颉刚办的《禹贡半月刊》可以说享有巨大的号召力,对推动历史地理学的发展起了不可替代的作用。就连看不惯顾颉刚学术,认为是"坏人心术"的温州地方读书人张棡都在日记里称赞《禹贡半月刊》"其中多精粹之作"②。这从反面证明顾颉刚在《禹贡半月刊》上真的是投入了相当的精力,真的是用心在做一件事。顾颉刚办刊不为钱不为私利,以学术为天下之公器,以学术之发展来激活国民种姓,让普通百姓明白,高深学术可以沟通普罗大众,学术与国运时势可以相依相偎、互相砥砺。在一个满目疮痍的前现代中国,顾颉刚是条汉子,他没有蝇营狗苟,没有把自己的命运像鸵鸟一样埋进沙里,而是自觉肩头担子沉,认真干起来,发自己的光和热。《禹贡半月刊》是他尝试把学术志业与现代出版事业有机结合的较成功的典范作品。

第四节　通俗文艺事业(上)

顾颉刚办《禹贡半月刊》,是他学术事业的体现,而从事通俗文艺运

---

① 顾颉刚 1935 年 5 月 8 日日记:"石公先生愿将后院地二十余亩,屋三十余间捐与禹贡学会,这真是做梦也想不到的"。
② 张棡:《张棡日记》第八册,中华书局 2019 年版,第 3870 页。

动,则是他天下兴亡匹夫有责的现实表达。顾颉刚投心力于通俗文艺活动,以北平时期论,主要集中在 1931—1937 年之间,尤其九一八事变以后,燕大一些为爱国情绪所刺激的师生成立燕京大学中国教职员\学生抗日会,顾颉刚参与其中,并任燕大教职员抗日会宣传组干事。1933年 1 月 28 日,顾颉刚与吴世昌、郭绍虞商议,拟在燕大国文系添设"通俗文学习作"一课,"不但编教科书,且作唱本,戏剧,小说,大鼓书,真作民间宣传。绍虞允之,不知校务会议能通过否?"①顾颉刚的重心放在唱本、鼓词等的鼓吹与制作上,他认为完全可以利用大学的力量做一些力所当为的抗日救国之事,例如燕大国文系可以编民众读物,史学系可以编中国民族史,外国文系可以作国外宣传,教育系可深入民间,音乐系则可以做不忘国耻的乐曲,法学院可以规划将来的大计,理学院可利用物质进行抵抗。②

为了整合力量,产生集众效应,顾颉刚等人成立"三户书社",取"楚虽三户亡秦必楚"之意,后觉其名字不能仅以抗日自限,1933 年 10 月改为"通俗读物编刊社",不隶属抗日会,成为独立机构,以北平为主要活动区域。发展到 1936 年 8 月时,又将社址由燕京大学搬至北平城内观音堂。是时顾颉刚为社长,徐炳昶为副社长,王守真为总编辑,李一非为总务主任,日常工作由王守真主持,之后一年,编刊社规模进一步扩大,社员增至四十人,成绩也不俗,每周内准编出八种读物,一版由五万册增至十万册③。编刊社的工作主要分两部分,一为编刊,一为训练。顾颉刚的目的很明确,"欲以通俗文学稍尽唤起民众之责任"④,这责任是四部分:一,唤起民族的意识;二,鼓励抵抗的精神;三,激发向上的意志;四,灌输现代常识。这些目标在顾颉刚起草的编刊社章程中也有体现:

> 本社同人深鉴于通俗读物之缺乏,民众知识界意识之隔绝,以致国家民族毫无团结,有事时无以收如臂使指之效,为欲勉尽其救

---

① 顾颉刚:《顾颉刚全集·顾颉刚日记》卷三,中华书局 2011 年版,第 9 页。
② 顾颉刚:《顾颉刚全集·顾颉刚书信集》卷二,中华书局 2011 年版,第 465 页。
③ 顾潮:《顾颉刚年谱》(增订本),中华书局 2011 年版,第 289 页。
④ 顾颉刚:《顾颉刚全集·顾颉刚书信集》卷三,中华书局 2011 年版,第 5 页。

国之职责,故发起本社,专力从事于通俗教育,务求随顺民众思想之方式,因势利导,给以必需之精神的食料。

因此,编刊社着手工作的项目暂定为五种:

（一）唱本（包括大鼓词、摊簧、小调等）

（二）剧本（包括旧戏、新戏、小戏）

（三）小说（包括章回小说、弹词等）

（四）连环图画

（五）画片①

这份章程在后来的实践中又有修正与完善,最主要是对各类文体有更细致的要求,据通俗读物编刊社征稿简则的说明:"1、通俗浅显之长短篇论著。2、章回体小说（每册以十万字左右为准）。3、弹词,旧剧,故事（每册以四千字左右为准）。4、连环图画（每册以四十开本二百幅为准）。5、彩色故事画（以四开幅为准）。6、民间故事,俗曲,歌谣,谚语,谐语之采集与整理。7、各地通俗读物的种类,内容,分布及影响的调查报告。"②编刊社的目的是欲以旧形式含新思想,也就是顾颉刚所说,"倘使要我做会中的工作,我就要创作一些通俗读物,大量印刷,分散到民间去"。顾颉刚所说的"通俗读物",后来实际发挥较大作用的便是鼓词。1933年春,顾颉刚他们以"燕京大学教职员、学生抗日会启事"名义发布征求抗日鼓词,其词如下:

本会尚拟继续征求关于抗日之民众读物,不论鼓词,剧本,小说图画均所欢迎,所写之故事,如明代倭寇,中日甲午之战,二十一条及台湾,朝鲜,琉球,亡国后之惨状均可,惟请作者着力于结构及描写,勿多发议论,文笔力求通俗,少用新名词,是为至要,其对于前方接接（按:疑有错）之任务,后方救护之工作及防毒之常识等等,如以极通俗明畅之文笔写出,亦所乐受,此启。③

---

① 顾颉刚:《顾颉刚全集·宝树园文存》卷三,中华书局2011年版,第94页。
② 《民众周报》第2卷第4期,1937年1月22日。
③ 顾颉刚:《顾颉刚全集·顾颉刚日记》卷三,中华书局2011年版,第52页。

核心原则就是采取何种写作策略能让民众最迅速地接受为最佳。为征稿他们还先拟了诸如《傀儡皇帝坐龙廷》《胡阿毛开车入黄浦》《二十九军大战喜峰口》等题目以为示范，结果两个月中收到六七十本稿件，评定第一名《杜泉死守杜家峪》，第二名《翠红姑娘殉难记》，第三名以下有新剧本《淞沪战》，有牌子曲《哭朝鲜》，有弹词体《义军女将姚瑞芳》。以署名"三户"的鼓词《翠红姑娘殉难记》来说，该篇写沈阳城中普通的三口之家，分别为王老头、王老太以及他们的女儿王翠红，"芳年十八正新春，美貌如花太可人，杨柳腰肢桃花面，体态轻盈百媚生"，这种熟滑的描写无疑是随顺民众的习惯。故事很简单，某一天几个日本兵闯入家中，欲搜刮银钱，见王翠红貌美，便垂涎其美色。在此情况下，作者用王老太和王老头的软弱衬托王翠红严厉斥责日人的无耻要求，突显其刚毅不屈，大义凛然，亦写出日人的阴险狠毒，作者最后总结："奉劝中华大国民，九一八这场国耻实非轻。现在东四省还在他们手，假仁假义扶满清，当时那种横行事，死的人民千万群。王家不过一个例，看了魂魄又惊心；如果中国完全给了他，我们何处可安身？现在他们又在打中国，我们应好好尽力保平津，千万不要受着他们的收买，要知人穷志不穷。王家姑娘多贞烈，千秋万世享高名。"①作者在鼓词中故意模糊"王老头""王老太"的具体姓名，以普遍多数之众凸显独异个体之"王翠红"，作者想告诉民众，王翠红这样的人还太少，中华民族需要这样的"大国民"风范，告诫大众别做王老太、王老头这样的"小国民"。为了吸引普通民众注意，主人公王翠红的取名用"红"和"翠"暗合民众喜欢大红大绿的习惯。顾颉刚说为了传播这样的鼓词作品，便竭力模仿地摊上的小书，封面用民众喜欢接受的红绿套印，这样显得喜庆，还在里面插入戏装照片，由于包装考虑周到，同时切合时事，销行很广。

实际说来，旧文艺形式很多，远不止编刊社所列举的五类。粗分有章回小说、评书、鼓书、唱曲、旧剧、小调、歌谣、相声、双簧、拉洋片、连环画、图画等。其中鼓书又可分京音大鼓、奉天大鼓、乐亭大鼓、河间大鼓、梨花大鼓、梅花大鼓、二簧大鼓、快书、八角鼓、子弟书等。唱曲有北

---

① 《妇女旬刊》第 19 卷第 1 号，1935 年 1 月 1 日。

方之落子,南方之弹词,苏申之滩簧,陕西之文艺,河南之坠子,四川之金钱板,两湖之花鼓,江湖之道情、数来宝①。这些形式多是"告白文学",用说唱来表情达意。若从民众读物新旧来分类,亦可分旧式读物与新式读物两类,旧式读物依其内容有神怪如《五行阵》,武功如《杨文广征西》,言情如《九美夺夫》,武侠如《七剑十三侠》,武侠兼奇案如《包公案》;以体裁分,有宝卷、唱本、小说、滩簧、剧本、弹词、鼓词、图画故事、山歌、儿歌、杂歌②。新式民众读物与旧读物不同在于讲科学常识、公民常识、新文学常识。无论从哪个角度分类,旧文艺形式都很丰富,在顾颉刚他们看来,仿效章回小说、鼓词、弹词、俚词土调、歌谣谚语之形式,把新内容灌注进去是一件大有可为的事情:

> 例如根据民族主义,作一部太平天国演义,以对抗流行的洪秀全演义,搜集革命故事,编成一部新水浒传,新儿女英雄传;本着新社会观的恋爱理论与生理学心理学的原理,作一部新红楼梦;罗列科学发明家的故事与革命家的传记,作一部新儒林外史,新古今奇观,新宣讲拾遗;根据反对军阀内战的和平思想,作一部民国史演义,站在民族立场,作新精忠说岳,新杨家将,其他如宋朝亡国史演义,明朝亡国史演义,历代忠烈言行录;以及搜集歌谣,编一部新诗经,逐章逐句,予以解释阐发。有革命性质者加以提倡,迷信有害者予以批评。此外将各国地理作一部新山海经;将各国风俗人情作一部新镜花缘;搜集各国因迷信被害的故事,作一部新笑林广记。对于旧读物,也尽量批评,以纠正一般的错误观念。③

顾颉刚的构想是完美的,实际运用起来的效果与作品并没有上述所言之丰富,而且从顾颉刚的想法和通俗读物编刊社的策略看,他们借鉴最多的还是鼓词这种形式。那么为什么会出现这种情况呢?顾颉刚曾创作过一首鼓词作品《天桥英雄》:

---

① 王泽民代作,顾颉刚修改:《我们怎样写作通俗读物》,《中苏文化》"苏联十月革命纪念二十一周年纪念特刊",1938年11月7日。
② 邱冶新:《民众读物与民众教育》,《出版周刊》新139号,1935年7月27日。
③ 顾颉刚:《通俗读物的改良》,《北平市第一民众教育馆半月刊》第3期,1937年2月16日。

说得是满清末年乱滔滔，

帝国主义逞凶刁。

全仗着战舰快枪和大炮，

来把那弱小民族的大门儿敲！

一国一国都敲到，

紧接着中华民国也就把难遭，

恨只恨满清政府昏庸无道。

他把那外国洋人不往眼里瞧。

自以为天朝大国多么骄傲。

谅你们这些黄头发绿眼睛也不敢把我怎么着。①

……

这首作品适合街头艺人手持快板、自带节奏唱出来，识字不多的民众完全是听明白而不是看明白的。这说明鼓词的接受门槛很低，因为它本身就来源于民间。如果仅只是针对北平一地而言，鼓词是民间最流行的曲调，之所以流行，既是长时期的历史演变形成的民众娱乐方式，又因为它能切合民众的精神需要。根据赵景深的研究，鼓词这种艺术形式一般有唱无白，句法近于诗，以七言为主，可以随意加衬字，因而有七字、八字、九字甚至十字以上，用韵很宽。大鼓叙述讲究经济时效，忌拖沓不清，开端一般从远处说起，结尾常见两种方式，一种是喜庆的话，譬如福如东海，寿比南山之类，还有一种是"这就是……到后来"类似小说中"欲知后事如何，且听下回分解"的模式。这种为民众喜闻乐见的鼓词内容实际还是很老旧。顾颉刚说走到书场听到的不过是《草船借箭》《单刀赴会》《蓝桥会》《宝玉探病》，"没有什么新材料，也没有什么新意味，唱的人是唱的疲了，听的人也听的烂了"，"世界如此的剧变，他们却永久只能得到十八世纪以上的智识"②。这是顾颉刚 1925 年进北平书场观察之所得。

根据作家赵景深调查，说书人一般不能创作，说的内容多为三国水

---

① 《包头日报》1937 年 5 月 8 日第 3 版，该文又见《时事新报》第 3 张第 3 版，1937 年 2 月 27 日。

② 顾颉刚：《科学救国大鼓书序》，《京报副刊》第 315 号，1925 年 11 月 1 日。

浒故事,久而久之,民众也听得厌烦,满足不了他们的需求。若干年后,情况依然没有变化。赵景深曾记录北平书场 1934 年 3 月 25 日到 4 月 16 日二十天的大鼓名目,以白云鹏、方红宝、金玉芳、李兰芬、何艳樵、韩筱兰、韩筱香七位说书人而言,大家能唱的只是二十种,分别是:《战长沙》《长坂坡》《古城会》《群英会》《华容道》《截江》《借箭》《白帝城》《大西厢》《听琴》《闹江州》《活捉》《坐楼》《别母乱箭》《取荥阳》《南阳关》《马前失蹄》《刺汤》《游武庙》《百山图》。书场分为日夜两场,最能唱的白云鹏二十天内《战长沙》表演了四次,"可见他们所能唱的大鼓不过如此"。内容还以说三国故事为主,在《文明大鼓书词》中所列的大鼓书分类中,说历史 35 种,写实 31 种,从内容看大部分偏于老旧[①]。这些鼓词所涉及的有些文字与典故民众不一定明白,但因为时间的累积,人物形象早已脸谱化、平面化,民众依然耳熟能详。因为普通民众进书场听书,要的是一种放松与愉悦,意义的把握还在其次,主要是一种感觉和氛围的捕捉,他们在抑扬顿挫、疾徐交织的情节中回到过去,进而忘掉生活的疲累,发挥想象的空间,得精神的享受,足矣。就如周作人讲,民众喜欢"中国最大民谣之一"《十八摸》,喜欢的恐怕是"嗳嗳吓"的声调而不是肉体美的赞叹[②],这个简单的比方言中了民众的心理预期与需求。传统鼓词恰好能满足民众的需求。

然而这种为民众喜闻乐见的艺术形式包裹的却是顾颉刚认为相当有害的内容。民众普遍还是在"真命天子登极""黑虎星下凡""文曲星降世""大清皇上万万岁""二八佳人小金莲"里面徘徊。顾颉刚说现今的通俗艺术正在空虚状态之下,"旧的既经破产,新的尚未发生",应该给鼓书一种新生命,"现在若能给与唱书的一种新生命,这种新生命是民众文艺作家用了新材料来激起听众的新兴味的,那么,便未始不可使这种已经堕落的大鼓书回复他的艺术上的地位,而给与民众以正当的(含有教育性的)娱乐了"[③]。民众娱乐的目的是永远存在的,新文学不去占领,旧文学自然就充斥书摊。顾颉刚之所以看重鼓词,因大鼓词本是

① 赵景深:《大鼓研究》,商务印书馆 1937 年版,第 20、22、25 页。
② 吴平、邱明一主编:《周作人民俗学论集》,上海文艺出版社 1999 年版,第 292 页。
③ 顾颉刚:《科学救国大鼓书序》,《京报副刊》第 315 号,1925 年 11 月 1 日。

"一朵野生的鲜花,是最朴实最富于生命力的民间文学",如果知识分子祛除它在历史发展过程中形成的滥调与套语,它现在有而且应该有挤上文坛的需要,鼓词因此将会成为一种"切合民众的前进的文学"①。

顾颉刚如此强调鼓词的作用还与清末民初民气蓬勃的时候,他瞧见了传统曲艺形式的巨大力量有关。这给他留下深刻印象,"上海有刘艺舟、潘月樵,北方有王钟声、汪笑侬,慷慨的悲歌,淋漓的演说,常使观众为之泣下"。顾颉刚的意思是无论戏曲也好,鼓词也罢,同为"民众的知识的宝库,兴趣的源泉"②,因为鼓词这种文体与下层民众有近乎天然的联系。顾颉刚既是亲身感受民间艺术的魅力,又是不忍看到里面蕴藏的毒气,那些"因果报应,神仙鬼怪,封建意识,诲淫诲盗等毫无价值,阻碍社会进化,违反科学精神的东西"③,如果任其发展下去,"这种毒气一天一天的大量的挥发,叫我们的国民如何能适合于现代的生活? 他们未尝没有民族思想,但在他们的民族思想之下只能做作义和团式的工作,这是何等的可怕! 他们不想自己惕厉,做一个完全的人,有用的人,只希望有一个真命天子出来,许多神灵转世的将相降生,把世界布置得好好的,让他们去享受,这又是何等的可耻!"在新文学作品隔绝的地方,一首歌谣、一件故事仿佛长了腿脚一样,"天涯海角挡不住它的行踪"。顾颉刚想净化这些鬼气,"让大家看一看真正民众文学的势力"④。在 30 年代的时代语境中,有识之士认为运用鼓词救国是一种可行途径,他们认识到了鼓词的文艺、社会功用,"至于歌谣鼓词,其浸润于下层社会,较小说野史,尤为有力。盖小说重记事,而缺音韵之美。若夫鼓词,则三弦竹简,引吭高歌,音乐陶人,最足动野老妇孺之听。"⑤

职是之故,就有对传统鼓词进行改良的必要。新式鼓词的改作,须在辞藻、篇章结构、韵脚、字句、取材上特别注意。例如署名"野民"创作

① 他人代做,顾颉刚修改:《大鼓词怎样作法》,《民众周报》第 3 卷第 3 期,1937 年 4 月 16 日。
② 顾颉刚:《顾颉刚全集·顾颉刚书信集》卷三,中华书局 2011 年版,第 12 页。
③ 王真代作,顾颉刚署名:《通俗读物的时代使命与创作方法》,《民众周报》第 1 卷第 1 期,1936 年 10 月 2 日。
④ 顾颉刚:《关于通俗读物》,《大公报》1934 年 8 月 1 日第 1 张第 4 版。
⑤ 北通县河北省立实验城市民众教育馆城市民教月刊编辑部编辑:《城市民教月刊》第 4 期,1931 年 2 月 1 日。该期登载了数篇鼓词作品,计有陈国贵《中国社会一瞥》,王瑞书《劝同胞读书鼓词》,赵泽南《劝放足鼓词》,李寿忱《唤起民众》,魏雅斋《睁眼瞎子苦》,马国英《劝民众读书》。

的《国难十二月》鼓词：

光阴如水去无边，
一年过去又一年。
二十五年转眼过，
二十六年来到前。
我有心要向诸位把新年贺，
最可叹只有悲痛没有喜欢。
打开了一年的账本算一算，
那一笔不是惊心动魄血涟涟？
这一年敌人的侵略更加紧，
这一年我们的国运更艰难，
这一年汉奸的卖国更进一步，
这一年民众的痛苦更空前。
有些人为了救国把监牢坐，
有些人为了杀敌把性命捐，
有些人荒淫无度醉生梦死，
有些人热血沸腾怒发冲冠。
这才是国家多故民遭难，
鲜红血染遍了大好河山。

若要问二十五年详细经过，
且听我一月一月讲周全：
一月里来是新年，
学生请愿闹得欢，
请愿不为别的事，
为得是保卫华北挽回利权。
二十四年十二九，
北平学生挺身当前，
一二一六接着又干，
引起了全国同情遍北南，
一直闹到一月里，
救国运动仍像火一般，
士农工商都觉悟，
杀敌救国喊声连。
紧接着又把那一二八纪念，
开会讲演闹翻了天：
这个说要想救国只有抗战，
……①

不难看出鼓词这种文体适于叙述有头有尾的故事，一定要押韵，但韵脚又不能太复杂，也不能让音乐性完全盖过叙述，这样才有兴味。鼓词要吸引听众，就不能平板，要有波澜和起伏，能够牵引听众的神经进入说书者彀中，最重要的是有感染力，能打动人，"总之，鼓词要有曲折、有起伏、有紧张处，使演唱的人为鼓词左右，激昂处他便大声疾呼，悲痛处他便声泪俱下。这才免掉唱的人无精打采，听的人索然无味！"②顾颉刚在1921年的读书笔记里写道，好的鼓词要有文学家的功夫，将感人的力量恰当传递出来至为重要：

---

① 《民众周报》第2卷第1期，1937年1月1日。
② 他人代做，顾颉刚修改：《大鼓词怎样作法》，《民众周报》第3卷第3期，1937年4月16日。

三日之间，两听梨花大鼓，李大玉引人兴味可知矣。前听其《长生殿》，情词凄婉，自属动听。昨去乃是《三顾茅庐》，疑其必不能出色，及唱至徐庶别刘一节，描写徐庶之不忍别而别，刘备之不忍舍而舍，感情深切，依然使人为之回肠荡气。可见李大玉在书场得大名为不虚，更可见凡在剧场、书场得名者，不但声调可听，亦必善于表情，能为古人设身处地说话，将古人心思表襮出来。此固是名伶名伎的技艺，实在亦是文学家的功夫，使彼辈能有文学家之境遇，我信其必有极好的文学作品可见；惜此中之埋没人才，不知几许矣！昔见小香水，今见李大玉，皆不胜惋惜：吾非必欲以其文学天才表现于文字而后快，特惜此等声音笑貌不能供后来人之赏鉴耳。①

以顾颉刚个人口味论，他相当重视鼓词艺术性、表演性的有机结合，小香水、李大玉是他心中的完美典范。不过这样的典范并不多，他感叹还是要留给文学家来作。这种理想的创作范式无论对于民间艺人还是编刊社的同人，真做起来是比较困难的。上引的《国难十二月》模仿《孟姜女十二月花名》逐月讲述时事，这是套用旧式结构，并非月月都如此整齐，只为叙述方便的讨巧之举。这个案例说明编刊社创作鼓词的一般特点，必须要有直面观众感觉的营造，让听众或观众有代入感，起首采取的抒情与排比都是为让观众进入情境，然而问题也十分明显，大量叙述时事，大量政治名词进入，而且篇幅很长，不易控制。新作的鼓词要是调和不好时势与旧制、内容与形式的关系，很容易让人产生"观手持哀杖跳华尔兹舞的不舒适的感觉"。

　　为了不至于产生如此滑稽的感觉，更重要的是如何让传统鼓词进行现代转型，顾颉刚和编刊社同人对鼓词以及其他旧形式改良的核心原则是"旧瓶装新酒"。所谓"新酒"就是灌注各种现代意识，具体是将旧形式中的封建意识换成民族意识，命定论的人生观换成革命的人生观，旧形式中定型不变的人物换成自立发展的人物，无视群众的个人英雄主义用群众力量来代替，报应循环的思想换成科学的因果关系，靡靡

① 顾颉刚：《顾颉刚全集·顾颉刚读书笔记》卷一，中华书局 2011 年版，第 202—203 页。

之音换成合乎故事情节的唱曲,大团圆结局与不团圆结局都有保留的必要①,这"新酒"必须使民众看见"自己现实生活中的具体问题。看见问题发生的根源与解决的方法,看见自己的过去现在与未来。看见自己的要求与实现要求的手段",更要使普通民众感觉到,"创作中的知识就是解除外敌压迫的武器。要使他们觉到创作中的主人翁,就是他们一群中最能干而最钦佩的代表者"②,一言以蔽之,创作必须与底层民众息息相关。

至于旧瓶与新酒如何融合,顾颉刚用形象说法表述就是用"骗他们上当"的方法来教育他们,所谓"骗"是采取孔子循循然善诱人之法,只是如何"骗"得民众不知不觉入彀才是本领。为此顾提出"使旧酒醇化"③的说法,去掉杂质,辅以活水。他之所以在不同场合强调"旧瓶装新酒"的法则,是从编刊社的实际销售发行经验与创作实践得来的。以具体操作来讲,顾颉刚对民众的启蒙实际秉持两步走的思路,他明白民众根本看不懂文章和杂志上大文豪们写的普罗文学,知道他们所能了解的无非就是大鼓、俗曲这一类东西,先让其看这些稍作改良的读物,等民众智识水平提高后,"逐渐把文人文学与民间文学的界限抹掉",好比先让民众读童话和寓言,之后再让其读红楼、水浒、柏拉图。顾颉刚的这种策略被他的学生李素英看成是"从文艺上深入民间的大道,以娱乐含有教育意味的手段,达到提高民众知识,思想,和文艺创作的技能的目标"④,她称之为"移根换骨"。顾颉刚所追求的这种通俗化与大众化的统一,可知他们的通俗并非卑俗或庸劣,不是曲媚、谄附大众,而是要做大众的净臣,给大众一根拐杖让他慢慢前行,不要回转老路,再堕入毒气中去。

编刊社其他同人也同样秉持这种思路。王日蔚在《论大鼓词并非旧瓶》中说鼓词这种文体在使用过程中自然有"利用"的意思,"我们自

---

① 王泽民代作,顾颉刚修改:《我们怎样写作通俗读物》,《中苏文化》"苏联十月革命纪念二十一周年纪念特刊",1938年11月7日。
② 王真代作,顾颉刚署名:《旧瓶装新酒的创作方法论》,《民众周报》第2卷第2期,1937年1月8日。
③ 顾潮编著:《顾颉刚年谱》(增订本),中华书局2011年版,第314页。
④ 李素英:《论歌谣》,《文学年报》第2期,1936年5月。

已也不承认这些民众所熟习的旧文体如章回小说,鼓词小调是正牌的前进的,只是因为已经为一般人所熟习,暂时利用他一下罢了。"但他接着强调实践中的鼓词并非旧瓶,"由我们工作的经验,由事实的客观教训,使我们必须改正我们的见解,即旧瓶的鼓词并不是旧瓶,它在文学中确属前进的文体,我们应该把它发扬光大,不应存暂时利用的心理,鸟尽弓藏,听它自然消灭。"①顾颉刚和同仁们强调运用而不是利用,因为利用有临时应急之意,而运用"是要克服或扬弃对象的一种科学的方法",这不是脱下一件衣服再换一件那样简单,而是在态度、经验、效果方面检验得来的理论总结。向林冰强调,"我们根本的确认健全的大众化,是通俗化;合理的通俗化,是大众化的。"通俗化与大众化二者不可或缺,通俗必须要能大众,要大众必须以通俗为前提。向林冰拈出的健全、合理的目标是编刊社同人一直奋斗的目的,可在实际操作中编刊社存有不足,向林冰总结是对于运用多样性、地方性旧形式的准备不足。在对旧形式的运用上,还缺乏法则性的把握,技术上千篇一律,给人疲倦单调的感觉。向林冰以为《大战平型关》《好洋鬼子大战天津卫》则摆脱这样一种低级阶段,进到"宣传性与文艺性合一的境地",但向林冰指出这是博得社会好评的代表作品,毕竟不多。换句话讲,抗战鼓词多少存在宣传性与文艺性割裂的毛病。② 向林冰最后一点是戳到点子上了,为什么当时的抗日鼓词后来保存下来的不多,一来因为具有时效性,功利目的显著;二来是把鼓词当作一种抗战工具使用,对它本身的文艺性与趣味娱乐性不暇顾及,或者说很难达到二者的完美融合。文艺的味道太弱了,这是运用鼓词这种时间累积性文体的难以调和的痼疾。

虽然顾颉刚认为鼓词有挤进新文学的必要,但这只是运用鼓词之先的理论说辞,待真正实际运用,则明白其中的难做非可为外人道也。虽然顾颉刚等人的鼓词实践还不至于让人产生前文所说手持哭丧棒跳华尔兹的极端不协调感,但确实让人感觉有一个清清爽爽的

① 《民众周报》第 2 卷第 12 期,1937 年 3 月 19 日。
② 向林冰:《"旧瓶装新酒"在文化发展史上的地位》《通俗读物编刊社的自我批评》,《通俗读物论文集》,生活书店 1938 年版,第 72、84 页。

年轻人穿着一件黏黏糊糊长衫的不自在感。宗秉新在《评燕京大学编印的通俗读物》中举过一个失败的例子："'（女看护上白）密斯钱你又在发愁哪今天又要送来几十个伤兵呢你再打听打听你的黑漆板凳的下落吧（钱）密斯王不要说笑话……''密斯''黑漆板凳'还没有成为一般民众口头上的用词，是不应该用的"①。这些生僻的字眼民众自然接受不了，关键得"能把'帝国主义'说明白，而躲着'帝国主义'"②，才算高明的创作。就此而言，新鼓词的创作的确比较困难，那就是如何将新事物、新名词完美整合进旧形式中去。深知民间文艺创作甘苦的老舍觉得，鼓词的创作既要避免深入深出，也要警惕浅入浅出，"深入深出者病在看不起白话，浅入浅出者坏在知道白话的可贵，而没有下功夫用白话作成精美的白话文艺"③，要让民众听得懂，有趣味，还要灌输常识，觉得不隔，要是不与民众打成一片，加之作者本身对民间文艺没有自小的熏习，恐怕达不到这种境地。这就是老舍为什么说以他的创作经验来说，写小说一天可以写一千字，写鼓词一千字至少需要一星期，因为"写鼓词不能粗制滥造，写的是韵文，究竟那一个字响亮不响亮，现成不现成，都要仔细地想一想，语言有一个定例，就是如果上边顺，下边自然就容易明白。"④老舍后来放弃旧瓶装新酒的创作模式是深切觉得找不到调和的有效门径。要运用而不是利用旧形式，必须学习旧有的套数，不管是鼓词还是旧剧，否则"大海茫茫，无从落笔"，然后：

> 你须斟酌着旧的情形而加入新的成份。你须把它写得像个样子，而留神着你自己别迷陷在里面。你须把新的成份逐渐添进去，而使新旧调谐，无论从字汇上，还是技巧上，都不显出挂着辫子而戴大礼帽的蠢样子。为了抗战，你须教训，为了文艺，你须要美好。可是，在这里，你须用别人定好了的形式与语言去教训，去设法使之美好。你越研究，你越觉得有趣；那些别人规定的形式，用的语

① 《大公报》1934 年 8 月 6 日第 11 版，"明日之教育"第 31 期。
② 老舍：《制作通俗文艺的苦痛》，《抗战文艺》第 2 卷第 6 期，1938 年 10 月 15 日。
③ 老舍：《"现成"与"深入浅出"》，《老舍曲艺文选》，中国曲艺出版社 1982 年版，第 53 页。
④ 老舍：《大众文艺创作问题》，《老舍曲艺文选》，中国曲艺出版社 1982 年版，第 60—61 页。

言,是那么精巧生动,恰好足以支持它自己的生命。然而,到你自己一用这形式,这语言,你就感觉到喘不出气来。你若不割解开它,从新配置,你便丢失了你自己;你若剖析了它,而自出心裁的把它整理好,啊,你根本就没法收拾它了! 新的是新的,旧的是旧的,妥协就是投降! 因此,在试了不少篇鼓词之类的东西以后,我把它们放弃了。①

这大概是一个不可能完成的任务。1938 年与老舍共同组织通俗文艺讲习会的方白在《就两篇鼓词谈鼓词作法》中指出制作鼓词要流畅,少用甚至不用文言、新闻报道词汇。他认为老舍所作《张忠定计》"难免使人发生不真实之感"②。顾颉刚与编刊社同人运用鼓词大体可视为戴着镣铐舞蹈,既要舞得像模像样,又要于读者有所进益。因为创作的人并非对鼓词有兴趣,他们的创作多半出于热心,如果"不准用典,不准用生字,不准细细描写心理,不准在景物上费词藻",③实在是很难创作出为平民大众所喜的作品,试作鼓词实属不易。何况顾颉刚本人对创作鼓词毕竟不大精通,更没有多少实际创作的经验,顾颉刚登载于《民众周报》的新鼓词《武训》《大刀王五》也是他人代笔,可说是提倡有心,创作无力。

第五节　通俗文艺事业(下)

顾颉刚等人编印的通俗读物,即便内容丰富,贴近生活,要是到不了民众手中,也是白费功夫,否则尽管小册子一种一种地出,民众未必会一种一种地买。如何将印在纸上的文艺作品传递到民众手中,发行与销售就非同小可,通俗读物编刊社起初的发行不尽如人意,"那时的推行上,强半都是赠送,前后耗资六七千元,依然谈不上深入民众,谈不

---

① 老舍:《我怎样写通俗文艺》,《老舍曲艺文选》,中国曲艺出版社 1982 年版,第 35 页。
②《通俗读物论文集》,生活书店 1938 年版,第 33 页。
③ 老舍:《制作通俗文艺的苦痛》,《抗战文艺》第 2 卷第 6 期,1938 年 10 月 15 日。

到普及乡镇"，[1]顾颉刚曾累次到北平小书的汇聚批发地打磨场与各唱本铺接洽，商谈是否可以代售，然因他们各有自出的书，不欢迎代售，即便愿意，则条件过苛，无法满足。因此，"我辈希望推广，必不可无一销售之机关"[2]。顾颉刚委托耿长来于 1933 年暑假期间在打磨场 220 号觅一处房子，创办金利书庄。取名金利，借其市井气味十足，可以鱼目混珠，另外还有三层意思，据朱自清日记记载："1. 金属西，中国在日本西，谓中国利也；2. 二人同心其利断金；3.《左传》'磨砺以须'之意"[3]。书庄的先期开办费 226.45 元、七八两月经常费 81.8 元都由顾颉刚先行支付，书庄运营成本年约 700 元左右。开办之初，售书所得不多，不够维持，顾颉刚的想法是，"不如将所收售价，悉令缴还，而所需费用，另行筹付。窃意去年抗日会扣薪，我辈均在十元上下，今虽不扣，亦可随愿乐助。如能集合六人，每人月出十元，则此铺经常费可以无虑"[4]，如果金利书庄顺利进行，"则三户书社之基础便可站定，以前之工作亦不致虚靡矣"。

顾颉刚的想法虽然很周全，可是形式比人强，他发现通俗读物在社会上不能销售，"平津一律，佥谓'不是这东西'"，顾颉刚感叹，"知民众自身实无求智识的兴趣，真束手矣！"可当他听到天津有书肆愿意承印通俗读物，便又兴奋起来，"闻之甚快"[5]。这不过是短暂的欣慰。最糟糕的是半年之后金利书庄终于办不下去了，以其"营业甚不佳，月赔数十元，而其人（指经理耿长来——引者注）又非积极奋斗之人，既无望，即令停闭。今日将此店盘与彼，计二百元，分四年还清。"[6]实际上，除了耿长来个人原因外，更重要的是旧读物有其固有的发行渠道，发行网如果不畅通，顾颉刚倡办的金利书庄就很难办好。顾颉刚已经发现想把发行做好，绝非易事。要想在北平打入已有的发行渠道，必须得明白之

① 布丁：《怎样推行民众读物？介绍通俗读物编刊社的发行工作》，《教育通讯》（汉口）第 39 期，1938 年 12 月 17 日。

② 顾颉刚：《顾颉刚全集·顾颉刚书信集》卷二，中华书局 2011 年版，第 142 页。

③ 朱乔森编：《朱自清全集》第九卷，江苏教育出版社 1998 年版，第 249 页。

④ 顾颉刚：《顾颉刚全集·顾颉刚书信集》卷二，中华书局 2011 年版，第 142—143 页。

⑤ 顾颉刚：《顾颉刚全集·顾颉刚日记》卷三，中华书局 2011 年版，第 125 页。

⑥ 顾颉刚：《顾颉刚全集·顾颉刚日记》卷三，中华书局 2011 年版，第 149 页。

前的旧读物是采用何种手段销售到千家万户的。

据编刊社同人王受真的文章介绍，当时的北平批发旧读物比较大的老牌书店有五家，计学古堂、宝文堂、泰山堂、老二酉堂、志文堂，他们有各自的发行范围，宝文堂、学古堂除批发北平各处外，宝文堂还发行河南、安徽一带，学古堂还发行江苏、浙江一带，泰山堂专发行山东及东三省一带，老二酉堂专发行山西、陕西、甘肃一带，志文堂专发行察哈尔、绥远、热河一带，具体发行方法是他们把书直接批发给上列各省城的书局，再由各省城书局批发到各县的书局，或者他们直接批发给各县的书局，各县的书局再批发给赶庙会集市的行贩，最后由行贩批发给走街串巷的小贩①。以最近十年（1926—1936）的发行量论，五家平均每月的旧读物售出有十五万部，其中学古堂五万部，宝文堂三万部，泰山堂二万五千部，老二酉堂二万五千部，志文堂二万部，全年售出一百八十万部，十年来销售量已有一千八百万部。如果以每个读者买两部计算，每个读者按十个听众算的话，则旧读物可传达到九千万民众手中②。这些老店都有普遍而强韧的发行网，他们有"成千成万的游行从业员，还划分着各家的势力范围：有的是平郊，有的某若干省区。各处书贩按季节批购，转之县市，深入农村。"③"这告诉我们每个书局，都有他的一个发行网，在他的发行网范围以内，决不允许其他人再进去的。这五个书局合起来，他们的势力已布满中国十数省"④，这些老店营业之深入，让人"不无惊异"，"但他们却永远不登广告吹牛皮"，是散布"真正通俗读物的老资格"⑤。

王受真强调，旧读物的发售并不全靠各个书店，主要靠"行贩"与

① 王受真作，顾颉刚署名：《再论"为什么要把新酒装在旧瓶里"》，《民众周报》第 1 卷第 6 期，1936 年 11 月 6 日。

② 王受真：《为什么要把新酒装在旧瓶里》，《通俗读物论文集》，生活书店 1938 年版，第 14 页。版权页写明"顾颉刚著"，实际是一本论文集，涉及作者有顾颉刚、王受真、方白、向林冰，多为通俗读物编刊社同人或支持编刊社宗旨之人。

③ 布丁：《怎样推行民众读物？介绍通俗读物编刊社的发行工作》，《教育通讯》（汉口）第 39 期，1938 年 12 月 17 日。

④ 王受真作，顾颉刚署名：《再论"为什么要把新酒装在旧瓶里"》，《民众周报》第 1 卷第 6 期，1936 年 11 月 6 日。

⑤ 王奇：《谈通俗读物》，《顾颉刚全集·顾颉刚日记》卷六，中华书局 2011 年版，第 259 页。

"地摊"。这两种形式简单便利,受众针对普通大众,而且这些读物的价格都非常低廉。在北平,"随处看见无数的'地摊',摆着成堆的旧读物,有的还在旁边竖了一面木牌,题着各书的名字,以便吸收读者"①,王受真指出,仅从西单到西四,一段短短的路程两旁就有二十几处地摊,整个北平大约有二百多处。至于行贩则更为普遍到每条小胡同中,"做这种生意的,除掉专营的人以外,大部分是糖贩和杂物贩兼营着。他们每日串着小胡同,不但售卖,并且出租。这一来,旧读物便一部一部的跑到每个住户的家里去了,又大群下层民众所聚会的茶馆也兼营租阅书籍的生意"②。王受真计算,四五页厚薄的旧通俗读物,学古堂一块钱可买三百三十本,三块钱买一千本(据调查旧读物的成本每千本起码两元七八毛),若以此为基准粗略计算,一毛钱可买三十三本之多,这些旧读物经过小商贩一层层抽利后最后到民众手中也顶多三四大枚一本罢了。这些书店为什么把价格定这么低,一是民众购买力弱,二是原来像宝文堂、学古堂根本不靠批发旧式读物挣钱,它们的主营业务是卖字帖尺牍以及私塾教本③,对书店而言,这些是为招揽书贩而搭售的附带营业。因此王受真感慨,"五四以来新文化运动,所以没有深入到劳苦大众的圈子里,不仅因为它没有利用民间文艺形式,更重要的是它没有利用旧的发行网,和适应群众购买力定价低廉这个重要因素。"④因此要是不与这些老店合作推广发行,编刊社的读物很难销到底层民众手里。

其实小摊小贩的招揽兜售还只是一个充分而非必要条件,不是小摊贩兜售的每一本通俗读物民众都会去买,民众要买的是合乎自己口味的东西。大概而言,由于知识不多,民众只能接受粗浅的东西,冗长故事直看得昏昏欲睡,有图有画,才方便接受。即便他们翻书的方式也与读书人不同,"用手指甲刮着书边"⑤。王日蔚(即王受真)在《一个洋

---

① 王受真:《为什么要把新酒装在旧瓶里》,《通俗读物论文集》,生活书店 1938 年版,第 15 页。

② 王受真:《为什么要把新酒装在酒瓶里》,《通俗读物论文集》,生活书店 1938 年版,第 15 页。

③ 王受真作,顾颉刚署名:《再论"为什么要把新酒装在酒瓶里"》,《民众周报》第 1 卷第 6 期,1936 年 11 月 6 日。

④ 王真(王受真):《记顾颉刚先生领导下的通俗读物编刊社》,《顾颉刚先生学行录》,中华书局 2006 年版,第 110 页。

⑤ 读者通讯之"沁阳来信"。《民众周报》第 2 卷第 2 期,1937 年 1 月 8 日。

车夫口中的廿五年通俗文化运动》借一位拔高了的洋车夫之口说,看旧式读物《小寡妇哭五更》,看多了无聊没意思,看新式读物全是新名词。有的读物定价太高,书店卖的都是少爷小姐看的书,看旧太无聊,看新无适合读物,简直令人气闷。王日蔚说他写完这篇文章,"我的脸上汗已成滴了。唉!我们什么时候写这样文章才能眉飞色舞,而不用手巾擦脸呢!"[①]

顾颉刚后来总结,兜售读物的内容一定要是他们多少懂得或听见过或感兴趣的,"凡是名目使他们茫然的,都销不动",顾颉刚举例,喜峰口、卢沟桥是他们知道的地名,又是他们知道的战事所在,因此描写这类故事的读物他们愿意买,相反,像《哭朝鲜》《阎应元》"在他们脑筋里生疏得很,那就不大问津了"[②]。因此就能理解为何编刊社刊印的文艺作品名字多以"新"冠名,如《新孟姜女寻夫》《新贤人劝夫》《新王二姐思夫》《新小寡妇上坟》,描写新疆的作品为《新西游记》。民众喜欢听戏,于是就在翻印的旧剧剧本后面附上一段新鼓词,让其在无意的消遣中得到教化。何况民众不仅仅只有识字的需要,他们看画的热情恐怕总会高过阅读的兴致,因此顾颉刚也有意运用连环图画的方式大量印行通俗作品,如《武训兴学》《兴儿苦斗成功史》,"都是上边文字下边图画",这些作品交由天津杨柳青专印年画的铺子印,每种都能印十万张。从发行销售和创作两面看,这都是不得不如此的必然。当时有人总结,民众需要的读物有六个要求:是通俗的白话文;是图画故事和演艺小说;写作合乎艺术而富有兴趣;切合民众实际生活经验和阅读程度;对于农工生活社会国家有切实的帮助;定价特别低廉。[③] 从顾颉刚的实践来看,这话确实有理,就编刊社论,读物要有销量必须满足三个条件,缺一不可:一是必须与老牌旧书店联络,借用它们的销售管道进行发行;二是直接联系书店与民众之间的书贾尤其重要[④],在日本人压力下,正

① 《民众周报》第2卷第1期,1937年1月1日。

② 顾颉刚:《顾颉刚全集·宝树园文存》卷三,中华书局2011年版,第267页。

③ 黄兢白:《民众最需要的那种出版物》,《出版周刊》新139号,1935年7月27日。

④ 李一非1934年8月4日致顾颉刚信:"合作并无多少麻烦,只须有人善用书贾力量便绝对是有益无损。"(《顾颉刚全集·顾颉刚书信集》卷二,中华书局2011年版,第219页。)

式书店和书摊不敢公开经售,商贩在街头摆摊和沿街叫卖显得颇为重要①;三是一定要考虑民众的口味。

民众并非如顾颉刚所言,没有求知的兴趣,只是读书人的传播方式不得法。王受真用斩钉截铁的语气回答,"不!决不!他们能接受,只是知识的传播没有给他们,没有适当的方法传达给他们",使得民众虽然处于现代社会,和现代的机器接触,"但他却还是一副古时的旧头脑"。金利书店办不下去,顾颉刚明白,"北平打磨场是小书的总汇,各县各乡的摊贩来平批发的都到那边去,其中有几家已是百余年的老店了。我们为求摊贩的光顾,也开了一个小铺子在那边,在玻璃窗上张挂得叫他们注意;然而他们只管向几家老铺子去,不向我们这边来。可见我们要做这件事业,必得费长期的力量去挣扎,在一二年之内是没法踌躇满意的"②。这是销售没有摸着门道所致,民众是不会有闲情逸致在玻璃橱窗下徘徊踯躅的。后来通俗读物编刊社与这些旧书店联手,借助它们的力量来发行,如编刊社所出《宋哲元大战喜峰口》《五百大刀队》《爱国英雄李晓英》,老二酉堂、泰山堂都有翻印,并且将有些书名改为《血战长城记》,这样改装后发行量颇为可观。就1934年一年,老二酉堂卖出四十万,泰山堂卖出三十万,销量如此广,据最下层的行贩反馈,全是因为"内容新又能说能唱"。这说明编刊社既要利用旧的发行渠道,又必须采取"旧瓶装新酒"的策略。当时编刊社在《民众周报》打广告,"本社新出版大鼓词1、新西游记、二分2、新小寡妇哭五更、二分3、有眼的瞎子、二分4、白面鬼、二分5、大闹赵家楼、二分、总批发处:北平打磨厂学古堂"③。客观来说,利用这些老牌书店销售比编刊社本身的营销要好得多。

从1938年后的情况看,编刊社不止与老牌书店合作,起先是与它们联手,后来再自己代销、翻印、制作,等摸清门路,有了经验后也与救亡团体和新式书店合作。生活书店发售、通俗读物编刊社编的"新刊抗战书词",广告介绍为"这套书词的编撰,目的在提供各地茶馆酒肆,街

---

① 王煦华编:《顾颉刚先生学行录》,中华书局2006年版,第115页。
② 顾颉刚:《顾颉刚全集·顾颉刚书信集》卷三,中华书局2011年版,第13页。
③《民众周报》第1卷第9期,1936年11月27日。

头巷尾,难民场所,伤兵医院中的说书之用。内容故事完全以抗战为中心,深入浅出,十分动人。可以说是各地救亡同志的一套最适用的宣传材料。通俗读物编刊社的主持者为顾颉刚先生,所以本书词内容的充实是不待言的。每册二分,陆续出版"。该丛书的内容多与抗战有关,或表彰抗战业绩,或鞭挞败类行径。借助生活书店广泛的发行网络予以发售①。具体介绍如下:

血战卢沟桥　战平郊　大战天津卫　飞将军空中大战　阳明堡火烧飞机场　郝梦麟抗敌殉国　活捉白坚武　抗战歌谣　新式小调　国难十二月　抗日英雄苗可秀　大战平型关　抗日十杯茶　丁方上前线　好洋鬼子　张千躲飞机　王大鼻子闹戏园　新花鼓　张子青诱敌　火烧石头寨　张仰贤大战百灵庙　大闹王家庄　窦尔敦破案　蒋委员长告国民　新马寡妇开店　枪毙韩复榘　各地生活书店发售②。

这份不完全名单③中的大部分作品亦由各地通俗读物编刊社作为"乙种丛书"出版。核对学者刘龙心的统计资料,譬如《新马寡妇开店》由武昌通俗读物编刊社列入"乙种丛书新刊第 24 种",于 1938 年出版。④ 另外编刊社还将读物分为甲乙两种,甲种为纯文字的出版物,乙种用图画文字对照排版,"内容注重激发民族意识,提高抗敌情绪",甲种如《马秀才训子》《海上人头案》《清官断》《小白龙大战台儿庄》《取涿州》《飞将军万里东征》等,乙种如《张德胜出院探母》《张翠娥乔装杀敌》

---

① 据《通俗读物论文集》版权页说明,生活书店的发行范围计有汉口、广州、重庆、香港、西安、长沙、成都、梧州、桂林、贵阳、昆明、兰州、宜昌、万县、衡阳、吉安、天水、南郑、南昌、上海、金华、丽水、常德、沅陵。

② 《通俗读物论文集》封底广告,生活书店 1938 年版。

③ 当事人王真回忆:"为了扩大抗日宣传事业,38 年初,社从西安搬到武汉。武汉出的小册子,现在一本也找不到了,仅能在上述《通俗读物论文集》一书的广告上看到一部分书目……"所幸南京大学文学院藏有《通俗读物论文集》一书。王真(王受真):《记顾颉刚先生领导下的通俗读物编刊社》,《顾颉刚先生学行录》,中华书局 2006 年版,第 111 页。

④ 刘龙心:《通俗读物编刊社与战时历史书写(1933—1940)》,《"中央研究院"近代史研究所集刊》第 64 期,2009 年 6 月,第 132—133 页。刘龙心说:"但除少数定期发行的刊物之外,各种当年销售量极广的小册子、大鼓书和书刊,已极难看到。"刘龙心的资料来源从征引书目看,《(唱本 190 册)大鼓段词——小寡妇上坟》《(杂腔唱本)十杯茶、王二姐思夫、马寡妇开店、新出改良十杯酒、新出花鼓词》来自"东京大学东洋文化研究所藏汉籍善本全文影像资料库"。

《夜取三义砦》①，标举为"工农士兵难民儿童的好读物"。

编刊社自己发行的小册子，据王真回忆能查到的有四十六种，除抗日救国外还有卫生、科学、生产知识等普及读物，如《打虎》《可怕的苍蝇》《雷公电母》。② 除与这些书店打交道外，顾颉刚还与一些出版机构联系。1935年1月，编刊社与天津聚文山房订合作契约，将编刊社的印刷推销业务委托对方办理。顾还想与中华书局合作印刷《民众周报》以提高印刷质量，因为北平恶劣的印刷质量已经影响到读者阅读。为了合作，顾开给中华书局的条件可谓不差，他将《民众周报》直接订户四千完全出让③，还附订购费一千五百元，要求是希望中华书局不要加价，防止出现民众买不起的情况。顾颉刚在致中华书局信中表示："素仰贵店热心文化运动，兹特附上周报样本十一期各一份，祈指正。望能双方合作，为大众文化而努力也。"然中华书局负责人舒新城的回复不啻给顾颉刚浇了一瓢冷水，"照现在纸价，谁都不能办。恐怕是纸无办法，不是印刷问题。我局根本不要此类东西，决退还。新城。"④家大业大的中华书局恐怕不需要靠出版《民众周报》来盈利，何况出版此种通俗性读物也没法盈利。从顾颉刚的观察看，除了发行销售这些技术性问题外，还有民间艺人的积习问题亦阻碍民众读物的推广，编刊社自己出版的唱本请民间艺人试唱，试唱的意思是看其是否顺口，若不顺，则改过，改后希望艺人将修改的唱本送回，然而民间艺人囿于积习，怕影响自己的地位与生意，而不愿送回，顾说"他们受了'独占秘本'的毒太深，此事绝对不能实现"，使得必须训练自己的一班人方能使事成。

顾颉刚和编刊社同人与各种出版机构合作，一来是为扩大影响力，二来编刊社经费短缺，单独承印大批量的出版物感觉困难。因为编刊社最初的发起经费只是燕大教职员工的捐助，没有固定经费运作，不可

---

① 《通俗读物论文集》封底广告，生活书店1938年版。

② 王真(王受真)：《记顾颉刚先生领导下的通俗读物编刊社》，《顾颉刚先生学行录》，中华书局2006年版，第107页。

③ 四千的订阅量是很好的业绩。纪彬在《为本刊革新敬告读者》中写道："本刊发行，至今只有三个月零两礼拜，而常年直接订阅，已达四千六百余户，零售二千余份。像这样一个小型刊物，在短短的期间，竟有这样大的销路，已可证明'旧瓶装新酒'的创作方法，是很合乎通俗文化运动的客观需要的。"《民众周报》第2卷第4期，1937年1月22日。

④ 顾颉刚：《顾颉刚全集·顾颉刚书信集》卷三，中华书局2011年版，第72页。

长久维持。虽然编刊社销售了不少通俗读物,但有一个问题是,编刊社编辑读物的成本高过销售价格,发行越多亏损越大,何况很多通俗读物就是半买半送,甚至直接送人,根本没存靠此盈利的想法,也不可能盈利①。要想维持机构的正常运转,必须不断往里面贴钱。作为编刊社灵魂人物的顾颉刚实际上做的是既赔本也赚不到吆喝的志业。顾颉刚是在迎难而上,逆水行舟,支持顾颉刚撑下去的动力是他的信念,路径是他依靠个人关系的四处筹款,而筹款是说来容易做来难。

作为主事人的顾颉刚不得不时常为经费而发愁,经费问题在顾颉刚的笔下时有体现,"予私人津贴倪嬿夫妇,已感力竭,因请其为通俗读物社办事,兼修饰投稿。此事亦彼之自己事也"②。郑倪嬿夫妇经常为编刊社的刊物撰稿,所以顾有津贴一事。"昨夜履安为道通俗读物编刊社经济来源已竭,此后难以维持情况,所言甚是。予以课忙,不能即向各处捐款。"③他给教育部部长王世杰写信请政府予以救济,顾颉刚在信中详细说明了编刊社的具体社务,颇可见出顾的细致与热心以及做事的不易:编辑方面,拟聘任写作者三人,绘图者二人,其薪金约二百元;印刷方面,唱本、剧本每种约三十元,月出十种,为三百元,图画每帧约四十元,月出十帧为四百元;发行方面,在闹市设立小肆,月需经常费六十元:合共九百六十元。他请求王世杰若是每月能津贴国币二百元,则社务基础可以稳固。王世杰表示对"唱本极表赞同,惟谓须改名,因拟名曰'民众读物编刊社',并草章程,以便正式请款"④。王世杰资助顾颉刚多少钱,从顾颉刚 1935 年 8 月 19 日日记所记可一目了然:"得教育部批,通俗读物编刊社仍继续月领壹百元,外给一次印刷费五百元。"但顾感觉自己并非王世杰的"嫡系",且宣传抗战也不是王世杰所愿为之事,"故虽有社会教育经费,亦不可期其慷慨相助"。顾颉刚不奢望只在

① 据编刊社社员回忆,"编刊社的经济状况很困难,经费来源少,书刊售价低。社长不要工资和报酬,工作人员是低薪制。工作时写和画的作品,不另发稿费。到绥远时,更是艰苦支撑,不发工资了。发行方面,受到各地爱国进步人士的大力支持。"王煦华编:《顾颉刚先生学行录》,中华书局 2006 年版,第 115 页。中国第二历史档案馆藏有多封顾颉刚上呈教育部要求请款的信,可见经费是大问题。
② 顾颉刚:《顾颉刚全集·顾颉刚日记》卷三,中华书局 2011 年版,第 121 页。
③ 顾颉刚:《顾颉刚全集·顾颉刚日记》卷三,中华书局 2011 年版,第 123 页。
④ 顾颉刚:《顾颉刚全集·顾颉刚日记》卷三,中华书局 2011 年版,第 92 页。

一处讨经费,除向教育部王世杰求助外,他还向时任交通部长的朱家骅请款,朱家骅的根基其实是在中央党部方面,他很赏识顾颉刚,而且在中山大学时期,朱家骅对顾颉刚就很器重与照顾。当朱家骅看了顾颉刚携带的出版物,认为顾是"民族英雄"①,表示支持。1936 年 7 月中央党部决议补助编刊社二万元,后国民党对顾颉刚有所怀疑,结束补助。1937 年 1 月 15 日,顾颉刚又谋得孙科支持,孙科答应"允助通俗读物社每月五百元"②。实际上,编刊社直到 1936 年夏才得到固定补助,使得一部分人得以专门从事编刊工作。

从顾颉刚的日记看他多次记录了向政府党部求助的信息。除向官方求助外,还有经常性的团体或私人募捐活动,但不过是杯水车薪。对通俗读物的普及与推广甚为热心、实际也是《民众周报》主编的徐炳昶,愿意"捐助数百元",顾颉刚"甚喜得此同调"③。为了筹款,顾颉刚尽量想办法动用同学朋友关系活动,而且他也很注意其他同行对编刊社动向的关注。他只要听说有谁对编刊社进行经济援助,虽然还没变成现实,他都为之一振,1934 年 2 月 2 日日记写道:"通俗读物社书如能由百城书店印,则此后社中只消担任编辑费即可,省得多矣。"1934 年 7 月 28 日:"大公报馆经理胡政之先生甚肯代销通俗读物,小本经记处经理卓君庸先生亦然,前途甚有望。"跑来跑去,顾颉刚就是在为编刊社筹钱,筹钱的背后又是山头林立,如果平衡不好,补助款就没了。《大众知识》的停刊,顾颉刚就怀疑是陈立夫、陈果夫捣鬼,借攻击顾来打倒朱家骅,"起潜叔猜,此次禹贡之不幸事件乃二陈方面所鼓动,盖打倒予即所以打倒朱骝先也。故此次之事(禹贡学会英庚款补助停发事——引者注),乃与《大众知识》《民众周报》之事,为一条线之工作。此猜想亦颇有可能性。"④后来顾颉刚总结经验,办好通俗读物编刊社就是要有钱有势,有钱便好办事,有势则是要与政治势力交结,例如编刊社的读物能够销售到绥远,是因为读物歌颂宋哲元的抗日功绩,得其保护,才畅然

① 顾潮编著:《顾颉刚年谱》(增订本),中华书局 2011 年版,第 277 页。
② 顾颉刚:《顾颉刚全集·顾颉刚日记》卷三,中华书局 2011 年版,第 579 页。
③ 顾颉刚:《顾颉刚全集·顾颉刚日记》卷三,中华书局 2011 年版,第 92 页。
④ 顾颉刚:《顾颉刚全集·顾颉刚日记》卷三,中华书局 2011 年版,第 658—659 页。

无阻,仅靠一个人单打独斗势必终至没落。同时他又为自己无钱无势居然能办成事颇为自得,"在北平,太天真了,想到就干,没有钱也干,也居然干成了几件事。可是,政府和党部的压力来了,使我知道要做事便不能和政治脱离关系。"①实际而言,顾颉刚想做的这项志业很难,难做有三,钱、人、政治。无钱如无米之炊;虽有人但各怀心思,人心不齐,难得劲往一处使;不管是朱家骅、王世杰还是孙科、蔡元培等各样关系,要想做点事,还得参与实际政治,最好跟对人。从顾颉刚的遭遇看,他从情感上倾向朱家骅,实际也与朱家骅牵扯很深,朱的文稿不少就由顾颉刚起草。50年代思想改造中,要顾颉刚老实交代的三个人(胡适、鲁迅、朱家骅),朱家骅就是其中之一,在国民党派系斗争激烈的环境下,顾颉刚难免成为别人攻击朱家骅的口实,这或许也是他四处奔走筹钱的代价。

顾颉刚利用个人关系频频与国民政府高层人士进行请款救助,即便如此,编刊社的经济状况也是只见输血不见造血,编刊社本来就不是一个严密的、以牟利为目的的出版机构,而且受到相当大的政治生存压力,据当事人郭敬回忆,编刊社是在"极力保密"的情况下生存,"机关不能挂牌子,出书不能登广告,用居民住宅的名义报户口、安电话。书上不能印社址、通讯处和代售店,有时印上也是虚设的"②,起初并不公开,后来才向中央党部和教育部立案,但因一直处于日本人压力下,其艰难可想而知。此处就不得不提宋哲元、傅作义对编刊社工作一定程度的政治默许与支持。顾颉刚与此二位无论于公于私都形成了良好的互动。1936年10月22日,顾颉刚还邀请宋哲元到燕大说明时局情况。当日本人要求冀察当局干涉编刊社工作时,"当局告以此皆国立大学教授,我们只管省立市立各校,无权过问。即此可知宋氏确有抗日之心也"③。绥远省主席傅作义对顾颉刚的帮助亦不少,当日本人逮捕他时,"是日傅作义嘱移通俗社至绥远"。傅作义还原定将民众教育馆作为通俗读物编刊社新的办公地点④。于此可知,顾颉刚对宋、傅二位的好感,

① 顾颉刚:《顾颉刚全集·顾颉刚书信集》卷三,中华书局 2011 年版,第 162—163 页。
② 王煦华编:《顾颉刚先生学行录》,中华书局 2006 年版,第 115 页。
③ 顾颉刚:《顾颉刚全集·顾颉刚日记》卷三,中华书局 2011 年版,第 543 页。
④ 顾颉刚:《顾颉刚全集·顾颉刚日记》卷三,中华书局 2011 年版,第 669 页。

最大的原因是二者抗日，此时声名颇盛，将其抗日活动编入鼓词，民众也易于感奋与支持。而宋、傅二位实际主官对顾颉刚的政治支持也显得颇为重要。

为了做好发行与销售，顾颉刚时常盘旋于政界、商界、文化界。顾颉刚日记中记载的各式各类饭局便是明证。顾颉刚异常忙碌，分身乏术，单凭他一个人筹款所得毕竟有限。顾颉刚说他一生最忙的时间就是1936年至1937年之间，"这是十余年中所少有的忙"，他常常感叹"我真太忙了"。他为什么这样忙，无外乎四点：作文、教书、办事、交际。他列了一份表，标题就是"我的忙"，将其分成三大部分：

1. 学术生涯：燕大教授（北大讲师）上课及编讲义和课外指导、禹贡学会和《燕京年报》编辑及校对、《史学年报》作文、燕大图书馆购书委员、哈佛燕京社委员及编书；

2. 社会服务：通俗读物编刊社主任、技术观摩社社长、引得校印所董事、黎明中学董事、朴社和景山书社总干事；

3. 名誉职：中央研究院通信研究员、北平研究院史学研究会会员、故宫博物院理事、北平图书馆购书委员会委员、商务印书馆大学丛书会委员。①

虽说顾颉刚在1947年表达了他从1931年起民众教育与边疆工作这两件大事就"永远占据了我的心"的信念，但落实到现实层面，他总是处于心有余而力不足的境地，一个典型的例子是顾颉刚撰写的谈通俗读物以及激发青年学生精神意志的文章绝大多数都是他人代写完成②。他本可以发挥更大的热量，但好大喜功、求多求全的性格也误了他。从顾颉刚的四处奔忙中，我们可以理清一个认识误区，即顾颉刚并不等于通俗读物编刊社。毫无疑问，顾颉刚在编刊社是一位笼罩性人物，虽然平时顾颉刚并不在社内办公，"实际上编刊社是在他的领导和支持下才能存在"③，我们也应该看到其他做了大量具体工作的人，如王受真、李

---

① 顾颉刚：《顾颉刚全集·顾颉刚日记》卷三，中华书局2011年版，第204页。
② 还有一层原因是顾颉刚的名声大，署其名可扩大影响力。
③ 王煦华编：《顾颉刚先生学行录》，中华书局2006年版，第115页。

一非等人。后来编刊社四处转移,先是北平,进而绥远、太原、西安、汉口、重庆,辗转迁移,摇摇欲坠,顾颉刚与编刊社并没有同进退,是因为他已经自顾不暇,只能鞭长莫及。

与此同时,顾颉刚专注通俗文艺的行为得到了各方的注意,据顾颉刚自己讲,从1933年到1937年间,他们总计出版通俗读物大约六百种,共印了五千万本,别人翻印的与图画还不算在内,数量可谓惊人。好友朱自清日记里记载,"颉刚之热心民众文学,亦可敬之至"①。编刊社同人办的《民众周报》,抗日色彩"太浓厚",又把主张抗日的冯玉祥诗文刊入,触犯日本人,"于昨日由上海捕房到梧州路福州路两处开明书店查抄,取去万余册,将在特区法院起诉。此亦意料中事也"。(1937年5月19日日记)而清华大学女生唐必安因为"携《大众知识》一类之刊物进城,曾被拘留盘问约三小时"②。国民党怀疑顾颉刚有左倾的嫌疑,鼓词《大战平型关》指为"异党铁证"③,老友傅斯年说他是"中年失节"④。环聚顾颉刚周围的青年,亦造"顾颉刚左倾""顾颉刚为共党包围"之谣言于路,所以顾颉刚发出"怜才成大累,负谤已难支"的感叹。事实上,说顾颉刚有左倾倾向并非谣言,因为编刊社中部分工作人员如王受真、赵纪彬、李一非的确是共产党员⑤。顾颉刚并非不知编刊社同人有共产党身份者,但这些具有共产党身份的同仁,无疑是顾颉刚编辑发行通俗读物的左膀右臂,出力甚大,这也无须讳言。以李一非论,从

---

① 朱乔森编:《朱自清全集》第九卷,江苏教育出版社1997年版,第255页。
② 潘乃穆、潘乃和编:《潘光旦日记》,群言出版社2014年版,第4页。
③ 顾颉刚:《顾颉刚全集·宝树园文存》卷四,中华书局2011年版,第409页。
④ 此话出自顾颉刚1937年3月18日日记:"宾四告予,孟真谓予'中年失节',予之苦心不能得人谅解如此,'爱国即犯罪',信矣"。傅斯年这话的意思是顾颉刚有左倾倾向。顾颉刚办通俗文艺读物,与下层百姓接触,启蒙民众,傅斯年用"失节"形容他。在《傅斯年遗札》中收录傅斯年1937年1月20日写给张荫麟的信,信中谈到首都南京"议论颉刚兄则有之"。至于议论的内容,1936年12月31日顾颉刚记载傅斯年跟他讲的内容可供参考:傅斯年到北平一星期,说听到讲顾颉刚坏话的人至少三十人,北大、清华各占一半,"大家除谈西安事变外,第二就讲到我,大致谓思想左倾及为共产党包围等"。傅斯年的政治立场是不认同共产主义,所以在信里有这样一句没有指名的话:"然北平学界殊不可一概论。若干人士全有背后之组织,受人之指挥,明日抗日,实则全则对内,明日爱国,实则浅愤(按:原文如此),此则不可为训耳。"(社会科学文献出版社2014年版,第586页。)顾颉刚记傅斯年"中年失节"这句话,应该可信,傅斯年会有这个意思。
⑤ 其中王受真在1930年李立三"左"倾路线时期被开除党籍。相关情况见魏县地方志编纂委员会编:《魏县志》,方志出版社2003年版,第1146页。

1933 年 1 月 1 日至 1937 年 12 月 31 日这段时间内,李一非出现在顾颉刚日记的次数粗略统计为 113 次。顾颉刚记日记有一个特点,就是过从甚密之人,他在日记中反而很少详细记载所为何事,只约略提及,但从前后语境看,顾颉刚与李一非往来密切,时常一起拜访各色人等,绝大多数是为通俗读物事业。从顾颉刚的书信、日记看,李一非办事颇为活络,为顾颉刚出谋划策不少。

顾颉刚如此重视发行销售,与他所持理念有关系。他主张知识分子"到民间去",实际接触民众,让民众看得见、摸得着,真正感受知识的力量。他对"放落书包,到民间去"的华丽口号相当反感,在《贡献给今日的青年》一文中他再次重申到民间去的不彻底,"这个口号喊了十余年了,但只见乡村里的人民'到都会去',哪见有都会里的青年到乡村去的。大家羡慕高车驷马的虚荣,大家沉沦金迷纸醉的肉欲,大家榨取乡村的血汗来满足自己高贵的生活标准。结果,弄得到处农村破产,直使残存的人民重度一万年前初民的生涯,浑浑如鹿豕,而都会也成了病态的繁华,只待数十年后之同归于尽。"这样下去,就是别人不来灭亡中国,也会自己把自己灭绝,他呼吁青年从小处做起,到乡村去做根本的救国之计,"大家从小地方做起,使这一个小地方的人民都能识字和明白世界大势,练习做公民;更使这一个小地方的田园能加增生产,慢慢儿富庶起来"①,不要空言救国,要下"死功夫"去唤起民众做有效抵抗的工作,将一点一滴的小努力汇聚成汹涌澎湃的大潮流。顾认为通俗读物应该是"继续五四以来新文化运动的启蒙主义精神,用通俗的口调,把革命的科学思想,贯彻到下层民众的心中,代替《宣讲拾遗》《济公传》一类陈腐读物,来教育国民的杂志和书籍的总名称",这样的通俗读物,"在中国文化运动史上,算是一种独创的作风,它在内容上是十数年来

---

① 《中学生》第 21 期,1932 年 1 月 1 日。这篇文章给了侯仁之精神上的鼓舞。侯仁之回忆,"那正是'九一八事变'发生后的那个学年,我校同学最初在爱国热情的激动下所掀起的抗日救亡宣传以及自愿组织的军事训练,为时不久就被反动政府压制下去。沮丧的心情,无以自拔。幸而在寒假中出版的《中学生》杂志一九三二年一月号上,我看到了一组标题是《贡献给今日青年》的文章,其中有一篇以满腔热情勉励青年'不要空谈救国',要'到民间去','要把自己的脊梁竖起来,真正去唤醒民众'。文末的署名就是顾颉刚。同期《中学生》还有一篇宋佩韦所写的'东北事变之历史的解答',又使我对日本帝国主义之侵略东北获得了比较深刻的认识。于是个人的心情也稍稍安定下来,同时也体会到历史研究的重要性。"顾潮编:《顾颉刚学记》,生活·读书·新知三联书店 2002 年版,第 334 页。

新文化运动的承继与发展,在方法上是过去文化运动失败中的教训所产生的新形态,在效力上是直接教育民众唤醒民众的进步的新工具,在价值上可为中国文学史留下'别树一帜'的新派别,在意义上可成中国民族解放运动中的一个新动力",接受如此标准熏陶的民众才能成为"新国之公民"①,"弟之野心,欲使中国上层阶级因此刊(指《禹贡半月刊》——引者注)而认识中国,又欲使中国下层阶级因通俗读物而知道自己是中国人"②。因此顾颉刚积极倡导"旧瓶新酒论"的通俗文艺主张,希望以此为切口将知识传递给普通大众,虽然在短期内也取得了较为可观的实绩,然在与实际的碰撞中,旧形式与新内容之间依然存在夹生饭的情况。虽然说顾颉刚这些行为暗合了 30 年代知识分子提倡的"新启蒙运动"③思潮,但启蒙仍是有限。

若从个体角度评价顾颉刚的事功,可以说顾颉刚不太关心宏大的理论命题,他的救国与启蒙虽借助政治的力量,但不过是借"势"而起,政治实用色彩还是较少,史学家、读书人的底色使之只想实实在在多做一些实事,不喧闹,少争辩,以行动来启蒙。简洁而言,顾颉刚利用所学施展救国救民抱负,在通俗文艺方面狠下功夫,发挥书生报国的大义,顾颉刚参与领导编刊社是读书人激励民气、培养民众的现代国民意识的表现,是"义"的选择,而非"利"的考量,更何况他本人有一种"吾曹不出,如天下苍生何"的英雄气④。这在当时不止他一人有此想法,胡适聚合一批人办《独立评论》,傅斯年写《东北史纲》,钱穆撰《国史大纲》,都是如此。

假如我们放宽视野去追溯顾颉刚的学术思想理念,不难发现,顾颉刚始终关注"人",关注普通民众,无论是歌谣研究,还是妙峰山的实地考察,都可约略窥见。因为顾颉刚始终认为新文化运动对底层民众的启蒙实在太少,顾颉刚深切地看到了新文化运动的不足。例如重改造

---

① 王真代作,顾颉刚署名:《通俗读物的时代使命与创作方法》,《民众周报》创刊号,1936 年 10 月 2 日。
② 顾颉刚:《顾颉刚全集·顾颉刚书信集》卷一,中华书局 2011 年版,第 92 页。
③ 张申府《什么是新启蒙运动》:"五四时代的启蒙运动,实在不够深入,不够广泛,不够批判。在深入上,在广泛上,在批判上,今日的新启蒙运动都需要多进几步。"《月报》第 1 卷第 7 期,1937 年 7 月 15 日。
④ 顾颉刚 1943 年给《田家半月报》信中写道:"环顾社会,有事业心者曾有几人?以中国之大,处境之危,而淬厉奋发反不如微末,大家所集中以求者,是吃饭问题,赚钱问题耳,我辈不出,如苍生何! ……"《田家半月报》第 11 卷 7、8 两期合刊,1944 年 4 月 1 日。

社会而轻忽学问,重集会发宣言而缺乏扎实干事的沉潜精神,重知识观念的引导而忽略实际的民众需求,使接近民众沦为一句漂亮的空话,态度不免轻浮。因此他总想从理论到实践将五四新文化运动来一次贯彻,不再与民众隔膜。恰好在 30 年代国难当头的时代环境下,民族存亡成为时代主题。在此背景下顾颉刚以及他领导的通俗读物编刊社大规模编印通俗文艺读物,目的是提振民众的国民意识、普及现代知识与思想观念,让其成为真正的"新民"。这便是顾颉刚放下学术研究、倡导通俗文艺之意义所在。

回头来看,从顾颉刚 1929 年加盟燕京大学到 1937 年离开北平,这 8 年时间是顾颉刚做学问干事业的黄金时期,大块文章写出来,专业杂志办得有声有色,通俗文化事业也做得风生水起,自此以后顾颉刚再未有如此的黄金岁月。等到顾颉刚离开文化中心北平后,他发现研究历史所需的资料再没有先前那样容易获取,他不禁在对学生谭其骧的回复中抒发了无限惜别之感:

> 一离开北平,历史材料即有无从接触之苦,虽是大学林立,而依然文献无征;回过头来看北平,这地方实在太可爱了!可是,北平呀,你肯永远让我们爱吗?你能永远受我们的爱吗?几年来,几月来,自从四十万年前的"北京人"头骨起,以及仰韶陶器,商周甲骨钟鼎石鼓,汉代竹木简,晋唐经卷书画,宋元图籍,明清档案,直到近数年的社会调查,眼看它装箱上车,盈千累万地南迁了,这个文化中心是被拆散了!唉,想不到当我们这世——历史观念极发达,历史学者日众多,而《中国通史》的创作渐有希望的时候——里竟对你唱起挽歌来了!我们真不知自己犯了什么罪,会受到这样惨痛的精神上的刑罚!在这时候所幻造的慰藉,便是将来有一天,上帝遣巫阳下来招你的魂,那时你再生了,我们赶快脱下白衣冠穿了吉服来贺你,并且贺我们自己,彼此痛痛快快地享受那久别重逢的乐趣。[①]

枪炮声不断,他知道他要走了,等他再回来,一切都变了。

---

① 《通讯一束(35)编者按》,《禹贡半月刊》第 4 卷第 7 期,1935 年 12 月 1 日。

第五章　漂泊与坚守

第一节　西北考察

顾颉刚在北平办通俗读物编刊社,做救国救民的事业,在下层民众中宣传民族意识,久已被日本特务人员所注意,北平势必待不下去了。"在京闻孟和先生言,日人名捕之单,张申府列第一,予列第二。谢谢日本人,把我擢了高第!"关于此事,目前还没有找到日本方面的通缉名单,只是顾颉刚日记里记了好几条类似消息。1937 年 7 月 21 日晚六时五十分,顾颉刚乘坐平绥路车离开北平,到绥远,继而至南京,苏州,1937 年 8 月 21 日顾颉刚收到管理中英庚款董事会来电,嘱咐前往甘宁青考察教育,"颇喜有此长征机会,是亦求学也。拟应之"。9 月 3 日顾颉刚到中英庚款董事会商定西北考察事宜,9 月 29 日顾颉刚飞抵兰州。

1933 年成立的管理中英庚款董事会由中英双方各出数人予以管理,彼时的董事长为朱家骅,总干事为杭立武,有补助甘肃、青海、宁夏、绥远四省教育费每年二十万的提议,除了聘请顾颉刚为补助设计西北教育设计委员外,还有陶孟和、王文俊、戴乐仁三人,杭立武在南京与他们商定考察时间为三个月,旅费五千元。此时的顾颉刚也没有更好的去处,便接受这样的名义前往西北考察,未曾想塞翁失马焉知非福,这次考察成了顾颉刚人生中足兹纪念的一页,在"平淡之生命中激荡此拍案波澜,实为最可纪念之一章矣"[1],因为顾颉刚认为研究西北不啻填补

---

[1] 顾颉刚:《顾颉刚全集·宝树园文存》卷四,中华书局 2011 年版,第 408 页。

空白,有很重要的现实意义,"西北为我辈建功立业之地。尽有工作可做,不似蓉渝诸处之但为衣食。他年如无家累,有人让弟放手做去,弟甚有卷土重来之野心。但今日则谈不到耳。"①从顾颉刚的自述来看,西北考察的大背景是日寇抓捕他,情势急迫,不得不觅栖身之所。

实际上顾颉刚赴西北考察之前,就与边疆问题有文字、人事因缘。1925 年顾颉刚以"坚铭"之名在第九期《猛进》杂志发表《我们应当欢迎蒙古人》。因为是谈政治问题,所以顾颉刚隐去了真名。这篇文章是顾颉刚注意边疆问题的开始。该文从蒙古人进京参拜班禅说起,写了他们服饰的肮脏、知识的愚昧,大家误以为他们是劣等民族,但顾颉刚发现他们信仰的纯粹、精神上的吃苦耐劳远非汉族人可比,汉族人身上"是懒惰,是乖巧,是贪小利,是无信仰心,是混日子于打牌与吸鸦片之中!"值得注意的是这篇文章里顾颉刚承认当时国内有五族,除了汉族外其他民族都没有什么文化与智识,过着游牧渔猎的生活,反而葆有了新鲜强健的血液和身体,认为有这样一个"堂兄弟"值得我们珍视。顾颉刚承认汉族的智识与文化高于其他民族,民族之间存在不平等,这一点他后来在谈边疆问题的文章里完全修改了。

格于现实的忧患("日侵东北,俄携外蒙,英寇康藏,法窥滇边"②),实际上边疆问题就是政治问题,在这个问题上,有识之士认为国民政府应予以严重关切,但长期的疏远、忽视、轻视,使得政府有限的措施也是鞭长莫及,口惠而实不至,导致对边疆问题不甚了了。因此顾颉刚以为既然没有实际工作的技能,那就做一个戏园中开戏前敲锣打鼓的"乐手",尽好鼓吹之责是完全可以的。这鼓吹就是研究。顾颉刚往往感叹日本人侵略中国总是提前做好功课,而我们却对自己的边疆不甚了解,感觉羞愧难当,也是学术上的"奇辱大耻"③。因此顾颉刚在燕京大学教授"中国古代地理沿革史",其目的为"俾国人悉知古今疆域赢缩,种族混合之由来,藉以兴起其复兴民族之向望"④。顾颉刚组织边疆问题研

---

① 顾颉刚 1942 年 2 月 11 日致丁山信。苏州市档案馆藏,档号:I5—1—209。

②《中国边疆》一书的广告宣传语。《禹贡半月刊》,第 5 卷第 12 期,1936 年 8 月 16 日。

③ 顾颉刚:《顾颉刚全集·顾颉刚书信集》卷三,中华书局 2011 年版,第 103 页。

④ 顾颉刚:《顾颉刚全集·顾颉刚书信集》卷三,中华书局 2011 年版,第 6 页。

究会,办《禹贡半月刊》,扩大地理沿革范围,讨论东北、西北、蒙藏等问题。查当时的《禹贡半月刊》策划了不少边疆史地研究专号,如"回教与回族专号"(1936年第5卷第11期)、"东北研究专号"(1936年第6卷第3、4合期)、"康藏专号"(1937年第6卷第12期)、"南洋研究专号"(1937年第6卷第8、9合期)、"察绥专号"(1937年第7卷第8、9合期)、"回教专号"(1937年第7卷第4期),内容都十分丰富而专业,显示出强烈的学术救国情怀。以"回教专号"而言,顾颉刚发表了《回汉问题和目前应有的文化工作》《回教的文化运动》。前一文指出当时回汉间的隔膜和纠纷是清代愚民政策种下的恶果,而不是由于信仰和生活习惯方面的原因。顾颉刚认为回汉是亲密无间的一家人,回族有着悠久的历史与文化,目下应该在文化方面真正做一些研究的工作。比如在大学里面开办回族语言文字方面的学系,大力襄助回族人士自办学校比如北平成达师范学校,整理研究回族的经典文献,组织大规模的回族文化研究学会等。这些工作虽有所开展,不过国家与社会的支持还远远不够,所以顾颉刚在《回教的文化运动》中呼吁,希望国家与社会对于回教的文化运动能够有"真挚的认识和实际的补助"。

只要随手翻开《禹贡半月刊》,除了精彩纷呈的专号,其他边疆地理方面的文章也很容易看到,像孟森《旅行松花江日记》、袁复礼《新疆之哈萨克民族》、齐思和《民族与种族》、王日蔚《绥远旅行记》、侯仁之《旅程日记》等等。这些文章的刊发显然与顾颉刚的大力提倡有莫大之关系。应该说国是危机日趋严重,很多人的确认识到边疆研究的重要,看当时的一些杂志的刊名,如《蒙古前途》《新蒙古月刊》《边事研究》《伊斯兰青年》《成师校刊》《西北向导》《西北论衡》《开发西北》《蒙藏旬刊》《突崛》《川边季刊》《康藏前锋》以及出版的专书《中国回教史研究》《中国边疆》便可知边疆问题渐渐被国人重视起来了。一方面学人热心推动边疆史地研究,一方面当时的国民政府教育部建立健全边疆教育管理部门,制定相关法规条文来推动边疆教育发展[1]。因此顾颉刚研究边疆问题,既是他敏锐的学术嗅觉和济世情怀之体现,又和国民政府的大力提

---

① 相关详细论述可参考广少奎《重振与衰变:南京国民政府教育部研究》,山东教育出版社2008年版。

倡有关。

1936年1月2日顾颉刚写的《禹贡学会研究边疆学之旨趣》很明确地说明当今并非承平之世,学术一定要致用。值此强邻环伺、国土瓜分之际,民族边疆问题显得日趋重要,也越发显得之前的研究不够不足。更让人不忍直视的是中国的边疆史地研究还要参考外国,"吾人苟欲认识自己之边疆问题,已不得不借材于外国,是岂非大可耻之事乎? 是岂非大可怵目而伤心之事乎?"在这篇文字里顾颉刚专辟一节谈日本学者之中国研究①可谓其来有自,实际上顾颉刚的意思是日本的政治家很知道用史地教育作为爱国教育的工具,用心"周且密"②,而反观自己的国家,因政治不安定,生活无保障,研究他国之事暂且不提,既对于自身研究之成绩亦不多见,"世未有于其田园院舍经界不明而能尽其保守之责者,亦未有于其国家之版图茫无所知而能发动其正确之爱国观念者"③。他引用契丹太祖的话说:"汉人对我国一无所知,而我于中国则知之甚悉。"顾颉刚感于此种状况,大有奋起直追之意。他所设想的研究计划约略而言有三点:1. 搜集材料与提出问题。如失地如何可收复,危疆如何可保全,族类如何可融洽,宗教如何可共荣,政制如何可统一,资源如何可尽利。若想解决这些政治问题,必须把史地之背景弄明白,史地明则政治问题便得其解决之端。2. 训练调查人才。边地保存着珍贵的学术材料,但现代都会青年大多麇集都市,边疆又因交通不利,环境艰苦,人情莫不好逸恶劳,不愿远足。边地值得开发,开发并非空谈,需要专业长才,必须切实训练调查人才,掌握专业技能如方言、测量、地质、生物等专业知识。3. 奖励边疆研究。在大学里面设立边疆学研究奖学金,鼓励青年学子,虽然数额并不多,但引领榜样作用则是巨大的。

顾颉刚在《本会此后三年中工作计画》一文中拟了很全面的研究计划,他将之分为甲、乙两类。甲类为旅行调查。其目的是顾颉刚想鼓动

---

① 钱穆在书中写日本文化侵略分子"常至琉璃厂、隆福寺,各大旧书肆,访问北平各大学教授购书情形,熟悉诸教授治学所偏好,以备一旦不时之需。其处心积虑之深细无不至,可惊,亦可叹"。钱穆:《八十忆双亲·师友杂忆》,生活·读书·新知三联书店2005年版,第166页。
② 顾颉刚:《本会此后三年中工作计画》,《禹贡半月刊》第7卷第1、2、3合期,1937年4月16日。
③ 顾颉刚:《本会此后三年中工作计画》,《禹贡半月刊》第7卷第1、2、3合期,1937年4月16日。

大家远游的兴趣,改变只在书斋中坐坐怕出门的习惯,值此强敌虎视眈眈之时,让大家意识到荒塞的边疆值得大力重视和开发,"我们要把我们的祖先努力开发的土地算一个总账,合法地承受这份我们国民所应当享有的遗产,永不忘记在邻邦暴力压迫或欺骗分化下所被夺的是自己的家业。"①研究边疆问题更是需要实地考察。顾颉刚拟了三条路线,从考古、民族、宗教三方面调查研究。第一条从大同出发,西至托克托县,经伊克昭盟之准格尔旗、达拉特旗,转南入东胜县,历郡王旗、札萨克旗、乌审旗,而达榆林,复沿长城西至宁夏定远营,归途由灵武而至西安。第二条从皋兰沿着湟水西至西宁,循青海北岸西达都兰,归途由西宁南经塔尔寺到贵德,东循黄河至循化,再经夏河、临夏二县而返皋兰。第三条由皋兰出发,经甘新大道,绕民勤、居延两县到达敦煌。顾颉刚将调查分为西北民族感情之考察、西北教育之考察、西北经济状况之考察、边族宗教之研究、边陲统治阶级世系之研究、古迹图及古物谱之编制、边族文字之搜求、边族歌谣故事之探集、边陲碑铭雕刻之摩拓等方面。其实禹贡学会在 1936 年 7 月就开始作西北考察,学会会员李荣芳、张维华、侯仁之、蒙思明、张玮瑛组织河套水利调查团,到绥远、包头、河北新村、五原、临河等地考察古代河套与中国之关系以及农垦、兵屯、移民等问题。学会会员张维华、冯家昇、陈增敏、侯仁之往怀安考察汉代五鹿充圹中的漆、绣等物②。

乙类为编辑与研究。主要编辑定期期刊和编译边疆探险记丛书、编纂地名索引、绘制沿革地理图和专题研究。专题研究又分历代正史地理志之校订与注释、中国内部各族之研究、历代北部边防之研究、边陲民族史之研究。这些分类说明可谓十分翔实,而且工作量巨大,非吃苦耐劳有相当学养者不易完成也。关于这篇工作计划的写作,顾颉刚1937 年 3 月 10 日日记记载,"修改《三年中计划》付印",很可能《本会此后三年中工作计画》一文是他人所写,参考吸收了禹贡学会同仁的意见,顾颉刚最后修改排印。不过这完全可以代表顾颉刚的意思,如果从

① 顾颉刚:《纪念辞》,《禹贡半月刊》第 7 卷第 1、2、3 合期,1937 年 4 月 16 日。
② 顾颉刚:《本会三年来工作略述》,《禹贡半月刊》第 7 卷第 1、2、3 合期,1937 年 4 月 16 日。

第五章　漂泊与坚守

顾颉刚后来的西北考察足迹看，真仿佛一切都如他所想，他规划的旅行计划和他实际走的路程大多吻合，他的西北之行表面是被日本人通缉不得不走，其实有着内在的必然。顾颉刚想着用坚实的努力来实现学术救国的目的，用"公忠的心胸"，"微薄的能力"①，一点一滴的勤勉工作来实现民族复兴的大任。这一走实在是开辟了顾颉刚人生的新天地，此时的他是一个社会活动家，是一个教育家。

顾颉刚对西北考察行迹写有专门的《西北考察日记》，日记起始时间是 1937 年 4 月 12 日，终于 1938 年 11 月 8 日。但 1937 年 4 月到 9 月大抵是准备缓冲时期，顾颉刚到西安是 1937 年 9 月 23 日，之后一路向西，他所考察的县市总共 19 个，跨越甘肃、青海二省，分别是兰州、临洮、康乐、渭源、陇西、漳县、岷县、临潭、卓尼、夏河、永靖、和政、宁定、洮沙、永登、乐都、西宁、民和。一直到 1938 年 10 月往昆明，西北之行才告结束，历时一年左右。顾颉刚此番考察颇为深入，加之时间较长，所见所闻相当丰富，也颇沉重，对于爱好旅行的顾颉刚而言，此行又一次把志业与爱好统一起来了。

顾颉刚发现西北边地除了有丰富的资源、善良的民众而外，还有严重的民族矛盾、落后的教育、贫弱的经济等一系列连带及之的问题，且这些问题交互错综，亟需解决。早在 1931 年顾颉刚到河北、河南等地进行学术考察的时候，就发现内地"文盲遍地，怠惰自安，任人宰割"，而且鸦片、白面、梅毒遍地，顾颉刚说这样子下去"纵不亡国，亦且灭种"②，而甘青等地这些问题会显得更严重，生活在农村中的广大民众居住条件极差，卫生条件极差，"家家有毛坑，处处是苍蝇的孕育所，人到那里，它们就跟到那里，吃一顿饭便须和苍蝇作一次的斗争，你如果嫌菜里汤里煮熟了它们是吃不得的，那你只可不吃饭"。民众没有基本的医学常识，顾颉刚发现同母异父的兄弟姊妹之间通婚生下一些有问题的孩子。顾颉刚举例说像天花、麻风、霍乱、猩红热、脑膜炎、疟疾、痢疾、鼠疫导致死人太多，连棺木都买不到。"他们终年不洗面，终生不洗澡"，"小孩

---

① 顾颉刚：《纪念辞》，《禹贡半月刊》第 7 卷第 1、2、3 合期，1937 年 4 月 16 日。
② 顾颉刚：《顾颉刚全集·顾颉刚书信集》卷三，中华书局 2011 年版，第 1 页。

们终年拖鼻涕,滴到嘴边就连涎吞下去",令人触目惊心。

在这些政府权力辐射不到的地方,外国势力乘虚而入,积小为大,暗中经营,其潜在势力令人望之可怕。顾颉刚感叹国势日衰,老年人唉声叹气,年轻人暴跳如雷,做实际工作的人却不多,而外国势力正润物无声地慢慢渗透进来。顾颉刚甚至带着一丝佩服说,我们年轻人做农村工作往往不深入,嚷一下喊几声就回城了,农民对之印象不深,时过境迁更是完全记不得。而外国传教士,"他们一声不响,埋头苦干,一生只在某几个城乡里住着,不求名,不求利,往不求来,施不求报,把我们边地的民众的心都吸引住了,他要他们怎么样时就可怎么样了。相较之下,我们只会喊口号的青年岂不愧死!"①这些传教士给民众施医施药施教,"假施仁惠"②,取得了民众的信任和拥护,"以致老百姓们只记住他们而忘记了自己的国家,就是打官司也不到县政府而到教堂"③。民众觉得教堂真能保护他们,便把自己的田产都交托给他们。于是这些教堂势力越来越大,不啻是独立王国,有土有人有枪,无论教育、政治还是经济都自我独立,外人休想插手。

这些传教士来到藏民区或回民区根本无法传教,因此传教士的工作就是调查和联络,实行分化和怀柔,哪怕边民不识字,家中却"独有藏文之基督教《圣经》散粘窗壁间",顾颉刚觉得如果不赶紧下手,从思想文化处作细密工作,长此以往恐怕"国非其国,民非其民"。④ 如果非要拈出西北考察给顾颉刚印象最深的三点,恐怕除了民众的普遍的贫穷无识和一触即发的民族矛盾,第三就是传教士的渗透能力。因此顾颉刚给杭立武的私信讲到得办教育灌输国家观念、团结意识,使得各族认识到自己是一个整然的有机体,本固而根生,枝繁而叶茂:

> 刚等经历各县,见有极好之天然富源,而本地人曾无开发之能力,则觉其有职业教育之需要;见有极强烈之种族、宗教成见,一触发即成祸乱,而本地人曾无消弭之方术,则觉其有社会教育之需

① 顾颉刚:《顾颉刚全集·宝树园文存》卷六,中华书局 2011 年版,第 286 页。
② 顾颉刚:《顾颉刚全集·顾颉刚书信集》卷三,中华书局 2011 年版,第 103 页。
③ 顾颉刚:《悼念段绳武先生》,《协导》第 64、65 合期,1942 年 7 月 13 日。
④ 顾颉刚:《顾颉刚全集·顾颉刚书信集》卷三,中华书局 2011 年版,第 95 页。

要;见一县之中能任小学教师者绝少,又困于资力不能向外县聘请教员,则觉其有师范教育之需要;见一县之中无一女子小学,而本地人礼教观念过深,不肯令女儿入普通小学,致使全县女子无一能有受教育之权利,则觉其有女子教育之需要。①

解决的办法首先是教育,种种教育的实施则有轻重缓急之别,并非短期可以完成。中英庚款西北教育委员会与临洮教育局合办小学教员寒假讲习会,讲习会会长由顾颉刚担任。之所以训练小学教员,在于民众文化素质太低,若直接上手既不好操作,效果也并不理想。因此顾颉刚所想的是应该在文化人与民众之间找一个中间人,这个中间人在知识上能接受现代政治训练,了解名词术语,懂得国家观念,又要与民众打成一片,知道民众的喜怒哀乐,有能力去唤醒他们,小学教员便是不二人选,"欲训练民众,动员民众,则训练小学教师其首要也"②"他们最能胜任唤起农村民众的工作"③。这个讲习会所讲内容有农村经济、国防教育及战时地方自治、物理、化学、健康教育、保甲制度、农业常识、教育通论、国防地理、农田水利、防疫常识、日本现状、军事常识、边疆问题、中国资源与抗战前途等,都是切用的偏于常识性的知识普及。讲习会于1938年1月8日举行开学典礼,时间为三个星期,听讲学员报到者有一百五十余人。顾颉刚主讲边疆问题以及召集社会教育讨论会。他的日记简要记录了一些上课的相关情况:

> 1938年1月21日,晚得兰州中上教员寒假训练团朱(主席)葛(教厅长)两团长来电,嘱即返兰,谓有事待商,想系教课事,予于此实不能为力,盖在临洮训练小学教员,犹敢讲边疆问题,若对中上教员亦复言此,则予尚未有此自信力也。

> 1938年1月23日,上边疆问题一堂,讲帝国主义国家觊觎我边疆的事实与方法。

> 1938年1月24日,上边疆问题一堂,讲种族与民族的分别。

---

① 顾颉刚:《顾颉刚全集·顾颉刚书信集》卷三,中华书局2011年版,第90页。
② 顾颉刚:《西北考察日记》(二续),《文讯》第6卷第6期新6号,1946年9月15日。
③ 吴世昌:《抗战期中农村工作的新途径》,《西北论衡》第6卷第4期,1938年2月28日。

1938 年 1 月 25 日,上边疆问题一堂,讲调协边民之方策。预备下午功课。(略)

1938 年 1 月 26 日,上精神讲话一堂,讲予研究史学经过。上边疆问题一堂,讲新疆,西藏之国际关系。

1938 年 1 月 30 日,今日除夕,不料竟在甘肃临洮度之。妇女心头有冤苦者,多在门前沿街痛哭,且烧纸与亡者。予苦不能哭,而精神亦萧瑟甚,不及八时即就眠矣。

讲习会之所以在临洮办,乃临洮教育相对发达,即便如此,城内也仅有初级中学及简易师范,没有高级中学。对于讲习会的开办,当地人士颇为兴奋与热烈,认为是"数万年来未有之盛举",学员上课很积极,天还没亮便到校,至晚上九时才结束,"精神贯注,虽极劳顿而无倦容"①。从出发点看办讲习会固然好,顾颉刚说如果善为培植,将来必能结出硕果,可是事随人迁,人一走事就散,关键是没有持久培植的土壤,一粒小小种子如何能开出花结出果。

顾颉刚对边疆教育有过深入思考,边地地域广大,各族杂居,风俗习惯、语言文字都有不同,教育决不能一概而论、闭门造车,必得因地制宜,把边地民众的想法作为出发点,何况边地民众向来与内地隔膜,以致成见甚深,如果不充分考虑边地民众的需要,而只管把东西一股脑儿灌输给他们,这种填鸭式的揠苗助长的教育做得好是"不生根的草,做得坏那竟是漫山遍野放了一把恶火"。顾颉刚常举传教士为例,说他们为了达到目的,入乡随俗,显得一派真心认同的样子,如果真想把边疆教育做好,顾颉刚主张一是"旧酒纯化论",发扬光大边疆文化中的优秀因子。二是"旧瓶装新酒",这一主张与他在北平办通俗读物编刊社一样,充分利用固有的语言文字和信仰习惯,将其赋予新意义、新内涵。

除了通过教育对民众普及常识而外,顾颉刚还不断写文章强调"中华民族是一个"的观点。顾颉刚发表于 1939 年 2 月 13 日《益世报·边疆周刊》上的《中华民族是一个》这篇引起争议的文章中,他认为清季民初以来常常说的五族共和其实有很大的误导嫌疑,因为文化的发展是

① 顾颉刚:《顾颉刚全集·顾颉刚书信集》卷三,中华书局 2011 年版,第 77 页。

你中有我我中有你,互相吸收互相融贯,就以汉族而论,其文化也是汉人与非汉人共同创造的,并不能说成是汉人的文化,只可说成是"中华民族的文化",因此如果不明此理去谈民族、种族这样的名词会引起望文生义附会的嫌疑,给了帝国主义可乘之机,行分裂之实。顾颉刚郑重强调,"中国之内决没有五大民族和许多小民族,中国人也没有分为若干种族的必要(因为种族以血统为主,而中国人的血统错综万状,已没有单纯的血统可言)"。如果非要划分,倒是可说中国有三大文化集团:汉文化集团,回文化集团,藏文化集团。"中华民族是浑然一体,既不能用种族来分,也不必用文化来分",早已不分彼此、不分轩轾。顾颉刚在文末呼吁慎用"民族"这个词:"在我们中国的历史里,只有民族的伟大胸怀而没有种族的狭隘观念!我们只有一个中华民族,而且久已有了这个中华民族!我们要逐渐消除国内各种各族的界限,但我们仍尊重人民的信仰自由和各地原有的风俗习惯!我们从今以后要绝对郑重使用'民族'二字,我们对内没有什么民族之分,对外只有一个中华民族!"

顾颉刚这番论述特别强调不懂民族、种族等词汇的具体含义而误用乱用导致民族歧见纷呈,致使帝国主义有可乘之机,趁火打劫,制造事端。但有的人依然不明白,还制造出类似"中国本部"这样的恶性名词,让人产生隔阂之感。假如民众不懂也就罢了,但糊涂的学者们还不耐烦去仔细研究,学了些新鲜名词赶时髦,中了帝国主义分化我们的圈套,用这些名词误导民众,是可忍孰不可忍,"民族,民族,世界上多少罪恶假汝之名以行!这是我们全国人民所万不能容忍的。"①顾颉刚 1941年 2 月 27 日所写《中国边疆学会宣言》中指出当务之急是让民众知晓,"中华民国境界之内惟有一中华民族,凡言某种某族者非历史之陈迹即敌国之阴谋,此心理之建设。首当倡导者也"②。实际上顾颉刚对"中国本部"的认识也是有一个过程的,在他 1923 年出版的《现代初中教科书本国史》第一编第三节"构成中国历史的诸民族"说到"华族"就用了"中国本部"一词,到了 30 年代帝国主义日深一日的侵略之下,顾颉刚才意

---

① 顾颉刚:《中华民族是一个》,《益世报·边疆周刊》第 9 期,1939 年 2 月 13 日。
② 顾颉刚:《顾颉刚全集·宝树园文存》卷一,中华书局 2011 年版,第 50 页。

识这个词不方便使用了。

综计顾颉刚在 1939 年前后发表的谈边疆问题的文章,他所指的边疆是指察、绥、宁、青、康、黔,其与内地的差异主要在于地理环境和生活文化。其文章的立脚点是从现实需要出发,着眼于政治的统一而多谈和少讲异。这引起一位自称苗族人的"鲁格夫尔"的讽刺,说学究顾颉刚"大唱特唱同源论",他认为同源不同源并不是最重要的,重要的是应该给予实际的平等权利①。历史学家吕思勉在他的著作中不点名地表达不能因为现实而不顾及历史事实,"殊不知历史是历史,现局是现局。不论何国、何族,在以往,谁没有经过斗争来?现在谁还在这里算陈账?若虑挑起恶感,而于以往之事,多所顾忌而不敢谈,则全部历史,都只好拉杂摧烧之了"②。这很明显是不认同顾颉刚的说法。

顾颉刚的说法更引出了社会学家费孝通的商榷文章《关于民族问题的讨论》,此文刊登在 1939 年 5 月 1 日《益世报·边疆周刊》。该文指出并没有必要讳言中国境内存在着不同的文化、语言、体质的团体,他们在长期存续期间产生了混合,可是这些混合并不一定在政治上会发生统一,他们依然会保留他们的差异性,即便讲政治的统一也不能牺牲抹平他们的差异性。"文化、语言、体质相同的人民不必是属于一个国家",既然顾颉刚还承认目前国内各种各族的界限,那这客观的界限实际就是主观分化的结果,这些分歧也便成为社会分化的根据。费孝通批评顾颉刚谈政治的统一而一定要求其在文化、语言、体质方面寻求同一的想法即使不是不着要点,徒劳无功,也是有"迂阔"的嫌疑。

费孝通认为如果要谋求政治上的统一,不一定是消除各种各族的界限,而是消除因界限引起的政治上的不平等。更重要的是,费孝通指出顾颉刚未免太相信口号标语的力量,谋求国家的统一并不是打倒几个名词就能做到,顾先生是"把名词的作用看得太重,犯着巫术信仰的嫌疑",费孝通认为当务之急是从事实上认识边疆,才能拯救边疆危机。顾颉刚在费孝通之后又写了《续论"中华民族是一个"答费孝通先生》

① 《益世报·边疆周刊》第 21 期,1939 年 5 月 15 日。
② 吕思勉:《中国文化常识》,天地出版社 2019 年版,第 90 页。

（刊 1939 年 5 月 8 日第 20 期《益世报·边疆周刊》[①]）、《续论"中华民族是一个"答费孝通先生(续)》(刊 1939 年 5 月 29 日第 23 期《益世报·边疆周刊》[②])。文章中虽然有些微地方有所调整，但仍不改其为了政治统一而坚持中华民族是一个的观点，因为那些意思和想法在顾颉刚心中已经盘桓了好多年。翦伯赞在 1940 年第 6 卷第 1 期《中苏文化》杂志发表文章《论中华民族与民族主义——读顾颉刚续论"中华民族是一个"以后》严厉批评顾颉刚，认为顾颉刚提"中华民族是一个"的观点不对，指出顾颉刚对于民族问题的理解犯了一些"极幼稚的错误"，在民族与民族意识、民族与国家、种族与民族、民族混合与民族消灭等理解上都存在问题。翦伯赞的批评可以说很有道理，不过翦伯赞似乎没有看到顾颉刚这样提法的政治用意。顾颉刚对翦伯赞的文章没有任何回应。

时至今日看这场笔墨论战，从学理上讲费孝通很有道理，费孝通坚持的是学者实事求是认真研究的态度，顾颉刚所论不无偏颇甚至是破绽，这是顾颉刚拳拳爱国之心涌动心间不得不言所导致的，照理讲这并不是他熟悉的领域，完全是现实需求大于学术的表现。但也有必要细想一下，史学家顾颉刚在谈民族问题的时候强调只有文化差异而没有血统之别的论述是有很明显的疏漏，他自己应该清楚，想必为了现实而如此表白外，实际也有来自官方高层的支持。1941 年 6 月 1 日在重庆成立的中国边疆学会成立大会上，教育部代表郭莲峰用很肯定的语气说，边疆与内地同胞并非种族与血统的隔阂，现阶段是不同文化的对立。郭莲峰的讲话其实就是国民政府对边疆的态度，顾颉刚如此说，也是顺着官家口径说罢了[③]。

所以顾颉刚在《续论"中华民族是一个"答费孝通先生》中提醒费孝通，作为社会学者研究边疆问题、民族问题当然没问题，但最好不要在文章中提及"苗民族""瑶民族"，免得引起误会，陷国家于破碎之地，到时候惹得帝国主义在一旁"拍掌大笑"。这在费孝通看来或许是小题大

---

① 《顾颉刚全集》此处记载的报纸出刊时间有误。
② 《顾颉刚全集》所收版本与原刊对校有很大的文字差异。
③ 雪心：《中国边疆学会成立大会素描》，《蒙藏月刊》第 1 卷第 13、14 合刊，1941 年 6 月。

做,在顾颉刚看来足以使国家分崩离析。作为史家的顾颉刚还想着创作一部新式中国通史,不专以汉族为本位,而以中华民族全体活动为中心,用平等的眼光记载各民族的历史事实,"凡是共同享有的光荣,和被迫分受的耻辱,都应当详细抒写,而摒去一切的私怨"。[①] 可是难度很大,并非朝夕可成,并非凭一己之力可就。

顾颉刚游历西北九个月,如果说从 1937 年 7 月 21 日离开北平算起,到 1938 年 10 月 22 日抵昆明,顾颉刚游历的省份有绥远、山西、河南、江苏、陕西、甘肃、青海、四川、云南等,漂泊了小半个中国。西北漫游给顾颉刚产生了难以磨灭的印象,即民众过得如此之惨、如此之苦,而无良法美意去改变现状。顾颉刚发现如果想振兴地方,使得汉蒙回藏熔铸成一个国族,他发现自己的力量实在太渺茫。而且边地人民因为历史因素、现实处境,本身矛盾重重,错综复杂,理顺而解决不是一两个读书人所能胜任。如果想要边地有所起色得打组合拳,既要有基础教育的投入,民族宗教矛盾的妥善化解,也要有经济方面的因地制宜、发展民生。有的县份如甘肃漳县,顾颉刚考察下来发现民众如此之穷,其实并非谋生无术,"漳水流域,沟洫纵横,树木茂盛,土地肥沃,谁说漳县贫且苦哉!"顾颉刚在日记里写道,"只要开辟几条大路,推广盐的销路,开发煤矿,劝导畜牧,则自可立成富庶也"。

顾颉刚他们无论有多少的规划、多少的打算,如果国民政府不进行大规模持续投入,不改变那种差别对待的样子,边地发展的最终结果不过是换汤不换药湿湿地面而已,边民就会永远是那种愚而贫、贫而私的模样。但顾颉刚这个人的性格是有血性有干劲,不管结果怎样,他必定先是埋头做工,能做一点是一点。因为他永远忘不了在甘肃临潭考察的时候,有一位诚朴的老人手撮两块冰糖塞到顾颉刚嘴里,老人将其认作政府官员,说道,"委员,你吃了这块糖,替我们好好办个学校"[②]。看到老人淳朴而天真的样子,稍微有一点同情心的人都会为之心绪难平!何况是顾颉刚,这一幕让顾颉刚为之下泪的场景使得他心中时时回想起农民的

① 顾颉刚:《如何可使中华民族团结起来》,《西北文化》创刊号,1947 年 5 月 15 日。
② 顾颉刚:《顾颉刚全集·宝树园文存》卷四,中华书局 2011 年版,第 207 页。

苦难生活,于是他便将个人之"侘傺寡欢"置于一边,仿效北平办通俗读物的方法,接过在河套垦殖、一力苦干、不幸死去的好友段绳武的接力棒,努力干下去,不管窗外边闹得个天翻地覆,顾颉刚绝不正襟危坐、袖手旁观。

顾颉刚发现做边疆工作最重要的手段是设立职业训练班,因为他感觉边地民众需要接受各种实用切实的教育,比如公民、边疆史地、医药卫生、畜牧商业等教育。顾颉刚曾与国民参政会参议员马毅①合提过一个议案,中心意思是若想解决边疆与中原的文化差异、民族矛盾,首先还得从教育入手,从修改编辑教科书入手,这是传播民族疆域史常识最好的办法。

边地教育的落后实在令人惊讶,有人考察西北青海碾伯县的小学教育,发现三四年级学生用的国文修身教科书还是民国元年出版,校内悬挂的国旗还是五色旗,②因此"消除边胞团结之障碍,泯灭敌人煽拐之口实"实在任重道远。顾颉刚在自己主编的《文史杂志》1942年第2卷第2期上有一篇《认识西北与建设西北》的社论,不惮繁地呼吁有识之士都来建设西北边地,其中所举一例就是宁夏和浙江的教育比较,宁夏的面积几乎是浙江的三倍有余,但教育发达的程度仅及浙江的四十分之一,社论最后反问:"这是何等惊人的差距?"因此让中华民族成为一个有机体是一个长远目标,教科书的慎取抉择就十分重要,此时就得注意从统一的角度出发。用顾颉刚1938年12月19日在昆明《益世报》上创办的第一期《边疆周刊》发刊词来形容便是:"要使一般人对于自己的边疆得到些认识,要使学者们刻刻不忘我们的民族史和疆域史,要使企业家肯向边疆的生产事业投资,要使有志的青年敢到边疆去作冒险的考察,要把边疆的情势尽量贡献给政府而请政府确立边疆政府,更要促进边疆人民和内地同胞合作开发的运动,并共同抵御野心国家的侵略,直到中华民国的全部疆土笼罩在一个政权之下,边疆也成了中原而后歇手。"顾颉刚曾为成都中华基督教会的边疆服务团写过一首团歌,可以看明白顾颉刚的抱负,然而真要做成何其难也:

---

① 马毅曾在1939年5月7日昆明《益世报》发表《坚强"中华民族是一个"的信念》文章,认同顾颉刚的观点。

② 马鹤天:《西北考察记》,商务印书馆1936年版,第7页。

天何苍苍,野何茫茫,宇宙宽大容徜徉。以幕为屋,以酪为浆,到处都好作家乡。莫分中原与边疆,整个中华本一邦。施医为复健康,立学为造贤良,为民服务总该当。"天下一家,中国一人",孔墨遗训非虚诳。千山不隔,万里一堂,团结起来强更强。

第二节　从昆明到成都

为期约一年的西北考察结束后,顾颉刚在中英庚款董事会介绍之下前往昆明云南大学任教。在 1937 年底,云南大学校长熊庆来就想聘任顾颉刚为讲席教授,但那时顾颉刚与燕京大学没有把事情交办好,赴任便搁浅。但顾颉刚也没把话说绝,意思是以后若真去云南大学,希望能少教课,少会客,多一些研究时间,"以监禁方式施之于研究室,以充军方式施之于旅行考察"。果不其然,顾颉刚与云南缘分未断,大约十个月之后,顾颉刚到达了昆明。时间是 1938 年 10 月 22 日。他在昆明的居所为郊外之浪口村,此地距昆明城二十里,"盘龙江三面环之,危桥耸立,行者悚惶,雨后出门,泥潦逾尺,荒僻既甚,宾客既稀",①顾颉刚想着此一幽僻之地能好好将养身体,安安静静做学问。他对此乡居之地寄予厚望,"浪口系一小村,夜中寂甚,不独无人声,亦且不闻犬吠。如住此间尚不能将予神经衰弱治好,且不能写出几部书,则予今生无望矣"(1939 年 1 月 1 日日记)。顾颉刚有此想法,乃在于他之太忙,社会活动太多,致使其读书写文时间被挤压而久蓄心中想写几部大书的愿望越来越强烈,加上他自感年岁渐长(此时 46 岁),迁居浪口村不久顾颉刚便听到老友钱玄同因脑出血去世的消息,顾颉刚评价其"未尽其才,太觉可惜耳",这让顾颉刚潜意识里有一种紧迫感,加之顾颉刚身体也不太好,有"重重叠叠的病痛","失眠,痄疮,头痛,血升,心悸,跌伤左足,伤风咳嗽,鼻血,便秘,湿疹,疟疾,烂脚,腹泻,目涩,喉头炎",虽没有致命性疾病威胁,但对于读书人而言,失眠、头痛却是读书写文的大敌,因之顾颉刚对清静的浪口村充满了期待,希冀能养病写作两不误。

---

① 顾颉刚:《浪口村随笔》,《责善半月刊》创刊号,1940 年 3 月 16 日。

顾颉刚在浪口村居住八个月,此间写得"讲义十万言,笔记亦十万言"①,成绩似不坏。

顾颉刚在云南大学所教课程为上古史和经学史,上古史班学生 13 人,经学史班 10 人。他依然延续之前的习惯自编讲义,上古史部分顾颉刚采用单篇文章的形式用白话文风格撰述,正文部分不作繁琐考证,注释部分列出相关书籍以备参考,其目的是化繁为简,俾读者有所兴趣,"让一般没福享受高等教育的国民能看我们的正史,激起他们爱护民族文化的热忱"②,对于大学生而言,看了注释又可以去探讨学问。这样的文字总共是十一篇,附表两张。分别是《中国一般古人想象中的天和神》《商周间的神权政治》《德治的创立和德治学说的发展》《商王国的始末》《周人的崛起及其克商》《周室的封建及其属邦》《西周的王朝》《渐渐衰亡的周王国》《齐桓公的霸业》《秦与晋的崛起和晋文公的霸业》《楚庄王的霸业》。其中《楚庄王的霸业》并未写完。顾颉刚所以采用故事形式说史,一方面是他一贯写作方式的延续,另一方面也是因为避居乡下,资料无如北平时期好找好用,看他这数篇文章,其实只是根据相关资料的撮述,语言虽然是一贯的清通流畅,不过并没有多少发明,不及中山大学、燕京大学时期的有分量。大块文章或许不及往时写得顺心顺手,但顾颉刚却把读书笔记写得精彩纷呈,其学术价值不亚于长篇论文,若论其可读性更是超异前作。这些读书笔记中最有代表性的就是《浪口村随笔》。

顾颉刚写文章勤勉异常,有据可查写作读书笔记的时间当可追溯至 1914 年,如果算上早年买书而在书间的横涂批抹则更早,在顾颉刚 16 岁的时候,他便喜在书旁"旁加圈点以示欣赏"。综其一生来看,顾颉刚留下的读书笔记总字数在 550 万言,实为惊人。代表作《浪口村随笔》具有强烈的文体自觉意识。若果说之前的读书笔记还是一种读书辅助,《浪口村随笔》则是删其芜杂,存其精彩,每一篇都是一篇小论文,具有较为鲜明的问题意识和史料意识,而且语言很具可读性,有美文的

① 顾颉刚:《浪口村随笔序》,《浪口村随笔》,辽宁教育出版社 1998 年版。
② 顾颉刚:《商王国的始末》,《文史杂志》第 1 卷第 2 期,1941 年 3 月 1 日。

气息,用顾颉刚自己的话来讲,"文辞雅而能俗,谨而能肆,庄而能谐"(1964 年 5 月 9 日日记)。

《浪口村随笔》间或在《责善》半月刊上发表,以后十年之内顾颉刚多有增删,用顾颉刚的话说是"写于昆明,重理于成都,又续附于苏州",总共 122 则,凡十七万言。顾颉刚将其分为六卷:第一卷论地理,为民族史与边疆史之探讨;第二卷论制度,为周秦政治制度与社会制度之钩沉;第三卷为考名物,在论证过程中顾颉刚以今证古,用边疆证中原;卷四、卷五为评史事与谈文籍考订;卷六记边疆,顾颉刚将游历西北、西南之所见所闻记之于笔记。《浪口村随笔》已经展布了顾颉刚写笔记文字的才华,他还想将笔记文字继续写下去,打算假以时日再编四卷,分为制度、宗教、文艺、杂记,命之曰《浪口村续笔》,可惜终未出版。

中国古代有笔记的传统,《梦溪笔谈》《容斋随笔》《困学纪闻》都是优秀的笔记学著作,而顾颉刚心里最欣赏清人顾炎武的《日知录》,评价其"致广大而尽精微",其成就超越前作,尤其是顾炎武重实学、重游历的态度影响了顾颉刚。顾颉刚写读书笔记虽不能说一定超迈前人,但与天公试比高的心思颇为明显,他处处拿《日知录》为追膜对象,"《责善半月刊》上,每期登我《随笔》十条,如能继续不断,则五年之后可得千余条,亦算此生一著作矣。(检《日知录》,此书共一千条左右。)"(1940 年 4 月 10 日记)"《浪口村随笔》一口气写了六条,足供三期之用。近来每条可两千言,可作小论文看,比了正式作论文反谨严而有精彩,如能如此写上一千条,就是一部《日知录》了"(1941 年 3 月 21 日日记)他想在继承前人写作遗产的前提下别开生面,在写作原则上,顾颉刚"力屏浮词,惟寻实证,每记一事,随时加以修正补充"。顾颉刚在成都齐鲁大学与学生言读书笔记的好处,可以道出他对读书笔记的看法:

> 学者当先从笔记下手。笔记者,或长或短,悉如其分,不多衍一字,有简洁之美。其为文可以自抒心得,亦可以记录人言,其态度可以严肃,亦可以诙谐,随意挥洒,有如行云流水,一任天机。此学术界之小品文也。学者诚当求大成,勿自安于小品,然初学画者必以一山一石始,稍久,胸中具丘壑,然后渐进而为巨幅,事岂可以躐等。故为笔记既多,以之汇入论文,则论文充实矣,作论文既多,

以之灌于著作,则著作不朽矣。……是以学者之事,其最后标的固在大通,而个人修学,循序渐进,必先肆力乎一曲,此正所以为大通之试验、之练习、之准备也。……考据为下学,史观为上达。非下学无以奠其基,非上达无以发其用。……故下学而不上达者有之矣,才所限也;上达而不由下学,则无根之漂萍与一现之昙花,霎时觉其可喜,俄顷而消失耳。①

换言之,作为小品文一种之读书笔记既能记叙灵光乍现之一己灵感,又有简淡凝练言词之美,既有学问气,又有文人气。阅读的人既可以歪斜床头闲闲翻之,又能正襟危坐一字不漏,既可得学问、思想之愉悦,又可窥见作者炽热生命意识之跃动其间。《浪口村随笔》在赓续前人基础上,自然还有其独特之发挥。

顾颉刚在《武士与文士之蜕化》讲吾国古代之士皆为武士,自孔子殁后,门弟子渐渐倾向于内心修养而不以习武事为急务,羞言兵与戎,因此群趋于知识能力之获得,到了战国之际,攻伐尤烈,士之好武者亦不少,因此形成两大集团,文者为"儒",武者为"侠"。儒重名誉,侠重意气。自战国讫西汉,儒侠对立,泾渭分明。汉代统一已久,政府之力日强,厌侠者不雅驯,采取措施重文抑武,如此一来,儒显侠隐。侠之大者为国与民,近世秘密结社之帮会团体虽有侠之形,"第其人以武犯禁则有余,杀身成仁则不足,且上层分子加入者仅,与古代所谓'国士'与'都君子'者适反其道。至于掌握政权者皆由读书而来,肩不能担,背不能负,一旦失业更无他技可以自活,故贪污以起,皆借权势以资其储蓄,此孟子所谓'无恒产者无恒心'也。呜呼,观于士之演变之迹而吾民族强弱之理亦大可见矣!"顾颉刚在谈说之间能拿捏关键,他之一大本事是能抓住一堆乱麻,理出逻辑与思路,隐含现实关怀,很有欧阳修写《新五代史》的感觉了。

读书笔记贵在有史有论,观察的角度可以很小,所写的论题可以不大,但得有意义、有意思,二者得兼实不容易。有意义不能说一定让读者发人深省、拍案惊奇,但可以给读者提供了解古史的一个参考角度,

① 顾颉刚:《浪口村随笔》序言,辽宁教育出版社 1998 年版。

能够接着往下说，如《畿服》《职贡》《九鼎》《周道》《陆梁地》《"造舟为梁"》)。有意思就是在文字表述层面有着古代文人小品的风致，不干瘪，不生硬，有自家的体会。

坦率而言，《浪口村随笔》中某一些读书笔记有很严谨的论文样子，很明显是多次修改后的结果，顾颉刚修改的原则是"误者正之，阙者补之"，误者有改正的必要，阙者补之则未必是好事。这样的文字并非说它无价值，而是反复修改之后，文字是整饬了，可是少了些偶一为之、灵光一现的风致，把文章里那独一无二的"我"给汨没了，反而不像读书笔记。既为读书笔记，当然可以允许论述的不周延，若是和大块文章毫无二致，反而失去了读书笔记"轻骑兵"的特点。就以顾颉刚崇拜的顾炎武来说，《日知录》里既有很专门的读书笔记，也有抛开史料直言对历史心性的观察，换言之，顾炎武可以谈具体的历史，也能谈抽象的历史，既有读书的长札记，也有短文章。最大的区别可能是，顾颉刚相比顾炎武已经很会写学术社会形成后的专业论文了，他的《浪口村随笔》之有些"随笔"有了论文的气息，冲淡了小品随笔的闲散气质。好在这些篇什并不多，《浪口村随笔》的特点依然很明显，主要是以下两方面：

第一，考证与趣味的结合。《畿服》谈古代中国疆域问题，顾颉刚主要引用古书《禹贡》《周官》等作为论证基础，他认为古代经师志在解经，凡不通之处强为之弥缝，"作表面之涂泽而不计其内部之矛盾"，为了让《禹贡》和《周官》两书中的书法能两通，费心解释之下反而结矛盾分歧。顾颉刚在文章最后一段评价道，"试问夏衰土狭，殷汤制中国方三千里之界，见于何史？周公复唐、虞之旧域，又见于何史？而乃凿凿言之，如目睹然。至于殷代方千里者九，周公一出，顿化为方千里者四十九，以何武功而致斯突盛？其造伪史之果敢，诚使人舌挢而不能下矣！""舌挢而不能下"是顾颉刚第二次用到，第一次是1926年顾颉刚写《古史辨第一册自序》用过，他回忆自己在北大读书听胡适之讲中国哲学史，形容自己极为震惊的心情用的就是"舌挢而不能下"。这次再用当然是形容古人造伪史太过分、太大胆、太无稽罢了。《皇帝四至》感叹如果有人将古迹古物综合而考之，"则其矛盾支离之状将不可言"。笔记中的考证辨伪意识仍然很强烈，《晋文侵曹伐卫之故》谈史书的臆造，"足证其出愈后其所渲染者愈若近情;然而皆本后来之事以立说,则亦愈不可信也"。《乘龙》一文写司马迁著《史记》将《五帝德》中颛顼乘龙之语删去,是嫌其文不雅驯,顾颉刚评价不雅驯其实是古史的本相,因为古人知识未广,所以"以冥想作为神话,虽非真史实而不可谓非真想象。若去神话而谈古史,尤去嬉戏而谈儿童之生活也,乌乎可!"《尾生故事》虽不像孟姜女故事有连续大发展、大变化之样态,顾颉刚之所以钩沉尾生这一并不典型的样本,实"故事中之荦荦者",作一比较参考之证。此外像《驱兽作战》《刍狗》《鲤跳龙门》《兽骨书字》《饮器》《蜀中冢墓》《纸制冥器》《氐羌火葬》考证减弱,趣味大增,完全是那种随文敷义的样子。

第二,以实感入史。这方面的文字最有趣味,最是随笔的样子,也最能看出顾颉刚写文章的闲态和笃定。《夫妇避嫌》不到五百字篇幅,文章开首引用《淮南子》一句话,"邻之母死,往哭之;妻死而不泣,有所劫以然也。"高诱注,"嫌于情色。"顾颉刚就此写道,"夫妇,至亲也,死丧,至戚也,而古人避嫌一至于此,何其无情耶!"顾颉刚发现这条记载的问题,他由此联想到游历西北的见闻,认为此条记载并不能判定为虚诞。他曾经考察过蒙藏习俗,"彼地男女间极端自由,放牧牛羊于大自然中,随处可以交配;然夜栖帐幕,则男左女右,中隔以灶,其别至严,虽夫妇不得枕席。有乱此规则者,群哗笑之以为耻辱。故夫妇同居,亦必野合。此等违背自然之习尚大不可解,然正与古代不必要之避嫌若出一型耳"。顾颉刚从儒家典籍中发现不近人情的习俗存在,从他游历经历中证明此一不合情理的习俗之存在恐怕是儒家理想的表征,并不见得是稀罕事情。

阅读读书笔记,不能以论文的眼光去审查,如果有发明的意思自然更好,如果没有,意到笔随也是相当不错。假如能把意趣、意思以及实地观察完美结合,那是最好不过了。《"披发左衽"》用边地风俗证明古书中为何会有散发祖露左袖之状。《赘婿》《抛彩球》仍然用边地民俗证古书,这种论证形式显得鲜活生动,很具有可读性。《朱圉》一文考察《禹贡·导山章》"西倾、朱圉、鸟鼠,至于太华"一句中"朱圉"的确切方位以及名字来历。顾颉刚有感古书的语焉不详,他与学生王树民来到甘肃卓尼,实地观察朱圉,仍然不能确定,反而更增疑惑。顾颉刚认为洮水流域以前为羌狄所居,在秦长城之外,中原人士不易涉足此地,为什么西倾、积石、朱圉、鸟鼠这些山名都已经是汉名汉义,而且还显得雅。"抑原为土名之音译或义译,而经文人润色者耶?其故洵未易求。"

顾颉刚走的路多,闻见广泛,可以很自然把历史地理与人文风俗结合起来谈。这类文章最有代表性的是《"吹牛拍马"》。所谓逢迎夸大者咸谓之吹牛拍马,但一般人只解其意而不知其由来。顾颉刚浪迹甘青之间,发现当地有"吹牛皮""拍马"之习惯。"吹牛皮"指当地水急滩险,不易行船,然牛羊之皮颇为易得,且坚固耐用,浮而不沉,因此将其制作成袋子,进而连接成筏,筏有小有大,最小者为五张羊皮,大者数筏或数十筏连而为一,牛皮袋以百数,载重数千斤。将下水之时,舟人对着羊皮袋子之孔尽力吹气,紧缚其口,不至泄气,筏随波上下,不被水淹没。黄河两岸经营牛羊之筏的人颇多,当地人不耐人夸口时便说,"请你到黄河边上去罢!"也就是吹牛皮之意。水行为筏,陆行为骑,西北地区山道仄狭,不利行车,中产之家所蓄养马匹,视为第二生命,平常若牵马与人相遇,大家"恒互拍其马股曰:'好马!好马!'美其肥也。盖马肥则两股必隆起,拍其股所以表其欣赏赞叹之意,本无谄媚之嫌。逮相沿既久,平民见达官,贫农见富商,无论其马之肥否,率拍其股曰:'大人的好马!'遂流于奉承趋附之途矣。"《"吹牛拍马"》一文从大众习见的成语出发,探讨背后的出处来历,文辞雅洁简练,发人深省,出人意表。顾颉刚认为东南人士来到西北之地,若没有耳目亲见,是完全不能理会这种文化交流现象。这种以行万里路来证读万卷书的做法完全复活了他崇拜的顾炎武的读书做学问方法,"征实而不蹈虚"。

哪知没过多久,《浪口村随笔》没有写完,顾颉刚自感不适应乡间生活,昆明海拔又高,空气稀薄,生活条件太差,失眠症状并没有根本性好转,便想离开昆明。医生也嘱咐顾颉刚血压过高不宜久居高海拔之地。顾颉刚还记录了昆明生活不便之处,就是蚊蝇太多,烦不胜烦,"今日费了三小时拍之,打死当在五百头左右"(1939年3月19日日记),"天气奇热,苍蝇奇多,不堪其扰"(1939年5月22日日记)。顾颉刚说云南的气候"忽冷忽热,实在受不了",这是他去意已决的表示。但凡要离开一个地方了,好都觉得不好;向往一个地方,满眼都是好。何兆武1939年

第五章 漂泊与坚守

301

秋天去西南联大读书,他"一来就觉着天气美好极了""云南虽然也下雨,可是雨过天晴,太阳出来非常漂亮,带着心情也美好极了"。① 1939年9月2日顾颉刚离开昆明,9月22日抵达成都,何以路上花费这些时日,乃在当时川滇公路未通车,往成都必须绕道贵州、重庆。顾颉刚离开云南大学,执教成都华西坝之齐鲁大学。当时在齐大任教的张维华是顾颉刚的学生,他跟校长刘书铭建议重建国学研究所,并推荐老师顾颉刚任所长。

且说这成都华西坝是当时大学云集之地,与陕西城固之古路坝、重庆之沙坪坝亦可媲美,大学的迁入让此地不再孤冷。除了齐鲁大学,还有本土的华西大学、金陵大学、金陵女子文理学院以及中央大学的医学院,小小之地云集了五所大学,学生总数达两三千人。当时一位作者用抒情的笔调吟咏华西坝,"华西坝是成都的风景区,有高可参天的乔木,有剪伐整齐的女贞,到处长着红的花绿的草。一条弯弯曲曲的小溪,蜿蜒着整个的区域,水是那样的清澈,又是那样的缓缓的流着,衬着两岸的绿草,愈显出它的幽娴妩媚。在夕阳西斜时,课余的学生,散步溪旁桥畔,一阵阵的香风吹来,把一天的疲倦都吹到半天云里去了。"②

齐鲁大学本是一所私立大学,原校址在山东济南千佛山下,全面抗战爆发,随之播迁至后方成都继续办学。齐大刚迁蓉城的学生人数在三百人左右③。据1939年10月出版的第4、5期《齐大校友通讯》介绍,当年学校录取的新生是164名,其中文学院95人,国学研究所2人。学校总共是三院一所:文学院、理学院、医学院、国学研究所。初到成都的齐大因无自有校舍,暂借华西大学、济川中学之地以容纳学生,因此多有不便,条件亦艰苦。顾颉刚执教文学院历史社会系,所教课程为"中国古代史""古代史实习"等课程。顾颉刚在齐鲁大学并不是简单为一老师,他来齐大是想干一番学问事业。这个干事的地点就在齐鲁大学国学研究所。

齐大国学研究所早在1929年就已成立,后因战事而中断,此番顾

---

① 何兆武:《上学记》(增订版),人民文学出版社2016年版,第95—96页。
② 平衡:《华西坝上》,《宇宙风乙刊》第18期,1939年12月1日。
③ 巨蕾:《齐鲁大学在华西坝》,《学生之友》第2卷第4期,1941年4月1日。

颉刚予以重建,地点选在成都北门外崇义桥赖家花园,主任为顾颉刚,当时的学生严耕望形容此地"地静书富,深为惬意"。研究所研究方向分为语文、历史、佛学、边疆四组,招生以大学毕业生为资格,研究年限二至三年,研究经费完全独立,由哈佛燕京学社提供[①],顾颉刚其实想着办研究生层次的教育,但教育部以研究所的房屋图书借自华西大学为由令其暂缓办理,更关键的是直接拨给经费的哈佛燕京学社也并不太赞同齐鲁大学办理研究生教育。这种情况也没有难倒顾颉刚,最后他还是变相招了几名研究生,比如研究匈奴史的孙琪华,研究四川开发史的孙蕙兰,研究《史记》之材料的廖孔视,研究《宋史·艺文志》的李为衡,研究蒙古史的张蓉初。顾颉刚办国学所其实是抱着很大的期望,他1939年6月9日给学生张维华的信透露,他来齐鲁大学,"必出其二十年来之经验,好好做一番事,俟将研究所根柢打好",顾颉刚并不想只做一个"做事拿钱,拿钱吃饭"的普通教授。这是他的志向。

据顾颉刚1944年底稿所述,国学研究所工作人员共十四人,其中成都八人,重庆六人。为了增强研究所研究实力,顾颉刚还聘请了一众学人为该所名誉研究员,这些学者为:吕思勉(通史)、蒙文通(古史)、丁山(古史)、童书业(古史)、赵贞信(古史)、钟凤年(战国史)、赵泉澄(清史)、萧一山(太平天国史)、金静安(东北史)、韩儒林(蒙回藏史)、夏光南(西南史)、方国瑜(西南史、么些文字典)、李镜池(宗教史)、成觉法师(佛学)、白寿彝(回教史)、方豪(宗教史)、栾调甫(中国哲学、文字学)、容肇祖(中国思想史)、顾廷龙(目录学)、闻宥(语言学)、高亨(文字学)、于道泉(语言学)、吴晗(制度史)、刘朝阳(天文学史、历法史)、陈中凡(文学史)、龙榆生(文学史)[②]。这些人可谓极一时之选,是齐大国学研究所强大的学术支撑力量,但因为所处后方,有些学人虽然说是外聘研究员,所作工作亦相对有限。

顾颉刚愿意接手国学研究院,从他给老友叶圣陶的信可一窥其想法:"此间国学研究所工作,拟集中精力于整理廿四史上,使散乱材料串

---

① 《战时学府缩影之十九私立齐鲁大学》,《益世报》第4版,1942年7月24日。
② 顾颉刚:《顾颉刚全集·宝树园文存》卷二,中华书局2011年版,第256—260页。

上系统而成各种专史之材料集,为将来正式作通史之基础,再将范围扩大至廿四史之外。此事甚大,我辈生命中未必能亲睹其成。但欲引史学上轨道,固非此不可也。"(1939年10月26日日记)顾颉刚这次领衔国学研究所,是想立志为中国通史打下一个好基础,这个基础的前提是整理标点二十四史。因此顾颉刚在研究所的工作约略可分四类:整理二十四史、重写中国通史、办刊物、指导学生,前两项是重点。

顾颉刚把整理二十四史看成是该所的中心工作,认为只有整理好了二十四史,中国史学才能走上轨道,1939年顾颉刚计划用十到十五年时间去完成,但两年之后顾颉刚重草计划,期以五年之内完成整理工作,其中《史记》《汉书》《北史》《宋史》《元史》《明史》《新唐书》《旧唐书》《辽史》《金史》都安排相关学人标点①。顾颉刚在1941年3月31日日记附录了一份整理二十四史人选名单,之后在1944年齐大国学研究所年度工作纲要中,顾颉刚分配标点二十四史的人员是严耕望、杜光简、程维巧、李崧龄、外聘张蓉初,二十四史复审人员是韩儒林、贺昌群、邓广铭、史念海。1945年3月19日顾颉刚在致齐鲁大学校务委员会信中言道,点校二十四史在他离开成都后,仍未停止,"由颉刚在渝主持。计现在已点二十史,其《史记索引》一种,亦粗有成稿"。其实顾颉刚是很有信心完成,"齐大来函,已将自珍补助理员,管标点廿四史事。此事如无挫折,两年内可完成也"。可惜时不我待,这项庞大的点校工作在1949年前并未最终完成,点校二十四史还得等到顾颉刚晚年去达成。

另外中国通史的写作在顾颉刚心中盘桓良久。1934年3月顾颉刚在第一卷第一期《禹贡半月刊》发刊词中就心痛地写到帝国主义侵略刺激之下民族意识极为高涨,真希望有人能写一部《中国通史》出来让大家看看哪些地方属于我们。那会他主持的《禹贡半月刊》所发文章就是研究中国通史的一部分。但顾颉刚自感此一工作颇具难度,因为中国的历史地理学不发达,不能轻易下笔。1941年11月17日在重庆国民政府中央组织部总理纪念周演讲的《中国之史学》中,顾颉刚谈到抗战以来学术机构迁至四川,西南素来不是学术研究中心,史料缺乏,作深

---

① 顾颉刚:《顾颉刚全集·宝树园文存》卷二,中华书局2011年版,第286页。

入研究已不可能,反而得着编写通史的机会。顾颉刚编通史的目的有强烈的济世情怀,"发扬中华民族以往光荣的史实,振励今日的信心,而遥寄将来的希望。……过去中国通史一类的书籍,差不多都是以日本人的著作为蓝本写的,这是历史学者的一个奇耻大辱!"顾颉刚这番话明显不符合史实,在他 1947 年 1 月由南京胜利出版公司印行的《当代中国史学》"通史的撰述"一节中写到通史的写作一向不易,原因在于编写通史最易犯罗列史实而无创获的毛病,使之流于枯燥,写通史需要"丰富的史实与流畅的笔调",方可为通史写作开一个新纪元。顾颉刚举出吕思勉的《白话本国史》"不失为一部极好的著作",钱穆的《国史大纲》"书最后出而创见最多",还有邓之诚的《中华二千年史》,陈恭禄的《中国史》,张荫麟的《中国史纲》,缪凤林的《中国通史纲要》,尤其是缪凤林其人其书被顾颉刚的学生、眼光颇高的童书业评价为,"学问极赅博,见解极谨慎"①。查《国史大纲》初版于 1940 年 6 月,由商务印书馆印行。这部《国史大纲》顾颉刚不会不知道,《国史大纲》的价值目前也已十分清楚。对于邓之诚的《中华两千年史》,早在 1934 年 1 月 31 日日记中顾颉刚就有这样的评价:"予自审无作通史之能力,而邓书虽未尽善,究竟将《通鉴》《通考》两部大书读得较熟者……"。而 1941 年顾颉刚的这次演讲中强调过去的通史作品几乎以日本为蓝本,言外之意是说中国人写得不好。这时的顾颉刚已经有另辟蹊径编写通史的打算,这次到中央组织部演讲,若是提了吕思勉、钱穆的通史作品,那是不是会让人怀疑,已经有了好的通史作品,何必再写? 顾颉刚可以不提,想必是忘了 1934 年的自我认识而有雄心壮志超越前作。

在《中国之史学》这篇演讲中,顾颉刚提出通史写作要注意三点。第一,不是一家一姓一阶级一种族一宗教之记载,应为中国历史之全貌。以前写通史"眼光不远,只见君相,不见民众,只见中原,不见边疆,以致形成了偏枯之疾"②。第二,中国通史应为世界历史一部分,决不能与世界不相联系。第三,中国通史的写作可先从编写历代人物传记、通

---

① 童书业:《童书业著作集》第三卷,中华书局 2008 年版,第 684 页。
② 顾颉刚:《顾颉刚全集·宝树园文存》卷四,中华书局 2011 年版,第 339 页。

俗通史、通俗历史地理开始，"文笔则宜力求其富于文学趣味，因为史实大半都是干燥无味的，如不加以文学的渲染，就难得引起读者的兴趣与感动"。换言之，"用极浅近之文词，有趣味之笔调，写成若干种适合于现代一般人需要之读物"①，不要再是九一八事变之前为学术而学术的贵族式之学问，这个时候得把握现实，经世致用是第一位的了。

顾颉刚在 1944 年 7 月 28 日所写《中国通史编纂简约》中写明：分全史为若干段，每段由一人担任，写为断代史话，每段篇幅约自十五万至二十万字，其宗旨与体裁应归一律；推定一人，将各代史话加以删补，合为一书，字数约为一百万至一百二十万。《通史凡例》中规定每章分为正文、脚注、史源、近世研究及问题现状。正文部分用流利的白话，要求是提纲挈领，力避琐碎。顾颉刚安排了十七人进行通史编撰，譬如史前时期杨锺健、殷商西周胡厚宣、春秋战国顾颉刚、秦汉三国傅筑夫王毓珊史念海、两晋南北朝贺昌群、两宋邓广铭、辽金元韩儒林、明吴晗、清沈鉴、民国郭廷以等，顾颉刚负总责。

顾颉刚用浅显通俗白话写通史早在 30 年代燕京大学时期就已经实践过，那会他很欣赏郑侃嬟写作的历史人物小故事，如果郑侃嬟还活着，一定是他提倡通史的有力助手。只是这次写通史，顾颉刚的想法更为宏大，总想将其系统化、规模化。可以说在整个 40 年代，顾颉刚跟其他读书人一样，因为生活的不安定，战争的影响，还像在燕京大学那样把"古史四考"精深研究下去可能性不太大，此时的顾颉刚稍微做出了一些调整，就是整理校勘古书和中国通史的写作，这是他心里念念不忘的想法。

顾颉刚在 1947 年 9 月 23 日他给白寿彝的信中详细说明了通史的写法和原则。首先是把各有专长又能合作的人聚拢来，比方研究理论的，具体问题考订的，材料搜集的，各个予以适当安排。方法是写好一章油印分发，接着修改研究，最后定稿。通史写作按照读者接受程度分了八类：第一是连环画，给小学生及其同程度者来看的。第二是故事体，给初中生及其同程度者而看。第三是演义体，给高中生及其同程度

---

① 顾颉刚：《顾颉刚全集·顾颉刚书信集》卷三，中华书局 2011 年版，第 154 页。

者看。第四是现行的通史体,给大学生及其同程度者看。第五是给专家及其高级的大学生而看,主要是讨论问题和考证材料的通史。第六是给边疆人民而看的通史,这类通史强调边地民族和汉族分量差不太远而足以鼓动其向心力的历史,强调的是中华民族的统一性。第七是给世界人士看的通史作品,主要偏重文化而使其认识中国在世界中的地位的作品。第八是最后把世界史和中国史合编为一部作品,达到史学的最大功用。虽然顾颉刚有如此翔实的计划,但是他还是认为正式的中国通史作品要"百年后作,此一世纪只能作准备功夫"①。

顾颉刚在齐大的工作除此之外还有编辑刊物《责善半月刊》《齐鲁学报》《齐大国学季刊》,但因为哈佛燕京学社本不赞成齐大办国学研究所,刊物自然也不赞同继续办下去,因此《齐鲁学报》《齐大国学季刊》各出二期就停刊了,《责善半月刊》在顾颉刚的坚持下继续刊行,办得较有活气,销路也比较好。刊名"责善"取《孟子》中"责善,朋友之道"之意,借办杂志以扬榷学术,砥砺后进。他在发刊词写道,"由材料以发生问题,次由问题以寻求材料,而即由此新得之材料以断决问题,且再发生他问题","于以唤起其自信心,鼓舞其创造力,观摩一学,切磋一题,各寻自得之深乐,同登治学之大逵,岂不懿欤!"最初的目的是为师生提供发表园地,练习学术。在此兵燹流离、戎马仓皇之际,顾颉刚办《责善半月刊》有更殷切的希望,那就是护持赓续学术命脉。

该刊创刊于 1940 年 3 月,一月出版两期,终于 1942 年 3 月。刊物栏目约略分为七类,有论文、札记、通信、书籍提要、论文提要、演讲笔记、国内外学术消息,每一期约 24 页,字数三万字左右。相较于之前的《禹贡半月刊》,《责善半月刊》的专业性没有前者强烈,属于广义的中国传统文化研究杂志。其作者有吕思勉、童书业、劳贞一、史念海、杨向奎、王树民、孙次舟、胡厚宣、钱锺书、苏雪林、李安宅、贺昌群、李鑑铭等。作者既有名家大家,也有学生晚辈,既有专篇专论,也有札记笔记,长虽有物,短则精悍,各尽其妙。因为环境限制,笔记体、札记体文字颇为有生气,像钱穆的《思亲疆学室杜书记》,张维华的《读史札记》,杨向

① 顾颉刚:《顾颉刚全集·顾颉刚日记》卷五,中华书局 2011 年版,第 65 页。

奎的《绎史斋杂钞》，张维思的《冰庐读书随录》等。

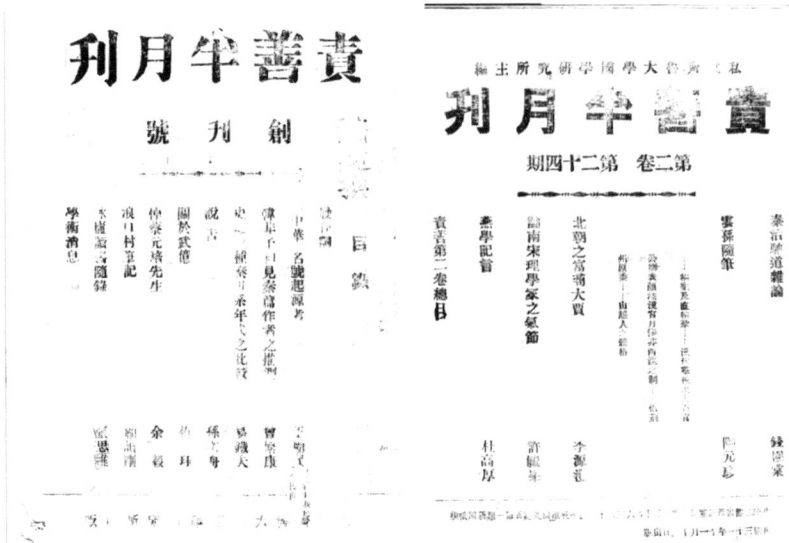

顾颉刚编杂志有一个特点就是不但他亲自动手编，还动手写。他的浪口村随笔就连载于《责善半月刊》，这给学生的启示与带头作用是无形而绵长的，刺激着学生或者同仁精进。顾颉刚编杂志懂得调剂，哪怕是专业读物，也懂得文史互通，兼顾一点专业与趣味。这些思路在他办《禹贡半月刊》就实现过。所以《责善半月刊》既有那些很专业很硬的古代史讨论文章（胡厚宣、丁山的《一甲十癸辨》），也有清浅的文艺评论、流畅的游记散文作品（钱锺书的《中国诗与中国画》，李鑑铭的《康游杂记》），既有一字一义之讨论（刘朴的《诗于飞句义》），也有全面的论述（陆懋德的《论国学的正统》，蒙思明的《考据在史学上的地位》），既有年谱、人物行迹的整理考证比勘（缪钺的《王粲行年考》《何晏王弼事辑》），也有读书札记书评（杜光简的《读宋史札记——抗金义军势力之消长》、邓广铭的《读宋史王钦若传札记》）。在严肃的学术讨论中有时渗入趣味的因子，显得既有启发，又是一种真善美的弘扬，如魏洪桢《读南北史随录》讨论古人字与名重合之有趣现象，史念海《"汉子"和"伧父"》研究二词所蕴含的小中有大的文化意味，尤其是史念海此文有强烈的现实关切，他不禁联想到当时日本人称呼中国人的贬称而心意难平。当然也有生猛火爆、毫不留情的反批评文字，如孙次舟《驳商氏"答孙次舟长

沙古物闻见记读后记"》,再加之《责善半月刊》每期最后的编读往来,讨论学术,小叩大鸣,颇有兴味,如 1942 年第 2 卷第 20 期顾颉刚与学生吴庆鹏讨论"商人"一词之意涵。《责善半月刊》的文风活泼,论述平实中正,兼有一丝才情,无虚话套语,使得刊物不呆板,而且文体多样,兼顾一定的可读性,能抓住读者。

这是顾颉刚编刊很重要的特色,也是杂志活气之所在。但我以为顾氏编刊最重要的特色乃是他人难以企及的广博胸怀,若想把刊物办好,自然需要好稿,要得好稿,必然得开门办刊,不计一家一人之得失,要以学术为根本目标。《责善半月刊》第二卷第八期(1941 年 7 月)刊李济生《论鲁学》一文,此文为此期杂志首篇文章,不言而喻其优先位置。文中论述近三百年来齐鲁大地之学风,罗列鲁学发展史上各式人物,其文翔实端重,对鲁学未来之发展寄托深沉之期望。其中评价傅斯年的史学贡献时有如此话语:"民国十年以还,言古史者多流于放言高论,空虚无佐证,勇于破坏,疏于建设,终且坠于抵触矛盾之绝域,沈没而不能自拔。至孟真崛起,论古崇尚实证,不作游荡师心新奇可喜之论。"稍有常识之人看到这话一定会联想到顾颉刚,而顾颉刚在这篇文章的跋中对此只字不提,反而极力称赞作者是"笃实君子",文中寓有"无限之悲思",评价此文发人猛醒,有振衰起敝之作用。顾颉刚从学术发展角度立言,而毫不在乎文章只言片语之负面评论,足见顾颉刚胸襟之博大,实堪佩服。

第三节　重庆故事

齐大的国学研究所办得有声有色,当时在里面工作的张维华评价国学研究所,"差不多成了西南的一个学术中心"[1]。不过最后还是因为经费短绌,哈佛燕京学社并不支持顾颉刚办理齐大国学研究所而中辍。顾颉刚因此萌生去志,1941 年 6 月 5 日顾颉刚乘飞机去往重庆,任国民党中央党部所办刊物《文史杂志》社副社长,主持实际事务。顾颉刚为何

① 《张维华自传》,《文史哲》1994 年第 6 期。

要走原因很多,这可从 1942 年 2 月 11 日顾颉刚写给丁山的一封信窥见一二。

丁山学长兄:

弟作此书,谨诚挚请罪。兄不忘故旧,累次来书,弟至所心感,亦无日不在念中。然而兄书之来,我乃半年一作答,实以事务之烦,奔走之劳,匪夷所思。即家中有病妻在床,亦且久久不能去函,言之怅惘。自上月杪回蓉,又忙半月。直至前日来崇义桥乃得复我自由。今日早起,便书此奉报,万恳原恕是荷。

兄到城固,主任史系,大事展布,闻之心开。惟现在交通困难,移动费多,西大僻在陕南,使人裹足。仲良兄日前经此,渠已允来。惟须寄盘费耳。韩儒林兄以肺病卧床,一时无从说起。汤象龙在社会科学研究所,参考材料甚多,一至城固便将无所施其技,恐亦难来。贞一崇武两兄未知孟真能放手否?拱辰能留甚好,只须名义提高,渠当无问题也。朱延丰君陈玉书君现已到否?为念。弟累承西大见邀,至所感荷。惟内子既病,无法挈眷同来。若单身到校则两地牵挂,至难为怀。蓉渝之间,交通方便,弟尚可离家。弟到陕南则轻易不得归来,必为内子所不许。念廿余年婚媾之情,不得不顺其意。愿兄与西大诸当局皆见谅也。

魏兴南君对於经史俱下苦功,弟至为心倾。乞兄便中有函,嘱将所作文字寄弟(江北县柏溪文史杂志社)俟暑假中有发展机会,即当奉聘。冉昭德君在兄处否?渠所作《水碓史》,文史已用。其稿费於数月前寄至三台,想将到矣。此后如有文字,乞续寄。

宾四兄在赖家园甚安谧,适於著作,他校多争聘,渠皆不应。非原於齐鲁,乃爱此适於自己工作之环境也。兄如到蓉,可行此一看,便知此真世外桃源。藏书已有五万册,粗足敷用。而四时花木尤可娱神。予居渝数日,疲形劳神,重返故园有如天上。宜宾四之不肯离也。文通主持川省立图书馆,更不能走。谦冲亦以家累不能远行。若在前年川大风潮时聘之,则不成问题矣。

中国近世史教员只有清华一班人可用。金女大有教师王拭著有《国耻史讲话》,似可聘。记得去年已有西大聘请之说,今可旧事重提也。夏鼐闻已回浙江。中央博物院马长寿君调查西南边疆有年，可教中国民族史，以滇中薪薄，不敷养家，有辞去之意。兄如欲聘之，可迳函文通代商。

弟因骝先生坚拉，不得不赴重庆。现已前往即无法却绝。孟馀先生之邀约，故已在中大担课。外传弟在中大任文学院长者，妄也。不知此谣言何以普遍传布，外处皆闻，奇矣。承嘱勿忘西北，弟本意实如此。西北为我辈建功立业之地。尽有工作可做，不似蓉渝诸处之但为衣食。他年如无家累，有人让弟放手做去，弟甚有卷土重来之野心。但今日则谈不到耳。

日前闻谦冲言，兄有意脱离西大，弟闻之疑甚。其信然耶？如果如此，则弟当向中大介绍，或在国文系教甲金文，或在史学系教商周史，或兼任之，或并教地理沿革诸课，乞兄见示，弟当於暑假前办成也。中大规模大，学生根底好，校长头脑清楚，有计划，前程远大，弟以为今日之中大即民国六七年之北大也。中大有光荣之将来，北大则仅有光荣之历史矣。

孟馀先生计划下，中大将出三种季刊，十种丛书，季刊之一为《文史》，弟为编辑之一。兄考据文字綦多，乞寄数篇，充实斯刊。将来大作《殷周文字系录》《先秦艺文略》《先秦史料长编》皆可入中大之史学文学两丛书也。大作之较为通俗，可供大学生阅读者，请寄《文史杂志》。

文史杂志社现已迁至中大分校附近，虽交通不便而环境幽静，向中大借书亦便。弟每周必至重庆市一次，到沙坪坝一次，到柏溪一次，三处各相距三十里，每周必走一百廿里路。三处设榻，三处上馆子吃饭，花费之多，言之骇诧。同时内子等在蓉，又是一家开销。弟收入不及千元，而支出乃至两千，无法应付。只得将四年来所买书逐渐卖去，将旧日讲义稿亦卖去版权。甚望战事早日胜利，使弟得重度正常生活也。

去年暑中，嫂夫人大病，现已完全康复否？为念。内子病肾脏，因内分泌关系，面目黧黑如鬼。前途不知如何，思之怅怅。叔傥无家，颇为自由。在如此乱世中，夫妻亦相顾不得，一病即须数千金之诊疗费,奈何奈何!

大著《论六月于征之王》一篇,已转送《责善》发表,谅已见到。弟年来学问荒疏,不亲笔墨。每读大作恒生愧怍。

中英庚款自铁路沦陷,收入不足,本年各机关之津贴俱已停止。西大图书恐骝公不能为力。强彼已直接答复矣。

专此奉答,即请撰安,并颂俪祉。

弟顾颉刚上　卅一、二、十一

弟大约再住两星期即返渝①

　　这封信共六页,1660字左右,系顾颉刚用"齐鲁大学国学研究所公用笺"信纸书写,字体为行草,飘逸灵动,书卷气十足。信件整体基本完整无缺,惟第一页右下角信纸有所折叠,疑似遮住一字,但不影响大意。彼时的顾颉刚任教重庆中央大学,教授古代文学、中国古代史等课程。丁山(1901—1952)是中国现代著名史学家,治甲骨金文、古文字、考古、中国古代神话等学问,此时的丁山任职陕西城固西北大学史学系兼任系主任。从顾颉刚日记看,顾与丁是相交多年的老友。丁山去世后,其妻陶梦云将丁山文稿交顾颉刚整理,可见二者关系之一斑。据顾颉刚读书笔记中所写词条"丁山事迹"介绍,丁山籍贯安徽和县,三岁丧父,后投靠北京的亲戚赵凤喈,得为北京大学的旁听生,后为沈兼士赏识,入北京大学文科研究所国学门攻读,"精心治学,写作甚多",并在多所大学担任教职,但其性情"傲上而亲下,故不能久其职"。丁山给顾颉刚信中自述"弟以愚赣,处世钝椎,所能终始见庇者,惟兄而已"。今人借用"耿介拔俗"来形容丁山之性格。一言以蔽之,丁山先生应是一位性情耿直、处世不随时沉浮、颇有傲骨的纯粹学术人。顾颉刚的这封信算是给老朋友汇报了近况。

　　顾颉刚想脱离齐大,另谋出路,其实选择的余地并不少。信中丁山邀请顾颉刚到城固西北大学任教,顾颉刚的态度是婉拒。顾颉刚考虑家庭牵绊,更重要的是西北大学地处偏远的陕西城固,开展学术不宜,婉拒好友之邀,并举中央研究院汤象龙为例,"在社会科学研究所,参考

---

① 苏州市档案馆藏,档号为:I5—1—209。《顾颉刚全集》《顾颉刚全集补遗》均未收。

材料甚多，一至城固便将无所施其技，恐系难来。"顾颉刚不去西北大学除地远偏僻、资料不易获得外，还有对西北大学培养学生水平的深深怀疑。1941 年 5 月 17 日日记记录，顾颉刚欲觅一人处理信函，有西北大学国文系毕业生杨俊民愿来，结果顾颉刚大感失望，"西北大学国文系毕业生乃不及小学时代之我。既已来，无法，只得交之，但改写太费力，直是批改小学生文卷。为之三叹！"同样顾颉刚也觉得齐鲁大学的学生程度浅，甚至用"乌合之众"来形容。(1941 年 4 月 11 日记)所以当顾颉刚听闻丁山有脱离西北大学之意，便极力介绍其任教中央大学，如丁山愿来，"则弟当向中大介绍，或在国文系教甲金文，或在史学系教商周史，或兼任之，或并教地理沿革诸课，乞兄见示。弟当于暑假前办成也。中大规模大，学生根底好，校长头脑清楚，有计划，前程远大，弟以为今日之中大即民国六七年之北大也。中大有光荣之将来，北大则仅有光荣之历史矣。"中央大学在之前校长罗家伦带领下，已发展成系科齐备、实力雄厚的国字号大学，西北大学、齐鲁大学显然无以相比。

顾颉刚动了心思去重庆，除了齐鲁大学经费短缺这一重要考量外，据当时国学所胡厚宣的回忆，还有人事矛盾，主要是和钱穆、张维华的关系。顾颉刚、钱穆都是史学上的霸才，谁也不想伏低屈小。顾钱两人学问路数不同，一主破，一主立。还有齐大国学研究所是顾颉刚一手创办起来的，他延揽人才想把国学所做大做强，但钱穆来了之后顾颉刚有点受不了，据学生胡厚宣回忆：

> 钱先生来齐鲁，顾先生本应高兴，但钱先生又会讲又会说，学生非常拥护，顾先生名义上受不了。钱先生学生都是好学生，顾先生学生却有些没出息的学生，加之顾先生用人不成，无像样的人，固"不可一日留"，非到重庆不成。顾先生至渝做事，与朱家骅编《文史杂志》，国学研究所主任所长职不交钱先生。钱先生非常不满，同我抱怨道一不来又不交。[1]

① 胡厚宣：《齐鲁大学国学研究所回忆点滴》，《中国文化》1996 年第 2 期。

钱穆讲课效果好过顾颉刚,这一点顾颉刚 1950 年所写自传中也说钱穆讲课不光齐大学生来听,外校的学生和中学教员也来听,以致教室容不下,只能换大教室,"使他觉得自己真成了圣人,骄傲的气焰扑人欲倒"①,与之形成鲜明对照的是,钱穆在晚年所写《八十忆双亲·师友杂忆》对这一时期顾颉刚的回忆评价都是好印象。

这些或隐或现的表征必然会影响到他俩之间的关系。至于顾颉刚不交权这事,顾颉刚在 1942 年 3 月 4 日给钱穆的信里解释说国学所是他两年来花心力建设起来的,"自身虽去,终不忍其倒塌。去年走时,所以担任主任名义者,即恐因弟一走而致人心涣散,故欲以请假延长时间,使兄之力量可渐深入,则至弟正式辞职时可无解体之忧也"。顾颉刚之意是为了齐大研究所能稳固深入发展,所长还要兼着、还得兼着。

胡厚宣在齐鲁大学待了六年半,因为闹风潮齐大换了三任校长,据他回忆顾颉刚始终没有辞去国学所主任所长职,始终没有交权给钱穆。胡厚宣上面的回忆是顾颉刚手下可用之人甚少,不得已往重庆,而顾颉刚则在自传里说,他之所以离开齐大国学所是张维华拉钱穆合力打击他。胡厚宣则在这篇回忆里承认他"绝对诚实,绝对忠实",因为顾、钱两位都是他的先生,对他都很好,"绝对不敢说一句假话"。顾颉刚之前在中山大学语言历史研究所任职,又想加盟傅斯年领导的中央研究院历史语言研究所,傅斯年当时就很不满,认为顾颉刚是狡兔三窟,自留后路。这一次顾颉刚又是故伎重演,无论目的为何,给钱穆的观感十分不好。还有一种人事纠纷就是顾颉刚与张维华的冲突,顾在书信日记里详细说了学生辈的张维华如何揽权自重,拉钱穆一起排挤他,使得国学研究所不复以前的面目,这让顾颉刚气愤异常。1942 年 2 月 16 日也就是大年初一这一天,顾颉刚在日记里记了张维华想来给老师顾颉刚道歉,但张维华心中愧怍自己没来,请中间人齐鲁大学的傅矩生去探探顾颉刚的口风,顾颉刚还是颇大度,让张维华明天再来。"矩生偕西山来服罪,因加开导"。

---

① 顾颉刚:《顾颉刚全集·宝树园文存》卷六,中华书局 2011 年版,第 382 页。

在齐大国学所感觉不顺的顾颉刚此时有了一个离开的机会,就是时为国民政府中央组织部部长朱家骅屡次邀请顾颉刚到重庆编《文史杂志》,这个情面顾颉刚实在抹不开。顾颉刚与朱家骅关系匪浅,顾在北平办通俗读物时,朱家骅就大力支持,朱家骅不少讲话文稿都是顾颉刚代为起草,"弟因骝先生坚拉,不得不赴重庆。现已前往即无法却绝。孟馀先生之邀约,故已在中大担课。"到了重庆顾颉刚同样面对各种窘境,如前文所述,顾颉刚曾在给丁山的信里详细描述。交通不便给顾颉刚带来很大困扰,据当时也在中央大学任教的科学家方俊自述,那时从北碚到重庆有两种交通方式,一是乘小火轮到磁器口,上岸之后走一段路就到沙坪坝了。二是从北碚坐长途车经青木关、歌乐山等站到重庆①。顾颉刚仅仅在路上就得耗费很多时间。

文史杂志社社址 1942 年 1 月迁至中央大学柏溪分校附近,该校地处重庆市江北县。彼时顾颉刚之妻殷履安尚在成都,且身体不好,后来殷履安在 1943 年 5 月 30 日病逝,顾颉刚为办丧事需七八万元,而其月薪只有三千,悼亡之悲痛与经济之压迫让其忧苦。他在 1947 年 11 月27 日给胡适信中回想先妻殷履安病逝而愁于治丧之事,"看着汹涌的嘉陵江水,真想一跳下去完事"。生活艰困,顾颉刚只好卖书卖稿过活。1941 年 1 月 29 日日记记录,"米贵至三百元以上一石矣,肉贵至三元以上一斤矣。大家觉得生活煎迫无法解决,一见面即谈吃饭问题"。

通货膨胀,疲于应付,无钱过活。其实重庆的居住生活环境还不如顾在成都齐鲁大学时期。成都时期的顾颉刚赁居赖家花园,乃一僻静的乡下,"颇得天然疗养之效"②,在他担任齐鲁大学国学研究所主任期间,向华西大学借得藏书数万册,亦放置此处供学人使用。顾颉刚在给丁山的这封信中提到钱穆在赖家花园读书写文,颇为羡慕,"宾四兄在赖家园甚安谧,适于著作,他校多争聘,渠皆不应。非原于齐鲁,乃爱此适于自己工作之环境也。兄如到蓉,可行此一看,便知此真世外桃源。

---

① 方俊:《从练习生到院士》,湖南教育出版社 2012 年版,第 152 页。
② 《顾颉刚启事》,《责善半月刊》第 1 卷第 9 期,1941 年 7 月 16 日。

藏书已有五万册,粗足敷用。而四时花木尤可娱神。予居渝数日,疲形劳神,重返故园有如天上。"顾颉刚在 1942 年 1 月 30 日日记中这样记叙赖家花园,"从重庆极扰攘之环境中出来,到赖家园子,真觉得到了清凉世界。庭中梅花正开,山茶初绽,玉兰待放,真是美丽极了。"这赖家花园本是一赖姓富户的私宅,占地面积颇大,据当时国学研究所学生严耕望的回忆,此处是一读书佳地,赖家院子有旧式庭院三进,后为花园,花木甚多,又有荷花池,池边墙内植杨柳数株,围墙外竹树环绕,一派宁静的风致①。在严耕望看来,这里是三两素心之人问学的极佳场所。因此当顾颉刚在重庆感觉不顺之时,回头想想赖家花园的好,大有天上地下之感。无论何时,一位学人若想取得些许成绩,应要处理好家庭、社会、生活等四面八方之问题。过快上涨的物价、不便的日常生活、处于断绝状态的中英庚款补助,这些因素让顾颉刚"疲形劳神",如果没有这些实际问题的困扰,以顾颉刚强烈的学术雄心,他会有更大的施展空间,正如他在信中豪言,"西北为我辈建功立业之地,尽有工作可做,不似蓉渝诸处之但为衣食。"

不过须注意,顾颉刚有时前后语矛盾。如果诸事顺遂,他会觉得成都赖家花园环境清幽,藏书颇多,是研究学问的好地方,觉得钱穆的状态让人羡慕。然而当他去意已绝不想待了,他又觉得赖家花园蚊子多,饮水不干净,湿气重,人事繁杂,人身安全都发生问题,生活也是诸多不便,"居此太寂寞,买物至少走五里,雨后交通不便耳"。(1940 年 5 月 29 日日记)

结合顾颉刚给丁山的信以及顾颉刚日记里罗列的离开齐大的七大理由(经费短缺、人事矛盾、学生水平差、生活程度高、应酬太多、管理难度大、想从事大有可为的边疆工作),会发现他的每次离去都很相似。1929 年他离开中山大学到燕京大学,和这次离开齐鲁大学到重庆,他都会说有人造谣中伤他,手底下人干事不利索,作为管理者管人不好管,环境不好,经费掣肘等因素,写得让人心生同情,让人觉得他的选择合情合理,一切都顺理成章。顾颉刚日记里引用了徐旭生不想与他共

---

① 严耕望:《治史三书》,上海人民出版社 2016 年版,第 259 页。

事的信,而徐旭生被傅斯年称为"天下之君子"①,傅斯年此评价没有其他材料印证,但从顾颉刚出了事之后一贯有那种错不在我的态度,实则让人觉得顾颉刚为人处世亦有问题。这回他到重庆除了学生水准稍高以外其他因素依然存在,而且到了重庆后又有了新的不适应,这种不适应比成都还要大。简而言之,顾颉刚到重庆,很重要的外因是朱家骅的邀请,让他无法拒绝、不能拒绝,内因是哈佛燕京学社经济上不支持顾颉刚办国学研究所以及与钱穆、张维华不睦,这两个原因应该是顾颉刚比较在意的因素。

顾颉刚到了重庆,依然是很忙的样子,比以前更忙,且不说学术,就是应酬都比成都多,而且顾颉刚发现重庆的气候远不如成都好,潮湿又闷热,很不适应,顾颉刚老说要闭门谢客潜心读书,看来愿望又一次破灭了。关于重庆有多么不好,他在日记中说过这样一句话,"予任事二十五年矣,从无如此数年中在渝之不顺手者"。(1945年4月30日日记)

顾颉刚在重庆有三处兼职:一是办理组织部边疆语文编译委员会事务,二是《文史杂志》事务,三是在中央大学教书。这三个单位分别在重庆城内、柏溪、沙坪坝,各相距三十里左右。顾颉刚在重庆中央大学教书时间并不长,大约是从1941年11月27日在师范学院国文系上"古代文学"课到1943年2月17日在史学系上最后一次"史记研究"课。顾颉刚所以进中大教书是他觉得自己的学术事业完成好像没有希望,朱家骅好像也不足以绝对依靠,加上物价涨起来,养家有困难,多接一份工作,多一份薪水过活,但他在中大不长久,最终还是离开了。原因是顾颉刚兼职多、朋友多、应酬多,以至于没有时间准备讲义,自感心中有愧对不住学生,多处奔波疲于奔命,感觉此处终非久留之地。另外妻子殷履安病重,无人照顾生活,长期在外下馆子,负担颇重,还有难以适应重庆的气候。他在日记里算了一笔很可爱的账,自己觉得辞去中大的教职乃上上策。

> 柏溪则有家在,生活有秩序。交通不便,人家不易来,使我有读书余暇。文史社薪津及参政会公费也够我用。名义上少去中大

① 王汎森等主编:《傅斯年遗札》第二卷,社会科学文献出版社2014年版,第891页。

千五百元,而实际少用了二千余元。又省了事,又多了钱,又进了学问,又成了著作,太合算了。(1943 年 1 月 31 日日记)

如果真像顾颉刚这样设想的发展,那真是闭户读书,享怡然自得之乐。但从事后的发展看,顾颉刚还是忙。他离开中大的原因还有学校里的党派之争,陈立夫与朱家骅两派的内斗,顾颉刚不想受夹板气。他写过一首诗,再明显不过表达了他的心境:"跌宕艺文记昔年,无端事网忽相牵。崎岖江岸高还下,重叠山头去又旋。一日分呼三店食,七宵投向四床眠。诗书与我神山远,惭说沙坪执教鞭。"三四两句说的是重庆的地形地貌,行走不便,五六两句按照前面给丁山信里的话是每周去重庆市一次,去沙坪坝一次,去柏溪一次,在此三处都有休息之所。诗里是四床,相较诗中三处设榻并不冲突,是指重庆三处,偶尔还回成都,因此是四处设榻。顾颉刚想着作学问,但现实又不给他充分而安宁的时间去研究,总是在纠结之中。这也是他日记书信里一贯表露的心境,既惭愧着又繁忙着。

顾颉刚另外一项工作是编辑《文史杂志》,编杂志顾颉刚有经验。不过此时的环境与 30 年代编《禹贡半月刊》已经大不相同,很显然顾颉刚一旦接手《文史杂志》仍然会借用编《禹贡半月刊》的方法。办《禹贡半月刊》时,顾颉刚手下有一帮熟悉可用的学生朋友,可以策划各种有特色的专号(有人),有固定的办公场地和安定的外部环境(有地),有比较持续的经费支持,当年办《禹贡半月刊》朱家骅就支持过顾颉刚(有钱),而且有持续不断的稿源,能把杂志办成天下之公器,挖掘了不少学术人才(有稿),杂志就办得风生水起。在还没有接手《文史杂志》之前,顾颉刚 1941 年 1 月 19 日给朱家骅的信中就坦言他不敢保证能把《文史杂志》办好,最重要是无人,"今来蜀中,旧日从游者已星散,当此交通梗阻之际,纵其愿来,终呼负负。至于成都诸同事,皆为初交,彼此相知不深,相信不坚,而学生程度浅薄,至少须训练五年方为有用之才,今日则绝无用处,故刚在此间决不能与在北平作同样之号召"。顾颉刚这话有点像是预言,他办《文史杂志》不会顺利。

文史雜誌

第六卷 第三期

要目

奉秋末吳郡江北越郡江南考　章書業

譏穢起原舊誌平議　陳槃

唐代嶺南產銀與貨幣經濟發展之關係　王德昭

焞煌地方西域系住民　石田幹之助

天寶十載丁籍所見敦　紀庸

論嘗書

章太炎莊子解故正誤　呂思勉

古詩「羽林郎」篇雜考　王叔岷

嘉靖本魯編南九宮譜　勞貞一　隋樹森

文史雜誌

民國三十年元月 蔡元培題

半月刊

第一卷 第九期

目錄

六朝世族形成的蹤迹　蒙思明

西漢大政治家司馬相如　陳中凡

南宋馬政考　金寶祥

西周的王朝　顧頡剛

西南部族之體飾　畢家梧

讀史小記　楊效曾

編輯後記

編者

顾颉刚是从 1941 年 10 月 1 日延期出版的第一卷第九期开始接手《文史杂志》的,到第一卷第十二期才挂上"主编者顾颉刚"的名号,办刊地址从重庆上清寺聚兴村二十一号迁到重庆小龙坎下戴家院一号,后又迁往重庆柏溪宁静山庄,再迁往北碚黑龙江路八号,之后社址仍有变更。宁静山庄是顾颉刚朋友李崇德的私宅,顾在《宁静山庄记》中对此地有很美好的描写,此地有林泉之美与弦歌之声,附近有翠竹围之,稍远处桃杏成林,"初春杏发,其白如雪,宛然邓尉之梅;少迟桃开,又红艳如锦",徘徊其中,令人忘却尘世之忧,杂志社曾选址于宁静山庄,很符合读书人的趣味。从这不断变动的办刊地点来看,说明这份杂志的持续性、连贯性让人担忧,哪怕是顾颉刚来编亦如此。

《文史杂志》之前的主编是卢逮曾,30 年代曾经做过北大文学院的秘书。在第一卷第九期的编辑后记中顾颉刚表达刊物要达到的目的,"在这发扬民族文化的迫切要求之下,我们必须打开沉闷的局面,造成活跃的气象;抛弃空洞的议论,实行深刻的探讨;肃清轻浮的习尚,养成朴实的态度;铲除机械的论断,建立求真的研究",把中华民族的灿烂文化传播到全世界。至于为何叫《文史杂志》,杂志同仁在第二卷第一期的卷头语里写道，"文和史是民族文化的结晶，是唤起民族意识的利器"。这是很宏正的目标，也是很纯粹的认识，不过办杂志从来就不是一件简单的事情，顾颉刚面临的最大问题是两个：人和钱。在顾颉刚才接手不久，从第二卷第一期开始，《文史杂志》就正式声明改为月刊①，实在是因为印刷困难和节省成本，这对顾颉刚来讲不是一个好苗头。编杂志贵在得人，顾颉刚作为主编，物色到肯干负责的内行人，可以收到如臂使指的效果。但很明显顾颉刚手下没人，在1943年3月4日这一天顾颉刚写了一封长信给顾献樑，信的语气就是撕破面皮严厉声讨，实在是这位叫顾献樑的《文史杂志》社编辑干得太不像话。归纳起来，顾献樑的问题是编杂志偷工减料愆期严重、编校不精鲁鱼亥豕、欺上瞒下态度轻浮，这让一贯认真的顾颉刚是可忍孰不可忍，他觉得自己这个主编被这个年轻人给要了，心情极不爽快，说自己"期人过奢，待人过宽"，最后警告顾献樑把《文史杂志》社稿件都交出来，否则只能对簿公堂。

其二是经费问题，办杂志需要钱，这是顾颉刚办《禹贡半月刊》、办通俗读物编刊社积累的经验。现在的《文史杂志》虽然有政府背景，也难保经费的持续供给。1941年刚创办的时候，《文史杂志》社每月经费是8600元，印刷由商务印书馆承担，是足用的。后来通货膨胀物价飞涨，经费越来越捉襟见肘：

> 其后物价日增，而经费加成有限，直至卅三年仅增至一万三千余元。依今日物价，一个机关，茶水灯油两项已需万元以上。本刊稿费素薄，近日犹仅千字百元，较之其他杂志，已低三倍。中华印刷费津贴，每期六千元。此两项每期须万六千元。尚有办公费，旅费，薪金，工资，总须万余元。是则四万元之开支绝不能省，较之规定办公费月亏二万七千元。是为正规之亏空，尚有诸种临时费，若修缮，若添置家具，俱不在内。予当此苦家，无可奈何，惟有将缺员不补，庶将其人之薪津米贴置于办公费内。②

---

① 第一卷的《文史杂志》虽说是半月刊，可是经常拖期印刷，其实就是月刊，而且看整本《文史杂志》的印刷质量差别很大，有的版面字迹漫漶不清，有的比较清晰，这很明显是经费不能得到充分保障所致。
② 顾颉刚：《顾颉刚全集·顾颉刚日记》卷五，中华书局2011年版，第452页。

到了1945年国民政府减政裁员,《文史杂志》社经费完全停发,杂志完全是在极度困难中撑持下去,即便这样《文史杂志》的销路还颇好,"每期可七千册"①。即使如此,我们翻读《文史杂志》,很明显发现顾颉刚编这份杂志没法全心全意,好像随时准备撤退,没有或者不像编辑《禹贡半月刊》那样当成是一份很炙热的学术事业去做,有心无力的时候居多。1944年4月15日傅斯年告诉他,《文史杂志》的经费将会停发,原因是杂志对三民主义的宣传没有帮助。顾颉刚的态度是《文史杂志》本乃"鸡肋","听之可耳",这就是顾颉刚编杂志热情已经去了的明证。1947年3月13日他给朱家骅的信里说,编这本杂志让他忍受了"平生不能忍受之气",顾颉刚完全失去了编《禹贡半月刊》那种踔厉奋发、硬朗结实的感觉。顾颉刚编《文史杂志》好像湿手沾了干面粉,不爽利得很。1946年顾颉刚总结他的人生经验,一共写了18条。有几条很明显是针对《文史杂志》这段经历而言,比如一人一职;先小人后君子,权利义务必书面订立契约;慎选干部;自荐者多非佳士,人才应自己去找;惟名与器不可以假人;勿面软,应拒绝人时即拒之。

虽然说顾颉刚编《文史杂志》是缺钱缺人,搞得不开心,但是杂志还是有比较鲜明的顾氏印迹。最明显的是各种专号的出版,明显延续了《禹贡半月刊》的风格。杂志上有各种各样的专号,如"美术专号""四川专号""明清史专号""唐代文化专号""南洋史专号""哲学专号""近代史专号""中国经济史专号""佛教专号""戏曲专号""文学专号""古代史专号""社会史专号""民俗学专号""朱惕先先生纪念专号""俗文学专号"。有的虽然没有明确的专号标记,但实际上就是专号内容,比如第二卷第四期就可算是宋代官制研究专号。这些专号顾颉刚仍然是请相关行家里手或信得过的人编辑,比如"文学专号"就是由年轻的程千帆负责组编,"南洋专号"由张礼千负责集稿。在他1944年12月31日日记里顾颉刚写了几个专号的负责编辑人,比如西北史地专号由李得贤负责,史前文化专号由郑德坤负责,道教专号由范午负责,西藏专号由李安宅负责。《文史杂志》最后一期是1948年10月15日出版的第6卷第3期。

---

① 顾颉刚:《顾颉刚全集·顾颉刚书信集》卷二,中华书局2011年版,第504页。

从 1941 年 1 月在重庆上清寺聚兴村二十一号创刊到最后一期在苏州悬桥巷顾家花园十号编辑,磕磕绊绊走了 7 年,杂志的目的是弘扬民族精神,赓续历史传统,强调民族精神立国之本,但是经费短缺、人事变动、时局动荡始终是影响杂志持久高质量办下去的因素,对于编刊经验丰富的顾颉刚来说,恐怕这次真的是无能为力了。

除了教书编刊之外,顾颉刚作为教育部史地教育委员会成员提过三份关于历史教育的提案。该委员会乃遵照蒋介石指示"革命教育以史地教育为中心"而成立于 1940 年 4 月。史地教育委员会任务有六项:一为计划整理研究中国史地书籍,二为计划改进各级学校史地教学,三为审议各学校或团体史地教学研究,四为编撰史地书籍以及一般史地读物,五为调查研究中国地理,六为研究其他有关史地教育。[1] 根据任务的不同分成四组:第一组为史地教育方针组,第二组为学术团体及研究机关组,第三组为教材及设备组,第四组为文献考古及考察组。顾颉刚分列第二组,从人员分布看,史地教育委员囊括了当时不少优秀史学家,如钱穆、金毓黻、缪凤林等。顾颉刚日记记载史地教育委员会四年中开了三次,"决而不行,大家无精打采,故此次议案极少,议一天即毕,且杂以嬉笑"。(1943 年 3 月 25 日日记)这说明这个史地教育委员会所作所为有限。据现有资料发现顾颉刚所提五份议案[2]均藏中国第二历史档案馆,《顾颉刚全集》《顾颉刚全集补遗》均未收录。第一份全文如下:

附录:顾委员颉刚提案
(甲)拟《编辑中国通史方案》案

三十年来,大中学生及一般国民俱有读中国通史之需求,而其书至今不出,是非史家之咎,实缘我国史书过于繁重,通都大邑则索之不尽,易趋于小问题之考察,而无于短时间内即收提纲挈领之效,穷乡僻壤则得之维艰,又不克于通俗史书之外扩大见闻,两皆

---

[1] 江应澄:《教育部史地教育委员会工作近况》,《教与学月刊》1941 年第 5 卷第 11、12 期。

[2] 五份材料由南京大学文学博士黄立斌先生提供,这些材料黄先生已经在台北《传记文学》杂志发表。该杂志在大陆流传不广,故录于此。

无以事此也。然要求既极普遍，时势又至迫切，此事固不容不为。今试拟方案如左：

（一）将各种历史记载，分时、分类、分区，作为系统之编排，如二十五史补编及辽海丛书之例，分集出版，务求以经久之搜集而得完全，研究者，亦得有至大之便利。

（二）由本会就各时代，各地域，各门类中，规定有系统之历史题目若干，以重金征求著作，每一题为一书，分之则各成专书，合之则为通史之长编。

（三）作者学力有不同，见解亦有不同，每一史题不妨兼收数家著作，以便读者比较异同，求其一是。

（四）有上述之各题专著，再由本会选聘专家，合治之于一炉，为中国通史。通史应有不同之著作，备一般阅览者须富文学性，备专家阅览者须富考据性。

以上四事，为正式之中国通史编纂工作，其事之完成至速亦在十年以上。为应急计，似可更用下列办法，同时并进。

（一）旧有《历代纪事本末九种》卷帙太多，且自为起讫，不便读者。闻合川县张式卿先生（名森楷）有《全史纪事本末》一书，足矫此弊。张先已于十年前逝世，稿藏于家。合川离渝不远，应由本会派员前往，与其家属商量，购稿付印，此书出版，可暂作为大中学生课外读物。

（二）张先生为旧史学家，其纪事方式谅不能尽合于现代之用。今日国民所需之历史常识与历史教训，必须插入读物之中，始能收建国之效。故张先生书出版后，应即由会选聘专家，加以增减，作为《中国通史简编》。

（三）除此简编外，应更编制历史地图，器物图谱，人物系统图，及各种统计表等，作各级学校挂图，且准备插入将来之正式通史中。

是否可行，静候公决。

《选用助理员协同各专家编撰通史及文化史案》

顾颉刚提

本会编纂通史及文化史，推定之作者均为有固定职务之人，虽为专家而暇闻绝少,实不能如普通作者之计日程功,如期脱稿。为增进效率计,拟请设置助理员名额,就大学及研究所毕业生中挑选俊才帮同各专家写作,给予助教或讲师薪金。将来编辑告成,该项人才即可担任大学中该项课目,寓培养师资于协助写作之中,实为两便,是应有当,敬候公决。

1941年7月4日至6日顾颉刚参加教育部史地教育委员会第二次会议,提交了该议案。早在1936年顾颉刚代李书华所作的《拟由本会设立中国通史编纂处案》一文详细列举了编纂通史的步骤,明确强调重编中国通史的目的是"以史事知识普及于民众,藉先民保存种族之伟绩与其创造文化之光荣唤起爱国家爱民族之热忱",具有强烈的经世致用情怀。此外,顾颉刚有感于中国历史卷帙浩繁,体例不一,对普通人而言阅读困难,编纂通史其目的是供给一般大众一册简明易读的中国历史著作,普及历史教育,提高国人的国家意识与民族凝聚力。

(乙) 拟请标点十三经注疏案

窃惟中国文化之核心为六经及其传记,举凡古代之古迹、制度、文物、思想,无不集中于此,非惟儒学之堂奥,实亦国史之础石。而经书文简义歧,非解不明,故经与注恒不能相离。唐以前之经说荟萃于十三经注疏之中,虽后出益精。前义已多不能自坚,而大辂椎轮,其功为终古所不可废,实为探讨吾国经学史学之基本材料。颉刚久感此事重要,又以其密行细字,称引綦烦,若不施新式之整理,后起学人殆无诵读之望。因欲加以标语分段,附以索引图表,使读者无所困苦,而吾国古史学之基础于焉奠定。惟工事颇巨,印刷尤艰,非私人之力所可任,迟迟至今,未得实现,倘承本会赞许,俾成其志,不胜感荷之至,兹将具体计划录于下方,静候公决:

(一) 工作程序,先点疏文,疏文既明,再点注文,注文已讫,乃点经文,务使经文之标点由注家负其责,注文之标点由疏家负其责。力求客观,不参私见。

(二) 汉注唐疏,自宋讫清纠正已多。自甲金文之研究日精,其误处乃益显。是编既为标点注疏,即当尊重注疏原样,丝毫不加更变,俟全书告成,当再参考群书,续纂《考证》,以备读者之参览。

(三)本编以阮刻十三经注疏为蓝本,以国内外新发见之古写本与单疏本辅之,增益校勘材料。

(四)本编式样,现拟如下:

甲、依铅模所占地位制格纸,各别书之;经文用三号字,传文用四号字,注文用新四号字,疏文用五号字,释文用新五号字,校勘记用六号字,剪贴成页,照样印刷。

乙、经传注疏之文不相杂厕,俾眉目分明,文气不为间断。其经传之有注者,注之有疏者,各以数目符号间入文中,俾循数览解,仍便检索。

丙、旧有六经图,三礼图等,有俾学者,兹当选列诸家之作有未备而非图表不易明了者,即补为绘制,并附书后。

丁、人名、地名、官名、书名、器物名等皆制索引,亦附书后。

(一)每成一种,即付印刷博求当世学者之是证,如发见误谬,即于再版时修正。

(二)全书告成时,当将索引合编为一册,以求群经之贯通。

(三)以一星期工作一卷计,全书工毕,约需五年。

颉刚现任私立齐鲁大学教授,本编工作如由颉刚主持,工作地点,拟附设齐大国学研究所中。印刷稿纸,索引卡片及雇用书记钞写等费用,皆实报实销。颉刚个人不取酬金。

教育部史地教育委员会发起设立《十三经注疏》整理处,顾颉刚为主任,他曾写过多篇相关报告呼吁整理中国旧籍,如《拟印行十三经新疏缘起》《整理十三经注疏工作计划书》《编辑唐以前文类编旨趣书》,将如何整理古籍擘画得颇为清晰,顾颉刚认为"十三经者,吾国文化之核心也",可惜前人的整理是,"前修未密,后出转精"[1],现在有了较充分的人力物力,可以整理得比前人好,应该说整理原典是顾颉刚的夙愿。顾颉刚标点编辑十三经与编纂中国通史其目的一样,做的都是学术普及

① 顾潮:《顾颉刚年谱》(增订本),中华书局 2011 年版,第 352 页。

工作,只是前者嘉惠学林的味道更多一些,为广大求学者提供一套好用方便的著作,但是这项庞大的计划并未在齐鲁大学时期得以完成。在1943年顾颉刚参与了国立编译馆的整理经籍计划,这个计划包括:校点十三经新旧疏;编纂《经学词典》;编辑群经集解长编;编选群经读本;编辑《经藏》。这种需要大量学者专家参与的计划,据当时参与其事的沈文倬回忆,这项计划"为过去任何时代所未有,实施时会遇到什么问题也无法逆料"①,因此这项庞大的计划也只是完成了其中一部分。顾颉刚参与领衔十三经整理计划实际是相当费力不讨好的事情,但他仍然要接手主持。因为在他看来,佛教有《大藏经》,道教有《道藏》,但本已亡佚不少的经籍却没有《经藏》之类的总集,顾颉刚的意思是先不分派别,不分今古,全面网罗,先保全资料再说。

《由本会补助设立中国史学会案》
顾颉刚、缪凤林、金毓黻、黎东方提

吾国学术界于近二三十年来,对于史学之研究,颇有长足之进步。例如考古发掘、整理史料、编纂新史,皆能采用世界之最新方法,作种种之研究。无论质与量之两方,亦皆有可称之成绩,即世界著名学者亦曾承认吾国学人研究所获对于史学有重大贡献。无如各自为谋,势同散沙,以至今日尚无集体之组织。去岁世界历史学会来电,邀请吾国历史学者与会,竟以无是项组织,无法应命。兹虽在抗战期间,全国集中力量一直应付,但学术之研究一日不可中辍,且贡献于抗战者亦甚大。是则中国历史学会之设立,尤不可缓然,以兹事体大,应由本会通过决定补助,设一之原则,再行推定多人起草会章,克期组织成立。

《增设各大学历史研究所以应时势之需要案》
金毓黻、缪凤林、顾颉刚提

研究历史之重要,久为有识者所公认,历史专门学者及师资之缺乏,至最近而益甚。各大学之历史学系,除去第一学年之共同必修课程,仅能有三年之岁月为专心精研之时间。况且中西兼治,实

---

① 王煦华编:《顾颉刚先生学行录》,中华书局2006年版,第325页。

感日不暇给。而毕业之后,又无留学国外机会,使其深造。无日惟有于各大学,多设历史研究所,使其作继续之研究,乃能完成学业,以应社会之需。凤林等于上次会议时,曾有多设历史研究所之议案提出决议通过。但经时二载,尚未见实施。例如中央大学,有三十余年之历史,自设校以来,即有历史一部,较其他之各系之历史为最深。乃现有各院院中,已有五院成立研究所,每院复不止一学部。独关系本国文化最深之文学部竟付阙。如未竟向隅,而每年自中央大学毕业之优秀学生,以事实种种之限制,苦无深造之机会。一校如此,他校可知。本此理由,重提此案并将听办法列于左:

（一）各大学,如北大、浙大、中大已设立历史研究外,有如学生最多历史最长之中央大学,应尽先成立。余如武汉、西北、四川各大学学生较多者,亦应从次成立。

（二）应尽先成立之中央大学,即于最短期间决定全校筹备招生。

近代中国的学术能够发展生长,专业学术机构的建立起着至关重要的作用。教育部召集发起的中国史学会对推动学术的发展有一定的作用,不过国民政府教育部还有一个用意是在对抗延安的中国史学会,顾颉刚自述他本不愿参与其事,一来怕碰到人事纠缠,二来怕陈立夫的打击报复,后来顾颉刚细细忖度还是参与其间,结果被选做主席。1943年中国史学会组织章程规定理事有 21 人,候补理事 9 人,监事 7 人,候补监事 3 人①。中国史学会任务有四:沟通国内外史学研究,搜集史料,出版史学专书,协助会员从事专门研究。顾颉刚他们设计的中国史学会会员分为甲、乙两种,甲种会员为研究院所助理员及以上资格者和专科以上学校中讲师及以上资格者,或其他学术机构中具有前两项资格之人员,或有历史专门著作者;乙种会员为研究院所之研究生、专科以上学校之史学助教,史学系或史地系之毕业生,或大学毕业后在中学担任历史教员五年以上者。顾颉刚上两项提案乃是为储备历史后备人才、繁荣历史研究而发,但是对于中国史学会之后的发展顾颉刚完全不

---

① 顾颉刚:《顾颉刚全集·顾颉刚日记》卷五,中华书局 2011 年版,第 2 页。

看好，1947 年 9 月 23 日顾颉刚给白寿彝的长信说明中国史学会发展四年有余，因为派别不同，"各怀地盘观念，可说毫无成就"。这说明中国史学会成立的初衷不错，但实际效果非常有限。

应该说顾颉刚在大后方的生活并不顺遂，学术上的专题研究不及 30 年代北平时期，不少工作是零敲碎打的，不能说没有实绩，只是他应该有更大的进展。加之环境不安定，学术与生活总在撕扯，他没有远离学术，但是最核心的古史四考工作老是完成不了。抗战胜利后顾颉刚结束了大后方生涯，准备回到上海，他依然有着一系列计划要去展布。

第四节　大中国图书局

1945 年 4 月 30 日，顾颉刚在这天的日记后面写了一篇很长的文字，讲述他办齐鲁大学国学研究所、《文史杂志》、边疆语文编译委员会等的来龙去脉，开头有这样一段话："予任事二十五年矣，从无如此数年在渝之不顺手者。……予知政学两界不能做事，故有改从商界之心。适会中国史地图表社成立，邀予任社长，欣然从之，而同行竞争，内部涣散，至于今日亦遂解体，且激起若干攻击。予虽心怀坦白，顾无术报以恶声。此毕生之大耻也"。顾颉刚一生参与过很多事情，就拿创办出版社来说，他早前与人集资合办过出版《古史辨》的朴社，30 年代在燕京大学办通俗读物编刊社，有一定的经验和教训。应该说顾颉刚对办理出版业务始终有兴趣，而且他的特点是即便最后结果不尽如人意，他仍是屡扑屡起，不轻易言败。

日记里提到的中国史地图表社全称是"中国史地图表编纂社"，据葛方文在《"中国史地图表编纂社"简史》中回忆，该社乃常州金振宇、金纬宇、金擎宇三兄弟于 1943 年在重庆创办的出版社，是专门出版地图的机构。金氏兄弟对出版地图有经验、有热心，1938 年在上海就创办过出版地图的亚光舆地学社，所出地图颇为畅销，后来在上海难以为继，撤出了上海。

金氏兄弟到了重庆后认为有必要在大后方重新办一个出版机构，以振奋民心、激励民气。三兄弟中金擎宇对顾颉刚比较仰慕，就邀请顾颉刚合作，顾颉刚对地图出版、普及史地教育本有浓厚兴趣，于是大家商议之下联合成立中国史地图表编纂社，一起制定了该社的出版计划。该出版社成立后就邀请了地理学家李承三一起参加编辑出版地图，大家推举顾颉刚为社长，李承三为副社长，金擎宇为总干事，顾颉刚随之邀请了段畹兰等来社一起编制地图。

葛方文这些回忆在顾颉刚日记中有所体现，1943 年 4 月 26、27 日两天都在与包括金氏兄弟在内的朋友们讨论中国史地图表编纂社的相关事宜。在 27 日的会上顾颉刚被推举为社长，这主要是借重顾颉刚在史学界的名声。而顾颉刚对当社长心里是两种味道交织，喜忧参半，明显喜多于忧，他是打算在出版界好好干一场：

> 予被推为社长，辞之不获，从此又多一事。然予自省，在学界中二十余年，在政界二年，学界争名，政界争权，大有廘之靡所骋之概。今与商人合作，彼不与我争名，我亦不与彼争利，或可作正常之发展乎？姑一试之。（1947 年 4 月 27 日日记）

> 迩来摆脱中央大学及组织部职务，复我自由之身，而各书肆多见拉拢，抗战以来，得书不易，偶有新著便得倾销，予有此人望，有此同人，正可抓住机会，在出版事业上贡献心力，作有计划有系统之进行，而招致同人分工合作，使中国史学上得轨道。（1947 年 4 月 30 日日记）

顾颉刚所以跟金氏兄弟合作，也是看中了他们的实力。之前金氏兄弟出的袖珍版《中国分省图》竟在数年之内销售了三十五版，每版一万册，这就说明他们有专业出版地图的基础与能力。不过顾颉刚想投身出版界，未必都是别人的"拉拢"，而他毫不动心，从他日记中所列的各种史地出版计划，想不与出版社合作势必难以完成。顾颉刚发现学界、政界他有些厌倦了，转而想投身出版界找资本家合作挣点钱，以免老为钱发愁、老为生活担忧。尤其是抗战胜利后顾颉刚回到苏州一看，他家的产业几乎全没了[①]，所以他要办商业。

---

① 《顾颉刚自传》："抗战结束，我回到家里，存在银行的现款又成了废纸。为办婚丧，又卖去了百余亩田。到这时，我父遗下的产业只有房屋可以收到一点租金，其余全完了。为什么说全完了？因为田地久已收不到租。"（《顾颉刚全集·宝树园文存》卷六，中华书局 2011 年版，第 397 页）

顾颉刚投身商界一方面是他有兴趣、有经验,另一方面这里面蕴含巨大的商机。顾颉刚在这个时候很明白经济基础牢固了才能做好学问,他此时很强烈地想要赚钱了。赚了钱之后家里生活好了,学问可以做得更踏实、更舒心,然后带着一家人,"春天住青岛,夏天住兰州,秋天住西湖,冬天住香港,在明窗几净之下,尽量作我该作的工作"①,所以他是认真投入了出版行业。

中国史地图表编纂社成立后不久,金氏兄弟又到衡阳与丁君匋商议扩大成立大中国图书局,作为当事人的丁君匋在《大中国图书局简史》中介绍,他当时是兼任商务印书馆、中华书局、正中书局等七大书局国定本教科书供应处的秘书,对于湘桂川黔各省课本的印刷、纸张等有办法解决,于是在 1943 年年底于衡阳成立了大中国图书局,第二年年底书局迁往重庆。那时顾颉刚遭受丧妻之痛,积蓄无多,金氏兄弟帮他入了二十万的股份。顾颉刚在这里面所起的作用是发起人和创办人之一,这在顾颉刚日记里有体现。他在 1943 年 11 月 11日、12 日、13 日一直在和金氏兄弟谈组织图书公司的事情,三日讨论下来的结果是:

> 由陈金(引者注:陈是陈稼轩,之前是商务印书馆编译所史地部编辑,金是金氏兄弟)两方合组大中国图书公司,资本定一千万元,先收足四分之一。董事会下,分设编辑,印刷,营业三部,以予为编辑所长,所中经费每月十万元。(实不足壹千!)分历史,地理,资料三组。原有之中国史地图表编纂社,名义不变,俟抗战胜利结束后公司成立,再改为编辑部。与社中同人谈,均表赞同,故废除与亚光订立之契约。废约时以九万元作酬劳,予分得一万。自十六日开始,社中同人即为公司职员。

陈稼轩和金氏兄弟为了扩大规模,招收外股,是想把大中国图书局做大做强,请顾颉刚为编辑所所长,目的是强强联合,打造成名社。但是顾颉刚参与进来后还是发现有人事上的纷争,他又一次发现人们因

---

① 顾颉刚:《顾颉刚全集·顾颉刚书信集》卷五,中华书局 2011 年版,第 106 页。

为具体利益互相打着精明小算盘而争吵起来。有一个问题是改组成股份制企业之后,原先中国史地图表编纂社的财产比如房屋、家具、资料、稿件等被作价八十余万元,由大中国图书局基本社员每人承担十分之一,这令顾颉刚"闻之一骇"。二十一天以后顾颉刚在日记里表达了愤懑之情,认为这些纠纷的起源是商人太过精明,再加上有人跟他打小报告,说金氏兄弟拉你入伙,实则"彼辈对外以君作招牌,对内以君作挡箭牌"。顾颉刚承认这是"实情",于是想着要跟他们"决裂","与商人结合能否有好结果实属疑问,我难道又将失败一次?"(1944 年 3 月 31 日日记)顾颉刚又回到了最初的疑问上:商界是不是也跟政界、学界一样?是不是人相争利而能力不行? 顾颉刚想干事又受不了气,心里想法多,总觉得哪里都有宵小之徒,有时显得纠结,比如大中国图书局开会辞退邵恒秋、段畹兰等工作不力之人,此二人心中不服,便和另外一位叫张权中的职员一起闹将起来,这给顾颉刚的印象非常差,顾颉刚就感觉自从书局开办以来事情不断,生意不好,"予为社长,负责而不握权,为人左右,亦无聊,决意辞去"(1945 年 2 月 11 日日记)。这些只可看做顾颉刚的牢骚话,他加入大中国图书局,必然是看中了某一点,不会轻易退场。

顾颉刚的性格是眼里揉不得沙子,其实事情没有他想象得那么严重,只是他在心态上接受不了,便往坏处想。不过有一点顾颉刚是看得很准,那就是在战争环境之下,经商莫说盈利,就是能保本已经万幸中的万幸了。大中国图书局因为湘桂战事影响,影响甚大。在衡阳的大中国图书局全军覆没,在桂林的分局因为货物疏散,有一大部分焚毁在金城江,一小部分焚毁在都匀,总计货物及运输费的损失已达一千万元。再加上陈稼轩所办康健书局以及金氏亚光舆地学社的损失,共计三千万元。"两家遂一败涂地。经商于战乱之中,其难如此"。(1945 年 2 月 3 日日记)

不过大中国图书局并没有一蹶不振,而是苦撑待变,情况也慢慢有所好转,到1945 年 11 月,陈稼轩想办法募集了不少股份,在印刷、发行、图画方面请了一些人,如糜文溶、汪孟邹、张正宇等,顾颉刚才感觉大中国图书局的班子算是搭起来了。待抗战胜利后,该书局情况又好了一些,据丁君匋回忆,顾颉刚在重庆募集了两亿元资金,顾颉刚入股贰佰万元,恰占百分之一,正式组建大中国图书局股份有限公司,1946年7月1日大中国图书局在沪举行开幕典礼,顾颉刚被推举为总经理,金振宇、丁君匋任经理,金擎宇为编辑所主任,社址在四川北路南仁智里45号,后来又在四川北路8号增设门市部。

大中国图书局的主要出版业务集中在地图、历史名人小丛书、地理小丛书和中小学教科书上面。抗战胜利后,全国各地机关、学校普遍需要各种不同类型、不同规格的地图,作为参考学习之用。当事人丁君匋在《大中国图书局简史》中回忆,书局出版发行了华东、中南行政区图,华北五省、西藏、内蒙古、台湾以及朝鲜、越南新地图,出版了香港九龙图,上海、北京市交通详图,中国和世界暗射图,还总发行亚光舆地学社的甲乙丙丁四种中国分省精图、世界各国精图和各种大张挂图等。1946年8月6日上海《申报》第5版用一半的版面刊登了大中国图书局的业务广告,从此可以窥见该书局丰富的地图出版业务。地图有:

> 中学适用中国地理教科图硬面精装一巨册定价国币八千元、小学适用中国新地图洋装一册定价三千元、布面精装袖珍中国分省精图定价国币四千元、洋装彩印袖珍中国分省详图定价二千五百元、布面精装袖珍世界详图定价国币四千元、甲乙两种现代中国大地图、甲乙两种现代世界大地图、丙种中华民国新地图、丙种世界新地图、对开东南西南交通详图、对开南京市街道详图、对开上海市街道详图、对开河南分县详图、对开(江苏、浙江、安徽、江西、广东)分县详图、中华民国全图彩色精印定价一千二百元、世界全图彩色精印定价一千二百元【本图系教育部委托编印 内容根据最新图稿编制 地形采用分层设色 简单明晰 用重磅纸张彩色精印 不但适合各国民学校之用 且为各种民众教育机关必备之挂图】。

该版广告把大中国图书局的特点用加大加粗的黑体字标出,其特点有三:一是教育部委托编印,强调权威性;二是优待读者、照价八折、限期一月,强调商业营销;三是地图种类多样,强调产品的丰富性。该局的地图业务很全面,针对性强,实用性高,畅销就不难想见。

大中国图书局在上海的生意很不错,用顾颉刚的话说,"营业极佳"。原因是大中国图书局在迁往上海之前,已在重庆绘制了不少地图,当时地图变化巨大,这些变动在上海的地图出版商那里都没有表现,而大中国图书局却已提前制作出来,占了先机,因此抗战胜利之后,顾颉刚说书局的生意是,"我们印一版就销一版,甚或我们尚未再版而定货的已来,大有供不应求之概"。1947 年 11 月 22 日顾颉刚日记记了大中国图书局平均一个月可以做十余亿的销售额,已经在上海北四川路八号租得一间宽大的铺面。金氏兄弟和丁君匋还打算拓展海外业务,书局业务拟由香港发行到南洋和欧美。顾颉刚这时候认为"局中诸人,俱有商业经验及手腕":丁君匋能"冲锋",金氏兄弟能"苦干",陈宣人(陈稼轩)能"筹款","搭配至佳"。到 1948 年 2 月 2 日大中国图书局平均每日营业额八百万,"虽不为多,已可雄视四马路诸肆",大中国图书局年营业额两百亿,相较商务印书馆九百余亿,虽然不如,但也算小有成绩。顾颉刚在日记里拿大中国图书局和商务印书馆比较,恐怕是有和大出版社掰掰手腕的想法。顾颉刚并不是光想着赚钱,他想掌控大中国图书局为将来的文化事业服务:

> 大中国主要人物,振宇,宣人似萧何,君匋则张良韩信均得一体。倘予控制得宜,十年中未尝不可跃为书业领袖,推行予若干文化计划。愿天助予,为中华民族尽其任务。(1948 年 6 月 6 日日记)

顾颉刚的理想是做"书业领袖",但是人算不如天算,大中国图书局能把得住商业,把不住政治。国共和谈破裂之后,大中国图书局的发行地域越来越小,随着国民政府败势日颓,发行网出不了上海,营业收入一落千丈,地图没有销路,大中国图书局编辑部花五六年气力绘制的两百万分之一的《中国分县地图》已不准发行,顾颉刚说他们就靠贩卖钢笔为生。这在顾颉刚的日记里有很鲜明的体现。1948 年 4 月 4 日顾颉刚记载大中国图书局上月的营业收入是六十亿,到这年的 12 月 12 日,大中国图书局半个月的营业收入(含批发和门市)不过三万余元。"外埠批发近已断绝,本市批发及门市亦不踊跃"。12 月 15 日顾颉刚记了两句话,"北平为林彪军所围,炮弹落至清华燕京两校""上海物价直线下降"。时局的动荡、通货的膨胀对大中国图书局的打击是致命的。1949年7月2日,大中国图书局一个月营收百余万,开销二百多万,很可能撑不下去了。到1949年8月8日,顾颉刚日记写到大中国图书局为了活下去,采取减薪、节约等措施开源节流,他不知道这样干下去还能"苟延残喘"到几时。

大约从1948年下半年开始,大中国图书局的经营每况愈下,1948年12月30日顾颉刚日记记载近来书局每月营业额只有六七万元,而经常开销费须九万余元,书局的停摆只是时间问题。随着局势的明朗,共产党执掌政权,虽然发行网放宽了,但地图的绘制出版不是某一家出版社说了算,需要审查合格之后才能发行,不是谁都可以出版的。地图生意又面临难题。顾颉刚他们没有适应和习惯这种出版方式,最终淡出了地图业务。

大中国图书局除了出地图,还出版过历史人物传记的小册子。这一项业务与顾颉刚的历史理念有较大之关系,颇值得阐述一二。在顾颉刚心里早就有一个庞大的中国通史写作计划,这个计划的实现方式之一就是用系列名人故事来表现,因此通史的写作就和人物传记发生了紧密联系。顾颉刚计划只要按照一定的标准筛选名人,这样一路读下来就是一部生动的中国通史作品。通史写出来如要普罗大众能看懂必得深入浅出,万不可深入深出,因而人物传记最重要的特点就是要通俗,通俗之意并非格调低下,主要是语言明白易懂,可是越是通俗的反而越是不好写,假若人物传记既通俗又生动传神,催动人心的力量是巨大的,顾颉刚早年读梁启超《十五小豪杰》一直念念不忘,除了梁启超文笔好、故事生动外,还在于国家值此瓜分豆剖之际,读来颇有体己之感,很有"怒发冲冠,凭栏处,潇潇雨歇"之意。顾颉刚提倡写"中国名人传",从周朝到清朝预备写二三百篇传记,把典雅的古籍嚼烂消化,以清畅之文笔出之,以人物为中心,串联中国历史。顾颉刚提倡写历史上那些大仁大智大勇之人物,让读此传记之人,"把无数古人陶铸的国魂播散到每一个国民的新腔里",鼓励他们认清时代的任务而创造出新的历史的勇气，"为建国大业植下深厚的基础"①。

顾颉刚早有出版中国名人传的计划，到了大中国图书局出版单行本历史故事小丛书不过是水到渠成的结果罢了。1946 年 7 月顾颉刚主编的第 6 卷第 1 期《文史杂志》刊登了"中国名人传"（第一集）的宣传广告语，第一集包括历代名人五十余人，其目的是"陶铸吾国族者列焉，创造吾文化者列焉，砥柱中流者列焉，济人利物者列焉。期就此数十人之身以表现其各个时代与各个社会之背景。同时又注意传主之人格修养及成功途径。本传之对象为具有小学毕业及中学程度之民众与学生，并可供大学生及同等程度者之浏览。体裁一律用语体文，生动有力"。顾颉刚他们计划 1946 年 9 月至 12 月底由中国出版股份有限公司全部出齐，全书开本为 32 开，彩色封面用道林纸，正文用外国白报纸，以新四号字体排印。第一集所写人物目录如下：

晋文公　田单　信陵君　白圭　孟子　屈原　李冰　扁鹊子产　汉高祖　张良和娄敬　项羽　霍去病　张骞　班超　卜式和桑弘羊　贾谊　仓公　张仲景　华佗　谢安　房玄龄与杜如晦刘晏　魏征　李德裕　李克用　文成公主　杨炎　玄奘　韩愈李后主　刘知几　范仲淹　文天祥　郑思肖　郑樵　明太祖　张居正　史可法　沐英　瞿式耜　杨继盛　徐宏祖　曾国藩　李鸿章　岳钟琪　左宝贵　柳敬亭　武训　王同春

其中晋文公和郑樵由顾颉刚撰写，这份目录由顾颉刚所拟，尤其是最后一位开发河套地区而不幸死去的王同春，顾颉刚对他的事迹由衷钦佩而写过他的传记。"中国名人传"人物总数计划是 255 位，按时代和不同领域（政治、军事、社会、学术）来划分，其中周秦时期 32 位，两汉三国时期 44 位，两晋南北朝时期 29 位，隋唐五代时期 41 位，宋辽金元时期 43 位，明朝时期 32 位，清朝时期 34 位。计划两到三年出齐。1946 年 7 月中国出版股份有限公司编辑部所写的《我们为什么编中国名人传》表示中国走到今天所以不亡，乃是古来圣贤豪杰把一种叫做

---

① 顾颉刚：《我们为什么编名人传》，《顾颉刚全集·宝树园文存》卷二，中华书局 2011 年版，第 298—299 页。

"国魂"的东西陶冶到我们中国人心中,为了让中国人有一种既有兴味又真实准确的历史知识,所以要编写这一套庞大的中国名人传,传播"确实而有系统的历史智识"。

顾颉刚强调名人传记要用白话写作,文字务必流畅生动,这从《文史杂志》上中国名人传的宣传语约略可见。以吴练青的《信陵君》为例:"他长得高高的个子,黄白面皮,有一双明锐的眼睛,开阖时寒光逼人,肃穆中带着威严,但他与人谈起话来,态度又是那样温柔,所以宫廷中无论老小,都乐于亲近他……"再以金鹏的《文成公主》为例:"这个默默无闻的女人,一向不为内地人士所注意到。然而她的大名却遍传在中国西部边区的西藏高原上。她的传记在正式的历史记载——《唐书》上面,不过仅仅占有可怜的几行。然而她的无形的生活却丰富的生存在西藏人的心灵里。关于她的无穷的传说却到处播传在西藏人的嘴唇上。因为她,这个一向不为内地人所注意到的女人,却是康藏边胞的文化启发者。……"①这些作品的为文须讲究一点文采和修饰,用故事带入,最好能够引人入胜,让读者获得一些科学合理的观念,而不是只讲故事,宣扬忠孝节义那种老套的思想,把有意义与有意思结合起来。"中国名人传"第一集的名单完全可以反映顾氏挑选人物的标准与用心。

1947年顾颉刚在自己主持的上海大中国图书局出版发行"中国历史故事小丛书",其实就是"中国历史名人传记"的另一种说法。顾颉刚在小丛书"编辑旨趣"中写明打算出第一集一百六十种,但从目前所掌握资料看应该没有出齐。顾颉刚在这篇文章里写到这套丛书用以表彰历史上大仁大智大勇之人,以事实为依据,加入合理之想象,以讲故事的形式叙述历史,使之成为普通民众人手一册之读物,希冀能为"中国的传记文学培养一点新苗"。顾颉刚自信这种名人传的方式一定会得到老百姓的欢迎,因为中国的老百姓对于历史故事是没有人不喜欢的,"一个刚能说话的小孩就会要求人家尽量讲故事给他听。一个识得几个字能看浅近书报的人就千方百计觅取小说而阅读。至于书场里,戏

---

① 《文史杂志》第6卷第1期,1946年7月。

场上,更是充满着各阶层的人们,贫富贵贱,男女老少,知识分子,非知识分子,他们接受了传奇性的故事,表演所给予的喜怒哀乐,都不禁地为它而歌呼或哭泣。所以历史故事是人们的重要日常生活的一部门,正像空气和水一般的不可缺少。"①

大中国图书局出版的目前能找到的小册子有《关羽单刀赴会》《曹操统一北方》《邓艾偷渡阴平》《周瑜赤壁之战》《吴起和孙膑》《信陵君劫符救赵》《田单复齐》《荆轲刺秦王》《秦始皇吞并六国》《蔺相如完璧归赵》《李冰凿都江堰》《姜维九伐中原》《墨子止楚攻宋》《张仪连横》等,这些作品除了语言方面的特点外,还图文并茂,附有地图、地名的解释介绍。其用意与新编中国通史目的无二,都有借历史重塑国人之爱国心、激励国人踔厉奋发。

顾颉刚主持中国历史故事小丛书,他一个人势必写不了这么多人物,必须请得力可靠的好手来帮衬。其实帮手不少,只是满意的不多,顾颉刚的嗣子顾德辉所写《秦始皇》一书令他不满意,"以其劣,生气,作函与德辉,责之"(1948年4月6日日记)。早在燕京大学时期,顾颉刚发现国文系女生郑侃燃很适合作通俗文艺方面的工作,可惜短命死矣,这个时候顾颉刚找的人是纪果庵,在大中国图书局出版的名人故事中,纪果庵一人就写了《曹操统一北方》《邓艾偷渡阴平》《关羽单刀赴会》等14部作品②,数量不可谓不多。

纪果庵写名人故事用的是"纪庸"这个名字。读他写的名人传,就以《曹操统一北方》而论确有其特色。《曹操统一北方》是他所写故事中篇幅最长的,第一印象是文字的感觉或者说腔调很好,没有严肃之气,只想轻松自在讲一个小故事,与读者的态度是和谐融洽。请看开篇第一段:

> 你总看过京戏的捉放曹吧?无论谁,对这个抹了白脸的奸臣,都嫌他过于忘恩负义!他为了想谋杀董卓被通缉而逃难,陈宫看他义气,抛了中牟县的七品县太爷不干,随他奔走天涯,不料到了

---

① 顾颉刚:《编辑旨趣》,纪果庵:《曹操统一北方》书首,大中国图书局1947年9月初版。
② 14部作品是笔者所能查到的,在纪英男和黄恽所编的《缘法》(海豚出版社2011年版)介绍纪果庵写了16部作品。但根据顾颉刚日记所记,纪果庵还写过勾践、苏武、霍光、缇萦、肥水破秦等故事,这就不止16部作品了。

旧交吕伯奢庄上,却闹了这么大的乱子! 别人分明是吩咐杀猪宰羊款待他,他却疑心是要杀自己,不分青红皂白,杀了人家全家,这还不算,去沽酒的吕老头也逃不了他一刀之祸,而且说了两句最混账的话:"宁我负天下人,不要天下人负我!"何怪陈官那样后悔,那样怨他,终于抛了他而单独行动,乃至投了吕布去反对他呢?①

纪果庵用这一段开篇,明显有讲究,普通老百姓一般都听说过曹操"宁我负天下人"的经典名句,各种改编的戏文、流传的故事一般都会把这句话编排进去,纪果庵是用了人物身上最显著、最为人知的特点去吸引大众。

其次,纪果庵的叙述思路很清晰,题目是《曹操统一北方》,书里从十一个方面来表现:一,从捉放曹说起。二,从议郎到奋武将军。三,机会使他获得意外的发展。四,纷乱的地方武力。五,把握皇帝。六,吕布和袁术的失败。七,地方武力的总崩溃——袁绍的覆亡。八,肃清北方——乌桓的征服。九,空前的打击——赤壁之败。十,扫荡马超和张鲁。十一,"固一世之雄也,而今安在哉!"就像是听评书演义一样,作者把每节字数控制在一定范围,叙述尽量往大关节处着墨,避免生僻的表述。叙述故事的同时兼带议论与抒情,文调舒缓,某些耳熟能详的段落有小说写法,适当地绘声绘色,尽量把历史写活,比如对曹操诗酒临江横槊赋诗这一段的描绘:

> 正是秋末冬初,天上纤云不染,十五的月亮照得晶莹明澈,像一面水晶盘旋在天空。曹操立在大船头上,看那鸦雀无声的夜色,又看见那戈戟森然的兵士,左右拱卫的文臣武将,他心里充满了不可一世的感觉。忽然,远处树林里几只觅窠的喜鹊在叫了,夜空气受了震荡,在伟大的寂静中好像投了一颗炸弹,越加显得夜色的庄严广漠。曹操是有文学天才的,他忽然动了诗兴,命左右取过纸笔,又命取酒过来,他一手横着槊,一手端起酒杯,一饮而尽,随即赋了一首雄伟的诗歌。他痛快、高兴,但也深深感到一种没有敌手的寂寞,好像他的身体膨胀起来,整个宇宙都容不下他。②

---

① 纪果庵:《曹操统一北方》,大中国图书局 1947 年 9 月初版,第 1 页。
② 纪果庵:《曹操统一北方》,大中国图书局 1947 年 9 月初版,第 38 页。

纪果庵的文调跟顾颉刚很相似,写人物传记二者都强调文笔清通流畅,温润舒缓,富有文学气息。不错的古文功底加上散文家的文字,使得纪果庵是创作名人故事的不二人选,所以顾颉刚也放手让纪果庵写。或许是人手不够,大中国图书局对文字的校对间或有错,纪果庵这本小册子就出现了几处很明显的错字。

这套中国历史故事小丛书初版时间分别是 1947 年 9 月和 1949 年 4 月,版权页信息有主编者"顾颉刚丁君匋,发行人顾颉刚"的字样,每一本小册子最后一页几乎都有大中国图书局的图标。一幅中华民国全图,中间一本书,四围以齿轮环绕,具体是何意,目前笔者没有查到确切解释。大致意思也许是以齿轮象征辐辏,有辐射全国之意,颇可窥见大中国图书局的雄心与格局。

应该说出历史传记只是大中国图书局的普通业务,书局主营业务还是地图和教科书生意,地图业务因为时局影响越来越难做,教科书的生意也是一言难尽。1947 年 6、7 月间顾颉刚频繁往返南京、上海,其中一个重要任务是拿下教育部国定本教科用书的出版发行权。这是一笔大生意。当时上海的大中国、新亚、广益、北新、中联五家出版机构组织五联教科用书联营处,简称五联,目的是集中力量强强联合,顾颉刚被推举为主席,负责对外沟通接洽,他们面对的最大竞争对手是商务、中华等七家合组的七联,二者之间常有竞争。

当时的国民政府教育部编制了中小学教科书全套、教授法全套,交给七联出版,但七联只是印出了小学教科书全套,中学部分只印出了国文、公民、历史、地理四种,其他不印,教授法部分因为销量不多,也没有印刷。据顾颉刚推断,七联之所以拖着不印,是想乘机推销自己的教科书审定本,加上七联背后有孔祥熙、陈果夫等政治靠山,教育部拿他们也莫可奈何。1947 年年度的国定本教科书面向社会招标,书商可以自由申请,大中国图书局是申请的第一家,新亚、广益等书局也随之跟了上来,教育部看五联做得好,便把中学师范教科书的排版权交给五联,并补助五联排版费两亿八千万,要求在四十天出货,赶在秋季开学使用。

在顾颉刚的叙述里,这件事起伏跌宕,本来是胜券在握,五联同人们高高兴兴回到上海,请七联的同人吃饭,但是在饭桌上兴许是拿了大订单太过高兴,广益书局经理刘季康酒后吐真言,在座的商务印书馆的李伯嘉、中华书局的郭农山听闻此言,连夜赶回南京,跟教育部表态补贴他们只要一亿四千万,就算不给钱也愿意做。这简直是釜底抽薪,到手的鸭子眼看着飞走了。顾颉刚他们听闻此事,知道惹不起他们,教育部也有些忌惮七联,即议定补贴七联一亿元,让他们制版。五联也不愿放弃这笔生意,便让顾颉刚和丁君匋以最快的方式到南京去沟通此事,当时教育部感于七联之前包而不办的骄横态度,有意扶持大中国图书局等一些新兴出版社,以与七联抗衡。顾颉刚在南京奔来跑去,很大气力就花在这件事上面①。1947 年 6 月 23 日教育部会议决定以印行教授法名义,给五联一亿六千万的补贴,名义上由大中国和新亚两家分受。这一天对大中国图书局很重要,顾颉刚给妻子张静秋的信中说,"今天是我们公事上最重要的一天"。大中国图书局在这一战中算是小胜。不过大中国图书局仍然干不过实力雄厚的商务和中华,即便此次小胜,未必就是占了上风,1948 年 5 月 28 日顾颉刚得到了一个消息,五联出的《小学教学指引》不被采用。原因是商务印书馆、中华书局等出版的指引书尚未出齐,不能与五联竞争,商务印书馆、中华书局就建议教育部购买他们自己出的小学文库,顾颉刚气不过,"部中竟徇大企业家之意,不让五联多销,政治之黑暗可知"。

顾颉刚想做一个出版商人,那是因为教科书的利润丰厚,顾颉刚盘算了一下,如果大中国图书局有了八十余册教科书及若干册教学法在手上出版发行,那大中国图书局的营业可以"极发达",四五年后书局就会"执书业的牛耳",到那时顾颉刚认为他可以顺性而工作,就可以"发起大规模的文化运动,为无量数的人民供给精神食粮了"②。可是事情之后的发展告诉他,这只是一个遥远的梦。

顾颉刚为大中国图书局教科书贷款的事多次跑南京,找教育部,甚至找蒋介石,要资源要发展。但它与竞争对手商务印书馆和中华书局,

---

① 顾颉刚:《顾颉刚全集·顾颉刚书信集》卷五,中华书局 2011 年版,第 97 页。
② 顾颉刚:《顾颉刚全集·顾颉刚书信集》卷五,中华书局 2011 年版,第 98 页。

实力相差颇大,在市场竞争中得不到多少便宜,再加上顾颉刚认为大中国图书局同仁们不会搞关系,"不陪国教司中人打牌,不送礼,不纳贿"(1949 年 5 月 31 日日记),注定要失败,最后因为时局的关系,教科书业务终于是搞不了了。

中华人民共和国成立之后,大中国图书局仍然出版了一些普及性质的地理历史读物,比如在"中国历史故事小丛书"的基础上出版了"爱国主义通俗历史故事小丛书",之后大中国图书局于 1954 年被拆分重组,成为上海教育出版社的一部分。

尾　声

第一节　《尚书》研究

　　1949年之后顾颉刚最重要的学术工作是《尚书》的研究与整理。顾颉刚阅读研究《尚书》其实在他年轻的时候就开始了。在他17岁的时候祖父便教读《尚书》，后来他读到李元度的《阎若璩传》，就有了吐弃《伪古文尚书》而追求28篇今文的真意之想法。从1921年与钱玄同论古史，顾颉刚提出《尚书》中的《尧典》《皋陶谟》乃伪造之书，学生刘起釪认为顾颉刚对《尚书》中的《尧典》《皋陶谟》《禹贡》三篇"意见最多"。到之后为编写中学教科书把《尚书》中的《盘庚》《金縢》等篇译作白话，刊载于1925年的《语丝》杂志，随后顾颉刚先后任教厦门大学、中山大学、燕京大学、北京大学期间都一直在编《尚书》讲义。中大时期顾颉刚搜集从汉代到近代研究《尚书》的各家学说六十二种，编辑为《尚书学参考资料》。30年代顾颉刚执教燕京大学编写《尚书研究讲义》，分甲、乙、丙、丁、戊五种，作有系统的专题研究。1935年哈佛燕京学社出版广告里登出顾颉刚与人合编的《尚书文字合编》《尚书通检》，这两部书有类字典，翻检查考颇为方便。后来40年代顾颉刚执教重庆中央大学，指导学生刘起釪研究《尚书》。也就是说顾颉刚研究《尚书》在资料和思路方面早有详细准备。这些还不包括顾颉刚在读书笔记中对《尚书》所做的札记，应该说顾颉刚早有雄心壮志啃下《尚书》这块硬骨头，无奈年富力强的顾颉刚事情太多，计划太大，什么都想做好、做完美，《尚书》这一问题反而有所搁置,虽有研究,却没有来一个深澈勇猛的总解决。

顾颉刚的学术意志无比坚强,他总认为此时遇到的吃饭问题迟早会解决,《尚书》研究却不可耽误,但《尚书》研究的确繁难。顾颉刚曾说,"经学中之今古文问题,以《尚书》为最复杂;加以字体之传讹者弥多,遂至纷乱而不可董理"。至于顾颉刚为什么一直对《尚书》研究念念不忘,到了晚年变得愈发急迫,他晚年的重要助手、早先顾颉刚任教重庆中央大学所带研究生刘起釪在《顾颉刚先生学述》中讲得很清楚。那就是《尚书》作为十三经之首,是所有读书人都要阅读的重要原典,是中国上古史资料中最重要的一部书。而顾颉刚多次说到他的古史研究四大部分为帝系考、王制考、道统考、经学考,帝系方面由儒家所确立起来的尧舜禹汤文武这一经典谱系是在《尚书》中完成的,其中尧舜禹由《尚书》中的《尧典》《皋陶谟》《禹贡》确立,文王、武王由《商书》《周书》所记载。顾颉刚所研究的三皇五帝最终确立是在《伪古文尚书》中。从王制方面而言,儒家所提出的相关制度也都在上述几篇之中,顾颉刚为了研究王制,特地在燕京大学开设"尚书研究"。从道统而言,儒家所讲的理论仍然是在《尚书》中建立起来的,诸如"三圣传授"中的人心道心之说直接启迪宋明理学家,应该说《尚书》对中国传统社会起的最大核心作用就是"道统"的建立和后世读书人对所谓道统法理的追求与建构。从经学而言,困扰后世的经学中的今古文之争也与《尚书》脱不了干系。

此时的顾颉刚人生步入晚年,无论如何不想再耽搁《尚书》研究。在 1961 年为吃饭问题闹心的同时,顾颉刚的《尚书》研究一直不间断在进行。以 1961 年 4 月为例,3 日至 8 日、10 日、12 日至 22 日、24 日至 28 日、30 日一直在做关于《尚书·大诰》篇的搜集、校勘、考证工作,然而研究学问需要良好的身体,1961 年除了民众普遍患有的浮肿外,顾颉刚还有其他的病症,譬如神经衰弱、轻度动脉硬化、慢性气管炎,时常还有易紧张、兴奋、烦躁等问题困扰。至于其他毛病如严重便血、手颤、高度失眠等也经常袭扰他,尤其失眠与手颤最为严重,手颤的病症从 1959 年发作至今已两年有余,病发时妨碍执笔为文,高度失眠则导致精神紧张,这令顾颉刚发出自己学术志业何时能竟之感。在如此环境中以这样的身体从事高强度的学术工作,其苦其累只有顾颉刚最为清

楚,但是顾颉刚将《尚书》研究的工作看得极重,似任何事情都无法移易其学术研究:

> 予著手的《尚书今译》是一个极沉重的负担,但做出来时也是一件极愉快的工作。以此次译《大诰》为例,专心致志,需时一个半月,则二十八篇共需三年半,尚须不休息,不生病,不参观。这是做不到的。故预计需四年余。《大诰》篇四万字,廿八篇约一百十二万字,但《尧典》、《禹贡》恐须十万字,《洪范》亦必甚多,则当有百卅万字也。此一大事业也,勉之,慎之! 如能谨慎将事,不因劳致病,则全书脱稿予已七十二三矣。昔日自腰曰"晚成堂",倘能不负宿愿乎? (1960 年 12 月 31 日日记)

顾颉刚所以研究《大诰》乃在于这是周诰八篇的第一篇,也是很难读的一篇,同时关乎周朝历史,《大诰》的内容是史官直录周公的一次公开讲话,顾颉刚研究它也是带有范本意义。顾颉刚的研究是从校勘、解释、章句、今译、考证等方面着手。校勘是指解决文字的语法、词性、字义以及底本问题。解释是指找到了校定的本子之后作进一步的解读,采用集腋成裘的方法,汇集各家学说,打破古今汉宋的藩篱,比堪验证,找到一个较真的解释。章句相对简单一些,就是用解释好了的文句分出章节,加上句读,重新读解。今译是使用现代白话译解古书,也相对简单。考证则是一件相当麻烦的工作,就以《大诰》而论,还得明白与其他篇目之间的关系,在历史上起过什么作用,因此需要把每件历史事实研究清楚。但是春秋之前的资料太少,有关年代、地理、民族、人物、事迹等问题都不容易考证清晰。加上《大诰》是有关西周初年的历史,伪材料太多,真材料太少。

顾颉刚之所以采用这种很扎实的研究步骤,乃在于研究《尚书》其实最基础、最重要的是对字词与文义的把握,因为顾颉刚发现一部今文尚书 28 篇,以伪孔传统计,字数才 16320 字,可是大大小小的问题不止两万,加之时代久远,参考资料缺乏,古本异同太多,不好判断谁是谁非,而且"错简、缺文、衍文、误字之多不胜枚举,直有跬步皆荆棘的感觉",即便是文字不误,但是因为古今制度的变迁、风俗语言的不同,也不太容易把握其真意,正因如此,顾颉刚认为很难拿出"踌躇满意的成品"。① 为了好好研究这一篇,顾颉刚 1962 年 11 月 15 日给学生黄永年致信说,他为《尚书》工作所困,"越钻越深",为了赶工作,"一切朋友的来信我都搁起了"②。用拼尽全力形容顾颉刚这时的工作状态毫不过分。据刘起釪介绍,这部《大诰译证》越研究问题越多,文稿也越写越长,顾颉刚在 1962 年完成初稿,之后逐年修改到 1965 年四易其稿,1966 年最终完稿,光这一篇研究的成稿字数都在六十万左右,远非日记中说的四万。这由一位七十老叟来完成,毅力极为惊人!

自认"生于深宫之中,长于妇人之手"的顾颉刚在 1934 年 7 月 16 日给胡适的信中说,"觉得我这一生只配研究中国古书,此外任何事情都没有我的分",这种贯穿始终的强固心态在饥馑年代被倒逼出来,更强烈刺激着顾颉刚提醒自己身体衰朽、精力不济、时不我待。数十年日记中常出现的字眼就是读书、编书、写文章,甚至有时顾颉刚还给自己制定读书、写作计划,若能完成当欣喜莫名,若不能完工则责己甚重。换言之,当 1961 年吃饭问题变得严峻时,顾颉刚的立言志业依然坚韧,没有移易。诚可叹也! 应该说顾颉刚是把《尚书》研究当作他晚年生命中最为重要的一件学术理想来完成,他其实是想按照《尚书大诰译证》的写法一篇篇写,但岁月不饶人,一个人无法完成这样的工作,但他还是想着挑重要的篇章研究,如《尚书尧典译证》《尚书禹贡译证》。

顾颉刚考辨古史总是要找准穴位在咽喉处杀进致命一刀,《尚书》无疑是最好最重要的攻击目标。他要对这部两三千年来被无数读书人当成"至真无假"的书来一个天翻地覆的地毯式研究。不过《尚书》有点像是蛛丝结网,上下游关联太多太大,研究文学、历史、哲学、经学、神话、社会生活都要参考《尚书》,因此研究起来那就是全方位多角度,从字、词、意,从文字层面的梳理、考证、辨析到文意的发挥,都是一项大工程。之所以说尚书研究是一项大工程,其原因首先是《尚书》文字艰涩,

① 顾颉刚:《顾颉刚全集·顾颉刚古史论文集》卷十(上),中华书局 2011 年版,第 8—9 页。
② 《顾颉刚全集》未收该信,见曹旅宁:《黄永年与心太平盦》,三秦出版社 2015 年版,第 48 页。

后世学者对其释义也因此歧义纷呈。其次是《尚书》在不断传写中造成讹误，难有定本，因此学者解释起来也会各执一隅之解以照万端，更为难以厘清的是后世对《尚书》的有意造伪，使得此书云山雾罩，看不清真面目。再加之后世统治者有意无意改造《尚书》为己所用，诸如汉代的读书人用"阴阳五行"改造《尚书》，因为五行出于《尚书·洪范》篇，所以《洪范》篇被那些方士化的儒生奉为经典，捧之至高，讲阴阳讲谶纬，权势与读书合流，用顾颉刚的话说，自从战国起伦理教条就输进了《尚书》的"血管"，到了汉代因为现实的需要，《尚书》从"档案史料变成圣经"①，这样使《尚书》的真面目更难得见。这就是顾颉刚面临的困难。平心而论以顾颉刚晚年的身体、精力和学术性格，他几乎不可能完成尚书研究工作，还好他晚年有一得力助手刘起釪，帮着顾颉刚做了很多繁重工作。当我们今天谈起顾颉刚是一位学术巨人的时候，切莫忽略为了完成顾颉刚的学术心愿而耽搁甚至放弃自己学术计划的刘起釪。

顾颉刚研究《尚书》的计划其实很早就想清楚了。在1936年哈佛燕京学社出版的《尚书通检》序中顾颉刚就写明了自己研究的五大方面：第一是把《尚书》各种字体的本子汇刻成编，主要考察因为文字变迁而衍误的文句有多少。第二是把唐朝以前各种书里引用的《尚书》句子辑录出来，互相参考对校，寻找《逸书》的原貌。第三是把历代学者讨论《尚书》的文章汇编整理，找出若干问题的结论。第四是研究《尚书》用字造句的文法，并且和甲骨文、金文进行比较。第五步才是着手对《尚书》进行全部考订。而对《尚书》进行全面考订主要是针对今文尚书，因为伪古文尚书前人已经做了大量工作，伪造之处很容易看出，而28篇今文尚书的内容虽然前文有所怀疑，但没有充分而科学的研究，直到五四新文化时期不敢想的敢想了，不敢说的敢说了，乘此东风，1923年钱玄同、顾颉刚讨论古史的时候，钱玄同指出今文尚书28篇"有历史价值的恐怕没有几篇"②，其他如《尧典》《皋陶谟》《禹贡》《甘誓》等篇一定是后来伪造，可是即便是勇于疑古的崔述对他们也深信不疑。即使《尚

① 顾颉刚：《顾颉刚全集·顾颉刚古史论文集》卷十（下），中华书局2011年版，第1143页。
② 顾颉刚：《顾颉刚全集·顾颉刚古史论文集》卷一，中华书局2011年版，第195页。

书》不是伪造,钱玄同也只认为它不过是粉饰的官样文章,用作史料要慎之又慎。这就是顾颉刚研究今文尚书28篇的前提和基础。

就在顾、钱讨论古史的当年6月1日,顾颉刚给胡适写了一封长信谈今文尚书28篇之不可信,并将之分成三组。第一组共13篇,这些篇什在文字上、思想上可信,是《盘庚》《大诰》《康诰》《酒诰》《梓材》《吕诰》《洛诰》《多士》《多方》《吕刑》《文侯之命》《费誓》《秦誓》。第二组共12篇,是《甘誓》《汤誓》《高宗肜日》《西伯戡黎》《微子》《牧誓》《洪范》《金縢》《无逸》《君奭》《立政》《顾命》。这一组顾颉刚推断是东周间的作品。第三组是他怀疑的重点,一共三篇,是《尧典》《皋陶谟》《禹贡》。顾颉刚相信它们是战国至秦汉间的伪作,决定作两篇文章《禹贡作于战国考》《尧典、皋陶谟辨伪》好好研究,因为《尧典》关乎道统,《禹贡》关乎地理,都是研究的关键。

在《禹贡作于战国考》的提纲中顾颉刚总共写了十一小点,其中有"古代对于禹的神话只有治水而无分州,古代只有种族观念而无统一观念,古代的中国地域不甚大"这些看法。顾颉刚认为战国七雄把疆域开拓大了,因此才有一统观念,交通便利之后,种族杂糅多了,因此无种族观念。按照顾颉刚晚年的观点,《禹贡》是秦始皇统一天下之前的总结性地理记载,这篇文字是作者根据当时的疆域按照自然地理来划分大行政区。《禹贡》作者顺着战国大一统的思想,用"托古改制"的理由把自己的计划灌注在原始社会里,寄托自己的政治理想,对后世行政地理区划影响极大。顾颉刚评价《禹贡》对地理有"科学性的观察和认识",在政治上有"开明的支配计划",因此值得研究。

在《尧典、皋陶谟辨伪》一文更为详细的提纲里,顾颉刚归纳古书造伪的门道是"倒乱千秋式的拉拢"、所谓倒乱千秋式的拉拢,顾颉刚在1961年的解释是《尧典》《皋陶谟》完全是儒家政治思想故事化的体现,《尚书》的作者把尧、舜、禹、稷、契、皋陶、伯夷等处于不同时期、不同民族的传说人物集中安排在一个朝代,成为有关系的君臣、兄弟、姻亲,编排他们为民众做了很多好事,人民可以安居乐业,让人感觉以前的时代是黄金时代。这是儒家给后世立的榜样和典范,希望后世君主能够效法先贤。这种做法的好处是假借古人的招牌以文字传世让后世君主可能产生忌惮,坏处是"模糊阶级的实质,混乱是非的界限,麻痹斗争的意志"①,让人们不想也不敢发生反抗。这就违反了顾颉刚所说的思想进化的程序。

其实很明显顾颉刚晚年研究《尚书》就是按照 1923 年和 1936 年他所拟定的规程进行,这是他二十余岁就立下的学术宏愿,顾颉刚是把《尚书》当作晚年人生最应该完成的一部著作来看待,他甚至说出此书研究若能完成,死也可瞑目了。笔者翻阅《顾颉刚古史论文集》卷九和卷十,这两卷三本收入顾颉刚研究《尚书》的几乎全部文章,让人不禁感叹感佩,他做的都是近乎无趣的文字考订工作,他真像是一个具备科学观念的乾嘉时期学者,孜孜矻矻做着显微镜似的事业,没有一以贯之的恒心与热爱实在坚持不下去。他的好朋友叶圣陶说他的《尚书》研究是"样板田",另一位好朋友王伯祥评价他:"莫看颉刚讷讷不出口,他的支配欲是最强的,他要尽罗古今学者成就而一一予以批判及选取,驱驱一世之人,不在政治家、军事家下。必有如此之支配欲,而后能有所创造,有所发明也。"(1965 年 5 月 6 日日记)就顾颉刚的《尚书》研究而言,他是要把经学变成史料,把它当革命事业去做,他完全当得起王伯祥这个评价。

第二节　以待来者

如果用关键词形容顾颉刚,"可爱"是笔者选择的第一个关键词。顾颉刚总是专注于自己的学术领域,所思所想为学而同化,应付身外之事常显得无所适从,让旁观者觉得呆气十足。殊不知,但凡对某一领域钻深钻透之人大概都有这股可爱劲。第二个关键词是"公心"。顾颉刚一生爱帮人,自少至老,一如既往,未曾中辍。从他 20 年代任教广州中山大学到 30 年代入职燕京大学,他一直教书,办刊物,帮助学生写推荐信。在顾颉刚去世的前一年,他曾写了一封信给他以前的老学生王树民。大概意思是王树民写了一篇《汉初黄老之学》,顾颉刚帮助推荐到

---

① 顾颉刚:《顾颉刚全集·顾颉刚古史论文集》卷十(下),中华书局 2011 年版,第 1137 页。

《历史研究》去发表，但《历史研究》编辑既未看到王树民的文章，也没有看到顾颉刚的推荐信。顾颉刚在信里安慰王树民，说现在的编辑很少读古书，导致投稿有明珠暗投之感。此时的顾颉刚说了令人有点悲伤的事情，那就是30年代被称为学界三大老板的顾颉刚手上握有《禹贡半月刊》杂志，想推荐学生的文章是很容易的事情，《禹贡半月刊》上顾颉刚推出了不少后来在学界赫赫有名的学者，比如史念海、黄永年、杨向奎等。而顾颉刚写这封信的时间是1979年，这个时代已经不属于他了，他在信里安慰王树民，"从前我自编杂志，非常自由，现在却已失去这权力了。这是要你敢想敢说，作一个三十到五十年代的顾颉刚，来争取学术地位和社会地位"①。1980年顾颉刚逝世，逝世前一年，顾颉刚的身体已经很坏了，他还在给王树民讲如何争取学术的意思，可想其绵长用心。

通读完顾颉刚全部著作，我有一个很强烈的感觉，那就是顾颉刚十分爱才，如果你的文字被他看中了，他会不遗余力地推荐你：发文章，找工作，出钱出力。只要他觉得你是人才，顾颉刚可以说是一帮到底，而且并不要求回报。顾颉刚在这方面的胸襟气量之大难有其匹。顾颉刚能做出大学问，原因有很多，但他有公心这一点不得不提。以前有人怀疑他，说顾颉刚把学生、朋友聚到一起办刊物出丛书，是不是想捞点名声？为此顾颉刚曾撰文说，人之求名求利其实并不过分，尤其是年轻人，刚进入学术之门，当然希望得到肯定的目光与宽松的学术环境，要问他顾颉刚有没有名心，他当然也有，但关键是看名心的度在哪里。他办《禹贡半月刊》直到终刊都保持着高水准，推出了一大批学术新人，顾颉刚得了名，学生得到了成长，历史地理学得到了大发展，三者良性互动，这是一举三得的好事。假如说一个人只求名求利而对其他不管不顾，最后蝇营狗苟，钻营计较，人品也为人所不齿，那当然是宵小之徒了，这与顾颉刚自然无法相提并论。顾颉刚坦承他的学术理想就是想做"学阀"，不是那种奔走联络抢地盘，植党营私，排挤打压他人的学阀，而是刻苦认真工作，扎实研究学问，靠学问立身，成为群心之所向，大家

① 顾颉刚：《顾颉刚全集·顾颉刚书信集》卷三，中华书局2011年版，第394页。

从心底里敬重你、佩服你,带领大家在学问的领域里开疆拓土的学阀。笔者以为没有强烈的公心是无法做到这种学阀的。顾颉刚始终认为学术是天下之公器,不是拿来搞利益、圈地盘的手段。所以他告诫王树民要成为 30 年代的顾颉刚,这话绝对不是随便说说而已。尤其令人感佩的是顾颉刚很关心年轻人的学术成长,踏足学术的人都知道,学术人才成长起来很不容易,如果说中年人做学问是本分,那年轻人做学问就要鼓励,鼓励不能瞎鼓励、白鼓励,要切切实实送他们走上学术之路,最好快马加鞭抽一鞭,让马儿跑得欢实跑得快。多少人袖手旁观,不愿不为,嘴上同情,心里无动于衷,顾颉刚是真愿意帮、真愿意送一程,难得一片冰心在玉壶。

第三个关键词是"多情"。近代知名的史学家像顾颉刚这样文笔多情、性格多情的真不多见。顾颉刚运用白话作文显得十分纯熟老练,早岁在《新潮》上那篇长文《对于旧家庭的感想》文气之盛在他生平的文学创作中简直臻于顶点。顾颉刚创作文学作品毫不逊色,除了他有好文笔外,也跟顾颉刚多情的性格有莫大之关系。顾颉刚的"情"并非指男女之情,顾所谓的情,于借读刘半农译欧·亨利小说《最后之一页》有明确表述。顾颉刚说读了这篇小说心里非常感动,很佩服小说中的老画师倍尔曼为延展垂危少女之生命,不惜于风雪之夜攀梯而上,画一绿叶给她以生的希望,而倍尔曼因此害肺炎于三天后去世。倍尔曼的情"乃是极真挚的情""可敬可爱的情",这种情不求报施,不因肉欲,这种情不可缺,"不晓得一个人无论做什么事,都应用情做个伴侣,才能够有精神。倘使作事时没有情去辅他,这件事竟可称为机械造的;不是人做的了。"[①]发散开来说,这"情"既是调节,又是性情,在学问与生活、公心与私情之间取得平衡,既能于学问中勇猛精进,又可葆温煦、从容的娴雅心态,顾颉刚的意思是少一些功利,多一些情致。

这种多情多才实与顾颉刚性格是统一的。顾是一个十分细腻且相当敏感之人,1927 年居厦门期间,他给道真女士致信,发出一种未来无定之感:"闽中春季,非风即雨,鲜见晴和之日。顾念身世,如萍飘絮泊,

---

① 顾颉刚:《顾颉刚全集·顾颉刚日记》卷一,中华书局 2011 年版,第 65 页。

一二月后更不知漂流何所。小楼听雨，倍增惆怅矣。"①他常有无名的悲感涌上心头，与黛玉悲秋相似，1924 年 7 月 30 日日记："昨日忽有所感，今晨在床思之，泪簌簌下，枕间袂上都湿矣。"1925 年 4 月 29 日日记："李花渐谢，恐归来时零落且尽，摘而藏之"。1925 年 11 月 11 日日记："今日重雾蔽空，独至阐福寺香林之后，看枯叶一片一片的落下，枝间雾凝成滴，坠地声甚疏而寒。在破屋复院之中徘徊凝伫，不觉逾时。无人继至，尤畅所怀。予不能文，胸中每有悲意，苦于不能写出。今日得此境，若写予心之悲者。每一回忆，固一绝妙之抒情文字也。"这种诗人似的感触在日记中不在少数。

顾颉刚爱读情真意切、意味隽永的文学作品，包括歌谣、戏曲、小说，他听哀情、苦情戏常常为之下泪，读到深处甚至会以作品之心换自己之感，与作品一同歌哭、一起哀乐，他看林纾译《茶花女遗事》，"柔情宛转，使我泪如雨下，沾巾尽湿。万斛愁思，又勾起矣"②。他自己所写的诗作也是以语言干净、清丽婉转、情味绵密见长，情诗情词更是如此。1927 年前后几年顾颉刚写诗的情致颇高，这大约与他思念女友谭慕愚有关，如"雪满山头雨满船，那堪迢递忆西川。沉沉碧草书斋里，对坐无言已一年""月色照人不忍眠，思君痴对蔚蓝天。当时怎怕分离话，撤了离席忽一年""早料华筵有散期，频频顾惜晤言时。可怜绮梦阑珊后，想到此情只益悲""晴日笼波波更柔，春风吹梦入轻舟。忽来隔岸愁千叠，新绿丛中吐画楼"。还有他的词："马蹄踏碎凝冰路，炉灰拨到天垂暮。来去太匆匆，梦中几度逢。任恁音信绝，此意终难灭。未敢报伊知，去书一样迟。"很有婉约词的感觉。顾颉刚对大自然的一枝一叶、人间世的一举手一投足投去深情一瞥，怜惜自伤自婉之意溢于纸上，要是顾颉刚照着这种路数发展下去，一定会成为不错的诗家。

顾颉刚在谈读书、写时评文字和编辑刊物所下的按语中也有很形象生动的表达，让人常产生错觉，以为他是一位文学家。1920 年顾颉刚北大毕业留在研究所国学门，顾颉刚非常喜欢国学门的学术氛围，因

① 顾颉刚：《顾颉刚全集·顾颉刚日记》卷二，中华书局 2011 年版，第 24 页。
② 顾颉刚：《顾颉刚全集·顾颉刚日记》卷二，中华书局 2011 年版，第 447 页。

尾声

为可以自由读书,"我这也弄弄,那也翻翻,不觉夜色已深,在黑暗的巨厦中往往扶墙摸壁而出"。这种恰到好处的夸张正好突出了顾颉刚想要表达的那种读书人感觉。有时他又豪气勃发,雪天约几好友于饭馆吃羊肉,生发潇洒快意、纵意平生之乐,1935 年 1 月 2 日日记,"下面熊熊的火,上面片片的雪,左手握烧饼,右手持酒杯,真痛快事也"。早年的顾颉刚是以文学青年自命,后来他发现最钟情的事业是史学,但是这种内蕴的文人特质贯穿了他之一生。

饶宗颐在《怀念顾颉刚先生》一文中说道:"顾老为人十分多情。我还记得他写给我的信有一段这样说:'颉刚年来体力渐衰,他日相见,必当为一老叟,少壮之日易逝,恨之如何!'他真像梁任公笔端带着无限情感,至今犹萦绕在我的心坎中。"的确如饶宗颐所讲,顾颉刚十分多情,文字摇曳多姿,清丽可人,很难想到古史研究专家,下笔却如此有情,颇具诗人气质。顾氏特有的文人气质使得他史学研究中有一特点就是历史想象力显得丰富而切实,往往借着这不可或缺的问题联想力让逻辑贯串通顺。

因为顾颉刚性格中温润多情多思的面向,使得他情关天下,所以他在五卅惨案中能写出很有爆发力和感染力、气势如虹的时评文字,30 年代他能把通俗文艺运动弄成功,写学潮的评论文字也朴茂有力,这些都是史家的文学情怀之体现。鲁迅曾赞扬《史记》是"史家之绝唱,无韵之离骚",是肯定《史记》的文学性与历史性的高度统一。顾氏的很多作品也可作如是观。这种多情的特点除了他性情使然,也是他的知识素养所致。顾颉刚非常欣赏清初顾炎武的《日知录》,但凡看过这部作品的人,都会有两点印象颇深:学问淹博、文笔流畅。所以顾颉刚很多文字继承了中国古典笔记小说的文字传统:写人状物是言简意赅的白描,有《世说新语》的风致,专业的古史研究文字清通顺畅、绝不干瘪。多情的人加上有味的文字,成就了独一无二的顾颉刚。

行文至此,那顾颉刚到底是什么样的人呢?爱读书爱研究,若果说作为一个学者而言,这是他的本分,无需赘言。但是顾颉刚在本分之外还有很多其他身份,如社会活动家、编辑家、旧体诗人、散文家、文化出版商人等等,每一样身份他都做出了有趣有意义的事情,也品尝到了人世间的酸甜苦辣,虽然他自己说做某些事并非本心,但感觉他这一生之精力都打到了实处,没有凌空蹈虚,实在是不枉此生。简言之,顾颉刚最内里还是不折不扣的学人,笔者还是愿意称他为读书人,他有勇猛精进的意志,有勤奋的品质,有持久的公心,有无限的热爱,有绵长细密的情调,有孜孜不倦的工作动力,有将学问与生活融为一体的深沉精神,煌煌 62 册、2500 万字的《顾颉刚全集》就是明证。假如不是贪多求大、社会兼职过多,他一定还有更巨大的成就。顾颉刚值得称道的是他很早就清楚他追求的是什么,然后一直孜孜矻矻往前奔,算得上觉世甚早,算得上笃定。顾颉刚能做出如此巨大的名山事业,不得不特别感谢一个人:他早逝的妻子殷履安。殷履安是把无尽的爱全部给了顾颉刚,尽她全部所能解决顾颉刚的后顾之忧,是一位令人同情又让人佩服的平凡女子。

人生一世就是一份传奇,大多数人不会觉察自己是传奇,更没有自省自察这份传奇的能力,因此大多数人把传奇的自己变成了平庸的存在,甘于享受平庸的乐,最后变成赤条条来赤条条去,毫无痕迹的如水人生,随着岁月的流逝,成了时光的附属品、光阴的垫脚石。顾颉刚回忆儿时,曾说他是祖母雕琢的一件艺术品,而这件艺术品最终活成了一份传奇——活得透亮,活得有层次,活得富有弹性——这份传奇在 1980 年 12 月 25 日落幕。只要文明存在,顾颉刚永远有知音。

尾
声

主要参考文献

一、档案

1. 中央研究院档案,中国第二历史档案馆藏。
2. 教育部档案,中国第二历史档案馆藏。

二、刊物

1. 《北京大学日刊》
2. 《北京大学国学季刊》
3. 《北京大学研究所国学门周刊》
4. 《北京孔德学校旬刊》
5. 《北平大学校刊》
6. 《北大化讯》
7. 《晨报》
8. 《晨报副镌》
9. 《出版周刊》
10. 《城市民教月刊》
11. 《东方杂志》
12. 《读书通讯》
13. 《独立评论》
14. 《大公报·文学副刊》
15. 《大众知识》
16. 《妇女旬刊》
17. 《歌谣》

18.《国学季刊》

19.《国语周刊》

20.《国立中山大学语言历史学研究所周刊》

21.《国立中山大学校报》

22.《国立中山大学日报》

23.《国风》

24.《国闻周报》

25.《广播周报》

26.《观察》

27.《河南教育公报》

28.《火把》

29.《华西协和大学校刊》

30.《华声》

31.《京报副刊》

32.《教与学》

33.《教育杂志》

34.《教育通讯》

35.《拒毒》

36.《金陵女子文理学院校刊》

37.《抗战文艺》

38.《良友》

39.《陇铎》

40.《民铎》

41.《民俗》

42.《民众旬刊》

43.《民众生活》

44.《民众教育月刊》

45.《民间月刊》

46.《民众运动》

47.《民众周报》

48.《努力周报》

49.《清华周刊》

50.《清华校友通讯》

51.《齐鲁大学校刊》

52.《诗》

53.《史地学报》

54.《史学年报》

55.《私立岭南大学校报周刊》

56.《苏州振华女学校刊》

57.《苏中校刊》

58.《实报半月刊》

59.《师大月刊》

60.《书人月刊》

61.《思想与时代》

62.《图书评论》

63.《田家半月刊》

64.《文学》

65.《文学季刊》

66.《文学旬刊》

67.《文学周报》

68.《文学年报》

69.《文史杂志》

70.《新青年》

71.《新潮》

72.《小说月报》

73.《新女性》

74.《学衡》

75.《现代评论》

76.《学文》(叶公超编辑)

77.《学文》(王重民、谢国桢、孙楷第编辑)

78.《厦大校刊》

79.《厦大周刊》

80.《学原》

81.《语丝》

82.《禹贡半月刊》

83.《音乐界》

84.《燕大周刊》

85.《燕大月刊》

86.《燕京大学校刊》

87.《燕京学报》

88.《燕京大学图报》

89.《中学生》

90.《责善》

91.《文史杂志》

三、著作

1. 毕树棠著,赵龙江编:《螺君日记》,海豚出版社2014年版。

2. 曹伯言、季维龙编著:《胡适年谱》,安徽教育出版社1986年版。

3. 曹旅宁:《黄永年先生编年事辑》,中华书局2013年版。

4. 程俊英、蒋见元:《诗经注析》,中华书局1991年版。

5. 常风:《逝水集》,辽宁教育出版社1995年版。

6. 陈平原、夏晓虹编:《北大旧事》,生活·读书·新知三联书店1998年版。

7. 陈平原:《中国现代学术之建立——以章太炎、胡适之为中心》,北京大学出版社1998年版。

8. 陈平原:《中国大学十讲》,复旦大学出版社2002年版。

9. 陈平原主编:《现代学术史上的俗文学》,湖北教育出版社2004年版。

10. 陈平原:《触摸历史与进入五四》,北京大学出版社2005年版。

11. 陈平原、王风编:《追忆王国维》(增订本),生活·读书·新知三联书店2009年版。

12. 陈平原、杜玲玲编:《追忆章太炎》(修订本),生活·读书·新知三联书店 2009 年版。

13. 陈平原:《作为学科的文学史》,北京大学出版社 2011 年版。

14. 陈平原:《"新文化"的崛起与传播》,北京大学出版社 2015 年版。

15. 陈寅恪:《陈寅恪集·金明馆丛稿初编》,生活·读书·新知三联书店 2001 年版。

16. 陈以爱:《中国现代学术研究机构的兴起》,江西教育出版社 2002 年版。

17. 陈君葆著,谢荣滚主编:《陈君葆日记全集》(卷一、卷二),商务印书馆(香港)有限公司 2004 年版。

18. 陈泳超:《中国民间文学研究的现代轨辙》,北京大学出版社 2005 年版。

19. 陈福康:《郑振铎年谱》,三晋出版社 2008 年版。

20. 陈西滢:《西滢闲话》,江苏文艺出版社 2010 年版。

21. 陈垣:《通鉴胡注表微》,商务印书馆 2011 年版。

22. 陈岸峰:《疑古思潮与白话文学史的建构》,齐鲁书社 2011 年版。

23. 陈独秀:《独秀文存》(影印版),外文出版社 2013 年版。

24. 陈独秀:《陈独秀文集》(第一卷),人民出版社 2013 年版。

25. [美]陈毓贤:《洪业传》,商务印书馆 2013 年版。

26. 蔡元培、陈独秀:《蔡元培自述·实庵自传》,中华书局 2015 年版。

27. 杜甫著,杨伦笺注:《杜诗镜铨》,上海古籍出版社 1998 年版。

28. 杜春和等编:《胡适论学往来书信选》,河北人民出版社 1998 年版。

29. 杜正胜编:《新史学之路》,三民书局 2004 年版。

30. 邓之诚著,邓瑞整理:《邓之诚文史札记》,凤凰出版社 2012 年版。

31. 傅斯年著,王汎森等主编:《傅斯年遗札》,社会科学出版社

2014年版。

32. 傅斯年著,欧阳哲生编:《傅斯年文集》,中华书局2017年版。

33. [法]菲利浦·勒热讷著,杨国政译:《自传契约》,生活·读书·新知三联书店2001年版。

34. 冯友兰:《三松堂自序:冯友兰自传》,江苏文艺出版社2011年版。

35. 顾颉刚:《通俗读物论文集》,生活书店1938年版。

36. 顾颉刚:《顾颉刚通俗论著集》,亚东图书馆1947年版。

37. 顾颉刚:《孟姜女故事研究集》,上海古籍出版社1984年版。

38. 顾颉刚:《顾颉刚选集》,天津人民出版社1988年版。

39. 顾颉刚编著:《妙峰山》,上海文艺出版社1988年版。

40. 顾颉刚:《吴歌甲集》,上海文艺出版社1990年版。

41. 顾颉刚:《顾颉刚读书笔记》,联经出版事业公司1990年版。

42. 顾颉刚著,印永清辑,魏得良校:《顾颉刚书话》,浙江人民出版社1998年版。

43. 顾颉刚著,顾潮选编:《蕲驰斋小品》,北京出版社1998年版。

44. 顾颉刚:《我与〈古史辨〉》,上海文艺出版社2001年版。

45. 顾颉刚:《当代中国史学》,上海古籍出版社2002年版。

46. 顾颉刚:《顾颉刚日记》,联经出版事业股份有限公司2007年版。

47. 顾颉刚口述,何启君整理:《中国史学入门》,中国青年出版社2007年版。

48. 顾颉刚:《顾颉刚全集》,中华书局2011年版。

49. 顾颉刚:《古史辨自序》,商务印书馆2011年版。

50. 顾颉刚:《顾颉刚自传》,北京大学出版社2012年版。

51. 顾潮、顾洪:《顾颉刚评传》,百花洲文艺出版社1995年版。

52. 顾潮编:《顾颉刚学记》,生活·读书·新知三联书店2002年版。

53. 顾潮:《我的父亲顾颉刚》,人民文学出版社2010年版。

54. 顾潮编著:《顾颉刚年谱》(增订本),中华书局2011年版。

55. 顾潮整理:《顾颉刚全集补遗》,中华书局 2021 年版。

56. 顾潮编:《顾颉刚殷履安抗战家书》,中华书局 2023 年版。

57. 顾炎武著,黄汝成集释,栾保群、吕宗力点校:《日知录集释》(全校本)中册,上海古籍出版社 2006 年版。

58. 耿云志主编:《胡适遗稿及秘藏书信》,黄山书社 1994 年版。

59. 耿云志:《胡适年谱(1891—1962)》(修订本),福建教育出版社 2012 年版。

60. 葛兆光:《思想史研究课堂讲录》,生活·读书·新知三联书店 2005 年版。

61. 葛兆光:《中国思想史导论》,复旦大学出版社 2013 年版。

62. 何干之:《中国启蒙运动史》,生活书店 1947 年版。

63. 何炳棣:《读史阅世六十年》,广西师范大学出版社 2005 年版。

64. 何兆武:《上学记》(修订版),生活·读书·新知三联书店 2008 年版。

65. 何兆武:《上班记》,牛津大学出版社 2022 年版。

66. 胡颂平编著:《胡适之先生年谱长编初稿》,联经出版事业公司 1984 年版。

67. 胡颂平编著:《胡适之先生年谱长编初稿(补编)》,联经出版事业股份有限公司 2015 年版。

68. 胡适:《胡适的日记》(手稿本),远流出版事业股份有限公司 1990 年版。

69. 胡适著,曹伯言整理:《胡适日记全编》,安徽教育出版社 2001 年版。

70. 胡适著,郑大华等整理:《胡适全集》,安徽教育出版社 2003 年版。

71. 胡适口述,唐德刚译注:《胡适口述自传》,广西师范大学出版社 2005 年版。

72. 胡适著,欧阳哲生主编:《胡适文集》,北京大学出版社 2012 年版。

73. 胡明:《胡适传论》,人民文学出版社 1996 年版。

74. 胡宗刚：《胡先骕先生年谱长编》，江西教育出版社 2008 年版。

75. 胡文辉：《现代学林点将录》，广东人民出版社 2010 年版。

76. 胡文辉：《陈寅恪诗笺释》(增订本)，广东人民出版社 2013 年版。

77. [德]黑格尔著，朱光潜译：《美学》，商务印书馆 1979 年版。

78. [美]洪长泰著，董晓萍译：《到民间去:1918—1937 年的中国知识分子与民间文学运动》，上海文艺出版社 1993 年版。

79. 汉娜·阿伦特编，张旭东、王斑译：《启迪:本雅明文选》，生活·读书·新知三联书店 2008 年版。

80. 洪银兴主编：《南京大学藏近现代名人手迹选》，南京大学出版社 2012 年版。

81. 黄兴涛：《"她"字的文化史——女性新代词的发明与认同研究》(增订版)，北京师范大学出版社 2015 年版。

82. 金毓黻：《静晤室日记》，辽沈书社 1993 年版。

83. 贾植芳等编：《文学研究会资料》，知识产权出版社 2010 年版。

84. 蒋天枢：《陈寅恪先生编年事辑》(增订本)，上海古籍出版社 1997 年版。

85. 蒋梦麟：《西潮》，新潮社文化事业有限公司 2010 年版。

86. 季培刚编著：《杨振声编年事辑初稿》，黄河出版社 2007 年版。

87. 季羡林著，《季羡林全集》编辑出版委员会编：《季羡林全集》第 4 卷，外语教学与研究出版社 2009 年版。

88. 季剑青：《北平的大学教育与文学生产(1928—1937)》，北京大学出版社 2011 年版。

89. 姜亮夫：《姜亮夫文录》，云南人民出版社 1999 年版。

90. 姜建、吴为公：《朱自清年谱》，光明日报出版社 2010 年版。

91. 姜锡东、梁松涛主编：《华北民俗文献》第 3 卷第 123 册，学苑出版社 2012 年版。

92. 姜锡东、梁松涛主编：《华北民俗文献》第 6 卷第 126 册，学苑出版社 2012 年版。

93. 姜锡东、梁松涛主编：《华北民俗文献》第 7 卷第 127 册，学苑出版社 2012 年版。

94. 康有为：《孔子改制考》，中华书局 1958 年版。

95. ［英］科林伍德著，何兆武等译：《历史的观念》，商务印书馆 1997 年版。

96. 李济：《感旧录》，传记文学出版社 1967 年版。

97. 李璜：《学钝室回忆录》（增订本）上卷，明报月刊社 1979 年版。

98. 李慈铭著，申云龙辑：《越缦堂读书记》，中华书局 2006 年版。

99. 李向东、王增如：《丁玲传》，中国大百科全书出版社 2015 年版。

100. 李标晶：《茅盾年谱》，浙江大学出版社 2021 年版。

101. 老舍：《老舍曲艺文选》，中国曲艺出版社 1982 年版。

102. 林语堂：《剪拂集》，上海书店出版社 1983 年版。

103. 林存光：《历史上的孔子形象——政治与文化语境下的孔子和儒学》，齐鲁书社 2004 年版。

104. 林损著，陈镇波、陈肖粟编校：《林损集》，黄山书社 2010 年版。

105. 刘半农：《半农杂文》（第一册），上海书店出版社 1983 年版。

106. 刘复、李家瑞等编：《中国俗曲总目稿》，"中央研究院"历史语言研究所 1993 年版。

107. 刘维开编著：《罗家伦先生年谱》，中国国民党中央委员会党史委员会 1996 年版。

108. 刘半农著，陈子善辑：《刘半农书话》，浙江人民出版社 1998 年版。

109. 刘俐娜：《顾颉刚学术思想评传》，北京图书馆出版社 1999 年版。

110. 刘小蕙：《父亲刘半农》，上海人民出版社 2000 年版。

111. 刘节著，刘显曾整理：《刘节日记》，大象出版社 2009 年版。

112. 刘掞藜著，屠潇等编校：《刘掞藜史学论著集》，上海古籍出版社 2019 年版。

113. 鲁迅著，《鲁迅全集》修订编辑委员会编：《鲁迅全集》，人民文学出版社 2005 年版。

114. 柳诒徵:《中国文化史》,东方出版社 2008 年版。

115. 罗志田:《近代中国史学十讲》,复旦大学出版社 2003 年版。

116. 罗荣渠:《北大岁月》,商务印书馆 2006 年版。

117. 罗家伦著,罗久芳、罗久蓉编辑校注:《罗家伦先生文存补遗》,"中央研究院"近代史研究所 2009 年版。

118. 罗家伦:《逝者如斯集》,中华书局 2014 年版。

119. 黎锦熙:《国语运动史纲》,商务印书馆 2011 年版。

120. 梁启超:《中国历史研究法》,中华书局 2014 年版。

121. 郦千明编著:《沈尹默年谱》,上海书画出版社 2018 年版。

122. 马叙伦:《我在六十岁以前》,生活·读书·新知三联书店 1983 年版。

123. [法]马克·布洛赫著,张和声、程郁译:《为历史学辩护》,中国人民大学出版社 2006 年版。

124. [英]马修·阿诺德著,韩敏中译:《文化与无政府状态:政治与社会批评》(修订译本),生活·读书·新知三联书店 2012 年版。

125. 茅盾:《我走过的道路》(上),人民文学出版社 1997 年版。

126. 牟润孙:《海遗丛稿》(二编),中华书局 2009 年版。

127. 梅贻琦著,黄延复等整理:《梅贻琦西南联大日记》,中华书局 2018 年版。

128. 倪婷婷:《"五四"作家的文化心理》,南京大学出版社 2005 年版。

129. O. M. 编辑:《我们的六月》,亚东图书馆 1925 年版。

130. O. M. 编辑:《我们的七月》,上海书店出版社 1982 年版。

131. 欧阳哲生:《自由主义之累——胡适思想的现代阐释》,上海人民出版社 1993 年版。

132. 皮锡瑞著,周予同注释:《经学历史》,中华书局 1959 年版。

133. 浦江清:《清华园日记 西行日记》(增补本),生活·读书·新知三联书店 1999 年版。

134. 潘光旦著,潘乃穆、潘乃和编:《潘光旦日记》,群言出版社

2014 年版。

135. 钱穆:《中国文化史导论》,商务印书馆 1994 年版。

136. 钱穆:《国史大纲》,商务印书馆 1994 年版。

137. 钱穆:《钱宾四先生全集·国学概论》第 1 卷,联经出版公司 1998 年版。

138. 钱穆:《钱宾四先生全集·中国近三百年学术史(一、二)》第 16、17 卷,联经出版公司 1998 年版。

139. 钱穆:《钱宾四先生全集·中国思想史·中国思想通俗讲话·学龠》第 24 卷,联经出版公司 1998 年版。

140. 钱穆:《钱宾四先生全集·八十忆双亲师友杂忆合刊》第 51 卷,联经出版公司 1998 年版。

141. 钱穆:《钱宾四先生全集·讲堂遗录》第 52 卷,联经出版公司 1998 年版。

142. 钱穆:《钱宾四先生全集·素书楼余瀋》第 53 卷,联经出版公司 1998 年版。

143. 钱穆:《文化与教育》,广西师范大学出版社 2004 年版。

144. 钱穆:《中国学术通义》,九州出版社 2011 年版。

145. 钱穆:《中国史学名著》,九州出版社 2011 年版。

146. 钱锺书:《石语》,中国社会科学出版社 1996 年版。

147. 钱玄同著,沈永宝编:《钱玄同五四时期言论集》,东方出版中心 1998 年版。

148. 钱玄同著,杨天石整理:《钱玄同日记》(整理本),北京大学出版社 2014 年版。

149. 齐家莹编撰:《清华人文年谱》,清华大学出版社 1999 年版。

150. 冉云飞:《吴虞和他生活的民国时代》,山东人民出版社 2009 年版。

151. 沈卫威:《自由守望:胡适派文人引论》,上海文艺出版社 1997 年版。

152. 沈卫威:《"学衡派"谱系:历史与叙事》,江西教育出版社 2007 年版。

153. 沈卫威:《民国大学的文脉》,花木兰文化出版社 2014 年版。

154. 沈卫威:《胡适传》(增订珍藏本),河北人民出版社 2015 年版。

155. 沈卫威编著:《"学衡派"编年文事》,南京大学出版社 2015 年版。

156. 桑兵:《晚清民国的国学研究》,上海古籍出版社 2001 年版。

157. 桑兵:《治学的门径与取法:晚清民国研究的史料与史学》,社会科学文献出版社 2014 年版。

158. 宋云彬:《红尘冷眼:一个文化名人笔下的中国三十年》,山西人民出版社 2012 年版。

159. 舒芜口述,许福芦撰写:《舒芜口述自传》,中国社会科学出版社 2002 年版。

160. [美]舒衡哲著,刘京建译:《中国启蒙运动:知识分子与五四遗产》,新星出版社 2007 年版。

161. [德]施耐德著,关山、李貌华译:《真理与历史:傅斯年、陈寅恪的史学思想与民族认同》,社会科学文献出版社 2008 年版。

162. 司马光编著,胡三省注:《资治通鉴》第 1、2、3 册,中华书局 2012 年版。

163. 孙玉蓉编注:《周作人俞平伯往来通信集》(修订本),上海译文出版社 2014 年版。

164. 陶希圣:《潮流与点滴》,中国大百科全书出版社 2009 年版。

165. 唐宝林:《陈独秀全传》,社会科学文献出版社 2013 年版。

166. 谭其骧著,葛剑雄编:《谭其骧日记》,广东人民出版社 2013 年版。

167. 吴宓:《吴宓自编年谱:1894—1925》,生活·读书·新知三联书店 1995 年版。

168. 吴宓著,吴学昭整理注释:《吴宓日记》,生活·读书·新知三联书店 1998 年版。

169. 吴宓著,吴学昭整理注释:《吴宓日记续编》,生活·读书·新知三联书店 2006 年版。

170. 吴宓著,吴学昭整理、注释、翻译:《吴宓书信集》,生活·读书·新知三联书店 2011 年版。

171. 吴学昭:《吴宓与陈寅恪》(增补本),生活·读书·新知三联书店 2014 年版。

172. 王汎森:《古史辨运动的兴起》,允晨文化实业股份有限公司 1987 年版。

173. 王汎森:《中国近代思想与学术的系谱》,河北教育出版社 2001 年版。

174. 王汎森:《近代中国的史家与史学》,复旦大学出版社 2010 年版。

175. 王汎森:《傅斯年:中国近代历史与政治中的个体生命》,生活·读书·新知三联书店 2012 年版。

176. 王汎森:《执拗的低音:一些历史思考方式的反思》,生活·读书·新知三联书店 2014 年版。

177. 王为松编:《傅斯年印象》,学林出版社 1997 年版。

178. 王学典、孙延杰:《顾颉刚和他的弟子们》,山东画报出版社 2000 年版。

179. 王世杰著,林美莉编辑校订:《王世杰日记》,"中央研究院"近代史研究所 2012 年版。

180. 王文岭:《陶行知年谱长编》,四川教育出版社 2012 年版。

181. 王伯祥著,张廷银等整理:《王伯祥日记》,中华书局 2020 年版。

182. 王富仁:《鲁迅与顾颉刚》,商务印书馆 2018 年版。

183. 闻黎明、侯菊坤编:《闻一多年谱长编》,湖北人民出版社 1994 年版。

184. 汪原放:《亚东图书馆与陈独秀》,学林出版社 2006 年版。

185. 巫宁坤:《一滴泪》,允晨文化实业股份有限公司 2007 年版。

186. 许啸天编辑:《国故学讨论集》,上海书店出版社 1991 年版。

187. 许冠三:《新史学九十年》,岳麓书社 2003 年版。

188. 许纪霖:《中国知识分子十论》,复旦大学出版社 2003 年版。

189. 徐雁平:《胡适与整理国故考论——以中国文学史研究为中心》,安徽教育出版社 2003 年版。

190. 夏鼐著,王世民等整理:《夏鼐日记》卷二,华东师范大学出版社 2011 年版。

191. 夏承焘著,吴蓓主编:《夏承焘日记全编》,浙江古籍出版社 2021 年版。

192. 谢泳:《思想利器:当代中国研究的史料问题》,新星出版社 2013 年版。

193. 严耕望:《钱宾四先生与我》,台湾商务印书馆 1992 年版。

194. 严耕望:《治史三书》,上海人民出版社 2007 年版。

195. 余绍宋著,余子安编:《余绍宋书画论丛》,北京图书馆出版社 2003 年版。

196. 余英时:《陈寅恪晚年诗文释证》(增订版),东大图书股份有限公司 1998 年版。

197. 余英时:《士与中国文化》,上海人民出版社 2003 年版。

198. 余英时:《重寻胡适历程:胡适生平与思想再认识》,广西师范大学出版社 2004 年版。

199. 叶公超:《新月怀旧——叶公超文艺杂谈》,学林出版社 1997 年版。

200. 叶圣陶:《旅途日记五种》,生活·读书·新知三联书店 2002 年版。

201. 叶圣陶著,叶至善等编:《叶圣陶集》第 19 卷,江苏教育出版社 2004 年版。

202. 姚永概著,沈寂等标点:《慎宜轩日记》,黄山书社 2010 年版。

203. 杨树达:《积微翁回忆录》,北京大学出版社 2007 年版。

204. 杨步伟:《杂记赵家》,广西师范大学出版社 2014 年版。

205. 赵景深:《大鼓研究》,商务印书馆 1937 年版。

206. 钟敬文:《歌谣论集》,上海文艺出版社 1989 年版。

207. 郑振铎撰,郑尔康编:《郑振铎说俗文学》,上海古籍出版社 2000 年版。

208. 郑天挺著,俞国林点校:《郑天挺西南联大日记》,中华书局2018年版。

209. [美]周策纵:《五四运动史》,岳麓书社1999年版。

210. 周作人著,吴平等主编:《周作人民俗学论集》,上海文艺出版社1999年版。

211. 周作人:《知堂回想录》,河北教育出版社2002年版。

212. [美]周明之著,雷颐译:《胡适与现代知识分子的选择》,广西师范大学出版社2005年版。

213. 中国社科院历史研究所、中山大学历史系编:《纪念顾颉刚先生诞辰110周年论文集》,中华书局2004年版。

214. 中国社会科学院近代史研究所中华民国史研究室编:《胡适来往书信选》,社会科学文献出版社2013年版。

215. 张俊才:《林纾评传》,南开大学出版社1992年版。

216. 张菊香、张铁荣编著:《周作人年谱》,天津人民出版社1999年版。

217. 张世林编:《学林往事》(上册),朝华出版社2000年版。

218. 张晖:《龙榆生先生年谱》,学林出版社2001年版。

219. 张棡著,张钧孙点校:《张棡日记》,中华书局2019年版。

220. 张京华:《古史辨派与中国现代学术走向》,厦门大学出版社2009年版。

221. 张舜徽:《张舜徽壮议轩日记》,国家图书馆出版社2010年版。

222. 张恨水:《写作生涯回忆》,江苏文艺出版社2012年版。

223. 张旭、车树昇编著:《林纾年谱长编:1852—1924》,福建教育出版社2014年版。

224. 章玉政编著:《刘文典年谱》,安徽大学出版社2011年版。

225. 朱家骅著,王聿均、孙斌合编:《朱家骅先生言论集》,"中央研究院"近代史研究所1977年版。

226. 朱熹:《四书章句集注》,中华书局1983年版。

227. 朱自清著,朱乔森编:《朱自清全集·日记》,江苏教育出版社

1997 年版。

228. 朱自清著,朱乔森编:《朱自清全集·书信补遗》,江苏教育出版社 1997 年版。

229. 朱自清:《中国歌谣》,复旦大学出版社 2004 年版。

230. 朱文通主编:《李大钊年谱长编》,中国社会科学出版社 2009年版。

231. 朱东润:《朱东润自传》,人民文学出版社 2009 年版。

232. 朱希祖著,朱元曙、朱乐川整理:《朱希祖日记》(全三册),中华书局 2012 年版。

四、论文

1. 蔡尚思:《顾颉刚创建的新疑古派——〈古史辨〉派作用的具体分析》,《社会科学战线》1981 年第 4 期。

2. 丛小平:《古史辨派科学方法简论》,《陕西师大学报(哲学社会科学版)》1989 年第 2 期。

3. 陈寒鸣:《试论顾颉刚先生的疑古思想》,《苏州大学学报(哲学社会科学版)》1988 年第 3 期。

4. 陈泳超:《顾颉刚关于孟姜女故事研究的方法论解析》,《民族艺术》2000 年第 1 期。

5. 陈泳超:《"历史演进"的传说学方法论——重新对话顾颉刚孟姜女研究》,《民族文学研究》2023 年第 7 期。

6. 陈识仁:《提高或普及?——顾颉刚从事通俗教育的背景》,《兴大历史学报》2007 年第 19 期。

7. 陈红玲、陈信宁:《试论江绍原〈发须爪〉的研究方法——兼略与顾颉刚研究孟姜女故事方法的相提》,《民族艺术》2014 年第 2 期。

8. 陈平原:《作为一种"思想操练"的"五四"》,《探索与争鸣》2015年第 7 期。

9. 陈平原:《古文传授的现代命运——教育史上的林纾》,《文学评论》2016 年第 1 期。

10. 杜正胜:《从疑古到重建——傅斯年的史学革命及其与胡适、顾颉刚的关系》,《中国文化》1995 年第 2 期。

11. 高扬:《顾颉刚与现代民俗学思潮》,《广西民族学院学报(哲学社会科学版)》2000 年第 1 期。

12. 郜积意:《历史与伦理——"古史辨"〈诗经〉学的理论问题》,《人文杂志》2002 年第 1 期。

13. 甘春松:《"国"之意象转移——以章太炎、胡适和顾颉刚、傅斯年为主轴》,《华东师范大学学报(哲学社会科学版)》2008 年第 5 期。

14. 葛兆光:《徘徊到纠结——顾颉刚关于"中国"与"中华民族"的历史见解》,《书城》2015 年第 5 期。

15. 葛兆光:《谛听余音——关于学术史、民国学术以及"国学"》,《书城》2015 年第 11 期。

16. 户晓辉:《论顾颉刚研究孟姜女故事的科学方法》,《民族艺术》2003 年第 4 期。

17. 李锦泉:《批判古史辨派的疑古论》,《中山大学学报》1956 年第 4 期。

18. 李扬眉:《学术社群中的两种角色类型——顾颉刚与傅斯年关系发覆》,《清华大学学报(哲学社会科学版)》2007 年第 5 期。

19. 李长银:《未竟的志业:顾颉刚与中国通史编纂》,《史学月刊》2014 年第 1 期。

20. 李细珠:《政治转型期历史学家的因应与境遇——读金毓黻、顾颉刚、夏鼐日记》,《史学月刊》2016 年第 4 期。

21. 李政君:《顾颉刚古史观念探微》,《史学月刊》2023 年第 5 期。

22. 刘俐娜:《顾颉刚与古史辨派》,《近代史研究》1988 年第 4 期。

23. 刘宗迪:《用故事的眼光解释古史:论顾颉刚的古史观与民俗学之间的关系》,《合肥联合大学学报》2000 年第 2 期。

24. 刘召兴:《傅斯年、顾颉刚中山大学语史所时期矛盾考论》,《云梦学刊》2006 年第 6 期。

25. 刘龙心:《通俗读物编刊社与战时历史书写(1933—1940)》,《"中央研究院"近代史研究所集刊》2009 年第 64 期。

26. 孟庆澍:《知识的"救济"与失效——对民初调和论的重新思考》,《中国现代文学研究丛刊》2016 年第 1 期。

27. 彭春凌：《"孟姜女故事研究"的生成与转向：顾颉刚的思路及困难》，《云梦学刊》2007 年第 1 期。

28. 彭春凌：《五四前后顾颉刚的思想抉择与学术径路》，《现代中文学刊》2009 年第 1 期。

29. 邱焕星：《鲁迅与顾颉刚关系重探》，《文学评论》2012 年第 3 期。

30. 乔治忠：《张荫麟诘难顾颉刚"默证"问题之研判》，《史学月刊》2013 年第 8 期。

31. 瞿骏：《"新青年"凌独见》，《读书》2015 年第 10 期。

32. 斯维至：《〈古史辨〉在史学上的贡献》，《史学史研究》1993 年第 2 期。

33. 沈卫威：《从〈新青年〉到〈新潮〉——中国现代文学发生的历史背景》，《中国现代文学研究丛刊》1996 年第 3 期。

34. 沈卫威：《民国部聘教授及其待遇》，《中山大学学报（社会科学版）》2019 年第 4 期。

35. 施爱东：《试析顾颉刚的民俗研究方法》，《民间文化》2000 年第 2 期。

36. 施爱东：《顾颉刚故事学范式的回顾与检讨——以"孟姜女故事研究为中心"》，《清华大学学报（哲学社会科学版）》2008 年第 2 期。

37. 施爱东：《顾颉刚、钟敬文与"猥亵"歌谣》，《读书》2014 年第 7 期。

38. 石中琪：《浅议顾颉刚在新红学创建中的贡献》，《红楼梦学刊》2008 年第 2 期。

39. 桑兵：《留欧前后傅斯年学术观念的变化及其因缘》，《中山大学学报（社会科学版）》2016 年第 1 期。

40. 童书业：《"古史辨派"的阶级本质》，《文史哲》1952 年第 2 期。

41. 汤莹：《困中前行：顾颉刚与全面抗战时期中国民俗学的发展》，《文化遗产》2022 年第 6 期。

42. 吴泽、袁英光：《古史辨派史学思想批判》，《历史教学问题》1958 年第 10 期。

43. 吴泽：《"五四"前后"疑古"思想的分析与批判》，《历史教学问题》1959 年第 4 期。

44. 吴怀祺：《近代新文化和顾颉刚先生的史学思想》，《史学史研究》1993 年第 2 期。

45. 王煦华：《顾颉刚先生对民间文学、民俗学的研究及贡献》，《文史哲》1993 年第 2 期。

46. 王爱松：《"化大众"与"大众化"——三十年代一个文学话题的反思》，《南京大学学报（哲学·人文·社会科学）》1996 年第 2 期。

47. 王学典、孙延杰：《实证追求与阐释取向之间的百年史学——兼论历史学的性质问题》，《文史哲》1997 年第 6 期。

48. 王建辉：《编辑出版家顾颉刚》，《出版广角》1999 年第 12 期。

49. 王以宪：《论顾颉刚〈诗经〉研究的方法与贡献》，《江西师范大学学报（哲学社会科学版）》2002 年第 2 期。

50. 王东杰：《"故事"与"古史"：贯通 20 世纪二三十年代"疑古"和"释古"的一条道路》，《近代史研究》2009 年第 2 期。

51. 王红霞：《〈现代初中教科书·本国史〉与顾颉刚的史学思想》，《史学月刊》2014 年第 8 期。

52. 王富仁：《鲁迅与顾颉刚（一）》，《华夏文化论坛》2015 年 8 月第 13 辑。

53. 王汎森：《"儒家文化的不安定层"——对"地方的近代史"的若干思考》，《近代史研究》2015 年第 6 期。

54. 王晴佳：《顾颉刚及其"疑古史学"再释——试从父子情感的角度分析》，《河北学刊》2023 年第 5 期。

55. 薛刚：《新国中的往士》，《读书》2014 年第 2 期。

56. 杨向奎：《"古史辨派"的学术思想批判》，《文史哲》1952 年第 2 期。

57. 杨善群：《论顾颉刚的史学思想》，《江汉论坛》1994 年第 7 期。

58. 杨国荣：《史学的科学化：从顾颉刚到傅斯年》，《史林》1998 年第 3 期。

59. 袁忠东：《试论顾颉刚现代学术观念的形成》，《山东大学学报

（哲学社会科学版）》1998年第3期。

60. 袁先欣：《顾颉刚的古史与民俗学研究关系再探讨》，《清华大学学报（哲学社会科学版）》2016年第1期。

61. 余兼胜：《顾颉刚古史观的形成与其古今文经学认识的关系》，《历史教学问题》1992年第3期。

62. 尤小立：《钱穆与胡适初识时间考》，《传记文学》（台湾）2015年第11期。

63. 庄葳、郭群一：《考辨古史 廓清迷雾——评〈古史辨〉》，《史学月刊》1984年第1期。

64. 钟敬文：《"五四"时期民俗文化学的兴起——呈献于董作宾、顾颉刚诸故人之灵》，《北京师范大学学报》1989年第3期。

65. 周明武：《顾颉刚疑古辨伪所体现的学格人格略论》，《历史教学问题》1992年第6期。

66. 周霞：《顾颉刚与编辑出版》，《出版史料》2004年第2期。

67. 赵世瑜：《一个历史学家和一个文学家的选择——中国现代民俗学运动中的周作人与顾颉刚》，《史学理论研究》1996年第2期。

68. 张文涛：《顾颉刚与E.P.汤普森史学思想方法之比较》，《社会科学战线》2009年第2期。

69. 翟志成：《被弟子超越之后——胡适的冯友兰情结》，"中央研究院"中国文哲研究所《中国文哲研究集刊》2004年第25期。

70. 翟志成：《牟宗三眼中的胡适》，《随笔》2016年第1期。

后　记

　　中华书局 2011 年版《顾颉刚全集》共 62 册，总字数达 2500 万字。近现代学人中达到这样文字规模的不多见。纯然用字数衡量一个人的价值自然是偏颇的，但这样庞大的文字量说明顾颉刚特别勤奋。研究一个勤奋的人也需要勤奋。我想达到的状态就是明白和还原传主所思所想的因由，也就是明白他"怎么说"，我才能"接着说"，但这个目标恐怕没有完全达到。

　　对于顾颉刚这个人，自觉还未吃透。每次下笔时，总有一种惶惑感。这种惶惑首先是知识上的，顾颉刚说年轻时特别喜欢康有为的《孔子改制考》，书我是借了，但恐怕没看明白。顾颉刚说汉代的书他最喜欢《淮南鸿烈》，书我是看了，但未必懂。曾想过把顾颉刚看过的书再看一遍，发现不现实。写作《江苏历代文化名人传·顾颉刚》，最大的感受是与他那种知识和情感上的隔膜，虽然自我进步，不断看书，总觉隔了一层。顾颉刚喜欢读书，毅力坚，笔头勤，真是无法追赶。退而求其次，把对他影响深刻的书找来读一遍，任务倒是可以完成，但感觉差了许多。顾颉刚说读李慈铭《越缦堂日记》看出神了，一切事都不想做。这种境界我没有达到。因此写传总有率尔操觚的嫌疑。这是其一。

　　其二，五四新文化运动中的学人们，说他们学贯中西，恐怕值得商榷，但是他们的丰赡很值得探讨。这里有新青年，有老青年，甚至有"老人"，有新潮也有旧潮，有顺风而呼的明星，也有守成静默、不那么显眼的中性角色，这些经纬的交织便成了一幅很有意思的图景。其中的个案仍然值得大力探究。书可以去看，资料可以去找，心态与感觉却很难追回。有人说历史研究不是从史料中搜寻字面的证据去证成一己之假说,而是运用一切可能的方式,在已凝固的文字中,窥测当时曾灌注其间的生命跃动。我想这是很好的历史人物传记写作目标。

本书为江苏省社会科学基金文脉专项"顾颉刚传"(项目编号:19WMB067)结项成果,校级社科基金"五四新文化中顾颉刚文艺观念研究"(项目编号:KYY21508)结项成果,受"江苏理工学院中吴青年创新人才支持计划"资助。江苏理工学院教育学院张维老师完成了顾颉刚的成长教育和社会、文艺活动等内容的撰写,共计十万字。最后由我统一修改、打磨、润色和定稿。本书是我们合作撰写的成果。

书写出来了总要有人读。我在写的时候常常担心自己的书无人阅读,放在角落里灰尘满面或在旧书店被特别廉价地卖掉。如果是这样,对我而言是很大的打击。当然若真如此,我也无能为力,只能怪自己写得不好。所以这反而成了我一种特别的动力。有缘人读罢此书,欢迎说说你的看法。我的联系方式是:1125157269@qq.com。

读书不容易。这种不容易是一种愧疚,让家人等得太久,有些都等不到了。母亲在 2003 年离去,父亲在 2017 年离去,我今年 37 岁。他们看不到我后来每一次的印痕。这些年过去了,我在梦里都没有清晰地见过他们,唯一一次还只是一个模糊的背影、一段离奇的经历。我总想跟爸妈说说我的变化,告诉他们我结婚了,有小孩了。我,走着自己的路,放心好了。

朱洪涛

写于江苏理工学院文旅学院中文系 205 办公室

2024 年 5 月 10 日

后记